제 2 판

현대환경학

— 정책 · 문명 · 생명사상 —

박 길 용

도서출판 대영문화사

개정판 머리말

『현대환경학』이 2009년 8월 초판이 출간되었고, 5년이 지나 제2판을 출간하게 되었다. 초판 당시 환경문제란 종합적인 특성에 착안(着眼)하여 책의 내용구성을 크게 3 부문, '정책'·'문명'·'생명사상'으로 나누고, 이들 간의 연계 집필을 통해 많은 독자들로부터 사랑을 받게 되었다. 환경문제가 단순히 정책으로만 해결될 수 있는 것이 아니다. 세계 문명사의 흐름 속에서 우리의 근대화과정을 이해해야 하고, 압축 성장 과정에서 '개발'과 '보전'이라는 상충된 가치와 그 이후 조화와 공생이라는 이념을 재해석할 수 있어야 답을 찾을 수 있다. 뿐만 아니라 환경파괴는 생명파괴로 귀결된다는 점에서 생명의 존귀함을 깨닫게 해주는 근본 생태학적 각성이 더욱 필요하다. 이 같은 관점에서 새 개정판은 기존의 세 가지 기본 틀을 유지하면서 국제 사회·경제적 환경변화와 국가 지속가능발전의 구체적 이행에 따른 정책의 변화를 중심으로 정리하였다.

대폭적인 개정부문은 우선 제2편에서 매체별 주요 환경문제인 대기·물·폐기물·토양 등의 정책변화와 그 내용을 재구성하였고, 특히 기후변화(지구온난화)와 연계하여 새로운 환경정책방향을 모색하였다. 다음으로 제3편의 환경영향평가제도이다. 그간 유사 목적의 평가제도가 각각 다른 법률에 규정되어 평가절차가 복잡하고 환경평가의 일관성과 연계성의 부족으로 효율적인 환경영향평가가 어렵다고 지속적으로 문제제기 되어왔다. 이에 따른 개선책으로 정부가 환경영향평가법 전부개정령 공포('11. 7. 21) 및 시행('12. 7. 22)으로 그 내용을 전면적으로 개정하였음으로 재 집필하였다. 그리고 제6편의 국가 녹색성장정책에 대한 내용도 부분적으로 재정리하였다. 저탄소 녹색성장이 앞으로 기후변화와 경제 및 에너지 문제를 해결할 유일한 수단이란 점을 강조하고 싶어서였다. 특히 제2편과 제3편은 현실 정부환경정책의 방향과 내용을 독자들이 이해할 필요가 있기 때문에 많은 부문을 『환경백서』와 『환경통계연감』의 자료를 인용하였다.

필자는 개정판을 내면서 보람 못지않게 아쉬움도 많다. 보람이라면 최신 통계자료와 정책 방향성을 반영함으로써 짓눌려 있던 저자의 책무감(責務感)에서 조금이나마 자유로울 수 있었고, 아쉬움이 있다면 학문적 궁구(窮究)의 부족함이다. 아직 이 책이 미숙하고 보완되어야 할 부분이 많다고 생각되며 생명을 사랑하는 많은 독자들의 지도 편달을 바라며, 앞으로 이를 보충해 나갈 것을 약속드린다. 끝으로 개정판을 낼 수 있도록 애써 주신 대영문화사 임춘환 사장님과 임직원여러분께 진심으로 감사의 뜻을 전한다.

2014년 6월

土草 박길용

초판 머리말

지난 한 세기는 과학기술의 비약적인 진보와 인류 사상 유례 없는 물질적 풍요를 낳은 세기였다. 수많은 천재들의 지적 탐구 욕구를 발동시킨 세기이기도 하다. 인간과 역사에 대한 새로운 지적 관점에서 갈애하는 사상의 하빈저(harbinger)들은 수많은 사상의 강물을 만들었고, 수많은 에피고넨(epigonen)들이 이에 주석을 달았다. 어떤 것들은 수정되었고 어떤 것들은 이미 절손의 운명을 겪기도 했지만 20세기가 잉태했던 사상의 대하(大河)들은 인류 지성사의 움직일 수 없는 자산이고, 21세기의 통찰이기도 하다.

반면 지난 일천 년은 인간의 합리적 이성에 대한 절대적 신뢰를 바탕으로 자본주의와 과학의 절대화를 추구하는 시대였다. 과학의 절대화는 자연에 대한 인간의 객관적인 태도의 확립이며 자연에 대한 존재 가치의 경시로 귀착된다. 특히 과학기술이란 도구가 인간 중심적·이원론적·기계론적 세계관에 함몰(陷沒)되어 인간의 규범 행위 질서 안으로 편입되는 데는 미약했다. 즉 인간 이외의 자연물은 오로지 '물질' 내지 '자원'으로서의 개념에 머물렀을 뿐, 이들의 복지에 관심인 '자비(배려)'와 '생명'이라는 그 존재 가치와 천부의 권리 확보라는 차원에서 크게 인정받지 못했다. 자연을 오직 인간 자신의 무한한 욕구 충족과 편리함 그리고 물질적 성장을 추구하는 이기적인 도구로 삼았다. 인간이 자연에 대한 철저한 지배는 대량생산과 대량소비라는 산업문명을 낳았고, 이 산업문명이 자연환경의 악화, 자원의 고갈과 편재(偏在), 인간 사회에 물질만능주의 가치 체계를 자리 잡게 하는 데 크게 일조했다. 물질만능주의 가치 체계는 사회적으로 공동체 의식을 크게 약화시켰고, 오로지 경제적 효율성 극대화에 몰입했다. 또한 성장과 편리함이라는 미명 아래 난개발과 화석연료의 소비 확대는 전 지구촌의 기후 변화와 생태계의 교란으로 인간의 삶의 터가 황폐화되어 종(種, species)의 생명들이 위협을 받고 있다. 물론 과학기술이 꽃피운 산업문명이 가져다 준 풍요함과 유용성은 불가형언(不可形言)하다. 그런데 왜 오늘의 우리 사회가 모든 영역에서 각자의 존재 가치가 도전을 받고 있는가? 또한 고도 과학기술의 발전에도 불구하고, 왜 그 해결의 가능성은 점점 더 암울한가?

저자는 이 문제에 대해 오랫동안 고민하고 사색해 보았다. 결론은 하나였다. 인류가 인간 욕구 충족을 위한 인간 이성의 이기적 도구화를 앞으로도 계속한다면, 환경종말과 자본주의의 위기는 피할 수 없다는 것이다. 자연을 파괴하는 문명에는 결코 진정한 인간의 자유도 생명도 기대할 수 없다. 저자는 특히 지난 한국의 근대화 과정에서 우리 사회를 위협한 가장 큰 증후군(症候群)을 환경문제라 보고, 이의 극복 대안으로 '성찰적 근대화' 과정을 통한 지속 가능한 새로운 생태·사회자본의 축적과 생태적 효율성(eco-efficiency) 극대화 모색을 위해 이 책을 쓰게 되었다. 또 그간 학교와 환경교육기관에서 환경철학과 정책을 강의해 오면서 이러한 일련의 질문들을 음미와 비판과 해석을 통해 부분적으로 정리해 왔던 것이고, 이번에 『현대환경학』을 내놓으면서 이들을 종합해 볼 기회를 마련하게 된 것이다.

이 책은 총 6편 20장으로 구성했다. 제1편에서는 환경문제의 이해를 다루고 있다. 환경문제를 이해하고 그 해결 방안을 찾기 위해 환경문제에 대한 역사적 인식의 변천과 생태계를 통한 환경문제의 본질과 특성, 그 접근 방법을 다루었다. 제2편에서는 실제 문제시되고 있는 환경문제의 유형(대기·물·폐기물·토양환경)을 고찰하면서 각 매체별 이론과 실제의 조화를 이룰 수 있는 정책 방향을 검토했다. 제3편에서는 현재 우리가 도입하고 있는 사전 예방적 환경정책 수단인 환경영향평가와 사전환경성검토제도를 환경부에서 발간한 환경백서를 참고하여 서술했고, 2008년에 개정된 주요 내용과 함께 향후 제도의 보완 내용을 다루었다. 제4편에서는 자연과 인간, 즉 문명사적 입장에서 인간이 자연에 대해 어떠한 태도로써 인식하고 대응해 왔는지를 시대사별로 자연관을 살펴보고, 산업문명의 한계와 위기, 이의 극복을 위한 새로운 대안문명의 이념적·사회적 패러다임을 제시했다. 제5편에서는 동서양의 사상에 내재해 있는 생명사상을 재조명해 보았다. 먼저 환경문제와 기독교사상, 노장사상, 불교사상, 유가사상을 고찰했고, 끝으로 이들의 사상적 자원을 토대로 우리나라 환경정책의 비전과 목표 그리고 전략에 대한 구성 방향을 조망해 보았다. 제6편에서는 국가 녹색성장정책을 다루었다. 녹색 성장의 도입 배경과 국가별 녹색성장정책을 알아보고, 미래 국가경쟁력 확보로서 우리나라 녹색성장정책 도입의 당위적 논거와 정책과제와 수단, 그리고 미래 발전 방향을 다루었다.

이상에서 책의 내용 구성이 제시하는 바와 같이, 저자는 환경문제의 해결이 부분적 관점에서 단기적 · 단선적 미봉책으로 해결될 수 없다고 보고, 문명사를 통한 인간이 자연에 대한 태도의 성찰과 생태적 각성, 생명체의 가치에 대한 자유와 책임감 있는 선택이 있을 때만이 해결 가능하다는 것을 제시하고 싶었다. 따라서 이 책이 학자들과 의사결정자들이 생철학(the reverence for life philosophy)의 사색적 토대 위에서 인간 행위와 자연적 실체가 조화를 이룰 수 있는 실용적 지식의 단초가 되기를 소망한다.

이 책을 출판할 수 있도록 끝까지 학습하고 사유할 수 있는 인내와 부족한 재능에 지적 영감을 부여해 주신 하나님께 감사드린다. 특히 책의 출간에 바탕이 된 많은 선행 연구자들의 연구물에 대해 존경심을 표하며, 출판을 위해 애써 주신 대영문화사 임춘환 사장님과 임직원 여러분께 진심으로 감사의 뜻을 전한다. 또한 책의 구성과 타이핑 및 교정 과정에서 저자를 도와 준 아내에게도 고맙게 생각한다. 끝으로 이 책은 미숙하고 보완되어야 할 부분이 많다고 생각되며 지구를 사랑하는 많은 독자들의 지도 편달을 바라며, 앞으로 이를 보충해 나갈 것을 약속드린다.

2009년 8월

土草 박길용

차 례

제 6 편 국가 녹색성장정책

제 1 편

환경문제의 이해

제 1 장
환경문제에 대한 인식

환경문제는 현대 산업사회에서만 나타나는 새삼스러운 문제는 아니다. 인간이 욕망을 갖고 자연에 접근하기 시작한 인류 문명사와 함께 시작되었다고 볼 수 있다. 인간은 자연환경을 변화시킴으로써 문명을 이룩해 왔다. 물론 인류 문명사적으로 볼 때 과학기술 혁명으로 인한 산업문명 이전과 이후 환경문제는 양적 · 질적 차이뿐만 아니라 문제의 인식이나 그 해결의 접근 방법 또한 크게 다르다.

그러나 오늘날 우리가 직면하고 있는 환경문제들이 시대적 상황에 따라 정도의 차이는 있겠으나 고대인들이 직면했던 것과 비슷한 문제의 성격을 지닌 것이라면, 결국 그것은 인간이 자연을 지배하려는 인간 중심적인 욕망을 포기하지 못하고 지금까지 반복한다는 점에서는 본질적인 차이가 없음을 보여 준다.

이런 의미에서 이 장에서는 인류가 그 동안 자연환경에 대한 태도와 이로 인해 발생된 환경문제가 인간에게 어떠한 영향을 미쳐 왔으며, 또한 그 문제를 지금까지 어떻게 인식하고 대응해 왔는가를 산업혁명 이전과 이후로 나누어 살펴본다. 이는 장차 환경문제에서 우리가 대처해야 할 좀 더 바람직한 접근 방법과 방향성을 찾을 수 있다는 데 의미가 있다.

제 1 절 산업혁명 이전

산업혁명 이전의 환경문제는 전반적으로 농업혁명(신석기 혁명)을 통한 유목생활과 농경생활(灌漑農業)[1]의 시작과 더불어 정착생활이 이루어지면서 도시 국가의 발생, 인구의 증가, 전쟁 등으로 인간의 자연 이용이 지속적으로 확대되면서 시작되었다.

인류문명사에서도 볼 수 있듯이 기원전 7천 년 이전의 고대 이집트 국가나 남미의 찬란했던 잉카문명의 멸망의 한 원인도 인간의 무절제한 이기적인 자연 이용에서 찾을 수 있다. 기원전 5세기 고대 그리스인은 자신들의 거주하던 생태계를 매우 심하게 변화시켰다. 그들은 중요한 자연자원을 고갈시켰고, 결국은 자신들의 멸망을 초래했다. 고대 그리스인들은 자연의 중요성을 어느 정도 인식하고 있었으나 도시국가(polis)의 발달에 따른 제한된 지역 안에서 인구의 압력과 에너지 이용의 확대, 식량 수급을 위한 효율적인 토지 이용을 위해 산림의 황폐화를 막지 못했다. 산림의 황폐화는 자연에 가장 지속적이고 광범위하게 환경에 악영향을 끼쳤다. 또한 대규모의 신전 건축과 다양한 공공건물의 건설을 위해 광물자원 채굴과 채석은 본토의 산과 섬에서 캐내어졌다. 결국 산과 산림의 황폐화는 야생동물의 숫자를 격감시켰고 표토의 침식으로 인한 토양의 황폐화를 가져왔다. 이에 따라 전체 생태계를 떠받치는 에너지가 감소하게 되었으며, 생태계 내부순환이 원활치 못하게 되었다. 그뿐만 아니라 아테네는 기원전 5세기부터 지중해의 해상강국으로 떠오르면서 지중해 해상권 장악을 위한 전쟁과 선단(船團)의 구성도 산림을 파괴하는 데 크게 일조했다. 아테네의 숲이 이러한 함대를 유지하기에는 턱없이 부족하여 에게해의 섬과 소아시아의 동맹도시로부터 목재가 수입되어야 했고, 나중에는 레바논에서 나무를 가져와야 했다. 레바논의 매끈한 언덕과 민둥산들은 바로 이때 만들어진 것이다.[2]

그리스에 이어 자연에 대한 로마인의 태도 또한 로마제국 몰락의 한 원인으로 찾

---

1) 농업을 관개에만 의존할 경우 짧은 시간 내에 토양 염분의 증가로 농토가 황무지로 변한다.
2) Karl-Wihelm Weeber, *Smoguber Attika*(1990) (Zurich/München: Artemis, 1993), pp. 30-33; 이필렬, "환경문제의 역사," 「교양환경론」(공저)(서울: 따님, 1997), pp. 33-34. 재인용.

아볼 수 있다. 로마 멸망의 생태학적 요인들에 대한 역사학적 고증 자료들이 그리 많지 않다는 것은 사실이다. 그러나 분명한 것은 로마 멸망에 끼친 생태학적 요인들은 로마인의 활동에서 비롯되었다는 많은 근거가 남아 있다는 것이다. 로마인의 생태학적 실패는 로마의 정치·경제·사회적인 여러 요인과 맞물리면서 제국의 멸망을 가속화시켰다는 점이다. 그리스의 자연세계에 대한 합리적인 사상을 흡수했던 로마인들은 자연은 범신론적인 대상이 아니고 인간의 이성적인 힘에 의해 통제되는 것으로 간주되었다.

기원전 3세기 이후 기원 후 2세기에 이르기까지 로마는 도시화와 더불어 인구의 증가는 식량 수급을 위한 농업과 목축이 그리스보다 훨씬 그 폭이 커서 조직적인 산림 파괴로 진행되어 심한 토양의 유실과 침식을 가져왔다. 특히 목축은 산림을 황폐화시켰을 뿐만 아니라 관목들까지 불태워 버렸기 때문에 방목되는 짐승들이 나무의 뿌리와 씨앗까지 파괴했다. 이로 인해 식물군집의 상태가 자연히 변화하는 천이(遷移)가 일어나 자연 생태계의 순환 과정이 막혀 버린 것이다. 결국 경작지의 토양 고갈이 로마 몰락의 중요한 원인으로 작용했다.

로마의 산림의 파괴는 여기에 그치지 않고 대규모의 건축과 지중해 해상권 장악을 위한 함대의 전쟁 무기 제조를 위해 이탈리아 반도뿐만 아니라 그리스, 소아시아, 시칠리아, 스페인, 심지어 북아프리카 등지에서 목재수요를 조달했기 때문에 지중해를 둘러싼 지역의 숲을 거의 황폐화하는 결과를 초래했다. 이로 인해 지중해에서 로마 지배가 약 400년간 지속되는 동안 이 지역의 산지와 평지의 산림은 대부분 사라지고 말았다. 또한 산림 파괴를 크게 조장했던 것은 로마 시민이 최소한의 쾌적한 도시생활을 유지하는 데 필요한 목욕탕이었다. 기원 후 4세기에 로마에는 11개의 호화 목욕탕과 856개의 작은 목욕탕이 있었는데, 여기에 필요했던 장작과 목탄이 이탈리아의 남은 숲을 여지없이 파괴하는 역할을 했던 것이다. 결국 4세기에는 나무 부족을 해결하기 위해 아프리카에서 장작이 수입되어야만 했다.[3] 이같이 숲이 사라지면서 지중해 지역의 기후와 식물 생태계의 변화가 왔고, 결국 산림의 부족으로 수원(水源) 함량 기능이 약화되어 강과 개울도 연중 균일한 하천 유량이 유지될 수 없게 되어 결국 강바닥이 메마르고 대지가 황폐화되기에 이르렀다.

3) 위의 책, pp, 34-35.

로마의 환경문제는 숲이라는 자연 에너지의 파괴에만 있었던 것이 아니다. 로마인들은 동물의 사냥과 동물 이용을 통해 오락산업을 발전시켜 야생동물에게 많은 피해를 끼쳤고, 지극히 소비적이었다. 수많은 야생동물을 죽이는 일이 로마의 오락산업을 지탱해 주는 토대가 되었다. 또한 전쟁 무기 제조에 필요한 구리, 철 등 금속자원을 확보하기 위해 그들은 광산을 마구잡이로 개발했고, 채굴과 금속 재련 과정에서 나무는 갱도의 갱목으로뿐만 아니라 연료로 사용되어 산림생태계를 무자비하게 파괴시켰다. 그뿐만 아니라 그들의 호화로운 도시생활 양식 가운데서 오는 각종 음료용기, 욕조기 및 수도관을 생산하는 데 대량의 납(Pb)을 사용했다. 즉 납을 생산하는 과정에서 발생하는 납 증기와 납용기의 사용에 따른 포도주나 물에 녹은 납이 인체에 축적된 결과로 생기는 납중독 현상이 가장 큰 도시 환경문제로 나타났다. 당시에 귀족들의 하루 평균 납 섭취량은 250μg, 평민은 35μg, 노예는 15마이크로그램이었다.[4] 이 같은 납오염은 로마제국이 붕괴되면서 줄어들었다가 산업혁명기에 다시 높아지기 시작해서 납이 첨가된 휘발유가 자동차 연료로 도입된 후에는 대기 중의 납 농도가 로마 시대의 일곱 배가 되었다.

결과적으로 로마인의 실용주의적이고 공리적인 정신은 자연환경이 살아있는 생명체의 상호의존적 순환 체계로 인식하지 않고 인간 욕구 충족을 위한 도구가 되는 물적 자원으로만 인식했던 것이다. 즉 로마인의 삶 속에서는 어떤 형태의 생태학적인 자연 인식의 발전도 찾아볼 수 없다.

12~13세기 중세에 접어들면서 급격한 인구의 증가로 인한 농업기술의 발명으로 농지 개간이 확장됨에 따라, 또다시 숲의 황폐화가 시작되었다. 14세기에 이르러는 중세의 번영이 나무 부족으로 인한 기후 이변과 더불어 곡물 수확의 감소, 페스트(plague: 흑사병)의 창궐, 이로 인한 인구 감소는 번영의 시대를 마감하는 비참한 지경으로 몰아넣고 말았다. 인구의 4분의 1 이상이 페스트로 죽어갔고, 이로 인해 유럽 전역은 혼돈과 피폐 상태에서 150년 동안 신음할 수밖에 없었다. 숲의 파괴가 이 파탄의 가장 큰 원인이었던 것이다. 자연생태계는 이런 식으로 인간의 수를 줄임으로써 원상태로 서서히 회복할 수 있었다.[5] 그러나 이러한 상태는 200년 정도밖에 지속

4) 위의 책, p, 37.

5) Charles R. Bowlus, “Die Umweltkrise im Europa des 14 jahrhunderts,“ in Siefer le(ed.), *Fortschritte der Naturzerstorung*(Frankfurt/Main: Suhrkamp, 1998).

되지 않았다. 16세기에 이르러서는 영국을 중심으로 한 유럽 전역이 나무 기근 현상이 일어났기 때문이다.

특히 영국은 16세기 후반에 벌어졌던 남벌과 농지 개간이 에너지 위기를 초래했고 대체에너지 개발은 나무 부족으로 인한 석탄이 연료로 도입되었다. 당시 석탄의 이용은 16세기 런던의 유명한 대기오염의 역사를 증언해주고 있다. 물론 영국이 산업혁명이 가장 먼저 일어난 이유도 따지고 보면 전통적인 에너지원인 목재가 특히 부족했다는데서 찾을 수 있을지도 모른다.[6)] 에너지원으로서의 석탄의 이용은 인접 독일이나 프랑스 등 그 범위가 확대되면서 도시의 대기오염뿐만 아니라 생활 쓰레기로써 환경오염이 매우 극심했음을 알 수 있다.

그런데 당시의 사람들은 그들의 번영이 숲이라는 한정된 자원을 파괴한 대가로 얻어졌다고 생각하지 않고, 이 자연자원이 무한정 존재할 것이라고 맹신했다. 때문에 환경문제에 대한 인식은 지극히 부분적이며 일시적이었고 언젠가는 자연 원상태로 복원될 수 있다는 가역적(可逆的)인 신념이 그들을 지배하고 있었다. 따라서 인간이 저질러 놓은 행위에 대한 자연 공격을 피할 수 있는 어떠한 대응도 그들 자신이 이미 스스로 그 한계점을 지니고 있었다고 볼 수 있다.

제 2 절 산업혁명 이후

앞에서 살펴본 바처럼 19세기 초 산업화가 시작되기 이전까지 환경문제는 농경문명의 발생과 더불어 산림의 황폐화의 결과로 나타난 것이 대부분이었다. 환경문제가 사회문제로 인식되기 시작한 것은 정도의 차이는 있겠지만 무엇보다도 16~17세기 과학혁명과 더불어 과학기술의 발달에서 시작된다. 과학기술의 발달은 1, 2차 산업혁명을 주도하면서 기술 지향적인 산업문명을 만들어 냈다. 인간은 자신의 편리를 위해 과학기술을 자연 탐구의 이기적 도구로 이용했다. 자연환경에 대한 인간의 이같은 태도는 지구환경의 에너지 흐름과 물질 흐름을 교란시켰고 그 결과 지구생태

6) William H. Te Brake, "Luftverschmutzung und Brennstoffkrisen in London(1250-1650)," in Sieferle (ed.), *Fortschritte der Naturzerstörung*(Frankfurt/Main: Suhrkamp, 1988).

계의 커다란 변화를 가져오게 했다. 그러나 산업화가 본궤도에 진입한 20세기 중반 이전과 이후는 환경 변화에 따른 환경문제의 인식 차원이 현격한 차이를 보이고 있다.

19세기 서구의 산업혁명 직후에 등장한 환경문제는 각종 도시 생활시설의 미비로 인한 위생환경 및 도시 미관의 악화로 인한 심미적 불쾌감 등이다. 즉 건조환경(建造環境, Built Environment)[7] 시설 미비에 따른 불결함의 문제로 도시의 공간문제로 나타났다. 이는 초기 산업화에 따른 공업도시의 탄생으로 파생된 사회문제였기 때문에 도시공간의 개조나 신도시 건설 등으로 해결될 수 있는 성질의 것으로 보았다. 다시 말해서 환경 속에서의 오염된 물질의 존재는 그 존재의 공간 이동을 통해 해결할 수 있다는 신념이 있었다. 이것은 환경의 구성 체계를 특정 공간을 점하고 있는 물질들의 순환상의 문제로 이해했던 결과이며, 자연환경의 불변성·무한성의 믿음과 함께 환경 속에는 어떤 보존성, 즉 질량 보존의 법칙, 에너지 보존의 법칙, 운동량 보존의 법칙 등의 법칙이 관철하고 있음을 전제로 한 것이다.[8] 즉 환경문제가 비(非)가역적이 아니라 금방 복원될 수 있다는 가역적인 신념에서는 산업혁명 이전에 인식했던 것과 큰 차이점이 없다는 데 그 특징이 있다.

20세기 초반 세계 공황과 더불어 제2차 세계대전을 전후로 이념에 대한 동·서의 세계 질서 개편과 관계 없이 자본주의든 공산주의든 '인간중심주의적 성장 지배 세계관'이 전 세계의 사회적 이념 패러다임으로 받아들여졌다. 이는 거의 모든 국가의 정치·경제의 사상적 근간을 이루었으며, 행정·정책적 메커니즘의 제도적 준거가 되었다.[9] 이 같은 '인간 중심적 성장 지배 세계관'은 발달된 과학기술주의에 힘입어 세계의 중공업 중심 산업 질서 편성에 견인차 역할을 담당했다. 이로 인해 근대화 초기에 발생했던 도시건조 환경문제와 더불어 대기·수질오염, 산업폐기물의 문제가 더욱 심화되었다. 이는 생활환경뿐만 아니라 국지적인 자연환경의 오염, 즉 한정적 공간생태계의 파괴를 의미한다고 볼 수 있다.

---

7) 우리나라에서 일반적으로 Built Environment를 건조환경(建造環境)이라고 번역하고 있지만 좀 어색한 표현임에 틀림없다. 위키 백과에서 '건조환경'은 "대규모의 공적 환경에서부터 사적 장소를 포함한 인간이 생활하기에 적합하게 만든 인조환경을 의미한다고" 정의하고 있다. 건축에서는 건축가들이 한데 모아 만든 건물들을 칭하고, 조경건축 분야에서는 자연환경에 반대되는 개념으로 사용한다. 도시계획에서는 인간이 만든 활동 공간을 총칭하는 의미로 쓰인다.

8) 이상문, "엔트로피 논의와 환경문제," 「환경 논의의 쟁점들」(공저)(서울: 나라사랑, 1994), p. 36.

9) 김번웅·오영석, 「환경행정론」(서울: 대영문화사, 1997), p. 35.

그렇지만 이것이 거시적인 지구생태계 자체를 위협할 만큼 파괴력을 지닌 것이 아니었기에 환경문제 인식이나 대응 방법에서는 여전히 19세기 산업혁명 직후 환경문제 양상에 대처한 인간의 태도, 즉 공학적이며 관료적인 '환경관리주의'[10] 태도를 계속 견지했다.

그러나 전 세계적으로 산업화가 본격 궤도에 진입한 20세기 중반 이후에 와서는 환경문제를 인식하는 차원이나 양상 그리고 대응 방법도 크게 달라졌다. 20세기 중반 이후 과학기술의 발달과 함께 거대한 공업사회의 등장은 전 세계적인 에너지 사용의 대량 급증으로 화석연료와 원자력 에너지의 대체 사용으로 인해 환경의 구성체계에 대한 이해가 확연히 달라졌다. 환경을 과거처럼 단순한 물질들의 순환 과정으로만 인식했던 사고의 틀을 벗어나 산업 질서가 유지되는 근본, 즉 광역적인 물질이동을 가능하게 하는 힘이 바로 에너지의 소비에 근거하고 있기 때문에 에너지 흐름의 과정에 대해 주목하게 되었다.

이같이 거대한 공업기술 중심의 산업 질서 편성은 사회가 열역학적인 면에서 평행으로부터 멀리 떨어져 간 비선형 개방계(非線型開放系)를 구성하게 되었음을 말한다. 아울러 물질 생산과 소비 과정에서 에너지 투입과 산출의 준위차가 커진 다단계 에너지 형태 전환 경로를 이루게 되었다. 특히 중화학공업의 발달은 화학반응의 경로가 길어짐에 따라 에너지 형태의 전환 단계가 길어지고, 형태 전환 과정에서 발생하는 에너지 무산을 최소화하기 위한 장치 및 기술의 발달을 촉진시킨다. 비단 중화학공업뿐만 아니라 여타 기술 집약적인 첨단산업 부문에서도 거대기술은 상품 생산과정에서 에너지 형태 전환 단계를 늘어나게 한다. 여기서 기술은 비평형 개방계(非平衡開放系)의 특성에서 나타나는 자기촉매적 역할, 즉 계(系)의 물질반응을 활성화시켜 물질이 존재하는 공간 형태를 비대칭적인 구조로 끊임없이 전환시키는 역할을 수행함으로써 사회 전체적으로 요동이 상주하는 계가 되게 했다.

이러한 공업사회 전반에 걸친 반응성의 활성화는 먼저 기술이 집적된 지역의 미시적 요동을 불러일으켰고, 그 요동의 파동이 공간적으로 확대되어 거시적인 지구생

---

10) 환경관리주의(環境管理主義, environment managerialism)는 1960~70년대에 환경문제가 심각해지자 환경문제 해결에 관료적이고 기술공학적인 접근을 주창하는 주의로 이는 바로 19세기의 건조환경 문제를 해결하고자 했던 도시환경 관리 방식에서 연유한 것이라 할 수 있다. 즉 환경문제를 근본적인 가치관이나 사회구조의 변화 없이 과학기술의 발달이나 산업 구조조정을 통해서 해결할 수 있다는 낙관론이다.

태계의 불안정을 초래할 수 있는 가능성을 예고하기에 이르렀다. 따라서 오늘날 겪고 있는 환경문제는 공간적 · 시간적 · 광역성을 지닌 전 지구적이고 비가역적이라는 데 그 특징이 있다.

공업화에 따른 환경문제의 전개 양상을 보더라도 국내적으로는 화석연료 사용의 증가에 따라 대기오염이 심화되었고, 산업폐수로 인한 수질오염, 토양오염, 각종 산업폐기물로 자연환경이 점점 파괴되어 가고 있었다. 지구 차원에서는 지구온난화, 오존층 파괴, 열대림 파괴, 지구의 사막화, 생물다양성의 절대 감속화 등은 지구생태계의 직접적인 교란을 가져오게 했다. 동시에 지속적인 산업화 정책에 따라 환경오염에 자원의 고갈 및 에너지의 한계, 각종 질병 등 중첩된 문제를 갖고 있었다.

이 같은 상황에서 1960년대는 그 동안 지속되어 오던 '인간 중심적 성장세계관'에 대한 생태학적 비판과 반론, 즉 기술지향주의에 대한 반(反)과학적 사고(antiscience)[11]를 태동시켰다. 이는 당시의 지구환경과 인류의 위기를 부각시킨 역사적 전환기를 마련했고, 1970년대를 거치면서 오늘날 서구 생태주의 운동의 근간이 되었다고 볼 수 있다. 즉 이 시기에는 환경문제에 대한 단순한 경고와 선언의 차원을 넘어서 제도적 참여 차원의 문제로 발전되었다. 이러한 추세는 1970년대에 들어와서 물질세계에 대한 과학 만능적 세계관 내지 인간 중심적인 서구의 제국주의적인 정치 · 사회적 사상, 철학에 대한 비판으로 비약했다.

한 예로 영속적인 사회적 문제를 환경주의(environmentalism)로 만든 다른 어떤 것보다 큰 사건은 1962년 레이첼 카슨(Rachel Carson)의 『침묵의 봄(Silent Spring)』 출간이었다. 여론에서 이 책의 영향력은 대단했다. 사실 그것은 유래 없는 역사적 사건이었다. 침묵의 봄은 살충제에 의해 야기된 위험성을 말했다. 그러나 이 책에는 단순히 농약이 환경과 인간의 건강에 미치는 위험성에 대한 경고 이상의 더 깊은 메시지가 있다. 즉 인류에게 근본적으로 환경에 대한 태도를 재검토하도록 유인하고 사회가 자연을 지배하기보다는 협력해야 한다는 낭랑한 호소를 담고 있다. 이 책에서 카슨은 숲속의 곤충들이 사라지고 새가 노래하지 않는 봄이 인류에게 다가오고 있

11) 자연이나 사회를 관찰하는 경우, 계량적(計量的) · 실증적(實證的)으로 접근하는 방법만이 과학적이라고 하는 입장에 반대하는 모든 사상적 경향을 일컫는 말이다. 반과학이라는 사조(思潮)는 1960년대 말부터 나타났는데, 즉 현대 과학에 대한 비판에서 비롯된다. 대표적인 사상가는 미국의 로스작(Theodore Roszak)인데, 그는 반과학 사조의 하나로서 반문화 또는 대항문화(對抗文化, counterculture)를 제창했다.

다면서, 자연을 파괴하는 병든 인간 사회의 형태와 인류 생존 위기를 철저하게 고발함으로써 생(生)의 외경(畏敬, reverence for life)을 묵시적으로 표현해 주고 있다. 이는 우리 사회에게 환경에 대한 전통적인 인간 태도의 고유한 위험성과 인류의 정신적・물질적 사막화를 경고하면서 자연의 소리를 외면하지 말라는 영감을 주고 있다.[12)]

이후 1972년에는 로마클럽이 『성장의 한계(Limits to Growth)』라는 보고서를 발간하여 지구 자원 한계와 환경 파괴에 따른 지구와 인류의 위기를 경고하고, 같은 해에 유엔이 스웨덴의 스톡홀름에서 UN인간환경회의(UNCHE)[13)]를 개최함으로써 전 지구 차원의 대책을 마련하기 위한 기반이 마련되었다는 점에서 환경론사에서 특별한 의미를 갖는다. 물론 1970년대는 제3세계로 불리던 개도국과 선진국들 간에 환경문제를 인식하고 해결하려는 차원에서는 상당한 차이점을 지니고 있었다고 볼 수 있지만, 이 시기를 기준으로 지구인들의 환경문제에 대한 인식 태도 반전에 새로운 전환점을 보이기 시작했다는 점에서는 간과할 수 없다. 즉 환경문제의 범위가 공간적으로 더욱 확대되어 지역생태 위기의 차원에서 총체적인 지구생태중심주의라는 새로운 환경론이 자리 잡게 된다.

이와 같은 환경 변화 양상을 접하면서 지구인들의 환경 인식이 크게 바뀐다. 즉 일반적 사회 동의에 의한 생태사회계약론(eco-social contract)이 형성됨으로써 생태계를 보존하고 지구 위기의 경종을 알리는 '생태학적 계몽사상'이 대두되었다. 생태학적 계몽사상은 환경 보존에 관한 한 개인주의, 사유재산권, 한정적 정부, 시장적 자유 등을 포함한 자유자본주의적 기본 축은 문제점과 한계성을 지니고 있어 근본적으로 재검토되어야 한다는 것이었다. 즉 환경 보존을 위한 사회 체제에서 개인과 집단을 거시적인 제약 하에 단지 미시적 자유만을 향유하는 생태학적 계약 생태를

12) 1960~70년대 환경주의의 영향으로 미국은 국가환경정책법(NEPA, 1969), 환경보호청 창설(EPA, 1970), 그 밖에 환경 보호와 관련된 수많은 법과 제도가 마련되었고, 특히 국가 산림과 국립공원보호정책으로 야생자연환경보전에 획기적인 지평을 열었다(J. E. de Steiguer, *The Origins of Modern Environmental Thought*(The Arizona Board of Regents, 2006); 박길용(옮김), 「현대 환경사상의 기원」(서울: 성균관대학교출판부, 2008).

13) 이 회의는 '하나뿐인 지구(Only One Earth)'라는 슬로건에 따라 "인간은 환경의 창조자이기도 하며 또한 피조물이 기도하다"로 시작되는 7개의 선언문과 26개의 원칙 그리고 109개로 구성된 권유형 행동지침을 채택했고, 이 행동 지침의 구체적 수행을 위해 제도적으로 UNEP의 설치를, 재정 및 기술이란 측면에선 환경기금 조성 및 기술 이전을 결의함으로써 일명 '인간환경선언(Declaration on the Human Environment),' 즉 '스톡홀름선언'을 채택했다.

지속시켜야 한다는 것이다.[14)]

이같이 환경문제에 대한 인식의 확장은 자연에 대한 자원의 무한성, 불변성, 보존성 등이 자원의 유한성, 가변성, 고갈성으로의 전이(轉移)를 가져오는 중요한 역할을 하게 되었다.

1980년대 들어와서는 환경에 대한 관심이 지역 간 그리고 나아가 전 세계적인 환경문제의 출현에 모아졌다. 대부분 과거 환경의 관심은 그 범위가 지역적인데 반해 이때는 국가적 경계를 넘어 지구 환경문제로 확산되었다. 첫 번째 이 같은 관심은 산성 침전물로서 알려진 '산성비(acid rain)'였다.[15)] 1980년대 초에 유럽인들은 숲과 산업시설의 피해는 공기로 오염되는 오염원과 중성(가령, 산성 물질을 포함한) pH보다 낮은 산성비의 낙진으로 일어난다고 생각하게 되었다. 이 산성 침전물은 산업오염원의 화학적 부산물과 화석연료 연소의 결과라고 생각했다. 당시 미국과 캐나다는 또한 유사한 월경성(transboundary) 산성비 문제를 토론했다. 유럽과 북아메리카의 상황은 대중의 관심을 자극했던 엄청난 큰 뉴스로 받아들였고 세계과학계는 전에는 결코 규모면에서 환경문제로 보지 않았던 산성비의 조사에 몰두했다.

두 번째로의 지구온난화의 위협은 대중에 영향을 끼쳤던 또 다른 지구 환경문제였다.[16)] 벌써 1950년대 초에, 과학자들은 대기 중의 이산화탄소 증가와 다른 이른바 온실가스가 지구 기후에 잠재적 위험을 지닌다는 것을 경고했다. 산성비같이 지구온난화 문제는 교대로 과학적인 관심을 끌면서 국제적인 주요 뉴스가 되었고 대중의 관심을 자극했다. 지구 기후 변화를 조사하기 위해 만들어진 주요 프로그램은 기후변화에 관한 정부간조사위원단(Intergovernmental Panel on Climate Change: IPCC)으로 알려진 약 4백 명의 국제 과학자들로 구성된 유엔에서 지원하는 단체였다. 이것은 환경을 위해 기록되어 있는 가장 큰 국제 협력의 과학적 노력으로 나타났다.

세 번째로의 지구 환경문제는 성층권 오존층의 감소 가능성에 대한 관심이었다.

---

14) G. J. Hardin, "The Tragedy of the Commons," *Science, 162 Exploring New Ethics for Survival: The Voyage of the Spaceship Beagle*(Baltimore: Penguin, 1968); William Ophuls, "Leviathan or Oblivion?" in Toward a Steady State Economy ed. *Herman Daly*(San Francisco: Freeman, 1973), Ecology and Politics of Scarcity: A Prologue to a Political Theory of the Steady State; Robert Heilbroner, *An Inquiry into the Human Prospect*(New York: Norton Edward Goldsmith, 1988).

15) G. Tyler Jr. Miller, *Living in the Environment: Principles, Connections and Solu- tions. 13th* ed. Pacific Grove, CA: Brooks/Cole-Thompson Learning, p. 435.

16) 위의 책, p. 305.

성층권에서는, 1985년경에 과학자들은 남극대륙 위 오존층이 특히 대부분 염화불화탄소(chlorofluorocarbons: CFCS)인 인공화학 물질의 반작용을 통해 파괴되고 있음을 관찰하기 시작했다. 한때 널리 사용된 냉각제와 스프레이용 압축 불활성가스, CFCS는 현재 잠재적인 위협으로 간주되었다.

네 번째로의 지구 환경문제는 열대지역의 산림 남벌과 생물다양성의 감소였다.[17] 특히 아프리카, 아시아, 그리고 남아메리카의 습한 열대지방에서 심했고 이들 개발도상 국가의 산림 남벌은 이들 국가 국민들이 산림에서 연료 목재와 식량과 같은 필수품을 의존하고 있기 때문에 더욱 심각했다. 게다가 지구온난화 문제의 일부는 이들 열대산림이 불타면서 이산화탄소의 배출에 기인하고 또한 열대산림이 세계 동식물종의 절반이 서식하는 곳이기 때문에 생물다양성 유지를 위해서도 문제가 되었다.

이외 1970년대부터 1980년대에 이르기까지 지구 환경문제로서 선진 공업국가에서 발생 배출된 각종 유해폐기물이 재활용 등의 명분으로 아프리카지역을 비롯한 개도국에 아무런 제한 없이 불법적으로 수출되었으며, 개도국으로 이동된 유해 폐기물들은 아무런 규제 없이 그대로 방치되어 이들 개도국에 수질오염 등 많은 환경문제를 야기하면서 유해폐기물의 국가 간 이동에 대한 국제적 규범의 필요성이 더욱 부각되었다.

이처럼 당시 선진국들은 그 동안 개발에 따른 환경 파괴로 가져다 준 엄청난 피해를 인식하고 환경문제 해결을 국가의 우선 정책으로 받아들였다. 기업이나 시민들도 환경문제에서 민감성이 더욱 높아졌다. 따라서 환경문제를 국내 차원에서뿐만 아니라 지구 차원에서 해결하려는 움직임이 확산되면서 지구 환경문제 대응 방법은 괄목할 만한 성장을 보이게 된다. 특히 1980년대로 접어들면서 서구는 '환경과 개발 간의 조화'라는 문제를 자연자원의 총량보다 지구 자정(自淨) 능력의 한계로 초점을 이동시키면서 환경오염 방지 기술 개발과 환경산업의 육성 등으로 그 한계 극복을

17) 위의 책. p. 279. 전 세계의 산림은 연간 2천5백만에서 5천만 에이커의 비율로 사라지고 있다. 열대산림 남벌은 주로 개발도상 국가에서 연료 목재 채취와 상업적 벌목뿐만 아니라 일시적 경작을 위해 나무를 벌채하여 태우는 지역의 확장에 기인한다. 그러나 이들 조짐 뒤에는 과도한 인구 성장, 실업, 할당된 재산권의 부족, 부진한 농업 기술, 정부 토지 개발정책 실패, 부의 불공평한 배분, 그리고 국민들의 부정적인 관행과 같은 근본적인 국가 경제문제에 중심이 되는 더 깊은 원인들이 있다. 다행히도 이 문제들이 그간 무시되지 않았다. 여러 정부기관과 UN 식량농업기구(FAO)와 세계은행과 같은 국제단체들이 산림 회복과 향상된 연료 목재를 불태우는 기술을 돕기 위해 재정적 지원을 제공했다. 그러나 열대산림 남벌과 생물다양성 감소의 공동문제가 해결되기 전에 실제적인 장벽이 남아 있다.

지향하고 있었다. 1982년의 세계국가위원회가 채택한 '나이로비선언'은 지구 차원에서 인류가 공동 대처해야 하는 문제로 지구 자정 능력 파손을 공식적으로 제기했고, 그 해결 방안으로 최소한의 정부 규제와 환경비용의 내부화를 통한 시장기구의 활용을 지적했다. 또 동년 유엔총회가 채택한 '세계자연보호헌장'은 개도국의 입장에서, 지구 차원에서 환경문제의 일차적 책임이 선진국에 있음을 천명하면서 자연 보호 원칙으로 제시된 24개 항목과 5개 보호 원칙은 인간이 자연의 한 부분임을 밝히고 문명은 자연에 뿌리를 두고 있으며, 인간 이외의 모든 형태의 생명은 독특하며 존중되어야 하며, 인간은 이러한 인식에 합당한 도덕적 행위규범에 의해 지도되고 평가되어야 한다고 선언한다.

이에 따라 1983년에 국제열대목재협정이 제정되고, 1985년에 오존층 보호를 위한 비엔나협약이 제정되었으며, 1987년에 후속 의정서인 몬트리올 의정서가 제정되었다. 또한 1989년에는 유해 폐기물의 국가 간 이동 통제에 관한 바젤협약이 체결되었다. 이렇게 1980년대에 접어들어 각종 환경문제와 관련된 선언 및 협정과 협약이 국제적으로 이루어지면서 선·후진국 간의 환경기술 이전과 재정 지원이라는 잠재적인 갈등을 안고 마침내 1987년 일명 '브룬틀란트위원회'라고 칭하는 세계환경개발위원회(WCED)가 구성되었다.

이 위원회는 『우리의 공동 미래(Our Common Future)』라는 보고서를 발간하면서 나이로비선언을 좀 더 구체화시킨 "환경적으로 건전하고 지속 가능한 발전(ESSD: Environmentally Sound and Sustainable Development)"이 전 세계적인 국가 발전 이념으로 공감대를 형성하는 데 지대한 공헌을 했다.

이는 궁극적으로 '인간과 자연과의 조화'라는 생태 조건 속에서 인류는 경제적 욕구, 정치적 욕구, 문화적 욕구가 충족되어야 한다는 인식에서 출발했다. 이 같은 보고서는 더 나아가서 전 지구적인 자유무역주의의 확대와 상품무역의 새로운 거래라는 입장을 확인하면서 1990년대의 환경규제와 그린라운드(국제무역규제) 등장의 배경이 되었으며, WTO의 서막을 연 것이다.

이 보고서에 연이어 1992년에는 세계인의 환경축제인 'UN환경개발회의(리우환경회의)'가 브라질의 리우에서 전 세계 126개국의 정상급 대표단들이 참가한 가운데 개최되었으며, 이는 전 세계적으로 환경을 정책 관심사의 중심축으로 삼게 하는 중요한 계기가 되었다. 이 회의에서는 20년 동안 이끌어온 지구 환경문제에 대한 규범

체제, 즉 향후 지구 환경 질서의 기본 원칙이 된 '리우선언(Rio Declaration on Environment and Development)'과 세부 실천계획인 '의제 21(Agenda 21)'이 채택되었다. 이 '의제 21'은 브룬틀란트 보고서의 ESSD 이념과 이의 실천을 위한 6개 전략 조항에 근거하여 에너지, 토지, 자원관리, 생물다양성 보호, 기후 변화 대응 등의 환경을 여성, 교육 등 사회·경제제도 전반에서 다루고자 했다. 특히 리우환경회의를 통해서 세계 3대 환경협약이 만들어졌다. 즉 지구온난화 방지를 위한 온실가스를 규제하는 '기후변화협약(Convention on Climate Change)', 전 지구적으로 서식하는 생물종(생태계 및 유전자 포함)감소 위기와 이의 보전을 위한 '생물다양성협약(Convention on Biological Diversity)' 이 채택되었고, 난개발과 오·남용으로 인한 사막화를 방지하기 위한 목적으로 한 '사막화방지협약'에 대해 합의('94, 프랑스 파리, 채택)하였다.

또한 현재의 이 같은 환경 위기를 야기한 일차적인 책임은 과거의 산업화 과정에서 성장 우선 정책을 추진한 선진국에 있으므로 환경 청정기술 및 대체물질 개발 기술 등의 무상 이전과 재정 지원을 지구환경 보전을 위한 필수적인 요건으로 주장했다. 유엔환경개발회의(UNCED)에서는 각국의 '의제 21' 추진 상황을 평가·촉진하기 위해 유엔경제사회이사회(ECOSOC)산하에 지속개발위원회(CSD: Commission on Sustainable Development)를 설치하기로 합의하여 1997년까지 5차에 걸쳐 CSD 회의가 개최되었다. 이와 함께 1997년에는 리우회의 5주년이 되는 해로서 리우회의 이후의 '의제 21' 추진 상황 및 향후 전략 등을 논의하기 위해 유엔환경특별총회가 개최되기도 했다.

그 후 지속가능발전의 효과적인 이행을 위해 2002년 요하네스버그에서 열린 '지속가능발전 세계정상회의'에서 채택된 '요하네스버그 이행계획'을 재확인하였고 2012년 6월 리우에서 개최된 'Rio+20정상회의'를 통해 새로운 전환점을 맞이하였다. 전 세계 193개 유엔회원국과 약 100여명의 정상 및 장관들이 참석한 이 회의에서는 지속가능발전 및 빈곤퇴치 맥락에서의 녹색경제(Green Economy)와 지속가능발전을 위한 제도적 체제를 주요 의제로 논의하였다. '우리가 원하는 미래(The Future We Want)'라는 정상선언문을 통해 지속가능발전목표(SDG: Sustainable Development Goals) 수립, 국제 거버넌스 개선 등에 합의하였다. SDG는 지속가능발전에 대한 실질적 이행을 촉진하기 위하여 국제사회 공통의 비전과 구체적 목표를 설정하기 위한 것으로, 2000년부터 2015년까지 국제사회가 달성해야 할 8대 목표를 제시한 세천년개발목표의 시행경험을 토대로 하고 있다. 현재 지속가능발전목표의 수립을 위하여 공개작업반(Opening Working Group)이 구성되어 주제별 논의 및 국제협상이 진행되고 있다. 또한 Rio+20 정상회의는 지속가능발전에 대한 국제 거버넌스의 개선을 위하여 1992년에 설립되었던 UNCSD를 폐지하고, 지속가능발전 고위급정치포럼(High Level Political Forum, HLPF)를 신설하기로 결정하였다. 앞으로 HLPF는 지속가능발전을 위한 정치적 리더십과 국제적 지침을 제시하고, 지속가능발전 관련 공약의 이행진전을 점검하는 역할을 하게 될 것으로 기대된다. 물론 공약이행을 위하여 개별 국가마다 받아들이는 상황적 인식과 조건의 차이점은 있겠지만 궁극적으로 전 세계가 나아가야 할 기본 방향으로 이해될 수 있으므로 이의 대응전략 또한 개별 국가마다 기본 방향에 상응하는 정책 개발이 이루어져야 할 것이다.[18]

우리나라는 지속가능발전의 이행을 위해 국내적으로 지속가능발전기본법, 저탄소 녹색성장 기본법 등 법제 및 정책을 토대로 지속적으로 노력하고 있지만 Rio+20 정상회의, 지속가능발전목표(SDG) 후속협상 및 이행, 지속가능발전고위급정치포럼 등의 적극적이고 능동적인 참여를 통해 국제논의의 변화에 협력하고 이행노력에 참여해야 할 것이다.

제 3 절 맺는 말

이상에서 살펴보았듯이 산업혁명 이전까지 인간은 자연의 중요성은 인식하고 있었으나 또 한편 자연자원이 무한정 존재한다는 믿음 위에서 자연환경이 살아 있는 생명체들의 상호의존적 순환 체계로 인식하지 않고 인간 욕구 충족을 위한 도구가 되는 물적 자원으로만 인식하고 자연자원을 무분별하게 이용했다. 당시의 사람들은 무분별한 자연자원의 이용에 따른 자연 파괴는 지극히 일시적이며 국지적인 현상으로 인식하고 언젠가는 자연 원상태로 복원할 수 있다는 가역적인 신념을 갖고 있어

18) 환경부, 『환경백서』(2013), p. 433

결국 대규모의 파멸을 불러왔다.

산업혁명 이후 환경문제는 국지적인 문제에서 범지구적인 문제로 인식의 전환이 이루어지면서, 그 해결을 위한 환경 이념이나 국제적 협약이 수없이 많이 거론되고 노력을 기울여 오늘날 지구 환경문제를 해결하는 데 상당한 공헌을 해 왔지만, 아직도 그 해결의 발전은 그리 가까운 것처럼 보이지 않는다. 이는 근본적으로 아직도 인류는 끊임없이 인간의 이기적 욕구 충족을 위해 자연에 대한 과도한 인간 중심적인 태도를 버리지 못한 데 있다고 볼 수 있다. 즉 과학기술의 발달에 따른 산업화 과정 속에서 대량 생산과 대량소비라는 성장 지배 산업 체제는 인간의 무한 욕구 충족에 도구화되어 왔고, 현재에도 정도의 차이는 있지만 그 범주를 크게 벗어나지 못하고 있다.

이런 산업 지배 체제에서 이미 성장을 선도했던 선진국이 자연에 대한 근본 생태학적 각성에 따른 인식의 전환 없이, 후발 개도국에게 개발보다는 보전이라는 주의·주장을 자신들의 이해에 따라 강제하는 것은 어쩌면 가장 모순된 주장일지도 모른다. 물론 이런 주의·주장들이 지난 과거처럼 무차별적인 환경 파괴를 막는 데 어느 정도 도움은 되겠지만, 우리가 오늘날 겪고 있는 환경 위기는 분명 지난 날 서구 선진국들의 도구적 이성 중심[19]에 입각한 인간중심주의나 기술낙관주의(technological optimism)에 근간을 두고 있다는 데는 부정할 수 없다. 또한 서구의 팽창 지향적인 제국주의적 지배 이데올로기도 지구 환경문제를 야기하는 데 한몫을 했다. 따라서 장차 지구 환경문제를 해결하기 위해서는 선진국이든 개발도상국이든 근본 생태적인 문명 인식의 새로운 패러다임의 전환 없이는 지구 환경문제 해결은 영원한 숙제로 남을 수밖에 없을 것이다.

---

19) 인간의 이성을 자연을 분석하고 과학적으로 인식하며 자신의 물질적 욕구를 끊임없이 추구하는 도구로 사용하는 데서 나온 사고이다.

제2장

환경문제의 본질

제 1 절 환경문제의 인과구조(因果構造)

앞 장에서 환경문제에 대한 인식의 변천 과정을 개략적으로 살펴보았지만 실제 환경문제의 구조적 인과성에 관한 구체적인 실체를 파악한다는 것은 매우 복잡하고 어렵다. 그렇지만 기본적으로 환경문제는 자연과 인간과의 상호관계성 안에서 일어나기 때문에 지구환경을 이루고 있는 생태계의 구성 요소와 구조 및 그 기능(성질)을 살펴봄으로써 환경문제의 구조적 인과성을 쉽게 이해할 수 있다.

1 생태계

1) 생태계의 구성 요소와 구조

지구의 자연환경은 빛・공기・물・토양・기후・온도・지하자원 등 비생물적 환경(무기적 자연환경)과 생산자・소비자・분해자로 구분되는 생물적 환경(생물공동체)이 결합하여 상호작용하는 하나의 기능을 가진 체계를 구성하는데 이 체계를 '생태계(生態系, ecosystem)'[1]라고 부른다. 초기의 생태계 개념은 생물군집 사이의 상호

1) 생태계란 용어는 1935년 영국의 탠슬리(A. G. Tansley)에 의해 처음 제안된 이래 1942년 린드먼(R. L.

그림 2-1 **생태계의 구성 요소**

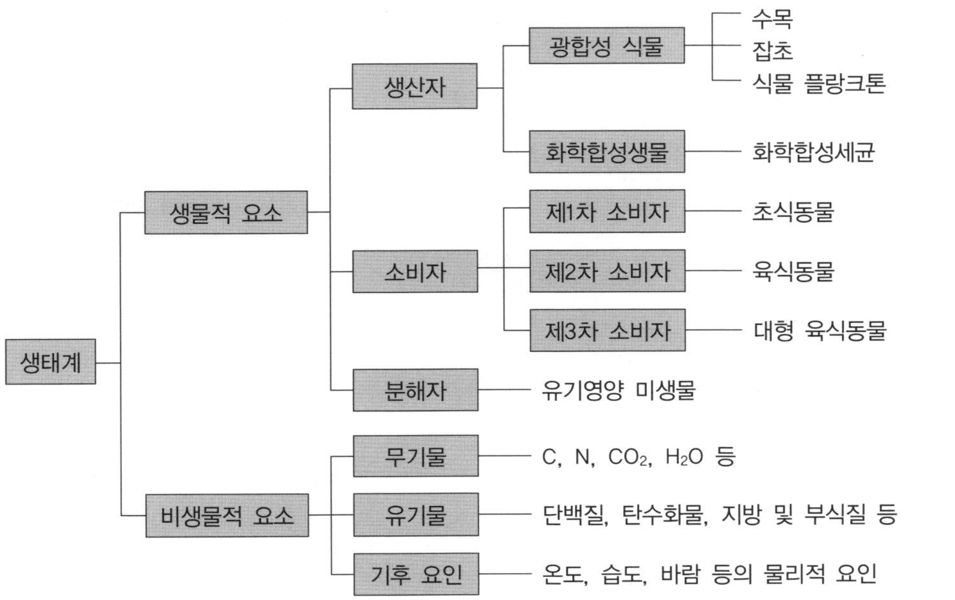

관계라는 좁은 의미였으나 오늘날에 와서는 자연현상을 물질의 순환이라는 커다란 전제 하에 해석하고 인간을 포함한 생물 및 비생물적 물질의 총체적인 상호 순환 관계를 의미한다. [그림 2-1]은 생태계의 구성 요소를 나타내 주고 있다.

생태계는 편의상 자연생태계, 반(半)자연생태계(과수원, 인공림, 목장 논, 밭) 및 인공(人工)생태계(도시의 건물, 도로, 차량)로 나눌 수 있는데 반자연생태계와 인공생태계는 본래 자연생태계의 일부분이었던 인간이 모여 살기 시작하고 산업이 발달함으로써 생겨난 것으로 거시적인 관점에서 볼 때 자연생태계의 한 부분이라고 할 수 있다. 이 같은 자연생태계는 그 구성 요소들 간에 상호 영향을 미치며, 독립적으로 작용하는 경우가 드물고 전체가 복합적으로 상호작용하는 상호 의존적 구조를 이룬다. 특히 생태계 내의 생물요소는 그 기능에 따라 생산자, 소비자, 분해자의 세 가지 생물군으로 나눌 수 있다. 이들의 기능은 [그림 2-2]의 생태계의 구조에서

Lindeman)이 미국의 작은 호수 내 생물들의 영양 관계를 분석함으로써 생태계의 내용이 명확해지며 널리 연구하게 되었다.

그림 2-2 **생태계의 구조**

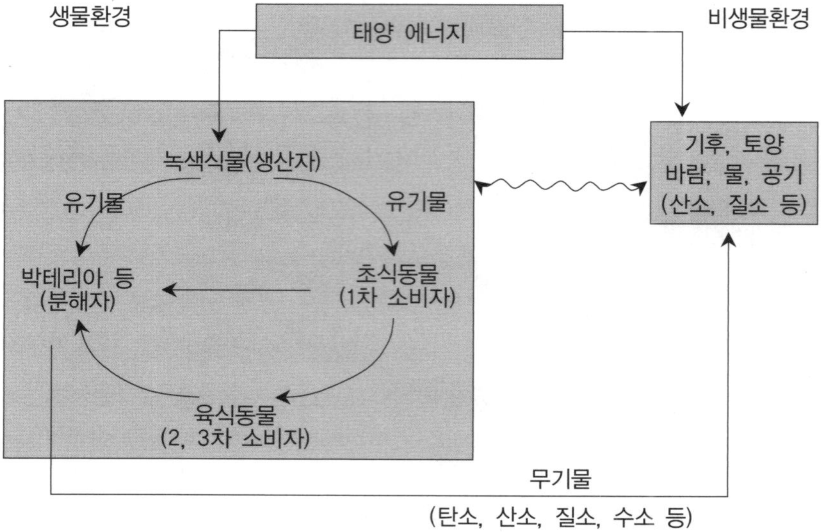

잘 설명되고 있다.

(1) 생산자

생산자(producer)라고 불리는 녹색식물(식물잎)은 비생물적 요소인 공기 중의 물과 태양광선 및 이산화탄소를 이용한 광합성 작용을 통해 태양 에너지를 화학 에너지, 즉 유기물(탄수화물)과 산소를 생산한다.

$$6CO_2 + 6H_2O \xrightarrow{\text{태양(빛) 에너지}} \text{탄수화물}(C_6H_{12}O_6) + 6O_2$$

즉 생태계의 에너지 및 영양소를 공급하는 제조공장이라고 할 수 있다. 이렇게 생산된 탄수화물은 식물 그 자신의 생장이나 물질대사에 필요한 에너지로 사용되며 또한 소비자와 분해자에게 섭취되어 그들의 에너지원이 된다. 이와같이 식물은 자신에게 필요한 에너지를 스스로 만들어 사용한다 하여 독립영양생물(autotrophs)이라 한다. 이에 반해 스스로 영양분을 만들지 못하고 다른 생물을 먹거나 죽은 생물체의 고형 유기물을 섭취함으로써 생활하는 생물을 종속영양생물(heterotrophs)이라고 한다.

(2) 소비자

소비자(consumer)는 생산자(녹색식물)를 섭취하여 활동 에너지로 사용하며 그 과정에서 생성되는 탄산가스를 호흡을 통해 다시 대기 중에 방출한다. 소비자는 먹이사슬의 단계에 따라 1차, 2차, 3차 소비자로 구분되는데 식물을 직접 먹는 초식동물(herbivores)은 1차 소비자이고, 초식동물을 먹는 육식동물(carnivores)은 2차 소비자, 육식과 채식을 함께 하는 인간은 3차 소비자라고 한다. 1차 소비자는 2, 3차 소비자의 에너지 공급원이 되며, 2차 소비자는 3차 소비자의 에너지 공급원이 된다. 2차 소비자와 3차 소비자를 합쳐서 2차 소비자로 구분하는 경우도 있다. 이처럼 생물들은 먹고 먹히는 관계에 따라서 에너지가 고리 모양으로 연결되는데 이를 먹이사슬(food chain)이라 한다. 그러나 실제로 자연생태계에서 동물은 잡식성인 경우도 많고, 포식자는 먹이의 상황에 따라 식성이 변하고 또 연령에 따라서도 식성이 달라지는 등 먹이사슬은 단순하게 직선적인 연결을 이루기보다는 그물 모양으로 서로 얽히고 설키는 경우가 많아서 이를 먹이망(food web)이라 하며 소비자의 단계도 상황에 따라서 조금씩 달라지기도 한다.[2)]

가장 간단한 먹이사슬을 보면 북극지방의 툰드라지대에서 볼 수 있는데 지의류→순록→인간이 바로 그것이다. 이 경우에 지의류는 독립영양생물 즉 생산자이고, 순록과 인간은 종속영양생물인데 여기에서 순록은 초식동물로 1차 소비자이고, 인간은 육식동물로 2차 소비자이다. 이와같이 지의류→순록→인간의 순서에서 각각의 단계를 영양 단계(trophic level)라 하며, [그림 2-3]에서 보듯이 각각은 1차, 2차 및 3차 영양 단계로 명명한다. 영양 단계가 올라갈수록 각 단계마다 80~90%의 유기물(잠재 에너지)이 열(heat)로서 소실되므로 영양 단계의 수는 최대 4~5단계에서 머물게 된다.

(3) 분해자

박테리아, 곰팡이 등 미생물로 구성되는 분해자(decomposer)는 생산자(식물) 또는 소비자(동물)의 사체(死體)를 분해하여 그 속에 함유된 유기물질을 비생물적 무기물

2) 민경희 외, 「인간과 환경」(서울: 숙명여자대학교출판부, 1999), pp. 21-22.

그림 2-3 생태계의 영양 단계

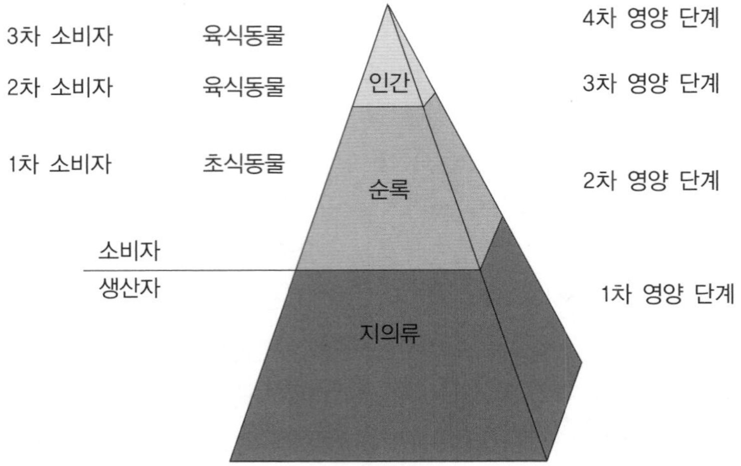

로 바꾸어 그 과정에서 자신이 필요로 하는 에너지와 생활물질을 얻고 또한 생산자 즉 녹색식물이 다시 유기물을 합성하는 데에 이용할 수 있게 한다.

2 생태계의 성질

생태계는 일반적으로 크게 두 가지 특이한 성질을 갖고 있다.

1) 상호의존적 상호순환 기능

생태계의 구조를 제대로 유지되기 위해서는 외부로부터 지속적인 에너지 유입과 원활한 물질 순환이 일어나야만 한다. 이는 생태계를 구성하고 있는 구성 요소 간에 밀접한 상호의존성이 있으며 상호순환의 성질을 갖는다는 것을 의미한다. 앞의 [그림 2-2]에서 보듯이 생태계 내의 각 구성 요소들 사이에는 서로 상호의존성이 있을 뿐만 아니라 계(系) 내에서 모든 물질과 에너지가 끊임없이 재순환되고 있음을 알 수 있다. 생명 유지에 필수 요소인 탄소, 산소, 인, 질소 등은 태양 에너지와는 달리 외계에서 지구의 생태계로 유입되지는 않는다. 이러한 물질들은 생태계 내에서의 원활한 순환 과정을 통해 끊임없이 쓰여지고 또 재생산된다. 즉 지구 생태계 내에서 태양 에너지를 제외한 모든 물질 및 에너지의 총량은 일정하며, 단지 그것들의 원활한 순환 과정을 통해 생태계가 계속 유지될 수 있다는 것이다. 에너지의 이동과 물질의 순환 과정에서 유의할 점은 생태계 모든 에너지와 물질은 생태계의 먹이사슬을 통해 이동하지만, 에너지 흐름이 한쪽 방향으로만 진행하는 비가역적인 특성을 가지는 것과는 대조적으로 물질은 생물계와 비생물계를 순환한다는 점이다.

2) 평형 보존 및 자기조절 기능

생태계가 지니고 있는 두 번째 기능은 생태계의 평형 보존 능력과 자기조절 기능이다. 생태계는 그것을 구성하고 있는 생물적 요소 내에서뿐만 아니라 생물적 요소와 비생물적 요소 사이에도 항상 균형 상태를 유지하려는 성질, 즉 평형 보존 능력이 있다. 이와 같은 현상은 개체, 개체군, 군집 또는 생태계 전체에서 일어나며 생물체가 환경에 적응하려는 자기조절(self regulation) 현상이다. 생태계의 네 구성 요소가 서로 완전히 평형 상태를 이룰 때 이 생태계는 안정된 상태이다. 만일 어느 한 구성 요소가 급격히 변하면 나머지 구성 요소도 따라서 변하거나, 또는 급격히 변하는 구성 요소의 변화를 자체적으로 막아 본래의 안정된 평형 상태로 다시 돌아가게 한다. 이러한 안정성을 항상성(恒常性, homeostasis)이라고 한다.

생물군집을 예로 든다면, 군집 사이의 각 종의 개체 수에는 일정한 질서가 있고 만일 이러한 질서가 깨지게 되면 생태계는 자체로 개체 수를 조절하는 기능이 있어 새로운 상황에 적응한다는 뜻이다. 생물군집 사이에는 일반적으로 생산자의 양이 가장 많고, 그 다음에 1차 소비자, 2차 소비자, 3차 소비자의 순으로 양이 감소한다. 대체로 이들 상호 간의 구조는 [그림 2-4]에서와 같이 피라미드형을 이루는 것이 안정된 형태이다.[3]

만일 생산자의 양이 어떤 외부 조건의 변화에 의해 줄어든다면 이를 먹고 사는 1차 소비자의 양이 줄어들게 되고, 따라서 그 위의 먹이사슬에 있는 2차 및 3차 소비자들도 결국 식량 부족으로 굶어죽게 되어 적은 수의 소비자들로 구성된 새로운 평형 상태로 자체 조정이 된다. 이러한 자기조절 기능이 있다는 것은 어떤 생물 생태계 내에서 일정한 서식처가 수용할 수 있는 생물체의 양에는 상한선, 즉

3) 주광열 편저, 「과학과 환경」(서울: 서울대학교출판부, 1992), pp. 90-93.

그림 2-4 생태계의 자기조절 기능

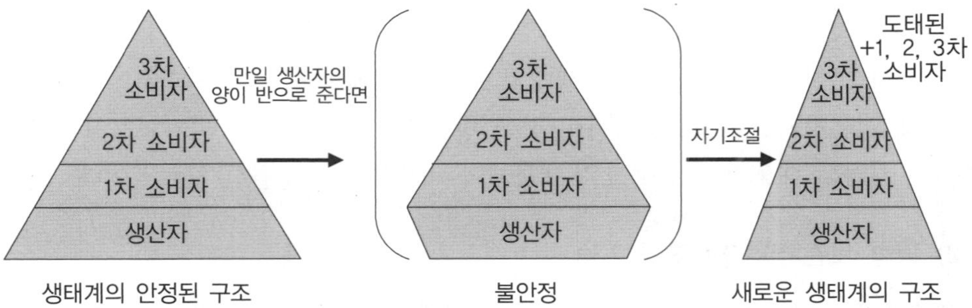

수용량의 한계가 있다는 것을 의미한다.

3 환경문제의 구조적 인과성

자연생태계는 생물환경과 비생물환경을 구성하면서 이들 구성 요소 간에 물질과 에너지를 상호 순환시키는 물질 운반 및 에너지 순환 기능, 자연환경 변화에 대한 균형 상태를 유지하려는 평형 보존 기능, 생물체가 환경에 적응하려는 자기조절 기능 등 이외에 생물 간의 먹이연쇄 기능, 생물종의 교환과 진화 기능 등을 가지고 생태계의 구조를 지속적으로 유지한다.

이처럼 자연환경은 자연생태계를 이루어 물질을 분해하고 동화하는 자기조절 능력을 가지고 있고 그 능력은 한계용량이 있어, 자연을 조절·지배하는 인간의 제반 활동으로 인해 자연계에 배출된 오염물질이 그 수용 한계 용량을 초과하게 될 때, 생태계 본래 기능의 변화를 가져와 불안정한 생태계를 형성하여 결국은 생태계가 파괴되고 만다.

특히 소비자의 일부인 '인구의 급속한 증가'[4]는 더 많은 생산자와 1, 2차 소비자를

4) 인구와 식량을 생산해 내는 토지의 유한성과의 관계를 통해 인류의 장래를 비관적으로 내다 본 맬서스(Thomas R. Malthus)의 주의주장이나 방법론이 오늘날 환경론자나 생태학자들에게 지대한 영향을 미쳤다. 신맬서스주의자라고 부를 수 있는 하딘(Garrett J. Hardin)은 부하용량(負荷容量)의 생태학적 법칙은 동물이나 인간 양자에게 적용되는 법칙이라고 주장한다. 그는 만약 제3세계의 과잉 인구문제를 그대로 방

필요로 하지만 지구가 생산할 수 있는 생산자의 양에는 한계가 있기 때문에 불안정한 생태계를 형성한다. 생태계 자체로서는 이러한 불안정성을 해결할 수 없기 때문에 인간은 생산자의 양을 급격히 늘이기 위해 많은 농지를 개간하고, 또 생산 효율을 높이기 위해 많은 농약이나 화학비료를 사용하게 된다. 농경지의 개간, 농약이나 화학비료의 살포는 일시적으로 생산성을 증가시켜 생태계를 안정시킬 수 있을지 모르나 이에 따른 산림의 훼손, 공해의 유발, 토양의 산성화 등은 장기적으로 전체적인 생태계를 불안정하게 만드는 요인이 된다.

그뿐만 아니라 인구의 증가는 도시화(도시 개발)와 고도 산업화 및 기술화(공업단지 개발, 자원 및 에너지 소비 증대)를 초래하여 인간의 무한 욕구와 편리함을 위해 자연자원의 무한 개발, 물품의 대량 생산, 대량 소비로 인해 각종 오염물질을 다량 배출시킴으로써 자연환경의 악화, 자원의 고갈 및 편재로 자연생태계를 파괴시킨다. 결국 사회·생활환경의 악화와 더불어 자연생태계의 파괴로 인간의 삶을 파괴하는 '생명 파괴'로 귀착되고 만다([그림 2-5] 참조).

이상에서 살펴본 바와 같이 환경문제의 구조적 인과성(因果性)이란 단순히 현실에 돌출된 환경오염만의 문제로 이해될 수 있는 성질이 아니다. 즉 사회·경제학적 측면에서 인구의 증가와 집중(도시화), 소득 증가, 빈곤, 기술혁신, 국제무역 그리고 시장실패로 인한 자원 이용의 비능률 등이 환경오염의 주범으로 보는 견해가 있는가 하면, 생물과 비생물이라는 거시적인 자연생태계의 '생명 순환'이라는 구조·기능의 틀 안에서 파악되기도 한다. 그뿐만 아니라 사회심리학적 관점에서 인간의 자연에 대한 이기심을 환경 파괴의 원인으로 보기도 하고, 문화인류학적 견지에서 특정 문

치하면 자원 고갈과 환경 파괴를 초래하여 장차 인류는 환경오염으로 비참하게 될 것이라고 전망했다(Garret J. Hardin, "Tragedy of Commons," *Science*, 1968, 1243-48). 또한 에를리히(Paul R. Ehrlich)는 과잉 인구의 치명적인 결과 는 기아로부터 벗어날 수 없을 거라고 보았고, 환경 파괴의 기본적 원인임을 지적하고 제로(zero) 인구 성장을 주장했다. 즉 인류는 식량 부족을 해결하기 위해 더 많은 비료와 살충제를 사용하고, 숲을 개간하여 강을 오염시키고, 온실효과를 일으킨다 (Paul R. Ehrlich, *The Population Bomb*(New York: Sierra Club and Ballantine Books, 1968). 지구 인구가 1987년에는 50억이, 1997년에는 59억으로 급속히 증가하여 현재는 지구의 한계 수용 용량에 근접해 있다는 지적이 많다. 유엔인구기금(UNEPA)의 1998년 세계 인구현황보고서에 의하면 인구 증가 추세가 현 속도로 지속될 경우 2030년에는 82억 그리고 2070년에는 1백억 명을 넘어설 것이라고 한다. 문제를 더 복잡하게 하는 것은 이러한 인구가 환경문제 해결 능력이 부족한 후진국과 개도국에 집중되어 있으며, 또 이들 지역에서의 인구 증가 현상이 더 심각하다는 점이다. 그뿐만 아니라 인구가 도시지역으로 집중되고 있어 도시 환경오염과 자원 고갈을 심화시키고 있다는 점이다.

그림 2-5 환경문제의 구조적 인과성

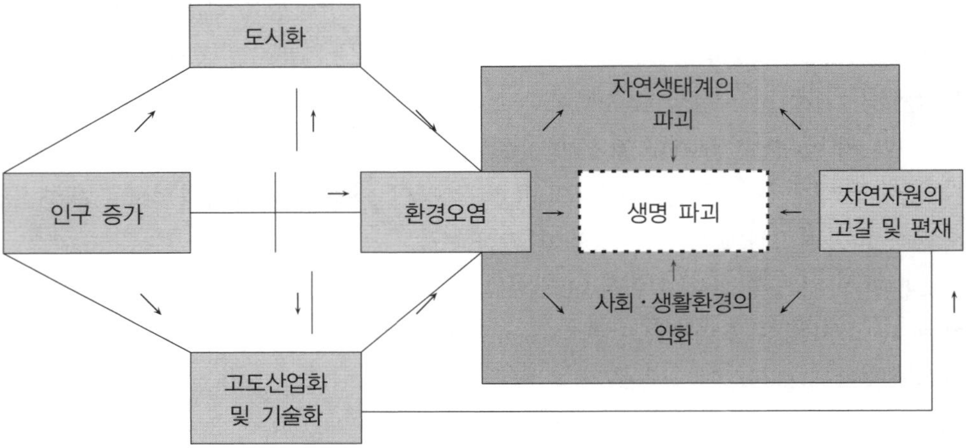

화를 비판하는 견해도 있다.[5] 이같이 환경문제의 구조적 인과성을 확연히 파악한다는 것은 그리 쉬운 일은 아니지만, 분명한 것은 인간의 자연에 대한 무한 욕구 충족과 편리함을 위해서 오만하고 무절제한 지배 태도에 있음을 누구도 부인하지는 못할 것이다. 따라서 향후 환경문제 해결을 위한 방안 모색을 위해서는 다양한 관점에서 환경문제의 인과성을 구명(究明)하고 논의할 필요가 있다.

제 2 절 환경문제의 특성

환경문제의 특성을 파악한다는 것은 환경문제 해결을 위한 올바른 이해와 환경문제 접근 방법을 도출하는 데 도움이 될 것이다. 사회문제로서 환경문제는 인간의 자연에 대한 가치론적 문제와 구체적인 제반 생활활동으로 인해 발생한 문제이다. 따라서 환경문제는 다른 사회문제보다 매우 독특한 성격과 복잡한 인과구조(因果構造)

5) Lamont C. Hempel, *Environmental Governance: The Global Challenge*(Washington, D.C., Island Press, 1996), pp. 51-89.

를 지니고 있어서 환경문제가 갖고 있는 본질적이고 구조적인 특성을 명확히 밝힌다는 것은 그리 쉽지 않다. 그렇지만 일반적으로 밝혀진 특성들을 살펴보면 오염 요인의 다양성과 복합성, 고질화 및 광역화, 인과관계의 시차성, 불가역성, 복합작용에 의한 상승작용, 문제의 자기증식성, 외부효과성(externalities), 비화폐성(non-monetary) 등을 들 수 있다. 이들 특성을 좀 더 구체적으로 살펴보기로 한다.

1 오염 요인의 다양성과 복합성

환경문제는 인간의 제반 활동, 즉 개발 · 생산 · 소비 과정에서 다양하게 발생한다. 개발 과정(development process)에서는 자연환경의 훼손, 생태계의 파괴 등이 따르고, 생산 과정(production process)에서는 매연 폐수, 폐기물, 소음, 분진, 진동, 산업쓰레기 등의 공해를 유발하게 되며 소비 과정(consumption process)에서는 연소, 생활하수. 생활쓰레기 등 다양한 오염물질이 발생하게 된다. 또한 이들 간의 상호연관성으로부터 환경문제가 더욱 심화된다. 이러한 오염 요인의 다양성과 복합성으로 말미암아 그 해결 방안도 여러 분야의 지식이 종합적으로 요구되어 전체적(holistic)이고 다학문적(multidisciplinary)인 입장에서 접근해야 한다.

2 고질화 및 광역화

산업문명의 부산물로 발생된 환경오염은 오염의 인과관계를 과학적으로 구명하기가 매우 어렵다. 따라서 환경문제를 해결하기 위해 과거보다 훨씬 많은 비용을 투입하고 헤아릴 수 없는 환경규제법을 만들어 보았지만, 그 연구 노력과 비용 투자에 비하면 환경 개선 효과가 너무나 미약하다. 그뿐만 아니라 고도의 과학적이고 정교한 환경 개선 기술을 개발했음에도 불구하고 오히려 환경문제는 심화, 악화되어 가고 있다는 점이다. 이는 환경문제가 전 세계적으로 고질화 · 악질화되고 있음을 잘 보여 주는 것이다.

또한 환경의 문제는 환경의 개방 체제(open-system)적 특성으로 인해 어떤 특정

지역에 국한된 국지적 현상이 아니라 공간적으로 광범한 영향권을 형성한다(지구온난화, 오존층 파괴, 생물다양성 감소 등), 즉 오염물질은 발생한 특정 지역을 초월하여 대기와 수계의 이동 과정을 통해 광범위한 지역으로 확산되는 성질을 가지고 있는 것이다. 이러한 환경오염의 광역성(廣域性)으로 말미암아 환경문제는 점차 공통화 내지 국제화하는 성격이 있다. 따라서 환경문제는 한 지역이나 한 국가만의 문제가 아니라 지구촌 전체가 함께 해결해야 하는 국제적 방안을 구체적으로 모색해야 한다.

3 인과관계의 시차성과 불가역성

환경문제는 시간적으로 문제의 발생으로부터 영향의 발견 사이에 상당한 시차가 존재한다. 심지어 방사선 원소에 의한 피해나 약물에 의한 피해 등은 수세대 후에도 그 영향이 나타나고 어떤 독극물들은 수년을 두고 점차적으로 영향을 미치는 것들도 많다. 이처럼 환경오염이나 자연 파괴의 영향이 오랜 시차를 두고 나타나기 때문에 원인과 결과 사이에 존재하는 인과관계를 확인하는 데 어려움이 따를 뿐만 아니라 다른 사회문제보다 상대적으로 미래 불확실성과 위험성의 내재 정도가 높다.

또한 환경오염과 관련하여 파생되는 많은 문제, 즉 인간의 존엄성이나 사회적 관계, 생태 시스템, 자연 자원의 고갈 등은 일단 파괴되고 훼손되면 치유될 때까지는 오랜 시간이 필요할 뿐만 아니라 막대한 대가를 치르거나 다시 원상 회복이 거의 불가능한 불가역적(不可逆的, irreversibility) 성격을 지닌다. 런던의 템스강 오염 제거는 100년 이상 걸렸고 비용은 추정할 수 없을 만큼 컸다고 한다. 따라서 환경문제는 사후 규제보다는 사전 예방적인 대책으로 대응하는 것이 바람직하다.

4 복합작용에 의한 상승작용

환경문제는 복합성을 지니고 있다. 즉 한 종류의 공해물질을 제거하기 위해 인위적으로 어떤 조치를 하여 그 목적을 달성한다고 해도 그 조치 과정에서 새로운 환경문제를 야기한다는 것이다. 그뿐만 아니라 상호작용하는 요인들에 의해 화학반응을 통한 상승작용(synergism)을 일으켜 문제를 더욱 악화시키기도 한다.

상승 효과는 두 가지 혹은 그 이상의 환경 요인이 상호 결합하여 개별적인 오염물질의 효과 이상의 영향을 끼치는 현상을 말한다. 즉 대기오염 물질인 아황산가스는 그 자체만으로도 인간에게 치명적인 영향을 미치는 물질인데 이물질(異物質)이 대기 중에 질소산화물 · 수증기 · 분진 등과 혼합하여 산성비를 만들어 더욱 심각한 피해를 일으킨다. 또한 대부분의 독성이 있는 물질들은 온도가 상승함에 따라 그 독성이 더 강해지는 상승 효과를 가져오는 경향이 있다.

5 문제의 자기증식성

대기 · 물 · 토양 등 자연생태계는 그것을 구성하고 있는 생물적 요소 내에서뿐만 아니라 생물적 요소와 비생물적 요소 사이에도 항상 균형 상태를 유지하려는 평형보존 능력 또는 자기조절(self regulation) 능력이 있다. 그러나 그 능력 이상으로 오염물질이 부하(負荷)되면 자정작용이 불가능하게 되어 오염 현상이 더욱 가중적으로 심화된다.

6 외부효과성

환경문제는 생산자와 소비자 간에 경제적 거래가 이루어지지 않았음에도 불구하고 상품(환경오염)이 이전되어 직접적으로 제3자에게 지대한 영향을 미치는 특성을 지닌다. 즉 공업활동의 결과 발생하는 대기오염과 산성비 등은 농업생산량뿐만 아니라 인체에도 엄청난 영향을 미친다. 이러한 현상에 대해 경제학 분야에서는 외부 효과 가운데 부정적인 또는 해로운 효과를 의미하는 외부불경제(external diseconomy)라는 개념을 바탕으로 설명한다.

7 비화폐성

환경문제는 화폐로 환산하기 어려운 비화폐적인 가치를 지닌 윤리적이고 이념적인 측면을 수반하는 특성도 지니고 있다. 즉 인류 문명은 자연과 인간의 상호관계에서 인간은 다양한 방식으로 자연을 마주해 왔다. 그러기 때문에 환경문제는 경제적인 이유에서만 아니라 사회·정치·행정·문화 등의 복합적인 관점에서 파악되고 이해되어야 한다. 즉 한 시대의 이념적 가치와 세계관이 환경문제와 밀접한 관계를 맺고 있다. 따라서 환경문제를 이해하려면 역사·철학적인 접근 방법도 반드시 고려되어야 할 것이다.

제 3 장

환경문제의 접근 방법

환경문제는 인류의 역사와 더불어 존재해 왔으나, 오늘날 우리가 겪고 있는 환경문제는 인간의 삶(생명) 자체를 위협하는 가장 중요한 사회문제로 대두되었다는 점이다. 이러한 문제를 해결하기 위해서는 앞 장에서 이미 언급한 바와 같이 환경문제의 구조적 인과성 및 특성을 정확히 파악할 필요가 있었다. 또한 환경문제의 접근 방법을 통해 환경문제의 연구 방향과 문제 해결의 실마리를 찾는 데 전략적인 도움을 얻을 수 있다.

'접근 방법'이란 어떤 학문 분야나 문제에서 '무엇을(what)' '어떻게(how)' 연구하고 해결할 것인가와 관련하여 제기되는 견해이다. 이것은 그 분야의 연구활동이나 문제 해결을 안내해 주는 일종의 일반적인 전략이나 지향(orientation)이라고 볼 수 있다.[1] 다른 사회문제도 마찬가지겠지만 특히 환경문제는 오염 요인의 다양성과 복합성적인 특성으로 말미암아 그 문제의 접근 방법도 단선적, 폐쇄적, 지엽적 접근으로는 그 한계가 있으므로 문제를 다차원적으로 파악하고 복선적, 입체적, 개방적, 전체적으로 조감(鳥鑑)하고 해결할 수 있는 학제적인 접근(interdisciplinary-approach)이 필요하다. 즉 동일한 환경문제를 두고 연구자나 정책 입안자들은 그들 각자의 다양한 지적 창구를 통해 그 문제를 어떻게 인지하고, 문제의 초점(focus)을 어디(locus)에 두고 그 해결점을 찾을 것인지는 이들의 각자 경험이나 지적 배경 및 주관성에 따라 차이가 있으므로 문제 해결의 접근 방법도 다양할 수밖에 없다. 따라서

1) Alan C, Isaa, *Scope and Methods of Political Science: An Introduction to the Methodology of Political Inquire*(Homewood Ⅲ: The Dorsey Press, 1981), p. 191.

이 장에서는 다만 앞에서 논의한 환경문제의 구조적 인과성과 특성들을 고려하여 구체적인 문제 해결의 내용을 설명하기보다는 환경문제 해결의 연구 방향과 학문적 안내 차원에서 지향해야 할 몇 가지 접근 방법을 모색해 보기로 한다.

제 1 절 역사 · 철학적 접근

환경문제에서 역사 · 철학적 접근(historical-philosophical approach) 방법이란 환경문제를 역사적이고 철학적인 관점에서 접근하는 방법이라 할 수 있다. 환경문제라는 관점에서 역사적 접근은 인류 문명의 변동 과정에서 필연적으로 인간과 자연의 관계성이 끊임없이 수정 · 변경되면서 그때그때마다 다가온 환경문제를 인류가 어떻게 인식하고 특징지어 대응해 왔는가를 밝혀 주는 데 그 의미를 제공해 준다. 즉 역사적 접근 방법은 두 가지 측면에서 환경문제를 이해하고 연구하는 데 도움을 준다.

우선 환경문제는 문명의 진행 과정과 자연환경 사이에 깊은 상호연관성이 있다고 볼 때, 환경사의 관점을 취해 그러한 상호관계를 고찰해 볼 수 있다는 것이다. 즉 고대문명에 대한 생태학적 고찰을 통해 현재 직면하고 있는 환경문제의 뿌리를 밝혀 내 보는 데 있다. 이의 적절한 시도를 위해서는 고대문명의 고고학적 자료들에 대한 새로운 해석이 필요하다. 이러한 재해석을 통해 현재에 이르기까지 인간이 자연환경에 대해 지녀왔던 태도와 자연환경과의 관계맺음의 방식을 드러내 보여 주고 반성하게 한다.

다음은 역사적 접근 방법이 지난 과거의 중대한 환경사건들을 자세하게 묘사해 준다. 그 결과 이들 연구는 일종의 사례연구(case studies)가 되기도 한다. 따라서 사례연구를 통해 과거 사건들을 좀 더 잘 이해하게 되면 현재의 환경문제를 효과적으로 해결할 수 있고, 장차 나타나게 될 환경문제에 대해서도 어떻게 대응해야 할 것인지에 대해서도 바람직한 방향성을 모색할 수도 있다. 또한 이러한 역사적 접근 방법은 어떤 사건 · 제도 · 정책 등의 기원과 배경 및 발전 과정을 파악하고 설명하는 데 많이 사용되며, 이런 연구에서는 소위 발생론적인 설명 방식을 주로 사용하게 된다. 다시 말하면 과거의 환경문제나 현재의 지구 환경문제가 어떠한 원인과 결부되어 발생되었고 이의 해결을 위한 어떤 제도와 정책이 도출되었는지를 설명할 것이다.

이처럼 문명사에서 인간과 자연의 관계성에서 발생된 환경문제를 발생론적으로 밝히고 설명한다는 것은 결국 인간이 대자연에 대한 궁극적인 가치구조의 출발과 변화의 과정을 밝힌다고도 볼 수 있다. 이는 환경의 근본적인 문제를 철학적인 근원까지 연결시키고 있다. 이런 점에서 역사적 접근과 관련하여 철학적 접근이 필요하게 된다.

가령 인간의 철학, 윤리관, 세계관의 차이에 따라서 자연에 대한 관계 설정이 달라질 수 있다는 것이다. 즉 인간이 자연에 대한 우월적이고 지배적인 입장인지, 상호조화적인 입장인지가 설정된다. 그뿐만 아니라 인간이 자연에 대한 어떠한 관계 설정을 하는가에 따라 환경문제의 발생 정도, 인식 수준, 이를 해결하기 위한 방법 및 방향성도 확연히 달라질 수 있다.

결국 환경문제의 역사·철학적 접근 방법은 인간과 자연의 관계성 안에서 인류가 추구해 온 문명이 어떠한 철학과 윤리, 세계관에 바탕을 두고 문명을 발전시켜 왔고, 이로 인해 나타난 문명의 문제점이 무엇인지 밝혀내는 데 있다. 이는 결국 인류 미래의 바람직한 문명의 발전 방향을 제시하는 기준이 될 수 있다는 데서 그 의미성이 크다고 볼 수 있다.

따라서 연구자들은 환경문제를 해결하는 접근 방법의 하나로서 환경문제는 반드시 그 동안 인간 사회를 지배해 온 문명사적 사조(思潮)와 결부해서 이해되고, 그 해결책 또한 문명 역사 의식 안에서 그 접근방법이 모색되어야 한다고 본다. 이를 위해 연구자들은 오늘날 환경문제를 가져오게 한 직·간접적인 동인(動因)이 되는 산업혁명 이전의 고대 그리스와 로마 및 중세의 자연관과 근세 산업혁명 이후의 산업문명의 철학적·윤리적 세계관을 살펴보고, 그 한계점이 무엇인지를 밝히고 이의 극복을 위한 새로운 대안 문명의 이념적·사회적 패러다임을 설정하고 추구해 나가야 할 것이다.

제 2 절 제도적 접근

제도적 접근(institutional approach) 방법은 역사적 접근 방법에 대한 반발로 생겨난 것으로 초기 사회과학 연구의 접근 방법 중 하나이며 오늘날에도 널리 사용되고 있는 것으로서 행정 과정의 합법성과 법률에 기반을 둔 제도를 강조한다. 이 접근 방법은 단순히 법률 체계의 연구에만 한정되는 것이 아니며 각종 행정제도에 관한 헌법적 혹은 법률적 측면의 연구도 함께 한다. 따라서 이 방법을 법적·제도적 접근(legal-institutional approach)이라고 부르기도 한다.

환경문제에서 법적·제도적 접근 방법을 통한 연구는 환경문제를 다루는 행정조직들의 구조와 기능, 환경정책 과정, 그리고 오염 방지를 규제하는 각종 법령들을 중심으로 이루어진다고 볼 수 있다. 즉 제도적 접근은 크게 두 가지 측면에서 접근할 수 있다. 우선 환경문제를 다루고 있는 환경행정 조직이 효율적인 구조·기능 체계(structure-function system)를 갖추고 운영되고 있는가를 살펴보는 일이다.[2] 가령 환경 관련 각 부처 간의 관계, 중앙부처와 지방정부 사이의 권한과 기능(사무의 배분), 각종 인사제도나 예산제도 등에 대해 관련 법규를 중심으로 연구하는 일이다.

다음으로 환경권(環境權)에 대한 헌법적 문제, 즉 정부나 일반 시민에 대한 책임의 규범적 문제로서, 환경문제 해결을 위한 각종 환경규제 제도나 정책이 정치적 합리성(民主性), 경제적 합리성(能率性), 법적 합리성(正當性), 사회적 합리성(道德性, 衡平性)의 토대 위에서 형성, 집행, 평가되고 있는가에 대해 연구하는 것이다. 특히 대부분의 환경정책은 사회규제정책[3]의 한 유형으로 파악될 수 있으므로 문제 해결

---

2) 대부분의 환경정책은 여러 중앙부처와 유관성이 있기 때문에 상호 협의를 거쳐야 하는 부문이 많다. 현재 우리나라의 경우 여러 부처에서 환경 관련 업무를 수행하고 있고 법령상 반드시 협의를 필요로 하는 기관만도 7개 부처·청(교육부, 농림축산식품부, 국토교통부, 고용노동부, 문화체육관광부, 산림청, 농촌진흥청)에 이르고 있다. 이런 상황에서 과연 환경정책이 일관성을 갖고 효율적인 정책 수행이 이루어질지 의심스럽다. 또한 중앙 -지방정부, 지방환경청과 지방자치단체 간의 업무 기능(환경규제권) 배분상의 문제점도 많으므로 조만간 효율적인 환경행정을 위해서는 조직의 개편과 기능의 배분, 이에 따른 인사와 예산상의 합리적 자원배분이 요구된다.

3) 정부규제는 경제적 규제와 사회적 규제로 대별할 수 있다. 사회적 규제(social regulatory)란 바람직한 사회적 가치의 실현을 저해하는 기업이나 개인에 대해 정부가 그 행위를 제약하는 것이다. 사회적 규제의 한 유형인 환경규제는 기업, 개인, 사회집단의 제반 활동, 즉 개발, 생산, 소비 과정에서 야기하는

의 정책 수단(policy instruction) 또한 규제(regulation) 아니면 유인(incentives) 제도[4]라고 볼 수 있다.

따라서 연구자나 정책 담당자들은 이들 각종 규제나 제도들이 책임의 규범적 문제로서 그 의무를 다하기 위해서는 '보편적인 윤리', 즉 합의에 의한 의사결정이 이루어지고 있는지를 늘 연구 검토해야 할 필요성이 있다. 결국 제도적 접근도 그 제도가 형성되기 전에 사회의 보편적 윤리라는 국민적 합의가 가장 중요한 규범적 동의라고 볼 수 있지만, 흔히 역사적으로 정책결정 과정을 살펴볼 때, 비민주적인 국가일수록 제도나 정책을 최종적으로 결정하는 정책책임자들은 보편적 윤리라는 규범적 동의를 무시하고 즉흥적으로 결정하는 경우가 허다하다.

오늘날 환경행정뿐만 아니라 모든 국가 행정에서 많은 부분이 관련 법규나 혹은 제도에 기반을 두고 이루어지고 있어서 제도적 접근은 환경문제를 연구하는 데 중요한 하나의 접근 방법임은 틀림없다. 그러나 이 접근 방법은 공식적인 제도나 법률에 기반을 두고 있기 때문에 제도 이면의 행정의 동태적 측면을 파악하기 어렵다는 점에서 비판을 면치 못하고 있다. 따라서 많은 환경 후발 국가들이 환경 선진 국가의 훌륭한 환경제도를 도입하고 있으나, 현실적으로는 성공하지 못해 오히려 제도와 실제 간의 괴리 현상이 초래된 것은 이 접근 방법의 한계라고 볼 수 있다. 향후 환경문제에 대한 제도적 접근의 착근을 위해서는 우리의 경제·사회 여건과 국제환경 변화에 합치되는 토대 위에 환경권이라는 헌법 정신을 최대한 살려 정책의 합리화[5]를 도모해야 한다.

수질오염이나 대기오염과 같은 각종 환경오염을 규제하기 위해 정부가 채택하고 있는 정책과 제도를 의미한다.

4) 환경규제는 명령적 규제와 경제 유인적 규제로 나뉜다. 명령적 규제는 법규성, 행정명령, 행정지시 등에 기초한 강제력을 행사함으로써 사회적 가치를 실현시키거나 이 실현을 방해하는 행위를 직·간접적으로 금지 또는 제한하는 방법이다. 이를 흔히 명령·지시적 규제(regulation by directives)라고도 한다. 경제 유인적 규제는 일명 시장 유인적 규제(regulation by incentives)라고도 하는데 이 방법은 규제 목적을 추구하되 피규제자에게 경제적 유인을 부여함으로써 스스로 정부가 설정한 규제 수준을 준수하도록 유인하는 방식이다(최병선, 『정부규제론』(서울: 법문사, 1992), p. 457).

5) 아직도 우리나라의 정책 과정에 대한 주된 비판으로서 거론되는 것이 즉흥적·행정편의주의·특수이익의 옹호라고 하는 점을 완전히 극복하고 있지 못하다.

제 3 절 경제적 접근

경제적 접근(economical approach) 방법은 크게 보면 제도적 접근 방법에 포함되지만 좀 더 세부적 이론과 접근을 시도하기 위해 여기에서는 나누어 설명하기로 한다.

환경문제에 대한 경제적 접근은 우선 환경경제의 이론화를 위한 근저에 깔려 있는 환경재(environmental goods)의 고유한 특성의 인식 변화 과정을 파악할 필요가 있다. 일반적으로 환경재, 즉 햇빛, 물, 공기, 토양 등은 주인이 없는 공공재(公共財, public goods)라는 개념으로 인식되어 왔다. 공공재는 소비의 비경합성(非競合性, non-rivalry)과 비배제성(非排除性, non-excludability)[6]이라는 속성을 지니고 있기 때문에 경제적으로 희소성의 가치가 없어 자원의 적정 배분에 따른 능률성의 논리가 작용될 여지도 없을 뿐더러 시장 기능에 맡겨질 가능성은 더더욱 희박한 것들이었다.

그러나 오늘날 현대 산업사회에서는 오염으로 인한 환경문제가 더욱 심화되면서 환경재는 이제 주인 없는 공공재가 아닌 자원으로서의 희소가치를 인정받아 시장 기능에 따른 가격 형성이 이루어져야 하는 시점에 이르렀다. 따라서 경제적 측면의 현실 환경문제란 시장기구적 차원에서 출발한다.[7]

다음으로 환경오염을 외부효과(外部效果, external effect)[8]로 인식하게 됨으로써

---

6) 비경합성이란, 일단 재화나 서비스가 공급되면 사회의 모든 구성원이 동일한 양을 동시에 소비하게 되고 비배제성이란 일단 재화나 서비스가 공급되면 제3자의 소비행위를 전혀 배제할 수 없음을 말한다. 즉 이 두 가지 속성을 지닌 재화를 흔히 공공재라고 한다. 가령 국방, 치안, 일기예보, 정화된 환경재는 비배제성과 비경합성을 가진 대표적인 공공재이다. 이들은 사회적으로 꼭 필요한 재화이지만 돈벌이가 잘 되지 않기 때문에 자연히 잘 생산되지도 공급되지도 않는다. 그러므로 정부가 나서지 않으면 깨끗한 공기, 깨끗한 물, 아름다운 경치 등과 같은 공공재가 지나치게 적게 공급되어 사회적인 문제가 발생한다.

7) 김태경, "경제학적 현실 환경문제와 생태학적 갈등," 「환경 논의의 쟁점들」(공저)(서울: 나라사랑, 1994), p.107.

8) 외부효과란 어떤 사람(기업)의 행동이 비의도적으로 그리고 그것에 대한 대가의 교환 없이 타인에게 이득이나 손해를 가져다 주는 결과를 초래하기 때문에 외부 효과가 있을 때는 시장가격은 자원배분을 최적화시키는 기능을 발휘할 수 없다. 시장가격은 외부비용을 제외하고 있기 때문에 시장 기능에 의존할 경우 자원배분의 최적화가 되지 않는다(Danial F. Spulber, *Regulation and Markets*(Massachusetts: The

오염의 행위는 무제한 성행하게 되어 환경오염이 만연하게 되었다.

이처럼 환경재가 '공공재'라는 인식과 환경오염을 '외부 효과'라는 인식으로 인해 환경문제가 점차 심화되면서 결국 이는 시장실패(市場失敗, market failure)[9]의 원인으로 보고 정부 개입[10]에 의한 경제 유인적 정책 수단이 나타나게 되었다. 경제적 유인을 이용하는 간접규제제도는 환경자원을 소비자들의 합리적 소비 선택의 대상으로 바꾸어 주면, 소비자들은 환경자원을 함부로 남용하거나 고갈시키지 않는다는 경제학이론에 기초하고 있다. 한때는 경제 유인적 규제가 오염 유발 기업체들에게 환경오염을 일으키는 행위를 합법화시켜 주는 것이기 때문에 도덕적으로 용인할 수 없고 그 효과마저 신뢰할 수 없다고 해서 반대했다. 그러나 지금은 직접 규제 방식인 명령·지시적 규제보다 간접 규제 방식인 경제 유인적 규제정책의 방향으로 대세가 옮겨가고 있다. 이는 직접 규제 방식에 비해 정책의 유연성과 효율성에서 효과가 우수하다는 것이 입증되었기 때문에 OECD는 경제유인적 규제정책을 회원국들에 적극 권고하고 있고, 많은 선진국들이 광범위하게 이용하고 있다.

경제 유인적 규제에 따른 환경문제의 해결 방법은 크게 두 가지 다른 방법으로 접

MIT Press, 1989), pp. 8-9; Otto A. Davies & Morton I. Kamien, "Externalities Information and Alternative Collective Action," in Robert Dorfman and Nancy, S. Dorfman(eds.), *Economics of Environment: Selected Readings*(Nework: W. W. Norton and Co), pp. 11-19; 오호성, 「환경경제학」(서울: 법문사, 2006), p. 113).

이에는 두 가지 유형, 즉 외부 효과 가운데 긍정적 또는 좋은 효과인 외부경제(개인적 편익: PB < 사회적 편익: SB)와 부정적 또는 해로운 효과를 의미하는 외부불경제(개인적 비용: PC < 사회적 비용: SC)로 나뉜다. 환경오염의 문제는 응분의 대가를 지불함이 없이 직접적으로 제3자에게 입힌 피해를 말하며 외부불경제(external diseconomy)의 효과를 야기하는 대표적인 사례이다. 즉 대기나 수질오염 같은 공해는 막대한 사회적 비용을 부과하는데도 시장 기구는 그 재화나 서비스의 생산자에게 이러한 사회적 비용을 부담하게 하지 못한다는 뜻에서 이를 외부효과라 한다. 다시 말해서 외부 효과란 경제적 수지 계산 밖의 효과요, 무시된 효과이다.

9) 시장실패(market failure)란 시장이 제 기능을 다하지 못해 자원의 효율적 이용을 유도하지 못한 상태를 의미한다. 이에 대한 원인은 세 가지로 나눌 수 있는데 첫째는 시장의 기능 장애로 인해 나타나는 것으로 독점의 시장지배력과 가격경직성에서 오는 자원 배분상의 문제들이 있고, 둘째는 시장의 내재적 결함에 의한 것으로 공공재, 외부 효과 등이 있으며, 셋째는 시장이 이상적으로 기능한다고 하더라도 시장의 외재적 결함에 의한 시장실패이다(예: 소득분배의 불평등).

10) 시장경제 체제에서는 환경문제에 대한 정부개입이 문제가 있다고 본다. 즉 시장 기구에 의한 환경오염은 시장기구 특유의 능률성 때문에 기하급수적으로 심각해짐에 반해 정부 부문에 의한 환경 개선은 정부 부문의 특유의 비능률성(정보의 부족, 동기의 결여, 기술진보의 미흡) 때문에 산술급수보다도 더 느리게 이루어진다는 점이 오늘날의 환경문제를 해결하는 데 하나의 큰 딜레마라고 본다. 그러나 시장기구가 '외부 효과의 내부화(內部化)'의 정책 마련이 없으면 정부 개입에 의한 직접 규제 수단도 불가피하다(이정전, 「환경경제학」(서울: 박영사, 2001), p. 35).

근해 왔다. 먼저 환경의 질을 공공재로 인식하는 경우, 앞에서 살펴본 공공재의 두 가지 특성으로 인해 시장 기능은 근본적으로 공공재를 최적배분할 수 없다고 보고 있다. 따라서 시장실패를 교정하기 위해서는 정부가 개입해야 한다는 견해로 피구세(Pigou稅, Pigouvian tax)를 수단으로 이용해야 한다는 주장이다. 피구세는 재화와 서비스를 생산할 때 외부비용이 발생한다면 이에 해당하는 금액을 생산자에게 과세하여 문제를 해결하는 것을 말한다. 피구세를 변형한 환경문제 해결 방안으로는 배출부과금,[11] 제품부과금,[12] 예치금환불제도,[13] 환경소비세,[14] 보조금[15] 등이 있다.

두 번째는 환경의 질을 공유재산권자원(共有財産權資源)으로 보는 관점이다. 즉 환경문제의 원인은 환경자원에 재산권이 없거나 불분명하기 때문에 발생하므로 환경에 재산권을 부여해 주면, 시장기구 스스로 외부 효과 문제를 해결한다는 견해로 재산권 부여와 당사자 간의 협상(a negotiated settlement)을 수단으로 사용하자는

---

11) 배출부과금(effluent charge)은 오염물질의 양과 질에 따라 오염물질 배출자에 대해 오염물질을 스스로 처리하거나, 또는 처리 대신에 그 처리에 소요되는 비용에 해당하는 부과금을 납부하게 하는 제도이다. 이 제도는 자율적인 선택을 통해 그 사회의 오염물질 삭감 목표를 최소의 비용으로 달성할 수 있다는 것이다. 즉 배출자의 선택을 존중하여 부과금을 내든지, 생산 요소와 에너지원을 대체하든지, 신기술을 개발하든지 배출자의 입장에서 비용을 최소화할 수 있는 방법으로 매우 유연성을 갖고 있다. 우리나라는 1983년에 도입되어 현재 배출허용치와 상관없이 배출되는 오염물질에 따라 부과한다.

12) 제품부과금(product charge)은 배출부과금이 오염물질의 배출량에 대해 부과금을 받는 것인데 비해 제품부과금은 생산 과정에 투입되어 오염물질을 배출하는 생산 요소나 소비 과정에서 오염을 유발하는 제품, 폐기 과정에서 환경오염을 야기할 수 있는 제품에 대해 부과하는 부담금이다. 제품부담금을 부과하게 되면 환경 친화적인 제품은 좀 더 유리한 가격이 형성될 것이고, 반대의 경우에는 제품부담금이 추가되는 불리한 가격이 형성되는 세금차별화 효과를 가져온다. 따라서 제품부담금은 세금차별화 효과를 통한 오염 저감 유인 효과와 재정수입 증대 효과를 동시에 얻을 수 있어 시장 유인적 규제 수단으로 많이 이용되고 있다.

13) 예치금환불제도(deposit-refund system)는 제품의 부적절한 처리가 환경문제를 야기할 우려가 있는 경우, 제품이나 용기 등에 대해 사용 후의 회수 처리 의무를 그 제품의 제조 또는 수입업자에게 부과하고, 이의 이행을 확보하기 위해 제품 판매시 일정액의 예치금을 미리 받았다가 폐품을 반납하거나 또는 환경오염이 일어나지 않도록 적절히 처리했을 경우 예치금을 환불하여 주는 제도이다. 이 제도는 폐기물의 처리나 재활용에 생산자의 책임을 명확히 하면서, 이 책임 이행을 경제적으로 유인하려는 제도이다. 현재 우리나라에서는 '자원의 절약과 재활용 촉진에 관한 법률'에 따라 회수・재활용이 용이한 종이팩, 유리병, 금속캔 등 11품목 대상으로 실시하고 있다. 2013년 기준 업종별 반환 실적은 금속캔, PET병, 유리병, 윤활유 등은 70% 이상이나 종이팩, 가전제품, 전지류의 반환율은 20%~30% 사이의 매우 낮은 수준에 머문다. 환경보전의 효율성을 제고하기 위해서는 예치요율을 폐기물의 회수 처리에 동기유발 효과를 발생할 수 있는 수준에서 환경비용을 감안하여 현실화해야 할 것이다.

14) 환경소비세(user fee)는 소비 단계에서 발생하는 환경오염을 억제하기 위해 오염 유발물질에 차별 과세함으로써 가격을 상승시켜 소비를 감소시키고 오염 배출을 억제하는 경제 유인적 제도이다(탄소세).

15) 보조금(subsidy)도 경제적 유인제도의 하나이다. 즉 오염처리시설의 운영금보조, 조세의 감면 및 장기저리융자, 오염처리시설의 설치와 장비 구입에 대한 보조, 친환경 연구에 대한 보조 등이 있다.

것이다. 이것을 코스(Coase)의 정리라고 한다. 코스(R. Coase)에 따르면 당사자 간 협상을 통한 결정은 피구가 제안했던 과세를 통한 어떤 의무적인 것보다 우수하다고 말했다. 우선, 그는 다만 조세의 적절한 양을 결정할 때 엄청난 문제들을 보았다. 피구는 세금은 경제적 손실에 균등해야만 한다고 말했지만, 코스는 손실의 가치는 사실 측정 불가능하다고 생각했다. 즉 정부가 외부 효과의 크기를 잘못 판단하여 최적 오염세보다 더 많거나 적은 세금을 부과하면 정부실패의 원인이 된다고 주장하고 있다. 그리고 비록 정부 관리들이 세금의 크기를 정확하게 측정할 수 있다 할지라도 파레토(Pareto)의 최적 상태를 달성하는 데는 여전히 문제가 있었다. 오염을 배출하는 회사는 세금에 직면할 때, 산업 생산을 줄일 것이다. 이것이 제3자들에게 오염 피해의 최적 감소를 이루는 것을 돕는 동안, 회사는 이익을 잃어버릴 것이고 소비자들이 회사의 생산물을 조금만 소비하는 이익에 앞장설 것이기 때문에 문제가 발생될 것이다. 최종 결과는 한쪽의 승리자와 다른 쪽의 패자들이 있다. 가장 효율적인 해결책은 코스는 만약 교섭의 비용이 아주 크지 않다면, 정부의 관여 없이 협상을 통한 해결이라고 주장했다. 생산자들이 계속해서 이전의 수준으로 산출을 계속할 수 있고 마찬가지로 소비자들은 상품 소비로부터 그들의 만족을 유지할 수 있는 동안 오염 피해로 인한 이들의 고통은 손실을 보상받을 것이다. 코스의 이론 모형을 토대로 데일스(Dales, 1968)와 몽고메리(Montgomery, 1972) 등은 '오염권거래제도'[16] 같은 좀 더 현실적인 경제 유인적 규제정책 수단을 개발했다.

이상의 환경재의 고유한 특성의 인식 변화 과정에 근거하여 환경문제에 대한 경제적 접근이란 환경오염에 대한 시장 경제적 접근을 의미한다. 즉 자유자본주의 사

16) 오염권거래제도란 일명 배출권거래제도(trading permit system)로 배출부과금제도와 함께 대표적인 경제적 유인정책 수단이다. 이는 오염물질 배출 권리를 사고팔 수 있도록 시장을 개설함으로써 오염물질 배출원에 대해 일정량의 오염물질을 배출할 수 있는 권리를 인정해 주고, 배출원 상호간에 시장 기능을 이용하여 권리의 양도를 허용함으 로써 자율적으로 환경오염물질의 배출을 통제할 수 있도록 하는 제도이다. 오염물질배출 기업은 오염권 구입만큼만 오염물질의 배출이 허용되고 그 이상은 금지된다. 오염권 또는 쿼터를 더 구입한 기업은 오염물질을 그만큼 더 배출할 수 있으나 권리를 판 기업은 그만큼 배출을 줄여야 한다. 결과적으로 모든 기업은 자기의 오염물질 처리한계비 용이 오염권의 가격과 같게 될 때까지 권리를 사거나 팖으로써 비용을 최소화하고 행정당국은 각 기업들이 소유하고 있는 오염권 만큼 오염물질을 배출하는지 단속하기만 하면 된다. 우리나라는 2020년 까지 온실가스배출 전망치 대비 30%감축 목표를 달성하기 위하여 2015년 1월 1일부터 시행한다. 환경부는 주요내용으로 할당대상 업체별 배출권의 할당기준 및 할당량 산정방법, 온실가스 배출량 인증기준 및 세부절차, 외부사업 인정기준, 조기감축실적 세부인정 기준 등을 마련하였다.

회에서 생산되는 모든 재화가 시장의 기능에 의해 철저히 배분되어야 하듯이 환경오염으로 인한 사회적 피해도 철저히 사회적 배분이 있어야 한다는 것이다. 이를 시장 경제적 이론에 따라 설명하면 어떤 상품 한 단위의 생산으로 인해 발생되는 사회적 편익과 생산 과정에서 불가피하게 발생되는 오염비용이 같아지는 점을 '사회적 적정 생산량'이라고 규정하고 정부도 이 점까지 생산될 수 있도록 각종 정책 수단을 통해 오염행위자들에게 경제적 인센티브를 제공함으로써 스스로 책임 있는 행위를 통해 바람직한 결과를 유도하는 입장이다.

그러나 환경문제를 철저히 시장 경제적 접근을 하는 데는 또한 한계점이 많다. 물론 기업이 '사회적 적정 생산량' 수준 이상으로 생산을 한 경우에 초과된 부분에 대해 오염세를 부과하거나 적정한 경제적 손실을 가져다 주는 법적 규제도 할 수 있고, 국가적 차원의 경제 유인적 정책 수단으로 보완할 수도 있다. 그러나 기업의 '사회적 적정 생산량'이란 과연 어느 정도까지를 말하는지 계량화하기란 너무나 어렵다. 설상 계량화되었다 하더라도 적정 생산량으로 인해 환경문제가 해결될 수 있다고는 볼 수 없기 때문이다. 물론 경제적 접근 방법이 이런 한계점은 갖고 있지만 환경문제를 이해하고 해결하는 데 하나의 방법론상의 중요한 접근 방법임은 틀림없다.

제 4 절 과학기술적 접근

환경문제에 대한 과학기술적 접근(technological approach)이란 과학기술의 발전을 통해 환경문제를 해결할 수 있다는 가정에서 출발되었다. 이러한 가정이 어느 정도 현실로 받아들여지기 위해서는 먼저 과학기술이라는 것의 범주와 그 발전의 한계 설정이 있어야 하고, 다음으로 환경문제와 그 해결과 관련된 과학기술의 범위를 어떻게 보아야 하는가? 등이 구체적으로 논의되어야 한다.

지금까지 학자들 간에 논의된 결론에 의하면 과학기술이 과학의 근본 법칙을 뛰어넘을 수 없다는 것이다. 즉 우주의 에너지의 총량은 일정해서 무(無)에서 새로이 창조될 수도 없고 소멸되지도 않으며, 단지 에너지는 변환에 의해 그 형태만 바뀔 수 있다는 '열역학(熱力學)[17] 제1법칙'과 우주의 전체 엔트로피는 항상 증가한다는

'열역학 제2법칙'[18]에는 예외가 없다.

이 법칙을 받아들인다면 현 상태의 과학기술은 열역학 제2법칙에 따라 환경문제를 해결한다고 보기보다는 오히려 유발하는 요인이 될 수 있다는 것이다. 그렇다면 과학기술을 더욱 발전시켜 그 성과를 환경문제 해결에 응용한다면 환경문제가 해결될 것인가? 이에 대한 논의는 환경우위론자[19]와 과학기술결정론자[20] 간에 양자의 입장이 늘 대립되어 왔다. 이들 두 입장을 차치(且置)하더라도 현대 과학기술 자체의 특성[21] 때문에 과학기술의 발달이 모든 환경문제를 해결할 수 있다는 데는 상당히 회의적인 결론에 이르게 된다.

그렇다고 가속도를 지닌 과학기술 문명의 속성상 인간의 힘으로 그 무한질주를 막는 것도 현실적으로 한계에 이르렀다. 반문명, 반과학은 오히려 엄청난 반작용을 초래할 수도 있다. 때문에 환경문제에서 과학기술적 접근 방법을 통한 연구는 어떻

17) 열역학(thermodynamics)은 열(thermo-)의 운동(dynamics)에 관해 연구하는 학문으로, 즉 에너지의 변환 및 이동에 대한 규칙들에 대해 연구하는 것이다.

18) 에너지 법칙에는 "에너지의 총량이 보존될 뿐만 아니라(열역학 제1법칙) 에너지의 자연적인 흐름에는 방향성이 있다(열역학 제2법칙)." 제2법칙을 좀 더 정량적으로 표현한다면 "에너지의 자연적인 흐름에는 방향성이 있고 그 방향은 엔트로피(entropy)가 증가하는 쪽이다." 여기서 '엔트로피'는 "사용할 수 있는 유용한 에너지가 얼마나 쓸모없는 에너지로 변했는가라는 척도"라 할 수 있고, '마구잡이의 척도' 또는 '무질서의 정도'라고 말할 수 있다.

19) 환경우위론자들은 엔트로피 법칙에 근거하여 지구의 자원 공급과 오염물질 처리 능력면에서의 유한성을 강조하고 현재의 과학기술을 지탱하고 있는 이원론적인 기계론적 사고는 그 한계성을 극복할 수 없다고 본다. 결국 이들에게는 자연의 수용 능력을 벗어나지 않는 소규모의 '적정기술(appropriate technology)'을 선호하면서 인간과 자연이 공존할 수 있는 시스템적 세계관을 주장하고 있다. 적정기술이란 "사람들이 자급자족 및 자연과의 조화를 추구함에 따라 그들의 욕구와 능력에, 그리고 자연의 방식에 잘 조화된 기술"을 의미한다(Milbrath, 1989: 328).

20) 과학기술결정론자들은 과학기술의 중립성과 사회 속에서의 과학기술 중심적인 사고를 그 주요 내용으로 하고 있으며 논리적으로 이들은 환경문제가 과학기술의 발전에 의해 해결될 수 있다는 믿음을 갖고 있다. 즉 환경오염 방지를 위한 과학기술의 발전이 이루어진다면, 인간은 그 자신의 목적에 따라 자연을 적절히 조절하는 것이 가능하다고 보는 것이다(고대승, "과학기술의 발달은 환경문제와 어떻게 연관되어 왔는가" 「환경 논의의 쟁점들」, 「환경 논의의 쟁점들」, pp. 145-46). 이들은 과학기술에 의해 환경문제를 해결하기 위한 대체 에너지 기술 개발, 자원효율의 극대화를 위한 생태 효율을 높이는 환경생태 공학기술 개발, 산업생태학의 개념 등을 제시하고 있다.

21) 과학기술자 집단은 하나의 거대한 이익집단으로 끊임없는 호기심과 탐구욕을 억제하지 못하고 자기유지와 팽창을 추구한다. 이들은 '기술이 유발하는 문제는 기술이 해결한다'는 과학기술계의 생존 신념을 바탕으로 모든 문제를 해결하려 든다. 또한 과학기술은 그 자체의 성격, 즉 그 출발이 자연에 대한 인간의 우월적 지위에서 바라보는 인간 중심주의에 입각한 이원론적, 기계론적(환원론적) 사고를 전제로 하고 있기 때문에 과학의 내용이 기술에 직접 응용되기 시작하면서 과학과 기술의 경계가 사라져 버렸다. 이때부터 기술은 지구상의 모든 자연계를 자기 방식대로 무차별하게 조작할 수 있는 단계에 도달했고, 이제 기술의 발달은 자연 전체의 변화를 불가피하게 만든다.

게 하면 과학기술이 자연환경의 충격을 되도록 적게 가하면서 인간과 자연이 공존할 수 있는 범주에서 과학을 연구하는 일이다. 이를 위해 정부나 기업, 국민 개개인이 함께 고민해야 할 것이다.[22)]

이 같은 고민은 결국은 과학기술은 자연을 통제·조작·지배 착취하는 것이 아니라, 자연의 일부인 인간이 자연 속에서 생존하는 데 기여하는 성격을 가진 것으로, 즉 다양한 자연과 문화를 고양하는 쪽으로 이용하는 접근 방법을 시도해야 할 것이다.

제 5 절 국제적 접근

21세기에는 지구 환경문제가 국제사회의 정치·경제 질서를 규율하는 강력한 이슈로 등장할 것이다. 즉 환경과 경제의 통합, 환경문제와 무역규제와의 연계 등 환경 이슈가 국제사회의 중심 의제가 될 것이다. 이런 측면에서 날로 심화되어 가고 있는 지구 환경문제는 몇몇 국가의 차원에서 해결될 문제의 성질이 아니며 국제적 차원에서 그 접근의 필요성을 요구받고 있다. 따라서 환경문제에 대한 국제적 접근(international approach)이란 환경문제를 국제 간의 공유된 규범적 책임 인식의 토대 위에서 지구적 차원에서 이해하고 해결하려는 방법이다. 이 접근 방법이 유용성을 갖게 된 이유는 크게 두 가지 관점에서 이해될 수 있다.

첫째, 오늘날 산업사회에 지구 환경문제(지구온난화, 오존층 파괴, 생물다양성 감소, 유전자 조작 생명체의 확산, 환경 호르몬, 유해 화학물질 이동)뿐만 아니라 국내 환경문제도 그 원인과 해결책 접근에는 다분히 국제적인 특성을 지니고 있다는 점

---

22) 과학기술적 수단에 의한 인간과 자연이 서로 생산적인 조화 속에서 공존하기 위해서는 정부·기업·국민 등의 3자가 각기 역할 분담이 요구되지만, 무엇보다도 국민의 생활양식과 가치관 전환이 가장 우선되어야 하고 정부나 기업의 과학기술적인 수단은 보완하는 위치에서 머물러야 할 것이다.

정부: 고급 환경기술 개발에 적합한 조직 개편, 환경산업 육성을 위한 정부 지원 및 민간기업 간의 기술 제휴, 국제적 환경기술 이전 전략, 국·내외 지구환경 정보망 구축 등

기업: 환경 친화적인 산업구조 전환에 따른 청정기술(clean technology) 개발, 클린업(clean-up)을 가져오는 생산 공정 및 신소재 개발, 유해물질 처리기술 개발, 화석연료 대체에너지 개발(신재생 에너지 및 핵융합 발전) 및 이용의 효율성 증대, 청정산업(하이테크 산업) 육성 등

국민: 생활양식과 가치관의 전환, 즉 물질적 욕구의 축소, 정신적 능력의 신장, 근본을 바라보는 생태적 각성 등.

이다. 물론 한 나라의 환경문제는 일차적으로 각 국가가 우선적으로 지향하는 정책 기조와 산업정책과도 밀접한 관계가 있지만, 또한 국가간 대기와 수계의 이동 과정을 통해 인접 국가로 월경(越境)되는 성질을 갖고 있다는 점이다. 이러한 환경오염의 광역성으로 말미암아 환경문제를 한 지역, 한 국가에 국한하지 않고 점차 공동화 내지 국제화하는 성격이 있다. 특히 국내 산업정책은 국제 에너지 수급 동향, 국제 산업구조 및 무역구조의 변화에 막대한 영향을 받게 되어 있다.

둘째, 국제 환경 정치적 측면에서 볼 때 '환경오염 피해의 불균형'이 국가간, 지역간에 나타날 수 있다는 사실이다. 즉 선·후진국 간의 국가 정책적으로 공해산업의 수출, 유해폐기물, 핵폐기물, 산업폐기물의 이동 등이 국가 간에 이루어질 수 있다는 점이다.

이상의 두 가지 이유로 지구 환경문제의 해결이 한 지역, 한 국가 간의 노력만으로 해결하기란 매우 어렵다. 따라서 국제적 접근 방법에서 몇 가지 기본 방향을 제시해 보면 다음과 같다.

첫째, 지구 환경 보전을 위한 공동의 차별적 책임(common but differentiated responsibilities), 즉 지구 환경 보전에 각 국은 공동의 책임을 지며 범세계적인 대응이 필수적이지만 다양한 각 국의 현실과 능력에 맞게 책임이 차별적으로 분배되어야 한다.

둘째, 국가 간의 환경 관련 기술적·경제적·정치적·국제법적인 환경 협력을 중시한다. 특히 환경문제가 유엔 등 주요 국제 외교무대에서 다자외교의 대상이 됨에 따라 환경문제의 발생 요인과 해결 방식을 놓고 개도국(남)과 선진국(북) 간에 갈등이 심화되고 있다. 즉 선진국은 개도국이 지구 차원의 환경 보호 노력을 강화해 줄 것을 요구하고 있는 반면, 개도국은 지구 환경문제 발생에 대한 선진국의 역사적 책임을 강조하고, 개도국에 대한 재정 지원과 환경기술 이전 등 환경문제 해결을 위한 능력 배양을 요구하고 있다. 따라서 국제간의 환경기술 교류 및 재원 지원에서 형평성을 지닌 국제환경협상이 요구된다.

셋째, 지구환경 차원에서 국제 환경협약에 참여하는 것이 자국 산업 타격이란 식의 소극적이고 편협된 이해보다는 오히려 국제적인 환경보전 노력에 능동적으로 동참하는 것이 결국은 각국의 산업 체질 개선에도 도움이 되고 장기적인 관점에서 국익이 된다는 인식 하에 적극적으로 수용, 대응하는 접근이 필요하다.

결론적으로 환경문제의 해결을 위한 접근은 각 나라마다 역사적, 문화적, 사회·경제적으로 매겨진 자연의 조건 및 한계와 학문 발전 단계 등의 제반 여건에 따라 다를 수밖에 없다. 그러나 무엇보다도 자연에 충격을 덜 가하면서 인간과 자연이 공존할 수 있는 범주에서 다양한 자연과 문화를 고양하는 쪽으로 접근이 이루어지도록 연구자나 정책 입안자들은 끊임없이 노력을 해야 한다고 본다.

참고 문헌

고대승(1994), “과학기술의 발달은 환경문제와 어떻게 연관되어 왔는가?,” 「환경 논의의 쟁점들」, 나라사랑.

김명자(1993), “과학기술의 발전과 환경윤리,” 「환경행정」, 제1권 제1호(창간호).

김번웅·오영석(1997), 「환경행정론」, 대영문화사.

김인환·이덕길(1998), 「신환경정책론」, 박영사.

김태경(1994), “경제학적 현실 환경문제와 생태학적 갈등,” 「환경 논의와 쟁점들」, 나라사랑.

민경희 외(1999), 「인간과 환경」, 숙명여자대학교출판부.

오호성(2006), 「환경경제학」, 법문사.

이상문(1994), “엔트로피 논의와 환경문제,” 「환경 논의와 쟁점」, 나라사랑.

이정전(2001), 「환경경제학」, 박영사.

이필렬(1997), 「교양환경론」(공저), 도서출판 따님.

정준금(2007), 「환경정책론」, 대영문화사.

조셉 에드워드 드 스타이거(J. E. de Steiguer)(2006), 「현대 환경사상의 기원」, 박길용 옮김, 성균관대학교출판부.

주광열 편저(1992), 「과학과 환경」, 서울대학교출판부.

최병선(1992), 「정부규제론」, 법문사.

환경부(2013), 『환경백서』.

Baumol, William J. & Wallace E. Oates(1975). *The Theory of Environmental Policy.* Englewood Cliffs, N.j: Prentice-Hall.

Bowlus, Charles R.(1998), “Die Umweltkrise im Europa des 14 Jahrhunderts,” in *Sieferls, Fortschritte der Naturzerstorung*, Frankfurt/Main: Suhr-kamp.

Dales, J. H.(1968). *Pollution, Property & Prices: An Essay in Policy Making and Economics*, Toronto: University of Toronto Press.

Davies, Otto A. & Morton I. Kcamien(1975), “Externalities information and alternative collective action," in Robert Dorton & Nancy, S. Dorfman (ends), *Economics of Environment*: Selected Readings(Network): W.W. Norton and Co.

De Steiguer, Joseph Edward(2006), *The Origins of Modern Environmental Thought*, The University of Arizona Press.

Ehrlich, Paul R.(1968), *The Population Bomb*, New York: Sierra Club and Ballantine Books.

Hardin, Garret J.(1968), "Tragedy of Commons," *Science*.

Heilbroner, Robert(1988), *An Inquiry into the Human Prospect*, New York: Norton Edward Goldsmith.

Hempel, Lamont C.(1996), *Environmental Goverance: The Global Challenge*. Washing-ton, D.C., Island Press.

Isaa, Alan C.(1981), *Scope and Methods of Political Science: An Introduction to the Methodology of Political Inquire*, Homewood III: The Dorsey Press.

Milbrath, Lester W.(1989), *Envisioning a Sastainable Society: Learning Our Way Out*, Albany, N.Y.: SUNY Press.

Miller, G. Tyler, Jr.(2004), *Living in the Environment: Principles, Connections and Solutions*. 13th ed. Pacific Grove, CA: Brooks/Cole-Thompson Learning.

Montgomery, W. David(1972), "Markets in Licences and Efficient Pollution Control Programs," *Journal of Economic Theory 5*(December).

Te Brake, William H.(1988), "Luftverschmutzung und Brennstoffkrisen in London (1250-1650)," in Sieferle, *Fortschritte der Naturzerstorung*, Frankfurt/Main: Suhrkamp.

Spulber, Danial F.(1989), *Regulation and Markets*, Massachusetts: The MIT Press.

Weeber, Karl-Wihelm(1990), *Smoguber Attika*, Zurich/Munchen: Artemis (1993, Rowholt).

제2편

환경문제의 유형

제 4 장
대기와 환경

제 1 절 대 기

대기오염 문제를 다루려면 우선 주대상이 되는 대기에 대한 다양한 물리・화학적 성상 및 구조에 대해 파악하는 것이 매우 중요하다.

대기(atmosphere)란 지구 주위를 둘러싸고 있는 일종의 기체집단으로서 대략 지표면으로부터 600~1,000㎞ 높이에까지 비균일적으로 존재한다. 이러한 대기의 총질량은 약 5.3×10^{21}g 정도이며, 이것을 압력 단위로 환산하면 지표면 1㎠당 평균 1kg의 무게에 해당되는 공기량에 쌓여 있는 것이 된다. 그러나 대기는 지구 중력에 의해 지구 주위를 둘러싸고 있기 때문에 상대적으로 지구 표면에 가까이 위치한 공기층일수록 그 위의 공기층에 눌려 밀도가 높아지게 되며, 상층 대기로 갈수록 공기밀도는 급격히 감소된다.

대략 전체 대기 질량의 80% 정도가 하층 16㎞ 정도 내에 분포하고 있으며, 99.9%에 해당하는 양이 하층 30㎞ 이내에 존재한다.

1 대기권

대기권의 기온은 [그림 4-1]에서 보듯이 높이에 따른 수직 온도 변화에 의해 대기를 몇 가지 권역별로 나눌 수 있다.

대류권(troposphere)이란 지구 표면을 둘러싸고 있는 대기층을 말한다. 지상에서 약 11km까지의 구간을 의미하며, 산소 · 탄소 · 질소 · 아르곤 등의 가스와 자외선 · 적외선 등으로 채워져 있다. 이 구간에서는 지면에 복사가 일어나므로 대류권의 하층부는 기온이 높고, 고도가 높아짐에 따라 기온이 낮아진다. 즉 지상에서는 20℃의 기온이 고도 11km 정도에서는 -50℃로 된다.

그림 4-1 **고도에 따른 대기권별 수직 온도 변화**

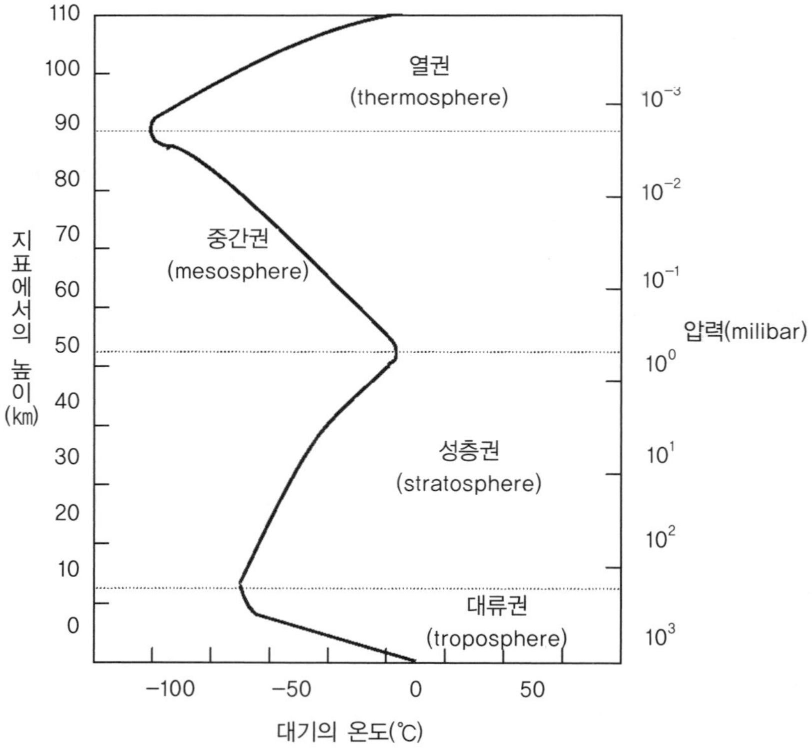

대류권의 위 부분 약 50㎞까지를 성층권(stratosphere)이라고 하는데 이 구역에서는 고도가 높아짐에 따라 온도가 서서히 증가한다. 이 층은 비행기가 통과하는 공기층이다. 대류권과 성층권 사이에는 공기 유통이 거의 이루어지지 않으므로 비행기의 오염물이나 화산재 등은 잘 제거되지 않아 태양의 입사 에너지를 차단하여 기온이 내려가는 원인이 되기도 한다. 지상 약 50㎞ 부근에서는 고도가 높아짐에 따라 다시 온도가 낮아지기 시작하는데 이 구간을 중간권(mesosphere)이라고 부른다.

성층권에 존재하는 오존(O_3)층을 제외하면 실제로 인간 생활에 영향을 미치는 기상 변화는 모두 대류권에서 일어나게 된다. 따라서 여기서는 대류권의 대류, 온도 변화 및 기체의 조성 등을 살펴보기로 한다.

대류권은 소위 '공기'라고 말하는 여러 종류의 기체 물질들로 구성되어 있다. 우리가 매일 보고 겪는 구름, 비, 바람, 눈, 번개, 태풍 등의 일기 현상은 모두 공기의 움직임이다. 만약 공기가 없다면 지구는 달과 같이 황량해 보일 것이다. 달에서의 밤낮의 온도차는 200℃가 넘는 극심한 상황이지만 담요와 같이 지표면을 덮고 있는 공기층 덕분에 지구 온도는 밤과 낮 동안 크게 변동하지 않는다. 또한 공기는 우주에서 쏟아지는 각종 우주파, 특히 유해한 자외선을 막아 주고 가시광선과 라디오파만 투과시킨다. 지구 생성초기에는 지구 대기는 주로 수소가스(H_2), 메탄가스(CH_4), 암모니아(NH_3)의 혼합된 기체였다. 시간이 경과함에 따라 이들 가벼운 기체는 우주로 빠

표 4-1 오염되지 않은 건조 공기의 가스상 조성

성 분	농 도		
	부피 퍼센트	ppm*	㎍/㎥
질소(N_2)	78.09	780,900	8.95×10^8
산소(O_2)	20.94	209,400	2.74×10^8
아르곤(Ar)	0.93	9,300	1.52×10^7
탄산가스(CO_2)	0.0318	318	5.67×10^5
네온(Ne)	0.0018	18	1.49×10^4
헬리움(He)	0.00052	5.2	8.50×10^2
크립톤(Kr)	0.0001	1	3.43×10^2
산화질소(NO)	0.000025	0.25	9.00×10^2
수소(H_2)	0.00005	0.5	4.13×10^1
메탄(CH_4)	0.00015	1.5	6.56×10^2

* ppm= part per million, 백만분의 일.

져나가고 용암에서 분출된 기체 성분과 생명체의 작용으로 현재와 같은 대기조성을 갖게 되었다.

<표 4-1>은 공기의 조성을 나타내 주고 있다. 이 표에서 보여 주는 것은 해수면 바로 위의 마른 공기의 조성인데, 공기의 조성은 고도에 따라, 그 지역의 환경에 따라 약간씩 달라진다. 실제로는 수증기도 포함시켜야 하나 수증기의 양은 온도 및 지역에 따라 크게 달라지기 때문에 표에서는 제외했다. 양극이나 사막지역에서는 수증기의 양이 거의 0%이나 열대지방에서는 4%까지도 된다.

앞의 [그림 4-1]에서 보는 바와 같이 대기의 온도는 고도에 따라 증가하기도 하고 감소하기도 하나 대기의 압력은 고도가 높아짐에 따라 계속적으로 감소한다. '대기압'이란 공기 중의 분자들이 지구 표면을 누르는 힘을 말한다. 해면 바로 위에서는 대기압은 약 1기압이다. 1기압이란 단위는 약 760㎜ 높이의 수은주의 무게에 해당하는 힘으로 누르는 압력에 해당된다(760㎜Hg, 1,013 millibar). 공기는 지구의 중력에 의해 무게를 가지므로 고도에 따라 압력이 낮아진다는 것은 지표면에서는 공기 분자들의 농도가 진하고 고도가 높아질수록 그 농도가 묽어진다는 뜻이다.

2 대기의 상하 혼합

대기오염의 피해 정도는 공해물질의 종류와 양에 의존할 뿐만 아니라 공해물질이 일정한 장소에 얼마나 오랫동안 머물고 있느냐에도 지대한 영향을 받는다. 만일 지구 표면의 어떤 부분이 그 주위보다 열을 더 잘 흡수한다면(가령 열을 잘 흡수하는 도시와 그렇지 못한 도시 주위의 농촌 또는 육지와 바다 등), 가열된 부위의 공기는 그 주위의 공기보다 더워져 위로 상승하게 되고, 위로 상승한 공기는 주위의 기압이 낮으므로 팽창하며 온도가 낮아지게 된다. 이렇게 차가워진 공기는 대지 지표면으로 하강하여 공기의 순환이 이루어진다. [그림 4-2]는 대기의 상하 혼합(atmosphere vertical mixing)의 원리를 나타내 주고 있다.

이러한 대기의 상하 혼합에 의해 수평적인 공기의 흐름인 바람이 불게 된다. 우리가 여름날 바닷가에서 느끼는 시원한 바닷바람은 바로 대기의 상하 혼합에 의해 생기는 대류 현상 때문이다. 낮에는 해변의 육지가 열을 빨리 흡수하기 때문에

그림 4-2 **대기의 상하 혼합**

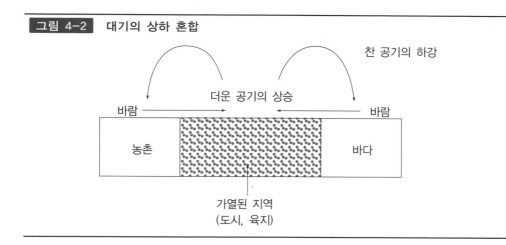

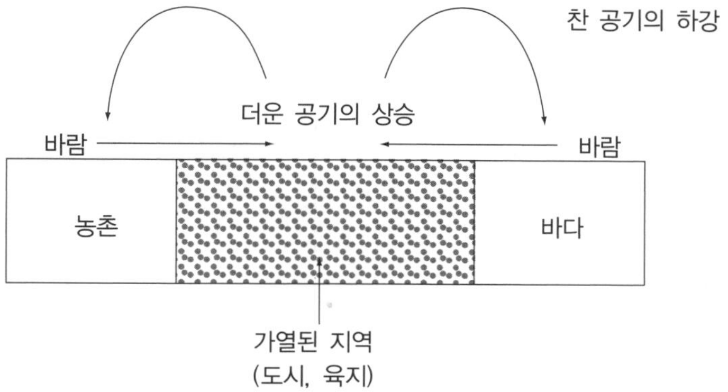

곧 뜨거워지는 반면, 밤에는 땅이 바다(물)보다 빨리 식어 바다와 육지 사이에 항상 바람이 불게 된다. 이러한 공기의 원활한 대류 및 순환은 공해물질의 농도를 묽게 하여 그 피해를 줄이는 데 효과가 있다.

3 온도 역전

대류권에서 정상적인 대기 상태에서 평지의 기온은 고도가 높아질수록 온도가 규칙적으로 감소한다. 그러나 어떤 기상 또는 지역적 조건 하에서는 이러한 규칙적인 온도 감소가 반전되어, 공기층의 어떤 부위에서는 고도가 증가함에 따라 온도가 낮아지지 않고 오히려 증가하는 경우가 있다. [그림 4-3]은 정상적인 온도 분포(a)와 온도 역전(b)의 경우를 보여 준다.

중간에 있는 온도 역전층(temperature inversion layer)은 마치 그 지역을 덮는 지붕 또는 뚜껑과 같은 작용을 하여 공기의 정상적인 수직 흐름을 방해하게 된다. 따라서 온도 역전층 아래의 공기는 섞이거나 묽어지지 않고 계속 역전층 아래에 그대로 머물러 있게 된다. 이런 온도 역전이 일어나는 높이는 수십 미터에서 수백 미터까지 되는 경우도 있다. 온도 역전이 일어나는 이유에는 여러 가지가 있다. 온도 역전에는 침강역전(沈降逆轉), 복사역전(輻射逆轉), 이류역전(移流逆轉) 등으로 나누기

그림 4-3 정상적인 온도 분포와 온도의 역전

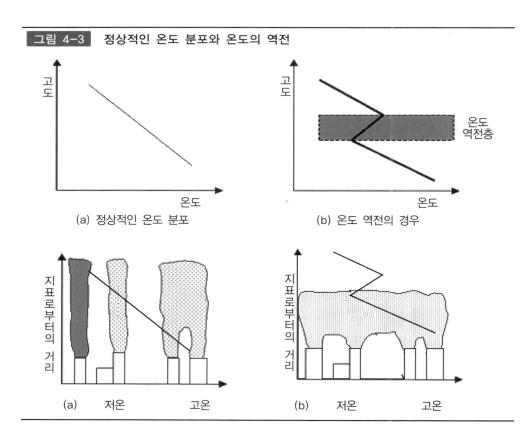

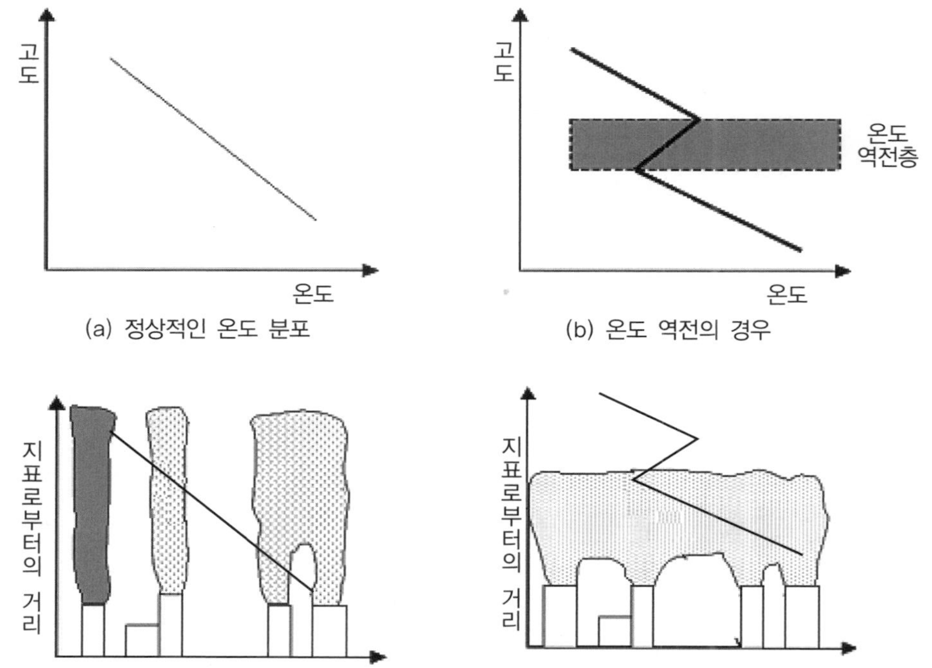

(a) 정상적인 온도 분포 (b) 온도 역전의 경우

(a) 저온 고온 (b) 저온 고온

도 하지만, 일반적으로 발생 지점에 따라 접지역전층(ground inversion layer)과 공중역전층(elevated inversion layer)으로 나눈다. 공중역전층에는 침강역전층이 있고 접지역전층에는 복사역전층과 이류역전층이 있다.

침강역전은 고기압권의 맑은 날씨일 때 흔히 발생하는데, 공기덩어리의 침강에 의해 공기가 압축되고 그 결과 기온이 상승한다. 이렇게 따뜻해진 공기는 지표 근처의 엷은 공기층인 차폐층(遮蔽層)에 의해 가로막히게 된다. 지표를 덮고 순환하는 차폐층은 대류작용에 의해 혼합되어 일정한 온도를 유지하지만, 차폐층 위의 공기층은 계속 하강하여 그 밑의 공기층보다 따뜻하게 되고 따라서 공기 순환이 불가능해진다. 이러한 현상을 침강에 의한 기온의 역전 현상이라고 하며 이때는 오염물은 확산되기가 어렵다.

복사역전은 주로 120~250m의 낮은 상공에서 발생하며, 맑은 날 밤 적외선 복사로 인해 지표가 냉각되어 일어나게 된다. 지표를 덮고 있는 공기층이 냉각된 지표와 닿으면서 기온이 가장 낮아지게 되어 기온 역전이 발생한다. 이 현상을 복사에 의한 역전이라고 한다. 즉 대개 산으로 둘러싸여 있는 분지나 계곡에는 밤에는 지표면이 빨리 식어 찬 공기가 지표면에 퍼지고 상층부에는 더운 공기가 덮여 있게 된다. 대부분의 경우에는 다음 날 아침 태양광선의 복사 에너지에 의해 지표면이 데워지면 다시 지표면의 공기가 따뜻해져 밤중에 생겼던 순간적인 온도 역전 현상이 사라진다. 그러나 그 지역에 안개나 구름이 계속 낀다든가, 대기 중에 연기나 분진이 많은 경우 등, 특수한 조건 하에서는 지표가 태양열을 받지 못해 온도 역전 현상이 오랫동안 지속될 수 있다. 이류역전은 따뜻한 공기가 차가운 지표나 수면 또는 눈 위를 지날 때 기층의 밑에서부터 냉각되어 발생하는 역전층을 말한다. 대기오염에 의해 피해를 역사적으로 살펴보면 대부분 이러한 온도 역전 현상이 수반되는 경우가 많다.

일반적으로 대기오염의 해결 방안은 크게 두 가지로 나눌 수 있는데, 우선 오염물질의 배출 자체를 막는 것이고, 다음은 오염물질을 확산시켜 그 농도를 묽게 하여 일정한 지역에서의 오염물질의 체류 시간을 단축하는 방법이다. 온도 역전 현상에 의한 대기오염의 피해 역사를 살펴볼 때, 공기의 원활한 순환에 의한 오염물질의 확산 및 묽힘이 오염 방지에 얼마나 중요한 인자인가를 쉽게 알 수 있다.

제 2 절 대기오염

대기오염의 정의는 학자 또는 국가에 따라 약간의 차이를 보이지만 그 내용은 전반적으로 비슷하다. 세계보건기구(WHO)와 미국의 공학협회 등에서는 대기오염을 다음과 같이 정의하고 있다.

세계보건기구에서는 대기오염이란 “대기 중에 인위적으로 배출된 오염물질이 한 가지 또는 그 이상 존재하여 오염물질의 양, 농도 및 지속 시간이 어떤 특정 지역의 불특정 다수인에게 불쾌감을 일으키거나 해당 지역에 공중 보건상 위해를 끼치고, 인간이나 동·식물의 활동에 해를 주어 생활과 재산을 향유할 정당한 권리를 방해받는 상태”로 규정하고 있다.

또한 미국의 공학자연합협의회(Engineers Joint Council)에서는 "사람, 식물, 그리고 동물의 생명과 인간의 재산에 해가 될 만큼 또는 인간이 생활과 재산을 안락하게 향유하지 못할 정도로 그리고 충분한 기간 동안 먼지(dust), 훈연(fume), 가스(gas), 연무(mist), 악취(odor), 매연(smoke), 증기(vapor) 등과 같은 오염물이 한 종류 또는 그 이상 외기권(外氣圈, exopshere)에 존재하는 것"으로 정의하고 있다. 대기오염은 인위적인 배출과 피해 발생을 보편적인 요소로 하고 있다. 즉 대기오염은 자연 상태와 구별되는 것으로 인위적으로 대기오염물질이 배출되어 자연정화 능력을 벗어나 대기 중 이들 오염물질이 일정 기간 동안 일정량 또는 일정 농도로 존재하는 것을 의미한다. 또한 이렇게 존재하는 오염물질이 불특정 다수인에게 피해를 주어 일상생활이나 재산권 행사 등에 장애를 일으키는 상태를 의미한다.

1 대기오염의 원인

대기오염물질 발생원은 매우 다양하지만 크게 자연적 발생원(natural source)과 일상생활에서 발생되는 인간 활동에 의한 인위적 발생원(artificial source)으로 나눌 수 있다.

1) 자연적 발생원

자연적으로 발생하는 대기오염물질로는 황사와 같이 바람에 의해 토양의 흙먼지가 날려 대기오염을 유발할 수도 있고, 화산 폭발과 산불에 의해 생기는 분진과 매연, 즉 각종 황산화물, 질소산화물, 탄소산화물 등이 있다. 특히 강력한 화산활동은 오염물질이 성층권까지 진입하여 햇빛을 차단하므로 심각한 기후 변화를 일으킨다.

2) 인위적 발생원

오늘날 대기오염 문제로 심각한 것은 바로 자연적 발생원으로 인한 대기오염보다 대부분 인간의 생활에서 비롯되는 인위적 배출원이라 할 수 있다. 인위적 발생원은 그 형태에 따라 고정오염원과 이동오염원(mobile source, line source)으로 분류되고, 고정오염원은 다시 점오염원(point source), 면오염원(area source)으로 구분된다.

점오염원은 발전소나 도시폐기물 소각로, 대규모 공장, 지역난방시설과 같이 하나의 고정 배출시설에서 오염물질을 배출하는 것이다. 배출원별 배출량이 많아 대기오염 기여도가 큰 배출원으로 배출원별 관리가 가능한 것을 말한다. 주로 황산화물(SOX), 질소산화물(NOX), 먼지 등과 같은 오염물질이 배출되며, 이는 높은 굴뚝을 통해 배출되는 것이기 때문에 그 영향 범위가 넓어 농작물이나 인체에 피해를 주기도 한다.

면오염원은 점오염원에서 제외된 주거, 상업, 산업 등의 부문에서와 같이 연료 연소에 의해 배출되는 것이 가장 큰 부분을 차지한다. 면오염원은 일정 면적 내에 소규모 발생원 다수가 모여 있어 개별적인 배출량은 적어도 단위 면적당 배출량이 많아 개별적인 관리가 어려운 배출원으로서 일정 면적당 발생하는 배출량으로 관리하는 것이 편리한 오염원이다. 주로 황산화물이나 비산먼지 등을 배출한다. 이는 인구의 도시 집중과 가장 밀접한 관련이 있다.

선오염원과 이동오염원은 자동차, 기차, 선박, 항공기, 농기계, 건설기계 등과 같이 이동하면서 오염물질을 연속적으로 배출하는 것을 말한다. 주로 자동차로 인한 오염으로 일산화탄소(CO), 질소산화물(NOX), 탄화수소(HC), 기타 중금속 분진이 배출되며 도로를 중심으로 오염물질을 발생시켜 도로주변에 대기오염 문제를 일으키게 되는 것이다. 장차 자동차가 계속 증가할 것으로 추정되고 있어 자동차로 인한 도시환경 오염문제가 갈수록 심각해질 것으로 예상된다. 또한 대기오염물질의 발생원은 발생 매체에 따라서 분류할 수 있는데 이것에는 연소 배출, 산업 공정에서의 배출, 비산 먼지 배출로 나눌 수 있다.

연소 배출은 가장 일반적인 대기오염물질 발생원으로 연료 연소시에 주로 배출된다. 즉 가정이나 공장에서 냉・난방, 취사, 기계 가동용 열을 얻기 위해 화석연료인 석유나 석탄을 연소하게 되고 연소 결과로 다양한 위해성 오염물질이 생성・배출된다. 특히 휘발유는 노킹 방지용으로 납을 첨가하기도 하므로 납이 대기 중으로 방출되며, 디젤은 연소시 검댕이 그을음을 발생시켜 대기를 오염시킨다. 그뿐만 아니라 화석연료 물질들이 불완전 연소하게 되면 일산화탄소나 그을음이 생기고 그 외 탄산화물, 질소산화물 등이 함께 발생하여 인체에 치명타를 입히기도 한다.

산업 공정에서의 배출은 사용 원료, 생산제품, 생산 공정 등에서의 배출이 주요 발생원이다. 산업체에서는 대기오염물질 방지시설을 설치해 배출 허용 기준 이내로 처리하여 배출한다. 최근에 악취, 발암성 등으로 문제시되고 있는 휘발성 유기화합물질이나 특정 대기 유해물질 등도 산업 공정에서 주로 배출된다. 선진국에서는 유해 원료의 대체, 환경 친화적 생산 공정 개선, 청정기술 개발 등 청정 생산 체계를 구축하여 생산 공정에서의 오염물질 배출 저감 연구에 총력을 기울이고 있다.

비산먼지는 공사장, 채석장, 골재 야적장, 건설 현장 등에서 발파, 마쇄, 연마 등으로 분진이나 먼지 등 대기오염물질 배출구의 위치 및 크기와 상관없이 불특정하게 발생된다. 골재 야적장과 채석장은 주로 건설공사가 활발히 진행되고 있는 도시 근교의 하천변, 석산 주변 등에 설치되어 있다. 이러한 시설은 설치 초기에는 큰 문제로 나타나지 않았으나 도시구역이 확대되고 인근에 주택·상가 등이 진입하면서 먼지와 소음으로 인한 생활환경의 위해가 주요 문제로 쟁점화되고 있다.

2 대기오염의 일반적인 영향

대기오염물질의 종류에 따른 각각이 인간 생활에 미치는 영향에 대해서는 구체적으로 뒤에서 대기오염의 종류를 설명할 때 함께 다루기로 하고, 여기서는 대기오염의 일반적인 영향에 대해 크게 인체나 동물에 미치는 영향과 식물에 미치는 영향을 언급하기로 한다.

1) 인체나 동물에 미치는 영향

인간은 하루에 약 1.5kg의 음식물을 섭취하고 약 2kg 정도의 물을 마신다고 한다. 한편, 인간이나 동물은 하루에 이보다 거의 10배에 가까운 약 13kg 정도의 공기를 취해야 살 수 있고, 단지 수분간의 호흡 정지에 의해서도 사망하게 된다. 이렇게 다량 섭취하는 공기가 오염되어 있으면 오염물질은 폐, 기관지 등의 호흡기에 직접 영향을 미칠 뿐만 아니라 호흡기를 통해 체내로 들어가 체내의 세포, 조직, 기관에 중대한 악영향을 미친다. 대기오염에 의한 장애로는 호흡기의 자극 증상, 기침, 호흡곤란, 접막 및 눈의 자극 증상 등으로부터 오한, 구토 등으로 진전된다.

2) 식물에 미치는 영향

우리는 종종 대도시에서 가로수의 성장이 감퇴되거나 잎이 변색되어 결국 고사(枯死)하는 경우를 볼 수 있다. 대기오염이 식물에 미치는 피해는 대체로 급성 피해와 만성 피해로 나눌 수 있는데, 적은 농도의 오염물질에 장시간 접촉했을 때 나뭇잎이 부분적 또는 전면적으로 황록색이 되는 황백화 현상, 가을도 되기 전에 낙엽이 지는 현상 등은 모두 만성 피해에 속한다. 급성 피해로는 잎의 일부 또는 전부에 반점이 생기면서 나무가 고사하는 현상이다.

3 대기오염물질의 종류와 영향

대기오염의 90% 이상은 다음에 열거한 다섯 종류의 1차 오염물질 및 이러한 1차 오염물질 상호간의 화학반응에 의한 2차 오염물질로 구성되어 있다. 다섯 가지의 1차 오염물질에는 일산화탄소(CO), 황산화물(SOX), 질소산화물(NOX), 탄화수소

표 4-2 지구의 대기오염물질의 종류와 발생량

오염물질	농도(ppm)		인위적 연간 발생량 (10^6MT/연)	자연적 연간 발생량 (ppb)
	맑은 공기	오염된 공기		
SO_2	0.0002	0.2	146~187	5
H_2S	0.0002	–	3	100
CO	0.1	40~70	304	33
NO/NO_2	〈0.002	0.2	53	NO: 430
	〈0.004	(NO_2)	(NO_2)	NO_2: 658
NH_3	0.01	0.02	4	1,160
N_2O	0.25	–	0	590
HC	〈0.001	–	88	200
CH_4	1.5	2.5	–	1,600
CO_2	340	400	14,000	1,000,000
PM	–	–	3,300	3,700
O_3	0.02	0.5	–	–

(hydrocarbons: HC) 및 분진(PM) 등이 있다. 이 밖에 살충제, 비료 등에서 생성되는 부유성(浮游性) 유기물질, 먼지, 담배 연기 등이 나머지 10% 정도를 차지한다(<표 4-2> 참조).

1) 일산화탄소

일산화탄소(CO)는 무색(無色), 무미(無味), 무취(無臭)인 독성이 매우 강한 기체로서 연료의 연소 과정에서 불완전한 연소에 의해 생성된다. 탄수화합물(불에 타는 물질은 대부분 탄소가 함유된 화합물이다)을 태울 때 산소가 부족하거나 온도가 충분히 높지 않으면 CO가 생성된다. 한편, 탄소산화물을 완전히 태우면 CO_2와 물이 생성된다.

$$CH_4 + O_2 \rightarrow CO_2 + 2H_2O \text{(메탄을 태울 때)}$$
$$C + O_2 \rightarrow CO_2 \quad \text{(석탄을 태울 때)}$$

일반적으로 이산화탄소와 물은 대기오염 물질에 포함시키지 않으나 이산화탄소는 온실 효과(greenhouse effect) 때문에 공해에 포함시키는 경우가 있다. 우리나라에서는 1980년대까지만 해도 겨울에 일반 가정에서 난방 및 취사용으로 연탄을 많이 사용했기 때문에 일산화탄소가 중요한 대기오염물질로 간주되었다. 오늘날은 난방연료가 도시가스나 휘발유로 대체되면서 일산화탄소로 인한 가스중독 사고는 거의 볼 수 없게 되었다. 그 대신 자동차 배기가스, 공장이나 화력발전소, 광산 같은 작업장이 주요 오염원이 되고 있다. 따라서 도시 주변에서 근무하는 교통순경이나, 청소부 또는 빈혈환자나 임산부 등은 만성 중독에 유의해야 한다. 흡연시에도 일산화탄소가 방출하여 흡연자 혈액 내 및 그 주변의 농도는 급격히 증가하여 순환계 질환의 원인이 되고 있다.

일산화탄소는 다른 대기오염 물질들과는 달리 단지 인간이나 동물에만 피해를 주며, 식물이나 건물·토양 등에는 피해를 주지 않는다는 것이 그 특징이다. 대부분 대기 중 농도는 0.51ppm으로 낮지만 낮은 농도로도 인체에 큰 장애를 일으키게 된다. 인간이나 동물은 호흡을 함으로써 산소를 섭취하고, 이렇게 섭취된 산소는 폐에서 피에 섞여 체내의 각 부위에 전달되어 생명이 유지된다. 피 속에는 '헤모글로빈

(Hemoglobin: Hb)'이라는 물질이 있어 이것과 산소가 '가역적'으로 결합하여 산소를 운반하기도 하고 또 적당한 곳에 산소를 내보내기도 한다.

$$\text{Hb(헤모글로빈)} + O_2 \rightleftharpoons \text{HbO}_2\text{(옥시헤모글로빈)}$$

만일 호흡하는 공기 중에 일산화탄소가 존재하면 일산화탄소는 헤모글로빈과 결합하여 카르복시헤모글로빈(HbCO)을 형성할 수 있다. 카르복시헤모글로빈은 산소와 헤모글로빈의 반응 생성물인 옥시헤모글로빈(HbO_2)보다 200~300배나 더 안정(安定)하기 때문에, 산소와 일산화탄소가 결합하게 된다. 따라서 호흡하는 공기 중에 일산화탄소가 과량 존재한다면, 피 속에 산소 운반이 가능한 헤모글로빈의 양이 급격히 줄어들게 되고 체내의 각 기관에 산소 공급이 원활하지 못해 여러 가지 중독증상이 나타나게 된다. 만성적으로는 청각장애와 시각장애를 일으키고, 급성 중독은 뇌와 신경조직에 가장 큰 피해를 준다. <표 4-3>에서는 대기 중의 일산화탄소의 양에 따른 인체의 변화를 나타내 준다. 일산화탄소의 대기 중의 허용치는 대략 20~40ppm 정도이다.

표 4-3 CO가 인체에 미치는 영향

공기 중의 CO농도(ppm)	혈액 중의 HbCO 농도(%)	생리적인 증세
10	2	약간 불편(거의 느끼지 못함)
25	5	시간이나 거리에 대한 관념이 희박해짐(중추신경 자극)
50	8	체내기관의 기능 장애 시작
100	17	피로, 어지러움, 두통

* ppm: part per million, 1%=10,000ppm

2) 탄화수소

탄소(C)와 수소(H)로 구성된 유기화합물을 탄화수소(hydrocarbons: HC)라 한다. 석탄과 석유가 대표적인 탄화수소 화합물이다. 메탄(CH_4), 에틸렌($C2H_4$), 에탄($C2H_6$), 프로판(C_3H_8), 부탄(butane), 휘발유 등은 모두 탄화수소의 일종이다. 자연발생원은 식물이 방출하는 것으로 산림에서 다량 발생한다. 특히 소나무가 방출하는 테르펜(terpene) 화합물은 건강에 이로워 소나무가 많은 곳에서 삼림욕을 하기도 한다. 탄화수소는 낮은 농도에서는 직접적으로 인체에 해를 주는 경우는 별로 없으나 대기 중에서 태양 빛을 받아 분해·산화된 화합물들이 소위 '광화학적 스모그(photochemical smog)' 현상의 원인이 될 수 있다.

대기 중의 탄화수소는 동·식물이 부패될 때 자연적으로 생성되기도 하며, 식물의 향기나 냄새도 탄화수소가 그 주요 원인이다. 인위적으로 배출되는 탄화수소의 거의 절반 이상은 운송 수단에 의해서이며 그 중 95%는 자동차 배기가스 중에 연료의 불완전 연소시 많이 배출된다. 에틸렌은 식물에 유독하며 낙엽 현상을 일으키고, 용매로 쓰이는 벤젠(benzene)이나 벤조파이렌(benzopyrene), 톨루엔(toluene) 등은 발암물질로 잘 알려져 있다. 그 밖에 페인트, 드라이 클리닝(dry cleaning) 및 제조업 등에서 쓰이는 용매가 휘발해서 생성되는 경우도 있다.

3) 황산화물

황산화물(SO_x)은 주로 이산화황(SO_2)과 삼산화황(SO_3) 두 가지 화합물을 말하는 것으로 무색의 자극성이 강하고 유독하다. 황산화물은 화력발전소, 공장 또는 가정에서 석유나 석탄을 태울 때 그 속에 들어 있는 유황화합물들도 연소되어 이산화황이 약 98% 생성되고, 삼산화황(아황산가스)이 약 2% 정도 생긴다. 특히 동, 납, 아연 제련공장 또는 정유공장에서도 많은 양의 SO_2가 배출된다.

석유 속에 섞여 있는 유황(S)의 함유는 석유의 생산지에 따라 함유율에 차이가 있다. 이산화황은 쏘는 듯한 독한 냄새를 가진 무색의 기체이며, 낮은 농도에서도 호흡장애를 일으키는 유독한 기체이다. 6~12ppm 정도는 코나 기관지에 통증을 일으키고, 400~500ppm이 되면 생명을 위협하는 치사 농도가 된다. 이산화황에 의한 호흡기 질환은 천식, 폐기종, 폐렴이고, 코나 목, 눈, 호흡기 점막에 손상을 입혀 세균 감염이 생기기 쉽다. 또한 식물의 엽록소를 파괴하여 광합성 작용을 저해하고, 반점·괴사와 같은 식물 피해에 영향을 주기도 한다. 이산화황은 대기 중에서 산소와 결합하여 서서히 삼산화황(아황산가스)으로 변한다.

$$S + O_2 \xrightarrow[\text{높은 온도}]{} SO_2 \qquad 2SO_2 + O_2 \xrightarrow[\text{느림}]{} 2SO_3$$

아황산가스는 공기중의 물(수증기)과 반응하여 황산(H_2SO_4) 안개를 형성하여 산성비(acid rain)의 원인이 된다. 황산은 섬유, 철, 바위 등을 녹일 정도로 부식성이 강하며, 질산과 함께 산성비의 구성 성분이다.

$$SO_3 + H_2O \longrightarrow (황산)H_2SO_4$$

4) 질소산화물

질소산화물(NO_X)은 공기 중의 질소(N)가 산소(O)와 반응하여 형성된 여러 가지 질소산화물(NO, N_2O, NO_2, N_2O_3, N_2O_4, N_2O_5)을 말한다. 이 중 문제가 되는 것은 일산화질소와 이산화질소이다.

공기 중의 질소와 산소는 정상적인 대기조건(온도, 압력 등)에서는 서로 반응하지 않는다. 그러나 연료중의 질소 성분이 산화하거나 고온 연소 과정에서는 대기 중의 질소가 산화함으로써 생성된다.

$$N_2 + O_2 \xrightarrow[\text{불꽃}]{\text{높은 온도}} 2NO \qquad 2NO + O_2 \xrightarrow[\text{느림}]{} 2NO_2$$

산화질소와 이산화질소의 상대적인 양은 오염원의 종류 및 지역에 따라 달라지므로 NO와 NO_2를 합쳐서 질소산화물이라고 부르며 NOx로 나타낸다. 약 40%의 질소산화물은 운송 수단으로 쓰이는 차량, 기차, 비행기 등에서 배출되며 그 중 90%는 자동차의 배기가스에서 배출된다. 질소산화물의 50%는 공장, 가정 난방 및 화력발전소 등 고정된 위치에서 연료를 태워 에너지를 얻을 때 방출된다. 질소산화물이 다른 대기오염 물질과 다른 점은 연료 속에 존재하는 불순물 또는 연료 그 자체에서 생성되는 것이 아니고 연소 과정에서 필연적으로 공급되는 공기 중의 산소와 질소의 반응생성물이라는 것이다. 따라서 내연기관의 연소 과정에서는 항상 질소산화물이 생성된다는 것이다.

일산화질소(NO)는 무색, 무미, 무취의 기체로서 연소 과정에서 많이 배출되며 배기가스의 질소산화물은 대부분 일산화질소이다. 일산화질소는 대기 중에 존재하는 양으로는 동·식물이나 인간에게 심하게 해가 되지 않는다고 생각되나 빠른 시간 안에 공기 중에서 산소와 반응하여 독성이 강한 이산화질소로 변한다. 이산화질소는 적갈색의 유독하고 불안한 기체로서 그 자체로서 동·식물 및 인체에 해롭고 또한 광화학적 스모그 현상의 주원인이 되는 기체이다. NO_2로 인한 급성 피해는 눈에 대한 직접적인 자극이 없는 것을 제외하고는 SO_2와 유사한 호흡기 질환 즉 기관지염, 기관지 초염, 폐기종, 폐염 등을 일으킨다. 20ppm에서 잠시 노출되어도 치명적이고 자각 증상이 늦게 나타나기 때문에 회복이 어렵다.

특히 대기 중의 습도가 높을 때 NO_2는 수증기와 반응하여 질산으로 변한다. 질산은 매우 부식성이 강한 산(acid)이며, 최근에 세계적으로 논란이 되고 있는 산성비의 원인이 되는 물질이다. 자연 배출원은 토양의 박테리아에 의한 질산염의 분해작용, 번개에 의한 질소 고정, 유기물의 산화작용 등을 들 수 있다.

5) 분 진

분진(粉塵, Particulate Matter: PM, Total Suspended Particle: TSP)이란 공기 중에 분산된 매우 미세한 액체 방울이나 고체 먼지를 통칭하는데 일명 미세먼지라고도 한다. 앞에서 언급한 대기오염물질은 모두 기체이거나 기체 혼합물들인데 반해 분진은 고체 또는 액체 부유물이라는 점이 특이하다. 분진의 이 같은 특성으로 인해 단위인 ppm을 쓰지 않고, 단위 부피의 공기 속에 들어 있는 부유물질의 무게로 그 양을 나타낸다. 일반적으로 분진의 양은 "1입방미터 속에 들어 있는 무게를 마이크로그램 10^{-6}g 단위로 나타낸 양 $\mu g/m^3$[1](μ: micro, 10-6)"이라는 단위를 사용한다. 분진은 그 절대량뿐만 아니라 분진입자의 크기도 대기오염에 중대한 영향을 미친다. 크기가 작은 입자는 그만큼 오랫동안 대기 중에 부유할 수 있는 반면, 큰 입자들은 곧 침강하여 대기 중에서 없어지기 때문이다. <표 4-4>에 여러 입자들의 대략적인 크기가 나타나 있다.

대기오염에 영향을 주는 분진의 크기는 대략 0.1~20마이크로미터($\mu m = 10^{-6} m = 0.0001$ cm) 정도이다. 분진 입자들 각각은 눈으로 직접 볼 수 없을 정도로 작은 크기이지만 입자들이 많이 모이게 되면 태양 광선을 흡수하거나 산란시켜 전체적으로 뿌옇게

1) 미세먼지의 농도는 질량 농도로 표현하는데 흔히 공기 세제곱 입방미터당 먼지의 무게가 몇 마이크로그램(1/1,000 밀리그램)인지로 표현한다($\mu g/m^3$).

표 4-4 입자들의 크기 비교

종 류	평균 크기, 직경(㎛)
기체분자	0.001
단백질분자	0.025
담배연기	0.05
살충제 연무	2
박테리아	2
짙은 안개(fog)	5
꽃가루	10
재	25
사람의 머리카락 두께	75
눈으로 볼 수 있는 최소의 크기	100
빗물 방울	2,000

보이게 된다. 한여름 오후에 도시 상공의 하늘 일부분이 뿌옇게 흐려 보이는 경우라든가, 비가 온 직후에는 멀리까지 잘 보이는 것은 도시 상공의 분진의 영향 때문이다.

분진은 그 배출원이 SOx와는 비슷하지만 CO, HC 및 NOx와는 전혀 다르다. 수송수단에 의해 발생되는 분진의 양은 얼마 되지 않은 반면, 공장이나 화력발전소 같은 고정된 장소에서 연료를 태울 때 많은 양의 분진이 배출된다. 석탄은 항상 몇 퍼센트 정도의 타고남은 재가 생기며 이것들이 분진의 90퍼센트 이상을 차지한다. 이 밖에도 제철, 제련공장, 시멘트 등의 제조공장에서도 분진이 배출된다. 분진은 한 종류만으로는 식물이나 건축재료 등에 크게 피해를 주지 않으나, 분진이 SOx, NOx 또는 수증기와 함께 존재할 때에는 그 부식력이 놀라울 정도로 증가한다. 일반적으로 분진은 SOx와 함께 방출되는 경우가 많기 때문에 이러한 복합작용에 의한 피해가 매우 크다.

먼지는 대기중 아황산가스와 복합적으로 작용하여 호흡기질환을 유발할 수 있으며 빛의 흡수 및 산란을 유발하여 시정을 감소시키는 것으로 알려져 있다.

먼지의 크기는 매우 다양하고 크기에 따라 건강에 미치는 영향도 달라진다. 10마이크론 이하의 먼지를 PM_{10}이라고 하는데 현재 우리나라에서는 PM_{10}에 대해 환경기준을 정해 관리하고 있다. 최근에는 $PM_{2.5}$가 건강에 아주 해로운 것으로 알려지면서 미국에서는 PM_{10}과 동시에 $PM_{2.5}$에 대한 환경 기준을 정해 관리하고 있다. 100마이크론(1/1000 밀리미터) 이상의 분진은 눈, 코, 인후부에 자극 증상을 일으킬 수 있지만 호흡기 깊숙이 침입하지는 못한다. 특히 10마이크론 이하의 미세먼지는 허파 꽈리까지 침투할 수 있어 인체에 매우 해롭다. 석탄광, 철광 등 광산에서 배출되는 분진은 그 자체로 허파, 기관지 등의 내벽을 손상시킬 뿐만 아니라 많은 경우에 분진 속에 니켈(Ni), 베릴륨(Be), 수은, 납, 비소 등의 독성이 강한 원소들이 함유되어 있어 그 피해가 더욱 크다.

6) 오 존

오존(O_3)은 주로 자동차 배기가스가 방출하는 질소산화물과 탄화수소류 등이 태양광선과 반응하여 생성되며 농도가 높을 경우 호흡기 질환, 시정장애, 인체 및 동·식물, 재산상의 피해를 미친다. 오존이 인체에 미치는 영향은 오존 농도(ppm)가 0.1~0.3 정도의 오염도가 1시간 가량 지속(호흡 가쁨, 기침, 눈 따가움), 0.37(가벼운 운동 중 호흡 곤란), 0.50(호흡 곤란)이다. 일반적으로 지구 표면의 평균 농도는 0.02ppm인데, 스모그 형성 시에는 0.5ppm을 초과하기도 한다. 오존은 단기간 동안 고농도에 노출될 경우 인체에 해로운 영향을 미치며, 특히 어린이와 노인의 경우에는 오존오염으로 인한 피해가 커질 수 있다. 오존 농도가 높아지면 눈을 손상시키고 기침과 두통이 생기고 심한 경우 폐수종이 되기도 한다. 식물은 비교적 고농도에서 잎의 상표면 표피가 파괴되어 회백색 또는 갈색의 반점이 확대되고 성장이 억제된다. 그 이유는 엽록소의 파괴 때문이라고 할 수 있다. 우리나라의 경우 1990년대 이후 자동차가 급증하면서 대도시의 오존오염도가 단기 환경 기준(0.1ppm/시)을 초과하는 사례가 빈번해지고 있다. 오존 원인 물질 및 오존발생은 태양광선의 강도, 기온역전 등 기상 조건에 따라 변하고, 오존에 의한 피해도 한계농도 이상일 때에 집중적으로 나타나므로 국민에게 신속히 알려, 인체 및 생활환경상의 피해를 최소화하기 위해 '오존경보제'를 이미 오래 전부터 도입·시행하고 있다. 오존 농도가 0.15ppm일 때 예보를, 0.3ppm일 때 주의보를, 0.5ppm에서 경보를 울리고 해당 지역의 어린이와 노약자의 외출을 자제시키고, 자동차 운행을 제한하도록 하고 있다.

대기환경보전법 제8조에 의해 오존의 농도가 0.12ppm/hr이 초과할 경우 각 지자체는 '오존주의보'를 발령하고 있다. 또한 1997년부터는 서울, 부산 등 6대 도시에서 갑작스러운 오존경보령에 따른 시민들의 불안감과 당혹감을 해소하고 시민 행동요령에 따라 사전에 대비할 수 있도록 '오존예보제'를 병행 실시하고 있다.

제 3 절 대기오염의 복합적인 현상들

1 온실효과

태양으로부터 지표면으로 입사된 햇빛은 자외선 및 가시광선인 짧은 파장 영역이어서 대기 중의 CO_2나 H_2O에 의해 흡수되지 않고 거의 전부 지구 표면에 도달한다. 이 빛은 지구 표면에 도달하면 흡수되어 지구 표면이 더워지고, 이렇게 데워진 지표면은 그 열에너지를 적외선(열선) 영역의 빛으로 대기 중에 방출한다. 방출되는 열에너지의 일부는 파장이 긴 적외선의 형태로 지구 밖으로 방출되고, 또 다른 일부는 대기 중의 이산화탄소와 수증기(물)를 투과하지 못하고 재흡수되어 지구로 되돌아오게 된다. 즉 대기 중에 존재하는 이산화탄소와 수증기는 적외선을 흡수하는 성질이 있어 적외선 복사열의 방출을 차단한다. 이렇게 흡수된 열에너지는 마치 온실 안 공기가 더워지는 것과 같이 이산화탄소나 수증기가 온실 유리와 같은 작용을 하게 되어 지구의 기온이 상승하게 된다. 대기권의 CO_2나 H_2O의 이러한 보온작용을

그림 4-4 온실 효과

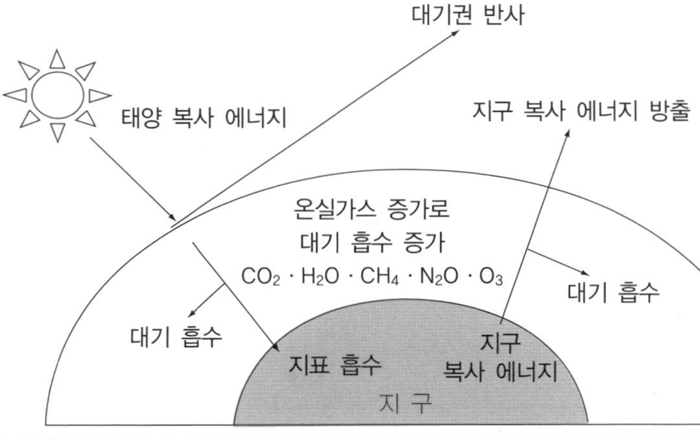

온실효과라 한다([그림 4-4] 참조).

온실 효과(greenhouse effect)를 유발하는 대기 중 가스성분을 온실가스라고 한다. 적절하게 방출되어야만 하는 적외선 복사열이 축적됨에 따라 지구의 평균 기온은 상승하게 되며, 이와같이 지구의 평균 기온이 증가하는 현상을 지구온난화라고 한다. 지구온난화의 원인으로는 태양활동의 변화, 화산 활동 그리고 온실가스에 의한 온실 효과가 지적되고 있다.

온실 효과를 유발하는 온실가스로는 이산화탄소(CO_2), 쓰레기가 썩으면서 발생하는 메탄(CH_4)과 일산화질소(N_2O), 염화불화탄소(CFCs) 그리고 오존(O_3) 등이 있는 것으로 알려져 있다. 이러한 온실가스들 중에서 지구온난화에 대한 기여도(복사강제력)는 이산화탄소의 경우 55%로 가장 높은 값으로 추정된다. 그린랜드의 얼음으로부터 산업혁명 이전 대기 중 이산화탄소 농도는 270~280ppm 정도였던 것으로 측정되었으나, 그 이후부터 농도가 현저히 증가하여 2004년에는 대기 중 이산화탄소의 평균 농도는 379ppm까지 증가했다. [그림 4-5]는 대기 중 이산화탄소의 농도 변화 경향을 나타낸 것이다.

그림 4-5 대기 중 이산화탄소의 농도 변화

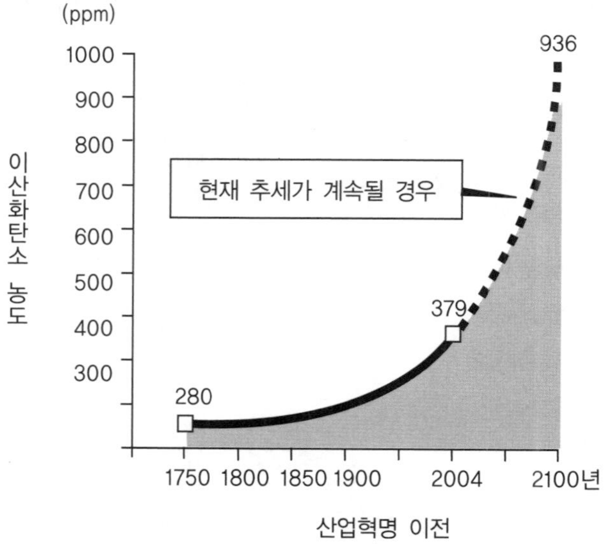

자료: 기후 변화에 대한 유엔 정부 간 패널(IPCC).

그림에 나타난 바와 같이 산업혁명 이후 산림 파괴와 화석연료 사용량의 증대로 인해 매우 급격한 증가 추세를 보이고 있으며, 이러한 추세를 유지할 경우 2020년경에는 지금의 2배 정도가 될 것이며, 2100년에는 대기 중 이산화탄소 농도가 936ppm에 이를 것으로 전망된다(IPCC 제5차 평가보고서). 세계기상기구(WMO)가 2014년 4월 북반구 이상화탄소 평균 농도가 400ppm을 넘었고, 우리 기상청에 의하면 한반도 평균농도는 2012년 400.2ppm, 2013년 402.4ppm로 나타났다. 기후학자들은 이산화탄소 평균농도가 400ppm대에 들어섰다는 것은 지구온난화의 경고 신호로 해석하고 있다.

대기 중 이산화탄소의 농도가 증가하는 가장 큰 요인은 주로 동·식물의 호흡작용과 석유·석탄·천연가스 등 화석연료의 연소 작용을 통해 배출된다. 다음으로 큰 요인은 세계 산소의 반 이상을 생산하는 열대산림의 급격한 감소이다. 대기 중의 이산화탄소는 식물의 광합성작용으로 소모되어 대기 중에서 균형을 이루고 있다. 그런데 최근 인구의 급격한 증가와 도시화로 인해 숲이 줄어들면서 대기 중의 탄소량이 급격히 증가하고 있다. 이러한 증가는 지구온난화를 더욱 부추기고 식물이 고사하는 지구의 사막화를 가속시킨다. 특히 기온의 상승으로 인해 해수 온도의 증가와 극지방의 빙산이 녹아 해수면 상승을 일으켜 저고도(低高度) 지역의 침수와 지하수의 염분 유입 등의 피해가 발생될 수 있다.

과거 130년 간 관측된 지구의 평균 기온 변화를 분석한 결과 남·북반구가 약간의 차이를 보이지만 지구의 평균기온이 약 0.3~0.6℃ 상승한 것으로 추정된다. 특히 최

표 4-5 RCP 시나리오별 기후변화전망 (21C 말 기준)

RCP	CO_2 (ppm)	온도(℃)		해수면(㎝)		강수량(%)		배출수준
		전지구	한국	전지구	한국	동아시아	한국	
8.5	936	3.7	5.9	63	65(남·서해안) 99(동해안)	–	18	현재추세
6.0	670	2.2	–	48	–	–	–	보통저감
4.5	538	1.8	3.0	47	53(남·서해안)	7	16	상당저감
2.6	421	1.0	–	40	40(동해안	–	–	적극저감

자료출처: ICPP 5차평가(2013년)·국립기상연구소·기상청(http://web.kma.go.kr/notify/press/kma_list.jsp) 재구성. ※ 대표농도경로(Representive Concentration Path, RCP): 2050년 기준 우리나라 기온은 3.2℃ 상승, 연강수량은 15.6% 증가, 해수면은 27㎝ 높아짐(RCP 8.5).

근 10년간은 평균적으로 과거 130년간의 어느 기간보다 높은 기온 상승률을 보이고 있다. 미국의 해양기상청의 연구에 의하면 온실 효과의 영향으로 온도의 상승은 지표면에 접근할수록 심해지고, 적도지역보다 고위도의 극지방에서 현저하다. 즉 적도지역에서 연평균 기온이 3℃ 가량 상승하는데, 북극에서는 9℃ 가량 높아졌다고 한다. 또한 계절적으로 보면 적도지방은 큰 차이가 없으나 북극은 여름에 1~2℃ 상승하는데 비해 겨울에 14~18℃ 상승한다. 이렇게 볼 때 지구 전체로는 적도지역을 제외한 전 세계의 기후가 완전히 변하게 되고 그 정도는 고위도로 갈수록 극심해진다고 할 수 있다. 이 같은 기후 변화로 인해 한대 지방은 냉대가 되고 냉대 지역은 온대가 되며 아열대 지역으로 확대된다. 우리나라 기후도 점차 아열대 지역으로 바뀌어가면서 여름이 한달 길어지고 겨울이 한달 짧아진다. 이제 남부지방으로 갈수록 물 부족 현상이 일어나고 가뭄이 발생하며 겨울이 점점 짧아질 것이다. 기후변화에 관한 정부간 조사위원단(IPCC, Intergovermental Panel on Climate Change) 보고서(스웨덴 제 5차 평가보고서, 2013)에서 현재 속도로 기온이 상승할 경우 오는 2081~2100년 지구의 평균기온은 1986~2005년에 비해 평균 3.7℃ 오를 것으로 전망했다. 또한 지구온난화로 인해 해수면도 평균 63cm 상승할 것으로 보고 뉴욕, 상하이 등 세계 주요 해변 도시가 침수 될 수 있다는 것이다(<표 4-5> 참조). 전문가들은 지구온난화의 영향으로 지구 기온이 1℃ 상승하면 강수량이 10% 감소하고 관개농업 물 수요는 최소 10% 증가할 것이라고 전망하였다. 이것은 40~70%의 지표수 감소 효과를 가져 오고 농업 및 생활용수에 큰 영향을 미치고 토양의 산성화와 토양 유실을 심화시킨다. 또한 기후 변화로 인한 농작물의 수확 감소, 병충해와 질병 발생률의 증가 등 인간을 포함한 전 생태계의 지각 변동으로 막대한 영향을 미칠 것으로 생각된다.

2 오존층 파괴

지구 대기권의 성층권 내 지표면으로부터 20~50㎞ 영역에는 오존이 약 10ppm의 농도로 존재하는 오존층이 존재한다. 이러한 오존층은 태양으로부터 도달되는 자외선(紫外線, Ultra-Violt: UV) 중 인간에게 가장 해로운 파장인 200~280㎚의 자외선을 거의 전량 흡수하고 인간에게 덜 해로운 파장인 280~320㎚의 자외선을 70~90%

정도 흡수한다. 따라서 오존층은 지표면에 도달하는 유해한 자외선을 여과하고 대기와 지표면의 온도를 조절하는 기능을 하며, 생물체 생존에 결정적인 역할을 한다. 오존층 내에서 오존(ozone, O_3)은 자외선에 영향을 받아 산소로 분해되는 분해반응과 오존의 생성반응이 동시에 진행되며, 오존의 분해반응과 생성반응의 반응 평형은 성층권으로 유입되는 자외선의 양에 의해 결정된다. 그러므로 오존층 내 오존은 오존의 생성반응과 분해반응에 영향을 미치는 다른 가스가 존재하지 않고 자외선의 유입량이 일정할 때 가역반응에 의해 항상 평형 농도로 일정한 값을 유지한다.

$$O_3 \underset{\text{화학반응}}{\overset{\text{자외선 흡수}}{\rightleftharpoons}} O_2 + O$$

그러나 성층권의 오존층에는 여러 가지 종류의 가스가 존재하며, 오존의 분해반응에 촉매 역할을 하는 가스가 존재하면, 그 농도가 극미량(極微量)일지라도 오존층의 오존 농도는 크게 감소하게 된다. 특히 염화불화탄소(CFCs), 일명 프레온가스는 대류권에서는 매우 안정되어 분해되지 않고 문제를 일으키지 않으나 지표면으로부터 점점 상승하여 성층권 내의 오존층에 도달하면 태양의 강한 자외선에 의해 분해되어 염소(Cl) 원자를 방출하게 되고, 바로 촉매 역할을 하는 이 염소원자가 오존과 결합함으로써 오존을 연속적으로 파괴시키며 한 개의 염소원자는 오존분자 10만 개를 파괴할 수 있는 능력을 갖고 있다고 한다.

$$CF_2Cl_2 \xrightarrow{UV} CF_2Cl + Cl$$
$$Cl + O_3 \longrightarrow ClO + O_2$$
$$ClO + O \longrightarrow Cl + O_2$$

위의 화학반응식에서도 알 수 있듯이 오존층을 파괴하는 요인으로는 염화불화탄소(chlorofluorocarbons: CFC, Freongas)가 주범이다. 프레온 가스는 20세기 인간이 합성한 가장 완벽한 물질로서 찬사를 받았고 가장 광범하게 사용되어 왔다. 냉장고

나 에어콘의 냉매, 각종 스프레이의 분사제, 플라스틱의 발포성 가스, 정밀기계, 필름, 반도체 칩의 세정액 등 일상생활에 다양하게 사용되고 있다. 할론가스도 오존층 파괴물질로 밝혀졌는데 주로 소화기에 사용되는 물질이다.

프레온가스가 광분해되어 발생된 염소원자는 10만 개의 오존분자와 반응할 수 있으므로 앞으로 오존층은 점점 얇아질 것이다. 오존량 1%가 감소시 유해 자외선의 양은 2% 증가하고 피부암 발생률은 4% 이상 증가하는 것으로 예측되고 있다. 오존량이 10% 감소하면 지표면에 도달하는 UV-B(파장 280~320㎚)의 양은 20% 정도 증가한다. 특히 자외선은 동·식물 세포의 단백질 및 DNA에 직접 영향을 미쳐 세포를 죽이거나 DNA를 손상시켜 돌연변이를 일으키고 피부암과 백내장을 일으켜 면역 체계가 약화된다. 또한 식물의 광합성이 감소되고 식물 호르몬과 엽록소에 피해를 주어 식물 증식이 억제되어 생태계가 파괴된다. 1960년 프레온가스의 생산량이 약 15만 톤 정도였으나, 그 이후 급격히 증가하여 1987년에는 약 125만 톤에 이르렀다. 세계기상기구(WMO)가 남극의 상공에 오존 구멍이 발견되었다고 보고되면서 오존층 파괴 물질의 생산과 사용을 실질적으로 규제할 조치의 필요성이 국제적으로 강하게 제기되었다. 다행히 1987년 9월 캐나다 몬트리올에서 24개국과 유럽경제공동체에 의해 '오존층 파괴물질에 관한 몬트리올 의정서'를 정식 채택함으로써 효과적인 국제 조치가 취해졌고, 1988년 최고 생산량(126만 톤)을 기점으로 하여 매년 감소하고 있다. 1999년 중국 베이징(北京)에서 개최된 제11차 당사국 총회에서 제4차 개정이 이루어져, 그 동안 규제 대상에서 제외되어 왔던 수소염화불화탄소(HCFC)의 생산량 규제 일정을 확정하여 선진국은 2004년부터 개도국은 2016년부터 동결하기로 했다. 그리고 브로모클로로메탄을 규제 물질에 포함시켜 총 96종의 오존층 파괴물질을 감축 및 전폐하기로 확정했다.

그러나 문제는 이 프레온가스가 대기 중에서 한번 배출되면 그 체류 기간이 약 75년 이상이 된다는 사실이다. 따라서 이미 배출된 막대한 양의 프레온가스는 전부 대기 중에 머물면서 오존층을 파괴하고 있거나 서서히 성층권으로 올라가고 있는 중이다. 성층권을 운행하는 제트기나 핵폭발도 오존층을 파괴할 수 있다. 제트 엔진이나 핵폭발 때 발생하는 산화질소(NO)는 오존과 반응하여 이산화질소가 된다.

$$NO + O_3 \xrightarrow{\text{아주 빠름}} NO_2 + O_2$$

$$O_3 + F \longrightarrow FO + O_2$$

최근에 촬영된 위성사진에 의하면 남극지역의 오존층 파괴는 날로 심화됨을 알 수 있다. 그뿐만 아니라 남극을 중심으로 시작된 오존층 파괴는 남반구에서 북반구로 확대되고 있다는 사실이다. 오존층이 파괴되기 위해서는 자외선, 염소원자 그리고 고체 상태의 질산(HNO_3) 구름이 동시에 존재해야 하며, 고체 상태의 질산 구름은 영하 45℃ 이하에서 발생된다. 남극의 오존층 파괴가 심한 것은 남극 상공의 오존층에서 질산 구름의 생성이 용이하기 때문인 것으로 알려져 있다.

3 산성비

액체가 신맛을 내면 산성이라고 말할 수 있다. 사과, 자두, 석류 및 오렌지 등의 과일과 요리에 사용하는 식초는 산(酸)이 들어 있기 때문에 신맛을 가진다. 산의 강도를 나타내기 위해 pH라는 척도를 사용한다. pH는 0에서 14까지의 값을 가지는데 pH값이 낮을수록 산성이 강하다는 것을 의미한다. pH 척도는 대수로 환산한 값이므로 1 차이는 농도에서는 10배 차이를 나타낸다. 그러므로 어느 액체는 pH가 3이라면 pH 5인 액체에 비해 산성은 20배나 강하다는 것을 의미한다. [그림 4-6]은 수소이온 농도(pH)의 등급을 나타낸 것이다.

보통 순수한 물의 pH값은 7인데, 오염되지 않은 자연 상태에서 정상적인 빗물은 pH가 5.6의 값을 가진다. pH 5.6 이하인 비를 산성비라고 한다. 빗물이 약간의 산성을 띠는 이유는 공기 중의 이산화탄소가 물에 녹아서 약한 산인 탄산을 형성하기 때문이다.

$$H_2O + CO_2 \rightarrow H_2CO_3$$

화석연료의 연소 등에 의해 대기 중으로 방출된 황산화물 및 질소산화물이 O_3 등

그림 4-6 수소이온 농도(pH)의 등급

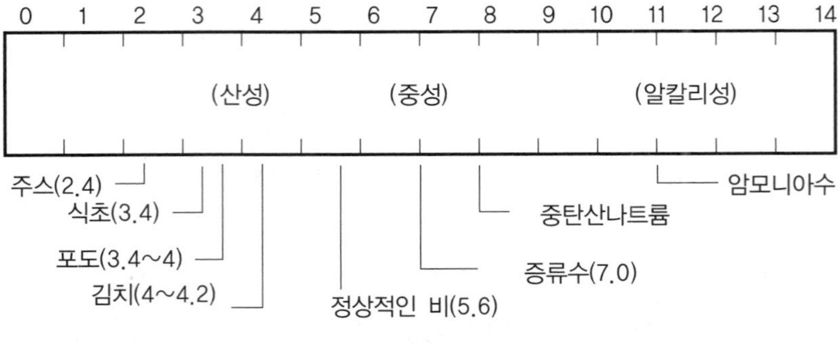

산화력이 강한 물질과 반응하여 황산, 질산을 만들게 되면 pH값은 더욱 낮아진다. 이것들이 구름을 구성하는 물방울의 핵으로서 작용하기도 하고 강하하는 빗방울에 용해되어 강한 산성도를 나타내는 비로 지상에 낙하한다. 산성비와 함께 산성 안개와 산성 눈이란 것도 존재하는데 이것도 액체를 만들었을 때 pH가 5.6 이하인 것을 말한다. 산성 안개와 산성 눈은 동일한 pH값이라도 산성비보다 훨씬 더 큰 피해를 초래한다.

산성비의 pH값이 낮은 원인은 자연 상태에서 발생하는 탄소(화산 폭발, 산불, 박테리아의 분해작용 등) 이외의 다양한 산을 포함하고 있기 때문이며, 산성비에 포함된 탄산 이외의 대표적인 산은 황산(H_2SO_4)과 질산(HNO_3)이다. 이들 황산과 질산은 주로 석탄과 석유, 천연가스 등 화석연료의 연소에 의해 발생된 산(酸) 생성 가스가 구름이나 빗방울 속으로 아래와 같은 화학반응을 통해 흡수되기 때문에 생성된 것이다.

$$2SO_2 + O_2 \longrightarrow 2SO_3$$
$$SO_3 + H_2O \longrightarrow H_2SO_4$$

이와 같은 산성비는 하천·호수 등을 산성화시키며, 토양 중의 영양염류를 용출시키고 토양을 산성화시켜 산림을 파괴하고 생태계에 큰 피해를 입힌다. pH가 4.0이면 물에서는 물고기가 서식할 수 없고 토양에서는 산성 토양에 강한 수종을 제외한 일반 수목은 서서히 고사하고 만다. 산성비는 식물에도 영향을 주는데 잎이 손상되고

그림 4-7 **산성비의 세계적인 분포 현황**

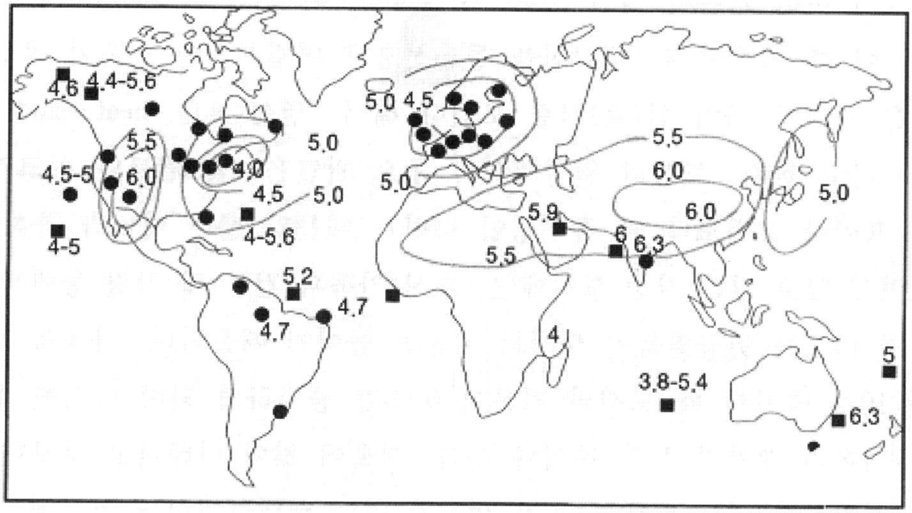

~ pH 등곡선 ■ 주요 지점의 pH값 ● 산성비 피해지역

씨가 싹트지 않고 잎을 보호해 주는 왁스층을 파괴한다. 농작물에도 유사한 영향을 주고 있다.

일반적으로 알려진 바에 의하면 황산염과 질산염은 대기 저층 2㎞ 이내에서 이동하나, 경우에 따라서는 오염원으로부터 수백 ㎞ 떨어진 지점까지도 이동한다. 유럽의 경우, 영국 동부와 북부 유럽에서 배출된 산생성 가스가 북동쪽으로 이동하여 스칸디나비아 반도에 있는 국가들의 생태계를 심각하게 파괴했다. 1970년대부터 pH 4.3의 강산성 비가 내린 스칸디나비아 반도, 스웨덴과 노르웨이의 400여 개 호수의 생태계를 심각하게 파괴하여 현재 물고기가 거의 없고, 핀란드의 경우에는 40여 개 호수의 생태계가 산성비로 전멸했다. 독일은 1987년 이후 산림의 52%가 성장을 중단했다는 연구 보고서가 나와 있다. 특히 침엽수가 크게 영향을 받았다. 이처럼 산성비는 유럽의 스위스 알프스 산악지대, 스칸디나비아 반도지역, 미국의 중서부와 캐나다 등 북미지역이 심각한 양상을 보이고 있다. [그림 4-7]은 전 세계적인 산성비의 분포를 나타내 보여 준다.

우리나라도 예외는 아니다. 환경부와 기상청이 조사한 바에 의하면 우리나라에서 연중 내린 비의 70%가 기준치를 초과한 산성비였고, 그 중 75%는 서풍을 타고 중국에서 이동해 온 공해 구름대의 영향으로 밝혀졌다. 이러한 경향은 특히 5월에 극심했고 pH 3.6~4.6의 강한 산성비가 많았다.

산성비는 산성 산화물의 발생에 의해 생성되는 것이기 때문에 이의 제어대책은 황산화물과 질소산화물의 배출량을 줄이는 것이 가장 효과적인 방법이다. 이것을 달성하기 위한 방법으로는 화석연료의 사용을 줄이는 방법 이외에 연료를 청정연료로 전환하는 방법, 저황탄과 저황유의 사용, 연소장치와 연소 방법 개선, 배기가스를 탈황시설(배연탈황)과 탈질시설(배연탈질)을 사용하여 처리하는 방법, 무공해 자동차 개발, 산림에 석회 산포 등을 점차적으로 확대시켜 나가야 할 것이다.

4 열섬 현상

지리적으로 같은 지역 내에 있는 대도시의 기후는 근처의 농촌과는 매우 다르다. 인구와 건물이 밀집한 도심지는 그렇지 않은 주변 시골지역에 비해 기온이 훨씬 높다. 주변 지역보다 기온이 2~5℃ 가량 온도가 높다. 이때 기온이 같은 지점을 등온선으로 연결시키면 온도가 유난히 높은 지역이 마치 섬처럼 보인다 해서 '열섬(熱島, heat island)' 현상이라고 한다.

도심의 열섬 현상의 주요 원인은 아스팔트나 콘크리트가 흙이나 초지보다 열 흡수성이 강하기 때문일 뿐만 아니라 특히 지표면을 덮고 있는 각종 도시 매연, 도시 가옥과 건물 및 차량 등에서 뿜어져 나오는 인공열들이 도시의 기온을 높이기 때문이다. 가옥의 밀도가 10% 증가할 때 도시의 기온이 0.16℃ 증가하게 되며 이러한 현상은 기온의 교차가 심한 봄이나 가을, 겨울에 많이 나타나고 낮보다 밤에 심하게 나타난다. 밤 기온이 25℃가 넘는 열대야 현상도 열섬에서 많이 나타난다. 이러한 도시 열섬화는 동·식물상의 변화로 생태계의 파괴와 각종 인체에 미치는 영향도 크다. 열섬 현상이 나타날 경우 도심의 하늘은 뜨거운 공기가 뚜껑처럼 하늘을 덮고 정체된다. 배기가스를 포함한 오염물질들도 함께 도심 상공에 머물면서 오염 농도를 더욱 높이게 된다. 오존주의보가 발령된 서울의 하늘에도 그 같은 열섬 현상이 나타났던 것으로 추정된다. [그림 4-8]는 도심 열섬 현상을 나타내 주는 모습이다.

그림 4-8 도심 열섬 현상(초여름)

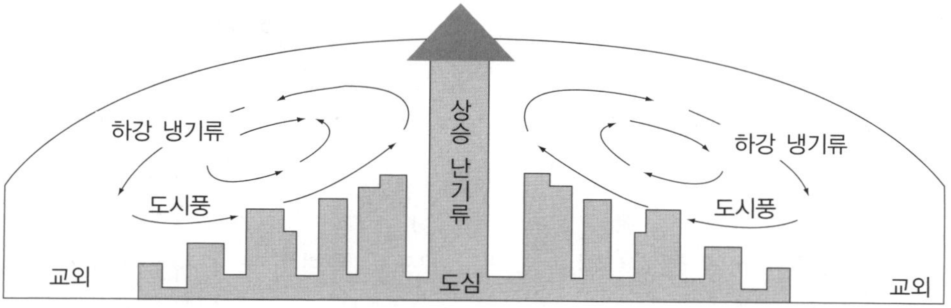

열섬 현상과 더불어 오염물질의 농축 효과로 인체에 미치는 해독은 도시인들과 시골에 사는 사람들의 호흡기 계통의 질병에 대한 통계를 살펴봄으로써 알 수 있다. 한 연구보고서에 의하면 인구 10만 명 이상의 도시에 사는 사람들의 폐암의 발생 빈도 수가 농촌에 사는 사람보다 2배나 더 높으며, 폐결핵・기관지염 등 순환기 계통의 질병이 농촌보다 큰 도시나 공장지대에서 훨씬 많이 발생한다는 것이다.

5 스모그 현상

스모그(smog)란 영어의 연기(smoke)와 안개(fog)의 결합어로 대기오염에 의해 나타나는 연무(煙霧) 현상을 말한다. 스모그는 크게 두 종류로 나눌 수 있는데, 첫째가 황산화물과 분진에 의한 런던형 스모그이고, 둘째로 여러 오염물질의 복합적인 광(光)화학반응에 의한 로스앤젤레스형 스모그이다.

런던 스모그는 1952년 12월 5일에서 9일에 걸쳐 런던과 그 주변 지역에서 4일 동안 짙은 안개가 발생했다. 이 안개는 북서쪽에서부터 접근하는 습한 기류에 의해 발생한 것인데, 이 기류가 런던지역에 정체되면서 바람 한 점 없는 상태가 되었다. 짙은 안개와 공장 및 가정에서 배출되는 매연이 합쳐지고 안개의 밀도는 더욱 높아졌다. 안개가 지속되는 동안은 온도가 거의 빙점 수준으로 유지되었다. 가시도(可視度)는 4일 동안 평균 약 20×40㎢의 지역에서는 20m 이하였고, 100×60㎢의 지역에서는

400m 이하였다. 대기오염도는 아황산가스 0.1ppm(260μg)~1.34ppm(3,484μg), 연기 농도의 범위는 0.3~4mg/m³이었다. 짙은 안개와 가시도 저하가 발생되면서 많은 사람들은 호흡 곤란을 겪었고 심장 및 폐 질환자가 많이 발생하여 사망자 수가 증가했다. 이후 3주 동안 평소보다 사망자 수가 4천여 명이 더 증가했고, 스모그가 걷힌 뒤에도 다음해 2월 중순까지 추가로 8,000여 명이 목숨을 잃었다. 런던 스모그는 대도시의 가정 난방·취사나 공장지대에서 석탄이나 석유, 가스 등의 사용으로 배출된 황산화물과 입자성 물질들이 대기 중의 수증기와 결합하여 시야를 뿌옇게 만든다. 이 스모그의 색깔은 보통 회색을 띠고 있다. 스모그의 유형은 도시 지형이나 기후와도 밀접한 관계를 맺고 있다. 멕시코 시티는 전형적인 분지도시로 인구 2천만, 차량 4백만 대에 육박하는 현대의 대표적인 오염도시이다.

로스앤젤레스형 스모그는 로스앤젤레스에서 1943년 희끄무레하고 황갈색을 띠면서 눈을 따갑게 하고 눈물을 나게 하는 안개 현상이 나타났다. 처음에는 그 원인이 런던 스모그와 같은 아황산가스에 있다고 생각하고 그 대책을 강구했다. 그러나 그것이 유류 연료를 사용하는 자동차 배기가스, 빌딩·가정 등에서 배출되는 질소산화

표 4-6 광화학 스모그와 황화 스모그의 특성 비교

비교 항목		광화학적 스모그 (photochemical smog)	황화 스모그 (sulfurous smog)
대표적인 지역		미국 로스앤젤레스	영국 런던
원 인		자동차 배기가스	고정된 오염원(건물, 공장, 가정 등)
대기 상태	발생 계절	여름철	겨울철
	햇빛	밝고 강하다	어둡고 약하다
	기온	24℃ 이상	4℃ 이하
	습기	낮다	90% 이상 높다
	오존 농도	높다	낮다
증 세		눈, 기도 등 호흡기계 자극 사망 확인 안 됨	기관지 자극 기침, 인후 자극 사망자 발생
오염원		O_3, NO_X, HC, CO 등	분진(PM) 및 SO_X
연료원		휘발유, 경유 등 석유연료	석탄연료
시정 거리		수 야드	반 마일
발생 현상		새롭게 발생된 대기오염 현상 Photochemical Reaction	오래 전부터 발생된 현상 Smoke + Fog = Smog

물과 탄화수소가 햇빛과 반응하여 생성된 광화학 스모그임이 1947년에 밝혀졌다. 특히 자동차 배기가스에 의해 배출된 대기오염물질이 혼합하여 광화학반응을 하고 2차 오염물질을 만든다. 2차적으로 형성된 광화학 산화제는 연갈색을 띠고 시야를 뿌옇게 하며 눈을 따갑게 만든다. 정도가 심하게 되면 호흡기 점막층이 자극되어 천식이나 기관지염과 같은 호흡기 질환으로 발전된다. 광화학 스모그는 태양의 자외선에 의한 반응이므로 태양빛이 강한 여름 정오경에 자주 발생한다. 특히 오존은 반응성이 커서 고무제품도 침식시키며 광화학 오염의 지표로 사용되고 있다. 현재 우리나라에서 가장 문제시되고 있는 것은 런던형 스모그와 로스앤젤레스형 스모그가 함께 나타나고 있는데 있다. <표 4-6>는 광화학적 스모그와 황산화물에 의한 스모그의 원인, 증세 및 오염원 등에 대한 특성을 비교하고 있다.

6 황사 현상

황사 현상이란 상승 기류에 실린 토사가 지상 4~5㎞ 상공까지 도달한 후, 강한 고층 기류에 의해 먼 지역까지 확산되는 현상이다. 우리나라에 영향을 미치는 황사는 중국 내륙 건조지대 및 고비사막 등에서 발생 한다([그림 4-9]).

그림 4-9 황사의 발원지와 그 영향권

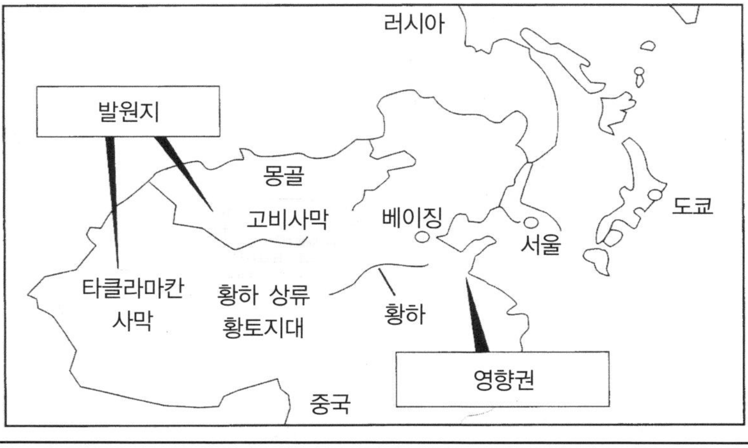

해마다 봄철이면 중국 허베이(華北)지방에서 0.002~0.05㎜의 미세한 모래먼지가 편서풍에 의해 대기를 오염시킨다. 중국에서 발생한 황사가 우리나라에 도착하는 시간은 생각보다 빨라 편서풍을 타고 하루나 이틀 정도 걸린다. 최근에는 한 번에 약 100만 톤에 달하는 이 미세한 먼지바람은 중국의 급속한 공업화에 따라 중국 내륙에서 발생한 수은, 납, 카드뮴, 구리, 철, 규소, 알루미늄, 니켈과 같은 각종 중금속 오염물질을 함께 운반하는 역할을 하고 있다. 황사 현상이 심할 때에는 하늘이 황갈색으로 변하고 물건에 모래먼지가 쌓이고 시계(視界)가 아주 나빠진다. 황사는 일 년에 4~5회까지 발생하고, 주로 봄인 3~5월에 발생한다. 건조하고 가뭄이 심한 경우 더욱 빈발하게 되고 심지어 근래에는 겨울에도 발생한다. 이런 황사로 인해 눈병이 생기기 쉽고 호흡기 질환, 알레르기, 피부병 등이 발병하고 식물 잎의 기공(氣孔)을 막아서 농작물의 발육에 지장을 초래한다. 그뿐만 아니라 시계를 방해하여 교통문제를 발생하게 하고, 많은 미세한 먼지가 비행기 엔진에 끼여 항공기 사고를 유발할 가능성도 있고 반도체나 정밀기계 작동에도 문제가 발생한다. 황사 등 중국에서 날아드는 대기오염물질로 우리나라가 받는 피해는 연간 1조 원에 달할 정도로 심각하다.

제 4 절 우리나라 대기보전 정책 방향

지금까지 대기에 대한 다양한 물리·화학적인 성상 및 구조의 이해를 토대로 대기오염이 무엇인지, 대기오염의 발생 원인, 대기오염물질의 종류와 그 영향, 대기오염의 복합적 현상 등을 살펴보았다. 그렇다면 갈수록 심화되어 가는 대기오염을 어떻게 방지해야 할지에 대한 그 대책 방향을 논의해 보기로 한다. 이를 위해 우선 대기오염물질 배출 현황과 대기오염도 변화 추이를 살펴본 후 정책 방향을 검토하기로 한다.

1 대기오염물질 배출 현황

대기오염물질 연도별 배출량 및 오염도는 대기오염 관리를 위해 가장 기본이 되는 기초 자료이다. 대기오염물질 배출량 자료는 대기오염물질 저감계획의 수립, 대기오염 측정망의 설계, 그리고 각종 대기 관리정책 시행 효과 파악 등 다양한 분야에서 기초 자료로 활용된다.

대기오염물질 배출량은 점오염원 및 면오염원은 연료 사용량, 배출계수 등을, 이동오염원은 자동차 등록대수, 배출가스량, 주행거리 및 배출계수 등을 이용하여 산출한다. 배출량은 부문별 연료 사용량을 기초로 연간 단위로 산출하는데 그 동안 산업 성장, 마이카(my-car) 붐으로 인한 자동차 증가, 삶의 질 향상에 따른 냉난방 수요 증가 등으로 연료 사용량이 가파르게 증가하고, 이로 인해 오염물질 배출량이 증가하는 악순환이 반복되어 왔다. 배출량 산정 항목은 아황산가스(SO_X), 먼지(PM_{10}), 질소산화물(NO_X), 일산화탄소(CO), 휘발성 유기화학물질(VOC) 등과 같은 대기환경기준 설정 항목들이다. 오존(O_3)은 인간 활동에 의해 직접 발생하는 것이 아니라 인위적 또는 자연발생적으로 발생된 휘발성 유기화합물과 질소산화물이 햇빛에

그림 4-10 2010년 대기오염물질 배출량 오염원별 비율

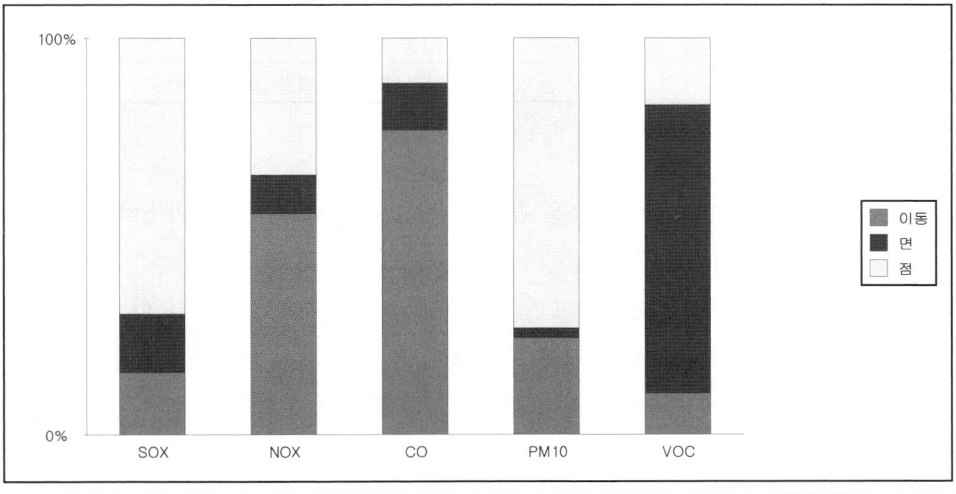

의해 반응하여 발생되는 2차 오염물질로 발생량을 산출하지는 않는다.

[그림 4-10]은 2010년의 대기오염물질 배출량을 오염원별 비율로 나타낸 것이다. CO는 이동오염원이 76.7%로 절대적인 기여도를 나타내고 있다. 이는 승용차, 택시, 이륜차 등의 휘발유(LPG 포함) 엔진에서 배출되는 CO의 배출량이 많기 때문이다. 점과 면오염원에서는 각각 11.4%, 11.9% 등의 기여율을 보여 주었다. NOx는 도로이동 오염원 55.7%, 에너지산업 연소, 제조업 연소, 생산공정 등에서의 점오염원 34.6%, 면오염원 9.7% 등의 배출 비율을 보이고 있다. SOx는 에너지산업 연소, 생산공정의 점오염원에서 69.4%의 높은 배출 비율을 보였고, 면오염원이 14.8%, 이동오염원이 15.8% 순으로 배출 비율을 나타냈다. PM10의 경우 도로 이동 오염원 24.5%, 점오염원 73%, 면오염원 2.5% 순으로 배출 비율을 나타내고 있고, VOC는 면오염원 72.6%, 점오염원 16.9%, 이동오염원 10.5% 순으로 배출 비율을 보였다. 전반적으로 주요 대기오염물질 배출원은 자동차 등 이동오염원, 생산 공정 및 유기용제 사용 과정에서 나타난다(<표 4-7> 참조).

표 4-7 오염물질별 주 오염원

오염물질	주 오염원
SO_X	생산 공정(29.1%), 에너지산업 연소(27.9%)
NO_X	이동오염원(54.9%), 에너지산업 연소(16.9%)
PM_{10}	이동오염원(38.3%), 제조업 연소(32.15%)
CO	자동차(71.6%)
VOC	유기용제 사용 과정(41.0%), 생산 공정(35.8%)

자료: 환경부, 「대기환경개선 10개년 종합계획」(2006~2015).

대기오염물질 부문별 배출 비율을 분석해 볼 때, 먼지와 아황산가스는 연료를 다량으로 소비하는 산업 부문의 배출량이 가장 많고, 일산화탄소의 경우는 수송 및 난방 부문에서 높은 비중을 차지하고 있다. 또한 대도시지역에서 주요한 대기오염의 원인이 되는 질소산화물과 탄화수소는 주로 수송 부문에서 배출되고 있음을 알 수 있다. 대기오염의 주원인이 종전에는 연소시설이었으나 자동차로 전환되어 수송 부문이 전체의 51%를 차지한 것으로 나타났으며, 다음으로 산업(26%), 발전(18%), 난방(6%) 순으로 오염물질을 많이 배출했다. 특히 서울 등 대도시의 경우에는 수송 부문의 배출 비율이 더욱 높아 평균 70% 이상(서울: 87%)을 차지한다.

2003~2010년까지 연도별 대기오염물질 배출량과 그 경향은 <표 4-8>과 같다. 자동차 등이 주요 배출원인 NOx는 매년 증가 추세를 보이다가 2005년 이후에는 약간씩 감소로 돌아서거나 비슷한 수준에 머물고 있다. VOC는 2007년, 전년도 대비 10.1%의 큰 증가를 보이다가 약간 감소한 상태에서 비슷하게 유지하고 있다. PM_{10}은 2007년 이후 매년 연평균 12% 정도 증가 추세를 보이고 있다. SOx는 저황유 공급정책과 청정연료 사용으로 인해 동일 기간에 연평균 감소 경향을 보이고 있다. CO의 경우 2006년을 제외하면 지속적으로 조금씩 감소하는 경향을 보이고 있다.

다음은 2003~2012년까지 연도별 오염물질별 대기오염도를 살펴보면 <표 4-9>와 같이 나타났다. 전국 38개 도시에서 대기환경 기준 측정 항목(SO2, NO2, O3, CO, PM10, Pb)을 측정한 결과 SO_2, CO는 2009년을 기점으로 약간 감소추세를 보이고, NO_2는 2003년 이후 근 10년간 변화가 거의 없으며, O3는 다소 증가하는 추세를 보이고 있다. Pb와 PM_{10}의 오염도는 2009년 이후 전년도에 비해 다소 감소했다.

SO_2의 경우 2009년 까지 연도별 평균 오염도는 일정하게 유지하다가 2010년 이후 조금씩 감소하고 있는 추세이다. 주요 도시별 아황산가스 오염도를 보면 2003년에 비해 대기오염도가 개선된 도시는 울산이고, 그 외 서울, 부산, 대구, 인천, 광주, 대전, 춘천은 거의 동일하게 나타나고 있다. 그러나 대규모 배출업체가 밀집되어 있는

표 4-8 연도별 대기오염물질 배출량 (단위: 톤/년)

구분	SO_2	NO_2	PM_{10}	CO	VOC	CFCS & Halons
2003	469,145	1,362,141	66,357	805,414	758,455	5,632
2004	446,804	1,377,526	62,491	816,954	797,240	5,303
2005	408,462	1,306,724	67,343	788,917	756,421	2,913
2006	446,488	1,274,969	64,795	829,938	794,158	3,248
2007	402,525	1,187,923	98,143	808,862	874,699	1,328
2008	417,980	1,045,104	110,797	703,661	857,856	1,362
2009	387,727	1,014,318	103,735	817,979	851,162	26,332
2010	401,741	1,061,210	116,808	766,269	866,358	27,823

자료: 환경부, 『2013년 환경통계연감』(2013), pp.49~56. 2010.1.1부터 염화불화탄소와 할론의 사용이 금지됨. 2009년부터 수소염화불화탄소(HCFCs)로 대체사용(자료: 한국정밀화학산업진흥회)

표 4-9 연도별 오염물질별 대기오염도

항목	2003	2004	2005	2006	2007	2008	2009	2010	2011	2012
SO_2 (ppm)	0.006	0.006	0.006	0.006	0.006	0.006	0.006	0.005	0.005	0.005
NO_2 (ppm)	0.024	0.024	0.022	0.023	0.026	0.026	0.025	0.025	0.024	0.023
O_3 (ppm)	0.021	0.022	0.022	0.022	0.022	0.023	0.024	0.023	0.024	0.025
CO (ppm)	0.7	0.7	0.6	0.6	0.6	0.6	0.5	0.5	0.5	0.5
PM_{10} (㎍/㎥)	56	58	57	59	59	54	53	51	50	45
Pb (㎍/㎥)	0.0616	0.0732	0.0517	0.0556	0.0600	0.0577	0.0464	0.0408	0.0443	0.0467

자료: 환경부, 『2013년 환경통계연감』(2013), p.16.

울산지역의 경우는 다른 지역에 비해 2003~2004년엔 0.011~0.010ppm으로 상대적으로 높은 오염도를 나타내다가 2007년 이후 부터는 년 평균 0.008ppm을 유지하고 있다.[2)]

NO_2의 경우 2003년 이후 2008년까지 매년 조금씩 악화되다가 2009년 이후 조금씩 감소하고 있다. 모든 도시에서 환경 기준을 달성했으나 2007년의 경우에는 환경 기준이 강화되면서 서울과 인천에서는 환경 기준을 달성하지 못했다. 평균 대기오염도가 2003년보다 개선된 도시는 서울, 부산, 대구, 성남, 부천, 광명, 포항, 진해, 제주 등 9개 도시이며 수원, 안산, 청주, 충주, 군산, 여수 등 6개 도시는 오염도가 다소 증가했다. 농도 변화가 없는 도시는 인천, 대전, 울산 등 23개 도시였다.

O_3의 연평균 오염도는 2003년부터 2007년 까지 별다른 변동 없이 거의 일정한 수준을 유지하고 있다가 2008년 이후 매년 증가하고 있다. O_3는 연간 평균오염도의 변화보다는 단기 기준의 초과 빈도가 더 큰 의미를 지니는데, 단기간 고농도에 노출될 경우 인체에 나쁜 영향을 미치기 때문이다. 이에 대기환경보전법 제8조에 의해 오존의 농도가 0.12ppm/hr이 초과할 경우 각 지자체는 오존주의보를 발령하고 있다. 오존

2) 환경부, 「2013 환경통계연감」(2013), p. 17.

주의보 발령 횟수는 도시별로 증가와 감소 추세가 다르게 나타나고 있다. 서울, 부산, 대구, 인천, 경기 등 대도시와 수도권 지역, 울산 및 전남 등 특별대책지역의 경우 최근 증가 추세를 보이고 있다. 전국적으로 오존경보 발령횟수는 2003년에 17회였으나 2012년에는 무려 29회(0.163ppm/hr)로 나타났다.[3)]

CO의 경우 전반적으로 매년 소폭이나마 감소 추세를 보이며, 2005년 이후 0.6ppm으로 동일한 수준을 유지하고 있다가 2009~2012년까지 0.5ppm으로 감소되었다. 2003년에 비해 전국 주요도시는 오염도가 조금씩 떨어졌으나 원주와 목포는 약간 증가되었다. PM_{10}은 전국적으로 2003년부터 2007년까지 증가추세를 보이다가 그 이후 약간씩 감소 경향을 보이고 있다. 이와 같은 현상은 정부의 종합적인 미세먼지 저감대책 추진에 의한 것으로 판단된다. 그 일환으로 2007년부터 정부는 강화된 환경 기준(연평균 70→50㎍/㎥ 이하)을 설정하여 적용하고 있다. 또한 주요 도시의 계절별 미세먼지 오염도를 보면 황사가 발생하고, 비교적 상대 습도가 낮은 시기인 봄철의 오염도가 높게 나타나는 경향을 보인다.[4)] 납(Pb)는 2003년을 기점으로 이전과 비교하여 상당히 개선된 모습을 보였으며, 최근 몇 년간 변화폭도 미미했다. 특히 무연휘발유의 보급으로 납 오염도가 상당히 감소되었다. 납(Pb)의 오염도가 측정되고 있는 12개 도시 중 부산, 울산 등 2개 도시에서 오염도는 다소 악화되었으며, 서울, 대구, 인천, 광주 등 10개 도시는 다소 개선되었다.[5)]

2 대기보전 정책 방향

우리나라는 단위 면적당 인구밀도가 높으며 서울 등 대도시 및 수도권 지역에 대부분의 인구가 밀집되어 있고, 대부분의 산업단지를 대규모로 조성한 관계로 특정 지역에의 오염 부하 량이 많다. 따라서 외국의 도시에 비해 상대적으로 대기질 관리 여건이 취약한 편이다. 특히 우리나라는 선진국과는 달리 산업, 자동차 등 모든 부문에 많은 변화가 있어 가시적인 대기질 개선 효과를 얻을 수 있는 대기질 개선 대책

---

3) 위의 책, p. 20.
4) 위의 책, p. 16.
5) 위의 책, p. 112

을 수립하여 시행하기가 매우 어려운 여건이다. 또한 갈수록 국민의 환경에 대한 인식이 향상되어 건강 보호와 쾌적한 생활환경에 대한 국민의 기대치는 증가될 전망이다. 대기오염문제는 도시지역은 매연·오존 등에 대해, 산단(産團) 주변은 악취·오존 및 유해물질 등에 대해 각각 개선 요구가 많이 있을 것으로 예상되는 등 오염 양상 및 개선 요구가 다양화·복잡화될 것으로 예상된다. 이런 상황을 감안해 볼 때 앞으로의 대기보전 정책 방향은 대기질을 개선하거나 악화를 방지하는 방향으로 추진되어야 할 것이다.

1) 과학적인 대기오염 실태 파악 및 배출원 조사

대기보전 정책의 성과를 평가하고 이를 대기질 개선 대책 자료로 활용하기 위해서는 과학적인 대기오염 실태 파악 및 배출원 정보가 필요하다. 이를 위해서는 대기 상태를 장기적인 모니터링을 통해 정확히 판단해야 하고, 또한 오염 발생원 및 발생량에 대한 기초 데이터 구축이 수반되어야 한다. 대기오염 양상 변화 및 측정 수요 등을 감안할 때, 측정망 설치 목적에 따라 일반 대기오염 측정망과 특수 대기오염 측정망을 분류하고, 중앙정부에서는 지역 배경, 국가 배경, 광화학 평가, 유해 대기물질 및 산성 강하물 측정망과 지구 대기 측정소를, 지방정부에서는 지역대기, 도로변, 중금속 및 시정장애 측정망을 설치·운영하여 측정망 운영 체계를 전면적으로 개편·보완함에 따라 현재 국가에서 관리하고 있는 도시 대기질 측정망은 지자체에 단계적으로 이관해야 한다. 또한 효율적인 측정망 운영과 관리를 위해 측정망 설치로부터 측정자료 전송까지 측정망 운영관리의 전문성을 높이고 유관 기관 간 측정자료의 공동 활용이 가능하도록 송·수신 체계를 개선해야한다. 또한 대기오염물질 배출원의 과학적인 조사를 위해 대기오염 관련 지리정보 시스템을 구축하여 대기보전 정책 수립시 적극 활용하도록 해야 한다.

2) 환경 친화적인 에너지 이용을 통한 대기질 개선

우리나라는 2011년도 기준 세계 10위의 에너지 소비국으로 에너지의 97%(원자력 발전을 국내생산에 포함 시 수입의존도: 84.7%)를 수입에 의존하고(연간 907억 달러 상당 수입), 수입되는 에너지 중 석유 및 석탄이 약 70%를 차지하고 있다.[6] 지난 10

6) 석유(45%), 석탄(24%), 원자력(17%), LNG(14%) 등으로 나타났다.(에너지관리공단 수입에너지 소비

년간 에너지 소비증가율은 연평균 10.3%였으며, 최근 20년간 에너지·GDP 탄성치 [에너지 소비증가율(%)/국내총생산 증가율(%)]가 1.18로 미국(0.33), 일본(0.67), EU(0.47)에 비해 매우 높은 실정이다. 이는 선진국과 비교 시 상대적으로 높은 에너지 소비증가율을 나타내고 있다. 에너지 사용 증가는 대기오염 배출량을 증가시킴은 물론 기후 변화를 유발하는 이산화탄소 배출량의 증가를 의미한다. 2010년 온실가스배출량은 5억 6,310만톤으로 전 세계 배출량의 1.9%를 차지하며 세계 7위에 해당된다(2012 IEA).

우리나라의 경우 현재까지는 이산화탄소 배출량 의무 감축 국에는 해당되지 않지만 에너지 사용량이 많고, 2002년 11월 '교토의정서(1997)'에 비준함으로써 향후 온실가스 감축 의무가 가시화될 전망이고 OECD 가입국인 관계로 의무 감축에 대비하기 위해 사전에 대비하는 것이 필요하다. 따라서 대기환경 개선 및 기후변화협약 대응을 위해 환경 친화적인 에너지 사용을 촉진할 수 있는 다양한 에너지 정책을 추진해야 한다. 이를 위한 방법은 다음과 같다.

첫째, 청정에너지(clean energy) 사용의 확대와 대체 에너지 개발에 의한 오염물질 배출량 감소 노력이 필요하다. 청정에너지 사용을 확대하기 위해서는 우선 에너지 수급구조에 대한 조정과 함께 청정연료(clean fuel) 사용 의무화 지역을 확대해 나가야 한다. 또 한편 CO_2 발생이 없는 친환경적 비고갈성 자원인 신에너지(수소, 연료전지, 석탄액화·가스화)와 재생 에너지(태양광, 태양열, 바이오, 풍력, 수력, 해양, 폐기물, 지열)를 지속적으로 개발해 나가야 한다. 2011년 국내 총 1차 에너지 대비 신재생 에너지 비율은 2.4%에 불과하다.[7] 특히 지속적인 원유가 상승에 따른 에너지 시장 불안정화 심화로 화석연료를 대체할 수 있는 신재생 에너지 개발을 위해 정기적인 선행 투자 및 정부 주도의 지원정책이 필요하다.

둘째, 에너지 전달 효율이 높은 지역난방 시스템을 확대, 즉 도시와 공단지역에 열

실적, 2011)

7) EU의 경우 총 에너지 소비량 1,728MTOE의 6.5%를 신재생 에너지에 의존(2005년 기준)하고 있으며, 이 중 폐기물이 10.6%, 바이오 에너지가 57.3%를 차지하고, 바이오 에너지 생산 확대를 통해 신재생 에너지 보급률을 2010년까지 12%, 2020년까지 20% 달성 목표로 추진하고 있다. 특히 우리의 경우 폐기물의 에너지화가 신재생 에너지 보급 및 확대의 가장 효율적인 방안으로 떠오르고 있고(전체의 76%), 폐기물을 이용한 고형연료(RDF) 생산비용은 소각 처리비용의 2/3 수준이며, 폐기물 에너지 생산단가(원/kwh)도 수소력보다는 다소 높으나, 태양광의 10%(716원), 풍력의 66%(107원), 수소력(70원) 수준이다.

병합 발전과 연계한 지역난방 또는 소각장의 폐열을 이용한 재생 에너지 공급 대책이 필요하다. 또한 산업구조 측면에서 에너지의 재 이용률을 높일 수 있는 연관 산업을 공동 입지시키는 산업생태학적(industrial ecology) 노력이 필요하다.

셋째, 공해 유발 연료(dirty fuel)의 사용에 대한 규제 강화 등을 들 수 있다.

3) 자동차 공해방지 대책을 통한 대기질 개선

우리나라의 자동차 증가 추세를 보면 1965년도에 4만 대에 불과하던 자동차가 1996년에 955만대, 2000년에 1,206만대, 2005년에 1,540만대, 2012년대에는 1,887만대로 나타났다. 2005년도부터 2012년까지 전년도 대비 평균 3.0%씩 증가하고 있다. 연료별 자동차 등록 규모에 있어서는 2012년 기준으로 휘발유(49.2%), 경유(37.1%), LPG(12.8%), 기타(0.9%)의 순으로 휘발유차는 최근 10년 동안 10.9%줄어든 반면, 경유차의 대수는 7.0% 증가하였다. 또한 2010년 기준 전국 대기오염배출량 중 일산화탄소의 67.9% 질소산화물은 36.0% 미세먼지의 12.8%가 자동차에서 배출되고 있다. 특히 수도권의 경우 자동차가 차지하는 오염물질 배출비중은 전국평균과 비교할 때 훨씬 더 높게 나타난다. 자동차에서 나오는 오염물질 가운데서도 경유차에서 주로 배출되는 질소산화물과 미세먼지가 호흡기 질환과 폐암발생을 증가시키는 요인이 되는 것으로 알려지고 있어 저감대책이 시급한 실정이다.

우리나라는 국토면적 대비 자동차 대수가 많아 자동차 오염물질 관리에 많은 어려움이 있다. 도로연장(1km)당 자동차수는 174대로 미국 38대, 프랑스 39대, 일본 62대, 독일 72대에 비하여 약 2.4~4.6배 이상 높게 나타나고 있다. 국내여객 수송 분담율에서도 자동차가 73.8%, 지하철 17.6%, 철도 8.3%, 해운 0.2%, 항공 0.1%순으로 자동차의 의존율이 매우 높은 실정이다. 우리는 수도권에 인구 및 자동차가 47% 집중되어 있어 도시화율 증가, 자동차 급증 및 에너지 사용량의 증가로 도시의 대기질 악화는 갈수록 심각해질 것으로 보인다. 우리나라의 자동차 공해 대책은 크게 새로 제작되는 제작 차의 저공해화와 운행 중인 자동차에 대한 배출가스 관리로 나눌 수 있다.

(1) 제작차의 저공해화 정책

대도시 대기오염의 주요인은 자동차 배출가스이며, 특히 대형 경유차가 문제이다.

전체 자동차의 4%에 불과한 버스·트럭 등 대형 경유차가 전체자동차 공해의 47%를 배출하고 있다. 현재 우리나라는 대형 경유차 중 대도시에서 운행 빈도가 가장 많은 시내버스의 저공해화 정책으로 천연가스 버스 및 하이브리드 자동차 보급을 확대해 가고 있다. 천연가스 버스는 경유 버스에 비해 매연을 거의 배출하지 않고, 오염물질도 60~70%까지 적게 배출하여 대기질 개선에 효과가 매우 높다. 정부는 전국 시 단위 이상 도시지역에 2012년 말까지 버스 31,680대, 청소차 1,124대를 보급하고 차고지 여건을 고려하여 충전소도 고정 및 이동식 총 693개 설치되었다. 향후 군 단위까지 지속적인 보급이 필요하다. 또한 제작 자동차의 배출 허용 기준을 선진국 수준으로 강화해야 한다.

정부는 제작차를 저공해화하기 위해서는 저공해 엔진의 개발이 필요하다. 연료의 오염 부하 정도와 제작차의 가스 배출 정도에 따른 차등 과세를 실시하고, 저공해 자동차 개발에 장기간 소요되는 점을 감안하여 제작사가 기술적으로 대응할 수 있도록 연도별 배출 허용 기준을 사전 예고해야 한다. 또한 정부는 현재의 화석연료 자동차를 수소, 전기 자동차, 태양열 자동차 등 무공해 자동차로 대체하기 위한 기술개발정책에 박차를 가하고, 특히 국제사회에서 제작 자동차의 저공해화는 국제 경쟁력을 높이는 데도 크게 기여할 수 있다는 견지에서 기술 개발에 필요한 다양한 정부 차원의 지원정책을 펴서 자동차 제작회사가 저공해 자동차를 제작하도록 유도해야 한다.

(2) 운행 자동차 저공해화 정책

운행 중인 자동차의 배출가스 저감을 위해서는 정기적인 정비·점검과 노상·차고지 등에서 실시하는 수시 점검 강화, 청정연료 사용과 연소 효율이 높은 엔진 개발, 배출가스 처리를 위한 촉매장치 설치, 그리고 운행 여건을 향상시키기 위한 교통체계 개선 등 종합적인 접근이 필요하다. 특히 교통 체증 시 불완전 연소 때 대기오염물질이 더 많이 배출되는 만큼 교통 체계와 교통수단의 개편을 통해 수송의 효율성을 높이는 노력이 더욱 필요하다. 또한 대중교통 수단의 이용 확대를 홍보와 노선의 합리적 조정과 함께 자가용 승용차에 대한 지역별·시간대별 주차요금의 차등 적용, 교통유발부담금과 도심혼잡통행료 부과에 박차를 가할 필요가 있다.

4) 환경 친화적인 생산 체제 구축으로 인한 대기질 개선

기업의 생산활동을 통해 다량의 대기오염물질이 배출되는 만큼 환경정책과 산업정책과의 연계를 통한 환경 친화적인 생산 체제의 확립이 대기질 개선을 위해 필요하다. 즉 산업 활동의 각 단계별로 원료 투입에서부터 최종 생산까지의 모든 공정에 대한 종합적 환경관리 체제를 구축해야 한다. 투입되는 에너지를 청정연료로 전환하고 대기오염물질을 적게 방출하는 연소 방법의 채택, 연소 후 배기가스에 대한 처리 설비의 설치 등 새로운 산업공정을 도입해야 한다. 또한 무공해 청정제품의 생산을 위해 청정기술 개발이 무엇보다도 우선되어야 하기 때문에 정부는 기업이 자발적으로 환경기술 개발에 투자할 수 있도록 제도적 · 기술적인 간접 지원을 아끼지 말아야 한다.

5) 유해 대기오염물질 관리정책

최근 주거지역 및 산업단지 지역에서 새롭게 관심이 고조되고 있는 휘발성 유기화합물(volatile organic compounds: VOCS)은 특정 대기 유해물질 및 악취이다. 이는 우리가 살고 있는 모든 영역에서 존재하는 물질로 아직까지 국제적으로 통일된 정의나 대상 물질의 범주가 마련되어 있지 않다. 따라서 VOC에 대한 정의나 범위는 VOC 규제의 배경 및 대기 중 오존오염물질에 따라 국가와 지역별로 조금씩 다르게 적용되고 있다. 일반적으로 휘발성 유기화합물은 상온, 상압에서 기체 상태로 배출되는 탄화수소류의물질을 말한다. '대기환경보전법' 제2조 제10호에서는 석유화학제품 · 유기용제 그 밖의 물질로서 환경부 장관이 관계 중앙행정기관의 장과 협의하여 고시하는 것으로 정의하고 있으며, 휘발성 유기화합물 지정 고시(환경부고시 제2012-130호 '12.7.2)에 따라 휘발성 유기화합물 배출시설에는 아세트알데히드 · 벤젠 · 휘발유 등 37개 물질 및 제품을 규제 대상으로 하고 있다. 이는 오존 발생의 원인물질로서 광화학 스모그를 유발하고 식물의 고사, 고무 및 섬유제품의 손상, 호흡기 질환 유발 및 발암 등의 위험성이 있어 매우 경계해야 할 오염물질이다. 이 물질은 다양한 배출원에서 배출되는데 우리나라의 휘발성 유기화합물질 배출량은 배출원별로 보면 유기용제 사용과정에서 전 배출량의 63.7%를 차지하여 가장 큰 배출원이 되고 있으며, 자동차 등 도로 · 비도로 이동오염원에서 발생하는 비율이 그 뒤를 이어 15.9%를 차지하고 있다(<표 4-10> 참조).

표 4-10 주요 배출원별 VOC 연간 배출량

(2010년 기준)

구 분	계	유기용제 사용	생산 공정	도로 이동 오염원	폐기물 처리	에너지 수송 및 저장	비도로 이동 오염원	에너지 산업 연소	비산업 면 오염원	제조업 연소
배출량 (천톤/년)	866.6 (100%)	552 (63.7%)	137 (15.8%)	75 (8.6%)	37 (4..3%)	36 (4.1%)	16 (1.9%)	7 (0.8%)	3.6 (0.4%)	3 (0.4%)

자료: 환경부, 『환경백서』(2013), p.184.

VOC를 규제하고 있는 지역은 대기환경 규제지역과 특별대책지역으로 대별할 수 있으며 지역에 따라 관리 대상 등을 조금씩 달리한다. 대기환경규제지역은 1997년부터 일정 규모 이상의 휘발성 유기화합물 배출시설에 대한 규제를 시작하여 2013년 석유정제 및 석유화학 제조업종·저유소·주유소·세탁시설 등 9개 업종에 규제를 하고 있으며, 특별대책지역은 이에 1차 금속산업, 보관 및 창고업을 더하여 11개 업종에 대해 규제를 실시하고 있다. 규제대상 업종을 구체적으로 살펴보면 <표 4-11>과 같다.

표 4-11 대기환경 규제지역 및 특별대책지역 규제 대상 업종

(2013년 기준)

구 분	지 역	규제 업종	근거 법령
대기환경 규제지역	서울, 인천, 경기 15개 시(市), 부산, 대구, 광양만지역	석유정제 및 석유화학제조업, 저유소, 세탁시설, 주유소, 유기용제 및 페인트 제조업, 자동차 제조업, 선박 및 대형 철구조물 제조업, 기타 제조업, 폐기물 보관·처리시설	'대기환경보전법' 제44조 제1항 및 환경부고시 제2011-174호 등 8개 고시
특별대책 지역	울산·미포·온산 산단, 여수 산단	위 9개 업종+1차 금속산업, 보관 및 창고업	'대기환경보전법' 제44조 및 환경부고시 제2009-93호

자료: 환경, 『환경백서』(2013), p.185.

향후 휘발성 유기화합물은 자동차 운행 증가 및 유기용제 사용량 확대로 배출량이 크게 증가할 것을 대비해서 오염원별로 환경오염 및 유해성 정도와 회수시설 설치의 기술적 가능성 등을 종합적으로 검토하여 규제 대상 화학물질의 종류와 적용

시설의 범위 및 관리 기준을 설정해야 할 것이다. 또한 특정 대기 유해물질 배출사업장 관리를 강화하기 위해 중요 배출시설은 중점 관리 대상으로 지정하고 또한 배출 허용 기준 강화도 필요하다. 악취 유발 오염물질 관리를 위해서는 주요 악취물질 배출 실태를 과학적으로 분석하여 규제 대상 물질을 확대하고 배출 허용 기준도 설정하는 등 중·장기적인 악취관리 개선 방안을 노력해야 한다. 또한 OECD 각국의 유해 대기오염물질 규제 방법을 참고하여 배출 한계 기준, 대기환경 기준, 전체 VOC 삭감 목표 등을 정해 지속적으로 관리해 나가야 할 것이다.

6) 미세먼지 대기오염물질 관리정책

우리나라는 1990년대 이후 청정연료 및 저황유 공급 확대, 저공해 차 보급 등 대기오염 저감정책으로 아황산가스와 일산화탄소 같은 후진국형 대기오염 상태는 개선되는 추세이다. 반면에 자동차의 급격한 증가로 인해 미세먼지, 이산화질소 및 오존의 오염도는 오히려 증가하고 있다. 이는 대기오염의 양상이 후진국 형에서 선진국 형으로 변화하고 있는 것이다. 특히 근래에 와서 대기오염 물질 중에 건강 피해와 관련해서 가장 주목을 받고 있는 것이 대기 중의 미세먼지이다.

<표 4-12>은 수도권 대기관리권역을 포함한 지역별 PM_{10} 평균 농도 변화이다. 20002~2012년까지의 평균 농도만으로 분석해 보면, 경기도 주요 도시에서 최고값(평균 62㎍/㎥)을 보였고, 그 다음으로 인천시(평균 59㎍/㎥), 서울시(57㎍/㎥)의 순서였다. 2012년의 경우 대부분의 주요 대도시지역은 조금 감소했지만 환경 기준치를 초과하고 그 횟수도 매우 잦다.

미세먼지의 연간 평균 환경 기준치는 50㎍/㎥ 이하이다. 광주와 대전을 제외한 모든 지역이 초과 선에 머물고 있다. 통계적으로 수도권 지역의 대기오염도는 선진국(일본 동경 40㎍/㎥)에 비해 PM_{10} 농도가 약 1.5~3.0배 수준이며, PM_{10}에 의한 시정장애 역시 지속적으로 저하되어 최근 수도권 지역 평균 가시거리가 약 10㎞ 정도 수준에 불과하다. 미세먼지는 선진국형 오염물질이므로 단기적으로 높아지면 조기 사망의 위험(대략적으로 미세먼지 농도 10 증가당 1%의 사망 위험 증가)이 증가한다는 사실이 최근 미국, 유럽 등에서 연구를 통해 확인되고 있다.

특히 미세먼지는 일차적으로 호흡기에 가장 많은 영향을 미치기 때문에 노약자나 어린이에게 호흡기 질환, 심장질환을 많이 일으킨다. 앞으로 미세먼지의 전체적인

표 4-12 지역별 PM10 연평균 농도 변화

(단위: ㎍/㎥)

도시 / 연도	서울	부산	경기 (5대도시 평균)	대구	인천	광주	대전	울산
2002년	76	69	74	71	57	52	53	54
2003년	69	55	67	59	61	36	43	40
2004년	61	60	67	58	62	46	49	50
2005년	58	58	65	55	61	49	48	50
2006년	60	59	66	54	68	55	49	52
2007년	61	57	66	53	64	52	49	53
2008년	55	51	59	57	58	50	45	54
2009년	54	50	59	48	60	46	44	49
2010년	49	49	56	51	55	45	43	48
2011년	47	48	55	47	55	43	44	50
2012년	41	43	47	43	47	38	39	46
평균	57	55	62	54	59	47	46	50

자료: 『2013년 환경통계연감』(2013). pp.98~107.
* 경기 5대 도시: 수원, 성남, 부천, 안양, 안산

농도 변화 경향을 정확히 측정하기 위해서는 다양한 많은 자료의 축적이 필요하고, 수도권은 계속해서 심화될 것으로 판단된다. 향후 미세먼지 대기오염 관리 정책으로는 미국에서처럼 PM_{10}과 $PM_{2.5}$(2015년 적용 예정) 대한 대기환경 기준을 정해 동시에 관리하고, 미세먼지 수치가 건강 피해와 관련하여 어떤 의미를 갖는지를 시민들이 쉽게 이해할 수 있도록 지표와 상징을 마련해야 한다. 현재 사전 오염 농도를 예측한다는 '미세먼지 예보제'의 도입은 바람직한 일이다. 물론 예보제는 미세먼지뿐만 아니라 오존, 질소산화물, 아황산가스, 일산화탄소 등 대기환경 기준 물질을 전체적으로 연계시켜 통합적으로 운영해야 할 것이다.

7) 지구 환경문제를 위한 대기보전 정책

대기문제로서 지구 환경문제는 지구온난화, 오존층 파괴, 산성비, 황사 등이 있다. 이 중에서 가장 시급하고 중요하게 다루어야 될 문제는 지구온난화 문제다. 즉 기후

변화협약과 관련하여 온실가스인 이산화탄소 배출 감축 방안을 마련하는 것이 가장 시급한 문제이다. 우리나라는 산업구조가 대부분 에너지 다소비형 산업경제 체제를 지니고 있어 화석연료 의존도가 높아 이산화탄소 배출량이 매우 높다. 우리나라의 연료연소에 따른 이산화탄소 배출량은 2012년 IEA 보고서에 의하면 세계 7위로 지속적인 경제성장과 에너지 다소비 산업구조로 인해 꾸준히 증가하고 있는 실정이다.

에너지경제연구원에 따르면 현재의 산업구조가 그대로 유지되고 획기적인 온실가스 감축노력이 시행되지 않을 경우 2020년 이산화탄소의 배출량 전망치 대비 10% 감소시 GDP의 0.29%인 3조 4천억 원의 GDP감소가 예상된다. 반면 2010년도 기준으로 이산화탄소를 10% 감소시킬 경우 대기오염물질 감소, 질병 및 사망률 감소, 농작물 피해 감소 등으로 5조 5천억 원의 환경편익이 발생하는 것으로 추정되었다. 기후변화 가스의 감축이 우리 경제에 미치는 영향이 지대할 것이다. 우리나라는 협약상 개도국의 지위를 유지하고 있어 현재 국가보고서 작성 이외의 구체적인 온실가스 배출 규제 의무는 없다. 따라서 현 시점에서 선진국과 같은 감축 의무 수락 불가라는 입장에서 구속력 있는 의무를 부담하지 않고 있다. 그러나 궁극적으로 개도국에도 온실가스 배출 감축 목표를 설정, 이의 달성을 의무화하는 것이 선진국의 기본 입장이다. 특히 선발 개도국의 우선적 의무 부담을 위한 외교적 압력이 가속화될 것으로 예상된다. IPCC가 2014년 4월 한국 등 아시아 국가에 대해 2050년 까지 온실가스 배출량을 2010년 대비 30~50% 줄이라고 권고했다. 이날 발표된 제5차 평가보고서는 향후 각국 정부 간 유엔기후변화협약(UNFCCC) 협상의 근거자료가 된다.

최근 당사국(기후변화에 가입한 국가들) 총회에서 결정된 주요 내용을 보면, 제17차 총회에서 2012년 효력이 만료되는 교토의정서를 연장하는 한편 2020년 이후부터는 우리나라를 포함한 중국, 인도 등 주요 개도국이 모두 참여하는 단일 온실가스 감축체제 설립을 위한 협상을 개시하는 것에 합의하는 '더반 플랫폼(Duban Platform)'을 채택하였다. 또한 제18차 도하에서 열린 총회에서는 제2차 공약기간(2013~2020)을 연장 합의 하였고 2015년까지 신 기후체제에 대한 협상 문을 만들기로 합의했다.

따라서 기후 변화 대응 장기계획을 단계적으로 수립하고 감축 목표량을 제시하여 기후변화협약에 자발적이고 적극적인 차원에서 지구 환경보전을 선도해야 한다. 우리나라는 2008년 9월에 '저탄소 녹색성장'이라는 신 국가 발전 패러다임을 설정하면서 2009년 덴마크 코펜하겐에서 열린 제15차 유엔기후변화협약 당사국 총회에서 자국의 설정에 적합한 감축행동의 일환으로 2020년까지 온실가스 배출 예상량(BAU, Business As Usual) 대비 30%를 감축한다는 자발적 중기 감축목표를 설정하여 발표하였다.[8] 이는 IPCC가 개도국에 권고하고 있는 감축수순 15~30%의 최고치로 선진국의 지원 없이 단독으로 수행하는 감축행동이어서 국제사회는 한국의 녹색성장에 대하여 많은 관심과 기대를 표명하였다. 또한 이 목표를 달성하기 위하여 '저탄소 녹색성장기본법' 시행령에 「온실가스·에너지 목표관리제」를 도입하였다.

기후변화협약의 기본 목표에 부합되는 정책을 추진하기 위해서는 에너지 전환정책이 꼭 필요하다. 2010년 부문별 온실가스 배출량을 보면 에너지(85.3%), 산업공정(9.3%), 농업(3.2%), 폐기물(2.1%)로 나타났다. 특히 비효율적인 경제 체질을 개선하기 위해서도 에너지 수요 절감과 이용 효율의 증진은 불가피하다. 에너지의 수입의존도가 매우 높은 우리 경제의 상황을 고려할 때 에너지 소비 절감과 효율 증진이 경제와 환경을 함께 살리며 기후 변화 문제에 적극 대응하는 방안이 된다. 그러므로 포괄적인 에너지 효율화 정책 및 조치, 에너지 사용 감축을 위한 경제적 수단 도입, 화석연료 대체에너지 개발 및 보급·촉진 등 종합적인 접근이 시도되어야 한다. 그리고 기후변화협약 등 국제환경협약에 대한 대응은 다양한 영역이 연관된 종합정책이므로 정부 내 기본 정책 방향을 입안하고 이에 따라 각 부처가 세부 시행계획을 마련하여 집행하도록 하는 등의 기능을 수행할 수 있는 정책 총괄·조정기구의 설치가 필요하다. 향후 온실가스 목표관리제를 성공적으로 달성하기 위하여 1) 2015년부터 시행되는 배출권거래제의 완벽한 준비 2) 공공부문과 민간부문의 연계적 동참 확산 3) 지자체의 기후변화 활동을 촉진하는 온실가스 감축이행 및 평가 시스템을 개발·보급 등 기술적·재정적 지원을 적극적으로 추진해야 한다.

이와 더불어 산성비와 황사문제는 동북아 환경문제로 다루어야 할 중요한 과제이다. 한국, 중국, 일본, 몽골, 소련, 북한 등 동북아 국가들은 지리적으로나 생태학적으로 밀접한 상호의존적 관계를 맺고 있다. 이 지역은 현재 역내 국가들의 산업 발전에 따라 오염물질 배출량이 급격히 증가하고 있으며 이에 따라 월경(越境)하는 오염물질의 양도 갈수록 증대하고 있다. 동북아 지역은 대기오염물질의 장거리 이동에

---

8) 환경부는 30% 감축 달성을 위해 2020년까지 차량 등 수송부문(34.3%), 건물(26.9%), 발전(26.7%), 공공(25%), 산업(18.5%) 등에서 온실가스배출량을 낮추기로 결정하였다. 또한 목표치 달성에 필요한 수단인 '저탄소차협력금제도' 도입을 앞두고 있다.

따르는 산성비 강하, 황해의 연안 오염, 황사, 미세먼지 등으로 환경문제가 심각해질 전망이다. 특히 우리 한반도는 지정학적 위치로 보아 중국의 개발에 의해 산성비 문제와 황해 오염 문제는 직접 영향을 받을 것임에 틀림없다. 중국의 에너지 소비는 향후 20년간 거의 2배 이상 증가할 것으로 전망되는데 그 에너지는 주로 석탄에서 조달될 것으로 보여 황사와 미세먼지 등 월경오염 문제는 더욱 심화될 가능성이 크다. 이제 동북아 환경문제에서 우리는 최대의 피해자가 될 수 있는 위치에 있으므로 동북아 환경 협력의 적극적인 주체가 되어 실질적인 효과가 있는 정책을 추진해야 한다.

첫째, 오염자 부담의 원칙에 대한 강조가 필요하다.

둘째, 국제기구를 통한 우회적인 압력과 과학적인 조사 그리고 국제금융기관을 통한 투자자본의 관리는 환경 친화적인 동북아 경제 개발에 도움이 되도록 유도해야 한다.

셋째, 중국·몽골·일본·북한·러시아 등 동북아 국가와 자치단체들의 자기 내부 환경문제 해결에 적극적인 관심과 정책 개발을 위한 협력을 추진하는 것이 필요하다.

넷째, NGO활동·자치단체 간 교류·학계 및 연구기관 간의 교류 등 민간 부문 환경 협력 프로그램을 적극 개발하고 지원하여 동북아 주민의 국내 환경 인식을 제고하려는 노력이 필요하다.

제 5 장 물과 환경

공기와 함께 물은 지구상의 모든 생물의 생존에 꼭 필요한 물질이다. 성인의 경우 하루 평균 2.4리터의 물을 섭취해야 하고, 인체의 약 60~70%가 물로 구성되어 있으며, 그 중 40%는 세포 내에, 20%는 조직간질(組織間質, interstitium) 내에 있으며 그리고 약 5%는 혈액 중에 분포되어 있어서 혈액과 림프액을 비롯해 기타 인체의 세포 및 신체조직의 활동에 필수 불가결한 체내 액으로서 중요한 역할을 담당하고 있다. 특히 피의 성분 중 90%가 물이다.

물은 영양분의 운반, 음식의 소화, 노폐물의 배설, 호흡과 순환 및 체온 조절 등의 중요한 작용을 하기 때문에 체내의 수분 중 12%만 손실되어도 사망하게 된다. 한마디로 물 없이는 생물권이 존재할 수 없다.

공기는 여러 물질로 구성된 혼합물이고, 또 대기의 조성은 고도, 기후 조건 및 지리적 조건에 따라 변하는 데 반해, 순수한 물은 단지 'H_2O'라는 한 종류의 분자들로만 구성된 순물질이다.[1)]

1) 물이 수소원자 둘에 산소원자 하나로 결합되어 있는 것을 처음으로 발견한 사람은 프리슬리(J. Preisley)이다.

제 1 절 물의 성질

물과 관련된 환경문제를 이해하고 해결하는 데에는 무엇보다도 물이 갖고 있는 물리적 특성을 확실히 이해하는 것이 필요하다. 물은 지구상에서 가장 풍부하게 존재하는 물질이지만 그 성질은 다른 물질에 비해 특이하다. 물은 자연계의 정상적인 온도나 압력 하에서 물질의 세 가지 형태, 즉 기체·액체·고체를 모두 가질 수 있는 유일한 물질이다. 물은 지구의 북극과 남극에서는 고체 상태인 얼음으로, 양극을 제외한 지역의 바다나 강에서는 액체 상태로, 그리고 대기 중에는 기체 상태인 수증기로 존재한다. 그렇다면 이런 상태로 지구상에 존재하는 물은 어떤 물리적 성질을 갖고 있는지 알아보자.

1 비열(열용량)이 크다

물은 아주 큰 비열(比熱), 즉 단위 질량당 큰 열용량을 갖는다. 열용량(heat capacity)이란 일정한 양의 물질의 온도를 1℃ 높이는 데 필요한 열량이다. 어떤 물질이 큰 열용량을 갖는다는 것은 그 물질이 쉽게 데워지지도 않고 쉽게 식지도 않는다는 것을 의미한다. 물 1g을 섭씨 1℃ 올리는 데는 1cal라는 열량이 필요하다(1cal/g℃). 보통 다른 물질은 이보다 훨씬 작은 값을 갖는다. 물의 특이한 밀도와 온도의 관계와 더불어 물의 큰 열용량으로 인해 아주 추운 겨울에도 액체 상태의 물이 강이나 호수의 밑바닥에 남아 있게 되어 수생생물이 서식할 수 있다. 물론 물도 얼음 상태나 수증기 상태가 되면 열용량이 절반 정도로 작아진다.

또한 물의 분자량은 작은 편에 해당하며, 일반적으로 작은 분자량을 갖는 물질은 작은 비열을 갖는데 반해 물은 큰 비열을 갖는다. 이처럼 물을 데우는 데는 대단한 열량이 필요하며, 같은 열량을 얻어도 온도의 상승이 적다. 다시 말하면 물은 그렇게 온도가 상승하지 않아도 열을 많이 흡수할 수 있다. 물의 어는 점(0℃)과 끓는 점(100℃)은 그와 유사한 크기의 분자들의 어는 점이나 끓는 점보다 비정상적으로 높은 이유는 물 분자 사이에는 '수소 결합(hydrogen bonding)'이라고 부르는 독특한 힘이 존재하기 때문이다. 일반적으로 수소 결합은 한 분자 내의 산소 또는 질소원자와 다른 분자 내의 수소원자 사이에 생기는 인력인데, 그 강도는 보통 분자 내의 화학 결합 세기의 약 10분의 1 정도나 되는 강한 결합이다. [그림 5-1]은 물분자 간의 수소 결합을 간략히 나타낸 것이다.

그림 5-1 물의 수소 결합

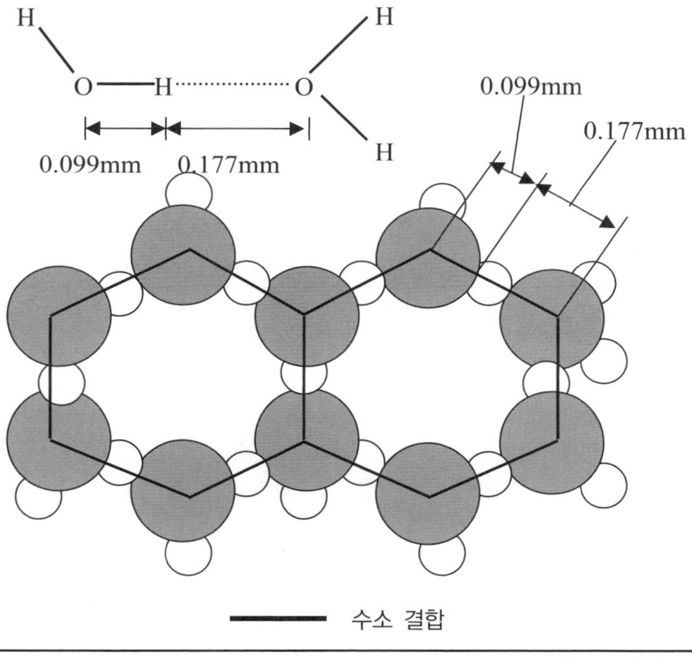

2 4℃에서 가장 밀도가 크다

물이 가진 물리적 성질 중에서 다른 물질보다 밀도가 4℃(g/㎤)에서 가장 크다는 것이 특이하다. 물이 표면에서 어는 이유도 여기에 있다. 대부분의 물질은 가열하면 그 부피가 증가하고 온도를 낮추면 부피가 감소한다. 밀도(密度, density)란 단위 부피당 질량을 의미하므로, 대부분의 물질은 온도를 높이면 그 밀도가 감소한다.

100℃와 4℃ 사이에서는 물은 다른 물질들과 마찬가지로 온도가 낮아지면 그 밀도가 증가한다. 그러나 4℃와 0℃ 사이에서는 온도가 낮아지면 물의 밀도는 증가하지 않고 오히려 감소한다. 즉 4℃보다 물의 온도가 더 낮아지면 밀도는 감소하므로 고체 상태의 얼음은 물보다 가벼워 뜨게 된다. 이는 물의 성질이 일반적인 물질들의 성질과는 반대임을 암시하며, 생물의 생존과 긴밀한 관계를 갖는다. 만일 물의 밀도와 온도와의 관계가 [그림 5-2]에서와 같이 다른 물질들과 다르지 않다면 지구상에는 생명체가 존재할 수 없었을 것이다.

예를 들어, 물이 다른 물질과 같이 낮은 온도에서 더 큰 밀도를 갖는다면 겨울에 호수나 강은 밑바닥에서부터 얼기 시작해 결국 호수나 강 전체가 얼음 덩어리로 변하게 될 것이다. 따라서 겨울에는 호수나 강 밑바닥에는 물이 없어져 고기나 생물이 살 수 없게 될 것이며 또한 호수나 저수지의 물을 사용할 수 없어 수력 발전이나 식수 공급도 불가능해질 것이다. 이처럼 물의 밀도가 4℃에서 가장 크기 때문에 추운

그림 5-2 **온도에 따른 물의 밀도 변화**

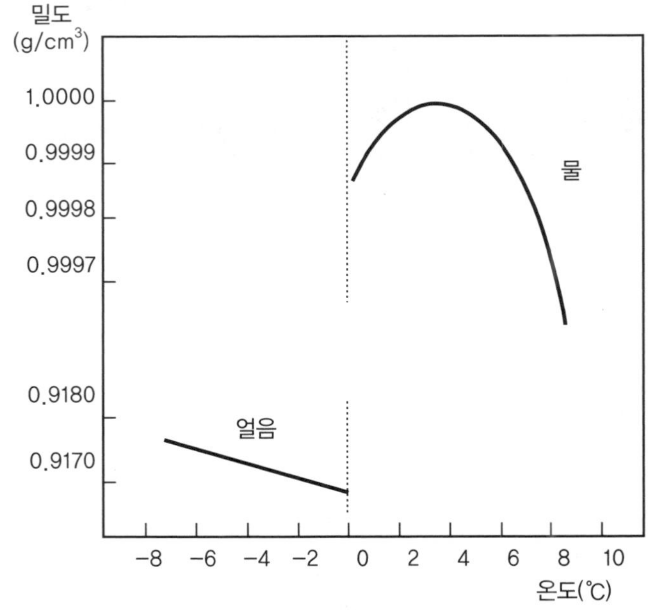

겨울에도 물의 표면은 얼지라도 밑바닥에는 4℃의 물이 존재할 수 있어 생명체가 서식할 수 있다. 더구나 물 표면의 얼음은 마치 지붕의 덮개같이 작용하여 외부의 온도가 0℃보다 훨씬 낮더라도 그 밑바닥의 온도를 항상 4℃로 유지할 수 있게 해준다.

3 큰 표면장력을 갖는다

물은 수소 결합으로 인한 인력으로 대부분의 액체 중에서 가장 큰 표면장력(surface tension)을 갖는다. 표면장력(表面張力)이란 액체의 표면을 단위 넓이만큼 증가시키는 데 필요한 일(에너지)이라고 정의되는데 표면장력은 분자 간의 힘의 세기의 척도가 된다. 모세관 내에서 액체의 표면이 관을 따라 올라가는 것은 표면장력과 관련된 잘 알려진 현상이다. 물의 큰 표면장력으로 인해 식물은 뿌리에서 흡수한 영양분을 식물의 줄기 속에 있는 길고 가는 모세관을 통해 높은 가지의 줄기나 잎까지 쉽게 운반, 전달할 수 있게 된다.

4 용매작용을 한다

물은 다른 물질을 녹이는 성질, 즉 용매(溶媒)작용에서도 특이하다. 그 이유는 바로 이중극(二重極, dipole)의 특성에 있다. 지각을 구성하고 있는 여러 가지 무기물질은 대부분 (+)혹은 (-)이온들로 격자상의 결정구조를 이루고 있는데 물은 (+)이온의 물질은 (-)전기를 띤 산소로 그리고 (-)이온의 물질은 (+)전기를 띤 수소로 둘러싸서 전기적으로 중화시켜 결정구조로부터 분리해 내는 능력을 가지게 된다. 이렇게 물 분자들에 의해 이온은 물에서 자유로이 이동할 수 있게 된다. 즉 물에 녹게 되는 것이다. 물이 생체 내의 모든 생화학반응을 담당할 수 있는 것도 바로 이 때문이다. 또한 물 분자 속에 있는 산소원자는 전자를 끄는 힘이 강하다. 따라서 물 분자 내에서의 산소-수소 결합은 산소 쪽에 더 많은 전자가 분포되어 '극성'을 띠게 된다. 물은 매우 극성이 큰 분자이다. 막대자석이 서로 밀치거나 끌어당기는 원리와 마찬가지로 한 물 분자 내의 H원자는 다른 분자 내의 O원자와는 강한 인력이 작용하게 된다. 이것이 이미 언급한 '수소 결합'의 원인이기도 하다. 이렇게 어떤 분자가 그 자체 내에서 양성-음성인 성질을 띤 경우 그 분자는 '극성(極性)'을 갖고 있다고 말한다.

고체를 액체에 녹인다거나 액체와 액체를 서로 섞는 경우, 그 섞이거나 녹이는 정도는 액체나 고체가 극성인가 비극성인가가 중요한 인자로 작용한다. "(비)극성인 물질은 (비)극성인 물질과 서로 잘 섞이거나 녹는다"라는 일반적인 규칙이 있다. 물은 비극성의 분자는 밀어내는 소수성(hydro-phobic)의 성질을 갖는다. 따라서 극성인 금속염, 소금, 설탕, 알코올 등은 물과 잘 섞이거나 잘 녹지만 비극성인 기름, 벤젠, 톨리엔 등 탄화수소와 플라스틱 등은 물에 전혀 녹지 않고 또 물과 섞이지도 않는다. 생명체를 보호하는 모든 생체막의 구성은 바로 이러한 소수성을 가진 분자들의 작용으로 이루어진다.

제 2 절 물의 순환

앞에서는 물의 물리적 측면에서 그 성질을 살펴보았는데, 여기서는 지구상에서의 물의 순환이라는 측면에서 살펴보기로 한다. 매년 약 100×10^{15}갤런(1gallon = 3.785 ℓ)의 물이 지구 표면에서 증발되고 거의 같은 양이 비와 눈으로 지표면에 공급되어 지구상의 물의 총량은 일정하게 유지된다. 매년 증발되는 물 중 약 17×10^{15}갤런은 육지의 지표, 호수, 강 등에서 증발되고 83×10^{15}갤런의 물이 바다에서 증발된다. 또 해마다 약 25×10^{15}갤런의 물이 비나 눈의 형태로 육지에 공급되고 나머지는 바다로 직접 떨어진다. 바다에서 증발된 9% 정도는 육지로 이동하고 이는 다시 강물이나 지하수의 형태로 바다로 흘러가 전체적인 물의 균형이 이루어진다. 대부분의 수질오염물질은 증발되지 않으므로 이러한 순환 과정에서 불순한 물이 순수한 물로 자연히 정제된다. 물의 순환은 [그림 5-3]에서 보는 바와 같이 항상 움직이고 있는 상태이다. 대기 중에 있는 수분은 응축하여 지상의 비, 눈, 우박 또는 다른 형태로 떨어진다. 지표상에서의 물은 하천과 호소로 들어가고 결국 바다로 가거나 지하로 흘러가

그림 5-3 **물의 순환 경로**

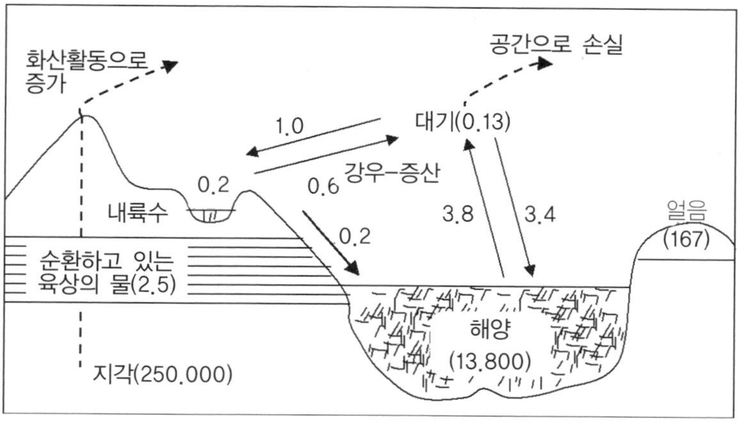

자료: 숫자는 생물권 내를 순환하는 수량을 geogram(1020g)으로 표시했다.

며 다시 지표수로 배출되기도 한다. 지표수의 증발이나 식물로부터 증산[2]에 의해 물 분자는 다시 대기 중으로 돌아가 순환을 반복하게 된다.

수권(水圈, hydrosphere)은 지구상에 존재하는 모든 물을 의미한다. 크게 해수(海水, salt water)권과 담수(淡水, fresh water)권으로 나눌 수 있다. 지구가 보유하고 있는 물의 양과 그 분포 상태를 보면 <표 5-1>과 같다.

표에서 보는 바와 같이 지구상에 있는 물의 약 97%는 해수이고, 2% 정도가 양극

표 5-1 **지구가 보유하고 있는 물의 양**

저장소	물의 양(갤런)	백분율	평균 체류시간
바다	$348,700 \times 10^{15}$	97.3	3,200년
얼음, 빙하	$7,700 \times 10^{15}$	2.15	9,600년
지하수	$2,217 \times 10^{15}$	0.62	1,400년
강, 호수	60×10^{15}	0.029	10년
대기권(구름, 습기)	34×10^{15}	0.01	10일
생물권(체내 수분)	3×10^{15}	0.001	7일

2) 증산(蒸散, transpiration)이란 식물체 내에서 수분이 수증기로 되어 공기 중에 배출되는 현상을 말하며, 기공(氣孔)을 통해 이루어지는 기공 증산(stomatal transpiration)과 식물체의 표면에서 수증기가 되어 배출되는 큐티클 증산(cuticular transpiration)이 있다.

의 빙산으로 존재하여, 실제로 직접 사용이 가능한 호수 및 강의 담수의 양은 단지 0.02% 정도일 뿐이다.

해수와 담수를 구분하는 기준은 물 속에 녹아 있는 염의 농도인데, 물 속에 금속염(소금도 여기에 포함된다)이 0.05%(500ppm) 이내의 농도로 함유되어 있는 지하수・호수・강물들을 담수라 하고, 해수란 그 속에 금속염이 3~4% 이상 함유된 바닷물을 말한다.

제 3 절 담수의 오염

인간이 생활하는 데 가장 많이 사용하는 물은 담수이므로 담수의 오염에 대해 살펴보기로 한다. 담수의 용도별 이용 현황을 보면 크게 세 가지 방면에서 이용되는데, 첫째는 일반 가정에서 식수나 세척용 등 생활용수로 약 23% 사용되고, 둘째는 공업적인 이용으로 공장의 용수나 냉각제로 약 6%가 사용되며, 셋째로는 농업용수로 약 48%가 쓰이고 유지용수가 23%된다.

1 부영양화

오염물질이 강, 연못, 호수 등에 다량 투입되면 담수의 부영양화(富營養化, eutrophication) 현상이 생긴다. 강이나 호소에 유기물 또는 질소・인 등 영양 염류가 적당히 존재하면 희석, 침전, 생물 분해에 의해 자연 정화되지만, 지나치게 투입되면 식물 플랑크톤이나 조류의 이상 번식을 촉진하여 물 색깔의 변화와 투명도의 저하를 초래한다.

부영양화란 깨끗한 물에 영양소를 함유하고 있는 오염물질이 과잉 공급되면 물 속에 더 많은 식물이나 미생물들이 자라게 되고, 이에 따라 잡초나 침전물이 밑바닥에 쌓여 물이 더러워지는 현상을 말한다. 모든 하천이나 호소는 처음에는 깨끗한 물로 시작되지만 인위적인 행위에 의해 언젠가는 부영양화되어 더러워지게 된다. 유의해야 될 점은 자연적으로 호소나 하천이 부영양화되는 데는 수백 년 내지 수천 년의 시일이 걸리지만 오염물질이 인공적으로 가해지면 부영양화 과정이 훨씬 빨리 진행된다는 것이다.

수중생물이 죽게 되면 물 밑바닥에 침적하여 이들 동・식물의 사체들은 물 속의 산소와 반응하여 생화학적으로 분해되므로 수중 산소의 양이 감소하게 된다. 만일 수중 산소의 양이 충분하다면 동・식물의 사체는 산소와 생화학적으로 반응하여(호기성 분해) 이산화탄소와 물로 변하기 때문에 물은 계속 깨끗이 유지될 수 있다. 그러나 수중 산소의 양이 불충분할 경우에는 서서히 분해하여(혐기성 분해) 황화수소, 메탄, 암모니아 등 썩은 냄새 및 악취를 풍기는 물질들이 생겨 소위 '썩은 물'이 되는 것이다. 따라서 수중생물을 잘 자라게 하는 영양소 즉 질소와 인을 포함하는 유기물질, 배설물, 음식 찌꺼기 등이 물 속에 과량 투입되면 부영양화에 따른 수중 산소의 양이 줄어들게 되고 수중 산소의 양이 줄어들게 되면 물은 썩게 된다.

대부분의 유기물질은 공기 또는 물 속에서 산화반응에 의해 분해되기 때문에 산소를 필요로 한다. 물 속에 산소를 필요로 하는 유기물질의 양이 많을수록 그 물 속에 녹아 있는 산소의 양은 줄어들게 되고 물의 오염도는 증가하게 된다. 산소에 의해 분해가 가능한 유기폐기물의 양을 나타내는 척도로 '생화학적 산소 요구량(Biochemical Oxygen Demand: BOD)'과 '화학적 산소 요구량(Chemical Oxygen Demand: COD)'이라는 용어를 사용한다.

BOD는 물 속에 있는 유기물질을 박테리아・곰팡이 등의 작용에 의해 생화학적으로 산화하여 분해시키는 데 필요한 산소의 양을 말하며, COD는 유기물질을 화학적으로(공기 중에서 태우는 등) 산화시켜 분해하는 데 필요한 산소의 양을 의미한다. 대부분의 살충제, 플라스틱 등은 유기물질이지만 생화학적으로는 분해가 불가능하고 단지 화학적으로만 분해가 가능하다. BOD나 COD의 단위는 일반적으로 ppm이나 ㎎/ℓ 등을 쓴다. BOD나 COD가 클수록 그 물은 오염도가 큼을 의미한다.

2 용존산소량

물에 실제로 '녹아 있는 산소의 양(溶存酸素量, Dissolved Oxygen: DO)'도 그 물이 얼마나 깨끗한가를 나타내는 척도가 된다. 순수한 물이라도 물에 녹는 산소의 양은 온도에 따라 변한다. 일반적으로 액체에 대한 기체의 용해도는 온도가 높아질수록 감소한다. <표 5-2>에는 물에 대한 산소의 용해도(mg/ℓ)가 온도에 따라 어떻게 변하는가가 나타나 있다. 온도가 높아질수록 용존산소량이 감소하는 것을 알 수 있다. 산소를 소비하는 생화학 반응은 온도가 증가하면 빨라지므로 여름에 DO의 농도가 더욱 문제된다. 악취 발생을 막으려면 하수 중에 용존산소가 충분히 존재해야 한다.

표 5-2 온도에 따른 용존산소량의 변화

수온(℃)	0	2	4	6	8	10	12	14	16	18	20	22	24	26	28	30
용존산소량 (mg/liter)	14.6	13.8	13.1	12.5	11.9	11.3	10.8	10.4	10.0	9.5	9.2	8.8	8.5	8.2	8.0	7.6

3 담수 오염물질의 종류

담수 오염의 발생 원인으로는 크게 자연적인 것과 인위적인 것으로 나눌 수 있다. 자연적 원인으로는 불균형적인 강우량으로 하천 용량의 저하와 하상(河床)의 형태에 따른 유속 및 유량의 불연속성, 그리고 하천 유역에서 토사 퇴적으로 인한 각종 부유물질의 하천 유입에서 발생된다. 자연적인 것은 일시적이며 시간이 경과함에 따라 저절로 정화되기 때문에 큰 문제가 되지 않는다. 그러나 인위적인 것은 자정 능력을 잃어서 결국 별도의 오염물질 처리시설을 갖추지 않으면 안 된다. 인위적인 오염물질의 배출은 인구 증가, 도시화 및 각종 산업활동에 따른 것으로 그 종류는 생활하수, 산업폐수, 농업폐수 등을 들 수 있다.

담수의 오염원을 구체적으로 보면 병원균, 산소를 다량 필요로 하는 유기폐기물, 무기질 쓰레기, 식물을 잘 자라게 하는 영양분, 플라스틱 등 합성유기물질, 열 및 방사능 물질 등으로 나눌 수 있다.

1) 병원균

물은 질병을 일으키는 병원체의 매개 경로이다. 처리되지 않은 사람과 동물의 배설물, 행락객들이 버린 쓰레기, 휴양지에서의 폐수 방출은 물을 오염시켜 이질, 콜레라, 장티푸스, 파라티푸스, 아메바성 이질, 전염성 간염 등 수인성 전염병(水因性 傳染病)의 원인이 된다. 50~60년 전에는 수인성 전염병으로 많은 사람이 죽었고 지금도 세계 인구의 35%가 수인성 전염병에 의해 고통받고 있다. UNDP는 2006년 11월에 발표한 「2006 인간개발보고서」에서 "매년 어린이 1천 8백만 명이 더러운 물로 전염되는 설사병으로 사망하고 있다"며 "개발도상국에서 더러운 물의 사용은 무력 충돌이나 에이즈(AIDS)보다 인류의 생명에 더욱 큰 위협이 되고 있다"고 설명하면서 "깨끗한 물의 제공이나 공중위생시설을 갖추는 것이 에이즈 백신을 놓아 주거나 경제를 발전시키는 것보다 훨씬 우선하는 일"이라고 전했다.[3] 근래에는 물의 염소 처리(chlorination) 방법이 개발되어 수인성 전염병 균은 거의 제거할 수 있으나 아직도 대장균 등 일부 잡균은 여전히 물 속에 존재한다. 최근 염소 소독이 수돗물에서 THM(트리할로메탄, trihalomethanee)을 생성시킨다는 것이 알려졌는데 미국 EPA는 1979년 말 THM을 음료수 중의 인체 유해 성분으로 인정했으며, 최근에는 THM이 발암물질로 알려지고 있다. 최근에는 염소소독 대신에 오존 처리를 하기도 하지만 값이 비싸다. 물에 들어 있는 병원균을 얼마나 잘 처리했는가의 척도로서 일정한 부피의 물 속에 들어 있는 대장균의 개수를 사용한다. 1ℓ의 물 속에 대장균의 개수가 0~10 사이에 있어야 식수로서 적합하다.

2) 유기 및 무기 폐기물

이에 속하는 오염물질은 다시 생활하수로부터 나오는 것과, 산업(공장) 및 농업폐수로 나눌 수 있다. 도시하수는 가정에서 배출되는 가정오수(domestic sewage)와 상업시설 및 각종 공공기관에서 배출되는 폐수(wastewater)를 포함하며, 그 성분은 화장실의 분뇨, 주방의 음식 찌꺼기, 종이류, 폐유, 식기류 세척 및 세탁폐수 등으로서 세척시 사용되는 세제류를 제외하면 60~70%가 천연 유기성 물질이라고 할 수 있

3) UNDP(United Nations Development Programme), 「2006 인간개발보고서」(2006).

다. 이러한 유기물질은 물의 BOD값을 증가시켜 물고기를 죽게 하고 물을 썩게 만든다. 특히 세제류의 무분별한 사용으로 도시하수 집중처리 방식에 지장을 주고 있다.

산업폐수는 생산공장이나 가공공장의 공정에서 세척, 화학 처리, 냉각 등 여러 단계의 과정에서 배출된다. 산업폐수는 무기 폐기물로서 수질오염에 있어서 가장 큰 문제이다. 오늘날 산업의 다양화, 대규모화 등으로 인해 각종 중금속을 비롯해 하수보다 영향이 큰 고농도 유기성 물질, 고도의 처리를 요하는 난분해성 물질 등이 배출되기 때문이다. 이들은 대부분 기존 하천 및 호소 등 자정작용에 의해 정화되지 않거나 자정에 오랜 시간이 소요된다. 중금속 함유 폐수는 생물 농축이라는 순환 주기에 따라 결국 인간의 몸으로 되돌아와 무서운 환경질환 또는 공해병을 유발하게 된다. 현재 문제가 되고 있는 주요 업종은 피혁, 금속, 섬유, 펄프, 화학공장, 채광·채석 폐수 등으로 이들 시설에서 나오는 산업폐수는 중금속 등 유해 화학물질을 많이 함유하고 있어서 특별한 관심과 노력을 기울여야 할 것이다. 특히 수은, 납, 카드뮴(cadmium), 아연, 코발트, 비소 등은 적은 양이라도 인체에 매우 해로운 금속들이다. 이러한 금속들은 대개 화학공장, 도금공장 및 날염공장 근처의 물 속에서 발견된다. 어떤 무기물들은 강한 산이나 강한 염기성을 띤 것들이 있어 이들이 물에 투입되면 물의 산성도를 크게 변화시키는 경우가 있다. 물의 산성, 또는 염기성의 정도는 물 속에 존재하는 수소이온의 농도 $[H^+]$로써 결정되는데, 순수한 물은 중성으로 이때의 수소이온 농도는 10^{-7}M이다.[4] 수소이온의 농도를 나타내는 데 흔히 쓰이는 단위는 pH이다. pH는 다음과 같이 정의된다.

$$pH = -\log[H^+]$$

따라서 중성인 순수한 물의 pH는 7이며, pH가 7보다 작으며 그것은 수소이온의 농도가 10^{-7}보다 더 크다는 의미이므로 산성이고, pH가 7보다 크면 염기성이라고 한다.[5]

$$pH = -\log10^{-7} = 7$$

4) 1M=1mole/liter로서 1ℓ에 1mole의 입자가 존재한다는 뜻이다. 1몰이란 6×10^{23}개를 의미한다.
5) pH는 log를 취한 값이므로 pH 6인 용액은 pH 7인 용액보다 수소이온농도, $[H^+]$가 10배 더 큰 용액이라는 뜻이 된다.

질산(HNO_3), 황산(H_2SO_4) 등은 물에 녹으면 수소이온을 내놓는 성질이 있기 때문에 용액의 산성도를 증가시킨다. 공업용 폐수나 탄광의 폐수에는 SO_4^{-2} PO_4^{-3}, CO_3^{-2}, NO_3^- 이온 등을 함유하는 금속염들이 존재하기 때문에 폐수의 pH가 매우 낮은 경우가 많다. 만일 물의 pH가 4보다 낮아지면 대부분의 미생물, 박테리아, 수중식물, 물고기 등이 서식할 수 없게 된다. 특히 제철공업에서는 강한 산을 이용하여 철의 표면을 세척하는 경우가 많아 이러한 폐수가 흘러들어가는 강이나 호수의 수중생물이 거의 전멸하는 경우도 있다.

그 밖의 무기 폐기물에는 물 속의 혼탁한 고체 부유물질이나 침전물이 있다. 혼탁한 물은 햇빛의 투과를 방해하므로 수중에서 광합성 반응을 일으키지 못하게 한다. 따라서 수중식물이 성장할 수 없게 되고 물고기 등 수중생물이 살지 못하게 된다.

1990년 트리할로메탄(trihalomethane: THM)사건, 1991년 낙동강 페놀 사건은 모두 산업폐수와 관련된 중대 사건들이었다. 현재 우리나라 수계별 폐수 방출량은 한강, 낙동강 순으로 많으며, 유기물질 부하량은 낙동강이 가장 많다. 이는 이 지역에 폐수 다량 배출 업종인 섬유·산업화학 등의 업체가 밀집되어 있기 때문이며 한강수계의 폐수 방류량이 많은 이유는 전체배출업소의 30.4%에 해당하는 12,310개소가 한강수계에 밀집되어 있기 때문이다. 아울러 동해, 서해, 남해등 해역권에는 주요 산업단지가 입지해 있기 때문에 폐수 방류 및 유기물질 부하량이 큰 편이다. 이런 까닭으로 늘 연안에 적조 현상(赤潮現象, red tide)[6]이 일어나고 있다.

---

6) 해수 속으로 N, P 등의 영양염류(식물성 플랑크톤)가 과다하게 유입되어 해수의 온도가 21~26℃를 나타내면(주로 6월 중순~9월 하순), 해수 중에 특정 조류가 이상 증식하여 바닷물의 색깔이 붉은 색으로 변하게 되는 것을 말한다. 실제로 바뀌는 색은 원인이 되는 플랑크톤의 색깔에 따라 다르다. 적조의 원인은 물의 부영영화, 기온 변화로 인한 수온 상승(엘니뇨)으로 인한 미생물의 왕성한 번식 등에 있다. 적조가 일어나면 물 속에 녹아 있는 산소 농도가 낮아지기 때문에, 물 속의 산소를 이용해서 호흡을 하는 어패류가 질식하여 폐사하는 일이 많이 발생한다. 그뿐만 아니라 물고기의 아가미에 플랑크톤이 끼어 물리적으로 질식하는 경우도 있으며, 적조를 일으키는 플랑크톤 중 독성을 가진 조류(藻類)가 있어서 이 독성 때문에 폐사하기도 한다. 이 때문에 적조가 일어나면 어업, 특히 양식어업에 큰 타격을 줄 뿐만 아니라 독성물질이 축적된 어패류를 사람이 섭취함으로써 중독 증상을 보일 수도 있다. 적조가 일어나면 사후 대책으로 담수의 경우는 황산구리($CuSO_4$)를 살포하여 대처하기도 하고, 해수의 경우 진흙, 황토 등을 투입하여 조류를 흡착, 침전시킨다. 그러나 적조 현상이 한번 발생하면 그 처리가 매우 어렵기 때문에 예방 대책에 더 노력을 기울여야 한다. 예방 대책으로는 ① 하수 정비 등을 통해 연안의 부영양화 억제, ② 연안 해역에서의 퇴적물 제거, ③ 농경지나 연안 해역의 가두리 양식장에서 N, P의 과다 사용 억제, ④ 산업폐수 처리에 대한 엄격한 관리 등의 방식으로 예방하는 것이 중요하며, 이 밖에도 갯벌을 정비하여 적조를 막기도 한다. 최근에는 플랑크톤에 감염하는 바이러스를 이용하여 적조를 방지하려는 기술이 개발되고 있다.

농업폐수는 가축의 배설물과 농약, 비료 등이 BOD의 주종을 이룬다. 가축의 배설물은 도시 하수의 분뇨와 마찬가지로 유기물질 함량이 매우 높으며 많은 나라들이 축산 폐수의 처리에 어려움을 겪고 있다. 화학비료의 사용이 증가되면서 가축 분뇨의 퇴비화가 잘 이루어지지 않고 있어 가축 폐수의 의한 수질오염은 가속화되고 있으며 또한 우리의 경우 상수원의 주요 오염원이 되고 있어 축산농가의 가축 분뇨 관리대책이 시급한 실정이다. 가축의 분뇨 발생량[7]은 가축의 종류, 사료, 급식량과 방법, 가축의 나이와 몸무게, 사료와 급수량에 따라 차이가 있다. 일반적으로 <표 5-3>과 같다.

농약은 수계의 직접적인 영향보다 토양에 살포된 것이 서서히 수역(水域)으로 유입되어 수질을 오염시키는 경우가 많으며, 농약은 분해되지 않는 안정한 화합물, 즉

표 5-3 가축별로 배출되는 분뇨량 비교

가축별	체중 (kg)	1두당 1일 배설량(kg)			1두당 1년간 배설량(kg)		
		분(糞)	뇨(尿)	계	분(糞)	뇨(尿)	계
한 우	340	15	5	20	5,475	1,825	7,300
젖 소	450	30	10	40	10,950	3,650	14,600
돼 지	60	3	3	6	1,095	1,095	2,190
닭	3	0.10		0.10	36.5		36.5

자료: 한국과학기술원(2010)

7) 2012년 말 15만여 축산농가에서 소, 돼지 등을 1,327만두 사육하고 있고, 이 중 돼지 및 젖소 사육은 꾸준히 증가하고, 한우사육은 줄어들고 있다. 한편, 축산농가의 전업화, 기업화로 인해 사육농가는 감소 추세에 있다. 세 축종의 가축분뇨 발생량은 106,588㎥/일이며, 이 중 돼지 50,571㎥/일, 젖소 15,838㎥/일, 한우 40,179㎥/일로 돼지사육농가에서 발생되는 가축분뇨가 43%로 가장 많은 양을 차지하고 있다. 사육규모별로는 대규모 사육농가인 허가대상이 83.6%를 차지하고 있어 축산농가가 대규모화 되고 있음을 보여준다. 가축분뇨 관리대책으로 종전의 '오수 분뇨 및 축산 폐수의 처리에 관한 법률'에서는 가축을 소, 젖소, 돼지, 말, 양, 사슴, 닭, 오리, 개 등 9종을 규제 대상으로 했으며, 축산 농가는 규모를 기준으로 허가, 신고 대상 및 신고 미만으로 구분하여 허가·신고 등 규제 대상시설에 대해서는 가축분뇨처리시설 설치의무 및 방류수 수질기준을 적용하여 축산농가가 자체 처리시설을 갖추어 가축 분뇨를 처리토록 하고 있다. 또한 전체 가축분뇨 발생량 중 약 88%는 자체적으로 퇴비·액비화시설을 갖추어 비료로 활용하고 있으며, 일부 농가에서는 정화처리하거나 재활용업체 및 공공처리시설을 이용하여 가축분뇨를 처리하고 있다. 특정 지역 내 중규모 신고 대상 시설과 기타 지역 내 허가 대상시설에 대해 방류수 수질 기준 항목에 T-N, T-P를 추가했다.『환경백서』(2013).

잔류성 화합물이 대부분이어서 중금속과 마찬가지로 생체 내에 축적이 일어나 만성적인 중독 현상을 나타내므로 그 위험도는 심각하다. 특히 최근의 농약 개발은 인체에 대한 중독성을 고려하지 않고 살균 및 살충력에 초점을 맞추어 개발되고 있으며 사용자도 증산에만 관심을 갖고 무제한 사용함으로써 이제는 만성 중독 증상보다 급성 중독 증상에까지 이르렀다. 요즈음은 농촌의 일손이 부족하여 김매기가 어려워 대량 재초제를 살포하고 있어 토양오염은 물론 수질오염에 중대한 영향을 미치고 있다. 이 같은 결과로 농약 제조 중지, 사용 금지의 조치를 받은 농약도 적지 않다. 최근에는 골프장에서 사용되는 재초제 농약도 심각한 문제가 되고 있다.

농작물의 재배 방식, 품종의 변화는 비료의 사용을 증가시켰다. 비료의 사용 증가로 곡물 생산은 엄청나게 증가되었지만, 그 결과 비료의 살포로 인한 하천, 호소, 특히 농·어촌 지역 수질오염은 무시할 수 없는 양이 되었다. 비료는 3요소인 질소(N), 인(P), 칼륨(K)을 주성분으로 하고 있는데, 수질오염에서 문제가 되는 것은 주로 질소와 인이다. 이들은 하천, 호소 등의 녹조류의 영양물질로 작용하여 부영양화의 원인이 되고 있다.

3) 식물의 영양소

식물의 영양소는 무기물의 일종이지만 그 영향이 크기 때문에 여기서는 따로 취급하기로 한다. 수중에 존재하는 질산염(NO3-)이나 인산염(PO4-3)이 식물 영양소의 주종을 이룬다. 질산염은 식물의 성장에 꼭 필요한 요소비료의 주성분이며, 사람이나 가축의 배설물이 생화학적으로 분해될 때 생성되는 물질이다. 과거에 우리나라의 농가에서 사용하던 퇴비 인분이나 동물의 배설물을 짚과 함께 썩혀서 만든 비료는 바로 질산염을 공급하는 원시적인 방법이었다. 따라서 어느 정도의 질산염(NO3-)은 자연에도 존재하며 또 유익한 것이다. 그러나 과량의 질산염이 문제가 된다. 이미 언급한 바와 같이 과량의 질산염은 물의 부영양화를 촉진하여 물을 썩게 할 뿐만 아니라 직접적으로 인체에도 해를 준다. 식수 속에 녹아 있는 질산염은 몸속에서 헤모글로빈과 결합하여 마치 일산화탄소가 헤모글로빈과 결합하는 것과 같이 체내 산소의 운반 체계를 방해하여 체내의 산소 부족 현상을 유발하는데, 특히 어린아이들에게는 호흡 곤란 내지 호흡 정지까지 일으킨다는 보고가 있다. 물 속에 질산염이 45㎎/ℓ 이상 섞여 있으면 식수로는 부적당하다.

인산염(PO4-3) 역시 인산비료의 주성분이나 최근에는 합성세제의 원료로 다량 사용되고 있다. 인산염은 질산염과는 달리 물고기나 인체에 직접적으로 해롭지는 않다.

그러나 질산염과 마찬가지로 과량이면 물의 부영양화를 촉진시켜 물을 썩게 만든다. 최근 외국의 여러 나라에서는 인산염을 사용해 만든 합성세제의 판매가 금지되고 있다.

4) 합성 유기물질 및 생화학적으로 분해가 불가능한 유기물질

제약, 염료, 고무 및 플라스틱 공업 등에서 해마다 수십만 종 이상의 새로운 화학물질이 합성되고 있다. 이 중 자연적으로 존재하는 물질도 몇 가지 있으나 대부분 인공적으로 만든 것들이다. 어떤 합성 유기물질은 암을 유발시키거나 소량이라도 독성을 지녀 인체에 해로운 것들도 있다. 드라이클리닝에 사용되는 용매인 벤젠이나 톨루엔은 암을 유발시킬 수 있고 살충제 등에 쓰이는 염화탄화수소는 인체에 독성이 있을 뿐만 아니라 생화학적으로 분해되지도 않아 오랫동안 잔류하는 성질이 있다. 특히 플라스틱, 고무 등 생화학적으로 분해가 불가능한 물질들은 자연 속에 계속 잔류하여 그 독성이 지속적일 뿐만 아니라 나쁜 냄새, 맛 등을 나타내며 물의 거품을 만들어 식수나 공업용수로도 부적당하게 만든다.

그러나 현재까지 알려진 합성 유기물질은 그 종류가 너무나 많기 때문에 각각에 대한 정확한 피해 정도를 판별한다거나 그 방지대책을 세운다는 것은 거의 불가능하며, 다만 최근에 살충제에 대해서는 어느 정도의 규제가 가능할 뿐이다.

5) 열

물의 온도가 상승하면 용존산소량(DO)이 감소하게 되어 물고기 등 수중생물의 생존에 해가 된다. 어떤 종류의 물고기는 물의 온도가 몇 도만 상승해도 살 수 없고, 또 일반적으로 온도가 상승함에 따라 반응 속도도 빨라지기 때문에 부영양화의 속도도 온도가 증가함에 따라 빨라진다. 더구나 대부분의 독성 있는 물질들은 온도가 상승함에 따라 그 독성이 더 강해지는 경향이 있다.

열오염(thermal pollution)의 대부분은 화력 발전소나 원자력 발전소에서 냉각용수로 사용하고 버리는 뜨거워진 냉각수 때문에 유발된다. 화력 발전이나 원자력 발전은 모두 그 열기관의 실제 효율이 40퍼센트 미만이기 때문에(원자력 발전은 실제 효율이 약 20퍼센트 정도밖에 되지 않는다) 생성되는 열의 약 60퍼센트 이상이 쓸모없는 에너지로 방출되어야 한다. 따라서 발전소에서 냉각수가 더워지는 것은 열기관을 사용하는 한 근본적으로 막을 수 없는 문제이다.

에너지 소비량이 많아지고 따라서 쓸모없는 에너지가 많아지게 되면 물의 '열오염' 문제도 현재와 같이 국지적인 문제가 아니라 온 인류가 공동으로 대처해야 하는 심각한 문제로 등장하게 될 것이다.

6) 방사성물질

우라늄(uranium), 라듐(radium) 등과 같은 방사성물질은 광석으로부터 자연적으로 물에 씻겨 물 속에 소량 포함되어 있다. 최근에는 여러 종류의 방사성동위원소가 공업, 의약 및 연구 분야에 쓰이고 있어, 사용하고 난 방사성원소 폐기물을 물로 씻어 내 버리는 경우가 많아 수질오염의 원인이 된다. 특히 요드 -131(I131), 스트론튬 -90(Sr90) 및 세슘 -137(Cs137) 등은 각각 체내에서 갑상선 부위(I131), 뼈(Sr90) 및 근육이나 연골부(Cs137)에 농축되는 성질이 있어 소량의 방사성 원소일지라도 계속적으로 섭취하면 인체에 큰 해가 될 수 있다.

이 밖에도 대기 중에서 원자폭탄 실험시 떨어지는 원자재(이 속에는 여러 종류의 방사성원소가 있다)가 땅 표면에서 빗물에 씻겨내려 강물이 오염되는 경우도 있다. 원자력발전소에서 나오는 방사성 폐기물(이 속에는 반감기가 긴 많은 방사성 원소들이 들어 있다)은 대부분 고형물질로 만들어 지하에 저장하고 있으나 오랜 시간이 지나는 동안 지각작용(화산, 지진 등)에 의해 그 일부가 지하수에 섞일 염려가 있다.

제 4 절 우리나라 물 관리정책 방향

1 문제 인식

물은 '생명'의 근원이다. 즉 물은 인체 성분의 약 70%를 차지하며 혈액과 임파액을 비롯하여 기타 인체 세포 및 몸의 기능과 유지에 없어서는 안 될 체액으로 중요한 역할을 한다. 그뿐만 아니라 경제 성장을 위한 공업용수와 식량 생산에 필요한 농업용수, 일상생활에 필요한 생활용수로 이용되는 등 인간 생활에 없어서는 안 될 필수적인 요소이다. 이와같이 중요한 물이 고도 산업화에 따라 수질과 수량 면에서 중요한 사회문제로 대두되고 있다.

우리나라는 수량 측면에서 1인당 물 자원량이 세계 평균의 99%에 지나지 않아 물 부족 국가에 속하며, 수질 측면에서도 주요 하천의 오염원이 상류와 중류에 집중되어 있어 하천의 수질환경 용량이 열악하다. 특히 인구의 증가와 도시화·산업화가 진전되면서 물 수요는 급속히 증가하여 총 강우량의 27%(2003년)를 사용하고 있으며 특히 년 1~2월에는 하천수의 47%가 생활하수 및 산업폐수로 구성되고 10년 빈도의 갈수기(渴水期)에는 한강과 낙동강 하류의 경우 하천수의 하수 함유율이 100%를 넘는다. 이와 같이 갈수기의 우리나라 하천은 수질과 수량을 동시에 관리하지 않으면 경제적으로 타당하고 기술적으로 가능한 하수 처리만으로는 하류에서의 생·공용 수원(生·工用 水源)으로의 이용은 불가능하다.

앞으로도 용수 수요는 지속적으로 증가될 것으로 예상되나, 대규모 다목적 댐의 적지(適地) 고갈과 댐 건설비 상승 등으로 양적 개발에도 상당히 큰 차질이 예상된다. 특히 우리나라는 좁은 국토 안에 토지 이용과 환경 파괴, 수몰 지역 주민의 생존권 및 보상비 문제 등으로 인한 댐 건설의 유용성에 대한 문제가 제기되고 있고, 또 지방자치제 실시 이후 하천의 상·하류 간, 지자체 간 수리원(水利源) 분쟁이 빈번히 발생하고 있으며, 최근에는 상·하류 간 수질오염으로 인한 새로운 분쟁이 발생하고 있는 등 한정된 물 자원에 대해 지역 간, 상·하류 주민 간 이해 갈등은 더욱 심화될 전망이다.

그뿐만 아니라 우리나라는 강우가 우기에 편중되고 산악지대로 형성되어 있어 하천의 최소·최대 유량 비율이 300~500배로 유럽(10~30배)보다 커서 효과적인 물 관리가 상대적으로 어려운 국토 여건을 갖고 있다.

이 같은 열악한 물 자원 여건에도 불구하고 우리나라는 아직도 물 행정의 난맥상을 보여 수량과 수질 및 하천공간의 주무부서가 달라 수량개발 부처는 하류 수질문제를 도외시한 수량 확보에만 치우친 공급 중심의 물 개발 위주의 정책을 추진하는 반면, 수질 관계 부서는 수량과 연계 없이 오염 처리시설 위주의 정책을 추진하는 난맥상을 보이고 있다. 그리하여 우리나라의 젖줄이라 할 수 있는 4대강 하류는 하천으로서 기능이 이미 마비되어 양적으로는 공급이 어느 정도 가능하나 질적으로는 사용 불가능한 물이 되어 있으며 사람이 외면하는 하천 공간으로 바뀌었다.

현대 고도산업사회에서의 용수 수요는 연중 균일한 수량과 수질의 물을 필요로 하고 있으며, 특히 환경용수로서의 역할로 점차 중요시되고 있다. 이와 같이 물 자원의 수요 변화에 적극적으로 대처하기 위해서는 양적인 용수 개발만으로는 불가능하며, 하천을 살려 전국의 모든 곳에서 하천수의 이용이 가능하도록 되어야 한다.

이 같은 상황에서 물 부족국인 우리나라는 좀 더 유효한 물 관리 정책이 도출되지 않으면 2010년 이후에는 물 문제가 우리의 가장 큰 사회문제로 대두되어 국가 위기를 맞을지도 모를 것이다. 따라서 여기에서는 현재 우리나라의 물 자원의 특성과 물 관리 시스템 및 이에 따른 문제점을 분석해 보고, 관리 현황을 살펴봄으로써 향후 계속 심화가 예상되는 물 문제를 효율적으로 해결하기 위해 새로운 물 관리정책 방안을 모색해 보고자 한다.

2 우리나라 물 자원의 특성 및 관리 현황

1) 물 자원의 특성

(1) 양적 측면

도서지역을 포함한 우리나라 연평균 강수량은 1,277㎜로 세계 평균 807㎜보다 1.6배이나, 1인당 연강수총량은 2,629톤으로 세계평균(16,427톤)의 약 1/6에 해당된다. 또한 워낙 인구밀도가 높아서 국민 1인당 연간 이용할 수 있는 수자원량(강수총량에서 증발산 등의 손실을 제외한 양을 총인구로 나눈 값)은 세계평균 8,372톤보다 훨씬 낮은 1,533톤에 불과하다. 국제인구행동연구소(PAI)는 2002년의 인구와 연간 재생가능한 수자원량을 기준으로 2025년 우리나라의 1인당 재생 가능한 수자원량을 예측했다(<표 5-4> 참조).

2025년에 인구가 52,065천 명으로 11% 증가한다는 가정 하에서는 그 양이 1,340㎥으로 줄어들 것으로 전망하여 UN에서는 우리나라를 물 기근 국가로 분류한 바 있다. 또한 2003년 기준에 의하면 연간 강수량(1,240억 톤)에 비해 우리가 이용할 수 있

표 5-4 우리나라 연간 1인당 이용 가능한 수자원량에 대한 전망

구 분	2002년	2025년		
		최저 인구 전망	중간 인구 전망	최고 인구 전망
인구(천 명)	46,740	50,650	52,065	53,409
1인당 가용 수자원량(㎥)	1,439	1,378	1,340	1,307

자료: 「국제인구행동연구소(PAI)보고서」(2002).

는 총 물 이용률도 다른 국가들보다 상당히 높아 총 물 자원 부존량의 27%인 337억 톤을 쓸 수 있었다. 그 중 하천수가 123억 톤(10%), 댐이 177억 톤(14%), 지하수가 37억 톤(3%)에 해당되고, 그 나머지 4/5는 바다로 유출되거나 증발하고 지하로 침투하여 이용이 어렵다.[8)]

특히 인구 증가와 도시화로 생활용수의 이용량이 상대적으로 높은 증가세를 보이고 있고, 농업용수는 조금씩 하락을 보이는 반면 공업용수는 조금씩 증가세를 보이고 있다. 그 외 용도의 수자원 이용량도 꾸준히 증가하는 추세이다. 그동안 댐 건설 등 이수(利水)시설의 확충으로 공급 능력은 다소 여유가 있으나 연도별, 계절별, 지역별 강우량의 편차가 변동이 심한 동시에[9)] 하천 경사가 급한 지리적 특성으로 홍수가 일시에 유출되어 갈수기에는 하천의 물이 말라 용수 확보 및 수질관리에 어려움을 겪고 있다. 반면 홍수기에는 물이 넘쳐 하류지역에 수해가 빈발한다. 이처럼 홍수와 가뭄이 연례행사처럼 반복되고 있어 재해에 대한 안전망 확보를 위한 근본적인 치수(治水) 대책 마련과 함께, 국민생활 수준 향상에 따라 다변화된 용수 수요에 적합한 합리적인 수자원 이용 방안이 시급히 요구된다. 이처럼 우리나라는 계속되는 공업화와 도시화에 비추어볼 때, 용수 수요량은 매년 증가하여 2011년에는 355억 톤, 2020년에는 356억 톤으로 증가될 전망이다. 전국의 장래 용수 수급 전망을 보면 수요관리 절감량을 고려하더라도 2011년에 전국적으로 3.5억㎥, 지역적으로는 7.9억㎥의 물 부족이 예상된다(<표 5-5> 참조).

---

8) 국토해양부, 수자원장기종합계획(2006).

9) 연도별: 754㎜~1,683㎜(2.2배 차이), 계절별: 연평균 강수량의 74%가 홍수기(6~9월)에 집중, 지역별: 경북 1,000㎜~제주 1,500㎜(1.5배), 특히 지역별 편재로 낙동강 유역의 위천, 포항의 형상강에서는 겨울 가뭄 시에 상습적으로 식수난을 겪고 있다.

2014년 현재 다목적 댐 20개, 용수 댐 14개, 다기능 보 16개를 건설하여 운영하고 있다. 그러나 현실적으로 물 자원 개발 여건을 살펴보면 1960년대 이후 지속적인 댐 개발로 수계별 주요 지점에 대용량의 다목적 댐이 이미 건설되어, 새로운 댐 건설 적지가 극히 제한되어 있다. 또한 댐 건설로 인한 수혜지역이 댐 개발 지역과 분리되는 까닭으로 댐 건설 대상 지역 주민의 피해 의식이 팽배하고 지역사회의 반발이 고조됨과 동시 근래의 물가 및 지가의 상승으로 넓은 수몰 면적에 따른 보상비 문제 등 물 자원의 개발 단가는 급등하여 물 자원 개발에 어려움이 가중되고 있다. 즉 댐 건설의 사회적 경제성이 크게 하락했다는 점이다. 따라서 보상비도 반드시 지불해야 할 사회적 비용이란 점에서 더욱 증가될 전망이다.

표 5-5 전국 용수 수급 전망(기준 수요)

(단위: 백만 ㎥)

구분 \ 연도		2011	2016	2020
용수 수요량		35,496	35,800	35,568
생활용수		8,103	8,180	8,195
공업용수		3,178	3,562	3,422
농업용수		15,849	15,690	15,583
유지용수		8,368	8,368	8,368
용수 공급량		35,158	35,300	35,129
과부족량	전 국	△ 340	△ 500	△ 439
	지역별	△ 797	△ 975	△ 925
수자원 확보		797	975	925

※ 용수 수요량은 수요관리 절감계획을 미리 고려한 값임.
자료: 국토해양부. 「수자원장기종합계획」(2006).

이와 같이 우리나라는 대규모 다목적 댐 개발은 보상비 외에도 댐의 사후관리에 따른 문제로 댐의 담수 효율이 점차적으로 떨어지고, 준설(浚渫, dredging)의 어려움으로 수질 저하가 우려된다. 또한 댐 건설로 인한 국토의 수몰과 환경 파괴 및 하천오염 등으로 인한 사회적 손실이 너무 크기 때문에 비효율적인 대규모 댐을 통한 공급자 중심의 양적 물 개발 정책에는 이미 한계에 와 있다.

(2) 질적 측면

우리나라는 물 자원의 원천이라 할 수 있는 4대강 수계를 살펴보면, 대부분의 하천은 중·상류 지역에 인구 및 산업이 밀집되어 있는 등 국토 구조상 또 용수 이용률로 볼 때 수질오염에 대해 취약성을 가지고 있다. 특히 갈수기에는 유량이 부족하여 하천의 자정작용(自淨作用, self-purification)이 약화되어 오염의 폐해가 크다. 또한 상수원 보호지역 등에 음식·숙박업소의 설치로 생활하수뿐만 아니라 농가의 축산 폐수와 농경지와 골프장 등에서 비료·살충제 사용에 의한 비점오염도 하천오염 요인에 큰 역할을 하고 있다. 이는 물에 대한 가치적인 인식의 토대가 제대로 확립되어 있지 못하기 때문이다. 현재 우리의 물 관리정책은 점오염원(point-source) 통제와 함께 비점오염원(non-point source)[10] 통제가 잘 안 되고 있다. 특히 대하천의 수질보다 더욱 문제가 되고 있는 것은 도시 주변 중·소규모 지천들의 수질이며 우리나라 도시 하천들의 상당 부문은 하수천(下水川)화되어 있다.

이런 문제점들을 해결하기 위해 정부는 '맑은 물 공급 종합대책(1993~1996) 및 4대강 물 관리 종합대책(1998~2005)', 물환경관리기본계획('06~'15)등의 추진 효과로 공공수역의 BOD농도는 전반적으로 감소하고 있으나 COD 농도는 화학물질 사용 증가, 비점오염원 등 난분해성 오염물질 유입으로 다소 증가하거나 BOD에 비해 적게 감소했고, 조류 발생과 조류의 사멸·분해에 따른 유기물질 자체 생산의 제한 인자인 '총인(T-P)'의 오염도도 증가했다. 최근 기후변화로 인해 연안(沿岸)과 강에 조류현상이 심화되고 있다.

4대강 주요 지점의 수질 변화 추이를 보면 수질이 지속적으로 개선되는 추세에 있다. BOD 기준으로 한강(팔당호)은 Ⅰ급수에 근접하고 금강(대청호)·영산강(주암호)은 Ⅰ급수, 낙동강(물금)은 Ⅱ급수를 유지하고 있다(<표 5-6> 참조). 문제는 환경기

---

10) 점오염원은 주택과 건축물에서 나오는 생활하수, 공장에서 나오는 산업폐수, 축사에서 나오는 축산 폐수, 가두리양식장 등 오염원이 쉽게 확인되어 차집이 용이하고 처리효율이 높다. 비점오염원은 논, 밭, 임야, 대지, 시가지, 도로 대기 중의 오염물질 등 특정 시설이 아닌 넓은 지역에서 주로 강우 시 오염물질이 유출되는 것을 말하며, 배출지점이 불특정하여 오염원의 확인이 어렵고, 계절에 따른 변화가 심해 예측이 쉽지 않아 차집이 곤란하고 강우의 영향을 크게 받아 규제(처리)가 용이하지 아니하다. 비점오염원의 이러한 특성으로 인해 수계에 미치는 영향을 정확히 산출할 수는 없으나, 4대강 수계에 대한 오염 부하는 BOD를 기준으로 전체의 42~68%에 이르는 것으로 추정 된다 .하천 및 호소 부영양화 및 조류(藻類) 등의 주 원인물질인 총질소(T-N), 총인(T-P)을 기준으로 할 경우 그 비율은 훨씬 높아질 것으로 판단된다. 이들 비점오염원으로는 농지에 살포된 농약 및 비료, 축사에서의 유출물, 도로상 오염물질, 도시지역의 먼지와 쓰레기, 지표상 퇴적 오염물질, 합성세제, 지하수 유출 등을 들 수 있다.

초시설 확충으로 점오염원 오염 부하는 감소 추세이나 도로 · 대지 · 고랭지 등에 의한 비점오염원 부하는 증가하는 추세에 있다(<표 5-7> 참조). 현재 대책만을 추진할 경우 10년 후에 팔당호 수질은 BOD 1.3㎎/L, 총인 0.06㎎/L이 되어 지금보다 다소 악화될 전망이다.

표 5-6 우리 나라 주요 하천의 수질오염 추이 현황 (단위: BOD, ㎎/ℓ)

하 천	주요 지점	2006	2007	2008	2009	2010	2011	2012
한 강	팔 당	1.2	1.2	1.3	1.3	1.2	1.1	1.1
낙동강	물 금	2.7	2.6	2.8	2.8	2.4	1.5	2.4
금 강	대청호	1.1	1.0	1.0	1.0	1.0	1.0	1.0
영산강	주암호	1.1	0.8	0.8	0.8	1.0	1.0	0.8

자료: 환경부. 『2013년 환경통계연감』, p.3.
상수원수 1급(BOD 1 이하): 여과 등에 의한 간이 정수 처리 후 사용.
상수원수 2급(BOD 3 이하): 침전·여과 등에 의한 일반적 정수 처리 후 사용.
상수원수 3급(BOD 6 이하): 전처리 등을 거친 고도의 정수 처리 후 사용.

표 5-7 4대강의 비점오염원 증가 비율 전망

연 도	한강	낙동강	금강	영산강·섬진강
2003	42	50	69	59
2015	70	65	67	68

2000년대에는 우리나라 도시화가 90% 이상 진전될 것이며 산업활동의 증가로 훨씬 빨라진다고 보면 생활하수와 산업폐수도 크게 증가하여 하 · 폐수 발생량은 1997년 1일 26,539천㎥에서 2010년 30,445천㎥, 2020년 32,847천㎥으로 현재보다 1.38배, 1.49배가 각각 증가할 것으로 전망되고, 수질오염 부하량[11)]으로 보면 BOD 기준으로 총 부하량은 2000년 6,544톤/일에서 2010년에 7,717톤/일, 2020년에 8,367톤/일로 증가할 전망이다.

11) 오염 부하량이란 하루 동안 발생하는 오염물질의 양을 무게로 환산한 것을 말한다.

2) 우리나라 물 관리 시스템과 문제점

물 관리 시스템은 크게 물을 관리하는 조직 체계와 그 조직 체계에 따라 관리되는 기능을 의미하는데, 가장 효율적인 물 관리는 '풍부한 물과 깨끗한 물이 공급'되는 것을 말한다. 즉 수량이 보장되지 않고는 수질관리가 불가능하며, 수질관리가 되지 않는 수자원은 그 양이 아무리 풍부하더라도 이용 가치가 없다. 앞에서 밝힌 바처럼 우리나라 '물' 자원의 특성에 따르면 현재 우리의 물 관리는 '양'과 '질'적 측면에서 많은 문제점을 갖고 있다. 따라서 양자의 문제점을 극복하기 위해서는 우선 물 관리 정책을 담당하고 있는 국가기관이 물에 대한 올바른 인식의 토대가 필요하다. 다음으로 수량과 수질을 함께 고려한 물 관리 조직 체계의 운영과 이에 따라 연중 균일한 하천 유지 유량으로, 유입된 오염물질이 자정작용으로 인해 깨끗한 물을 담을 수 있는 하천관리가 가장 시급하다고 볼 수 있다. 그렇다면 현재 우리나라의 물 관리를 담당하고 있는 행정관리자들의 물에 대한 인식과 이에 따른 조직 체계와 하천관리가 어떻게 이루어지고 있으며, 그 문제점이 무엇인지를 먼저 검토해 보기로 한다.

(1) 물에 대한 인식

우리는 그간 근대화 과정 속에서 물을 관리하는 데 물의 생명력(수질)보다는 수량 중심의 개발정책을 지향해 왔고 지금까지도 그 틀을 깨지 못하고 있다. 물론 우리나라는 국토 구조상 용수관리의 취약점을 갖고 있었지만, 근본적으로 '물' 문제 해결을 단기적인 환경개량주의적인 관리 행태로 일관해 왔다는 점에서 장기적인 지속 가능한 생태중심의 물 관리와는 거리가 멀었다. 특히 물을 관리하여 온 담당 중앙부서들이 부처이기주의에 얽매여 물 관리에 대한 합리적인 방안을 구축하지 못한 것도 따지고 보면 관리자들의 물에 대한 가치 인식의 부재에 있었다고 볼 수도 있다. 즉, 물을 대할 때 물은 한갓 인간의 이기적인 욕구의 도구로서, '생명'이란 존재의 의미보다는 '자원'이라는 개념에 머물러 왔기 때문에 근본적인 물 문제를 해결하는 데는 한계가 있었다. 2010년 이후에는 물 문제가 우리의 가장 큰 사회문제로 대두되어 물 부족이라는 대공황을 맞을지도 모른다. 이를 대비하여 먼저 물 관리를 담당하고 있는 정책관리자들은 지금까지 지향해 오던 공급중심의 물 관리와 환경개량주의적 관리 행태를 극복할 수 있는 생태학적 인식전환이 시급하게 요청된다.

(2) 물 관리 조직 체계

현재 우리나라 물 관리 업무가 여러 중앙부처로 분산되어 있고 물의 질과 양의 일원화 관리가 국가 차원에서 종합 조정되지 못해 전반적으로 수량 부문은 국토교통부가 주무부처로, 수질 부문은 환경부가 주무부처로서 전담하고 있다. <표 5-8>, <표

표 5-8 물 관리 중앙부서별 관장 업무

구 분	환 경 부	국토교통부
수 질	• 수질보전 정책 수립 • 산업폐수 관리 및 생활오수 관리 • 상·하수도정책 총괄 • 하폐수 처리장 건설 및 관리 • 하천·호소 수질검사 • 지하수·먹는 물 수질관리	
수 량	• 지방상수도개발 • 상수원댐 건설 • 농어촌 간이상수도 개발 및 관리 • 먹는 샘물관리 • 중수도 개발	• 수자원 종합개발정책 수립 • 다목적 댐 건설 및 관리 • 광역상수도 건설 및 관리 • 하천관리 및 홍수통제 • 지하수 수량관리 및 운하

표 5-9 중앙 물 관리부서의 지방청·부대조직 및 소속 공공기관

구 분	환 경 부	국토교통부
지방청	한강 유역환경청(서울, 경기도, 인천) 원주지방 환경청(강원도, 충북북부) 낙동강 유역환경청(경남, 부산, 울산) 대구 지방환경청(대구, 경북) 영산강 유역환경청(전남, 광주, 제주) 새만금 지방환경청(전북) 금강 유역환경청(충청남북도, 대전)	서울지방 국토관리청(경기도) 부산지방 국토관리청(경남, 북) 대전지방 국토관리청(충남, 북) 원주지방 국토관리청(강원도) 익산지방 국토관리청(전남, 북)
부대조직	수질자동측정망(국립환경연구원) 한강 수질검사소(11곳) 낙동강 수질검사소(13곳) 금강 수질검사소(7곳) 영산강 수질검사소(5곳)	한강 홍수통제소 낙동강 홍수통제소 금강 홍수통제소 영산강 홍수통제소
소속 공공기관	환경관리공단	한국수자원공사

자료: 정부조직도(2013).

그림 5-4 우리나라 물 관리 중앙부서 조직 체계도

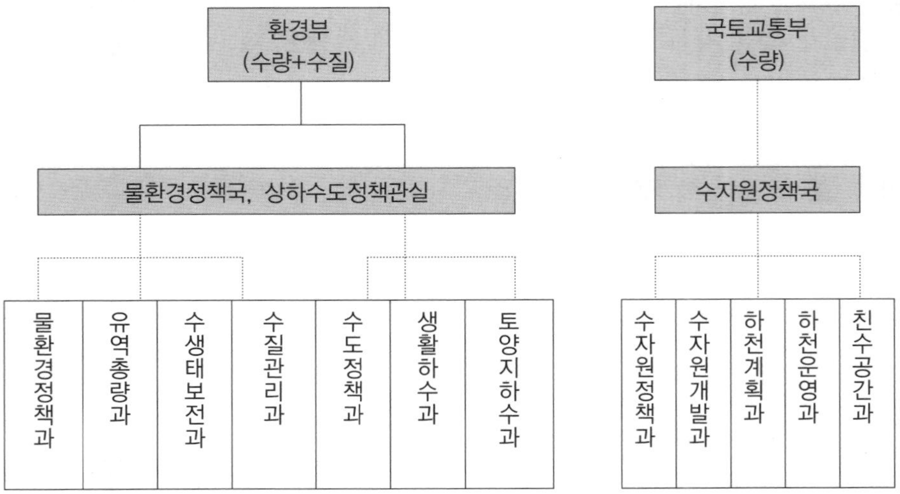

5-9>와 [그림 5-4]는 물 관리 중앙부서의 이원화를 보여 주고 있다.

이상에서 보는 바와 같이 우리나라 물 관리 조직 체계는 외형상 양분화와는 또 달리 실제적으로 <표 5-10>에서와 같이 환경부 외에 국토교통부, 농림축산식품부, 행정자치부 등 다수의 행정부처가 직·간접적으로 관련되어 있어 업무 추진 체계의 다원화로 물 전반을 고려한 체계적 관리가 어렵다. 즉 용수의 관리에 국토교통부와 환경부로 이원화되어 있어 지역 간 용수 수급의 불균형을 초래하고 물에 관한 긴급 사항이 발발하더라도 수량·수질 부서의 이원화로 종합적이고 구체적인 문제 파악이 곤란하다. 또한 광역상수도와 지방상수도는 하나의 연결된 상수도 계통이나 분할 관리로 인해 공급계획 주체 간의 계획·예산·우선순위 등의 마찰로 사업 추진에 차질을 빚는 경우가 발생하고 있으며, 사업 인가 시 상호 협의를 거쳐야 하는 등 행정 손실이 크고 전국을 대상으로 하는 종합적인 상수도 대책 수립의 불가능 등 수도 업무의 이원화로 효율적 상수공급에 장애가 되고 있다. 또한 청정한 저수지 물은 농업용수로 사용하고 오염된 하류의 하천수는 상수원으로 이용하는 등 물 사용에 대한 우선순위에 대한 기준도 없으며, 첨두 발전(尖頭發電, peak power generation)을 위한 댐 방류로 갈수기 방류량이 감소하는 등 용도간 물 수급 조정이 곤란한 점 등

표 5-10 우리나라의 물관리 유관 부서

구 분	환 경 부	국토교통부	행정자치부	농림축산식품부
물 개발	• 상수도 • 도시하수 종말처리장 • 공단폐수 처리장 • 환경영향평가	• 다목적 댐 • 광역상수도 • 내륙 수운, 운하	• 지방상하수도 건설 • 지방 생공(生·工) 용수 댐 건설 • 도시하수처리장 건설	• 관개댐 건설 • 간척지 담수호 • 지하수 개발 (농업용)
물 관리	• 수질 관측 • 수질규제 • 음용수 관리 • 하천 정화사업	• 홍수관리 • 저수관리 • 직할하천관리 • 공유수면관리 • 광역상수도 • 수문 관측 • 다목적 댐 및 하구둑(일부)	• 지방준용하천 • 수원지역관리규제 • 상하수도시설관리 • 풍수해 관리 • 내수면 어업	• 관개용수 • 내수면 어업 관리(수산청) • 하구둑(농업용)

자료: 정부조직도(2013).

물 자원의 효율적 이용 체계가 미비하다.

(3) 하천관리

하천은 상류에서 하류로 이어지면서 소(沼) 유역에서 유입되고 지역마다 용도별로 일정량을 취수하며, 또 쓰고 버린 하·폐수가 유입되어 하나의 시스템을 구성하고 있다. 현 물 행정의 분장 체제 하에서는 하천의 주요 지점별로 얼마의 유량이 어떤 수질 상태로 흐르는지 정확히 파악되지 않고 있으며, 이는 유량 측정은 국토교통부, 수질 측정은 환경부가 담당함으로써 상호 관측 지점이 다르기 때문이다. 특히 하천관리에서 수량관리는 국토교통부가 주관 부처가 되어 직할하천을 관리하고 있으나, 지방하천과 준용하천은 지방자치단체에서 행정구역별로 관리하고 있어 지자체 간 효율적인 물 이용에 장애를 초래하고 있다. 즉 하류하천의 유수 점용 허가와 상류 댐의 용수 공급을 별개로 시행하는 등 하천관리와 상류 댐 관리와의 연계성이 부족하고 하천의 수량관리 및 수질관리가 행정구역 단위별로 관리되고 있어 수계별 물 관리의 일관성 유지가 곤란하다.

이와 같은 물 관리 시스템으로 인한 폐해는 현재의 우리나라 하천오염 형태로 나타나고 있다. 이때까지 우리나라의 하천은 질과 양이 연결된 하나의 시스템으로 보지 않고 수질과 수량 및 공간관리가 상호 연계성을 가지고 관리되지 못했다. 따라서 하천기능이 상실됨으로 인해 인근의 하천수 이용은 줄고 관로(管路)에 의한 용수 의존도가 높아지는 악순환이 반복되어 하천의 생명력은 상실되었다. 좀 더 구체적으로 수질과 수량 및 공간관리를 각각 담당기관에서 분리 관리함으로써 제기되는 문제는 다음과 같다.[12]

첫째, 수량관리 부서인 국토교통부는 하천상류에 다목적 댐이나 취수원을 건설하여 관로를 통해 도시 및 공단에의 용수 공급량을 늘리는 데 1차적 목표로 삼았다. 따라서 하천의 수질은 고려치 않고 상류의 댐 저수에만 의존한 용수공급으로 하류 하천은 수량 감소 또는 자정능력이 상실되어 오염도가 높아져 기왕에 사용했던 하천수까지도 이용을 포기하고 광역용수에 의존케 하여 오염의 심화와 물 부족 현상의 악순환을 초래하고 있다. 또 수익성 위주의 댐 운영으로 대규모 다목적 댐도 풍수기(豊水期)와 갈수기(渴水期)에 따라 수량의 변화가 자연하천과 같은 폭으로 증감하고 있다.

둘째, 수질관리 부서인 환경부는 수량과 무관하게 이루어지는 하·폐수처리 위주의 정책 추진으로 수질 목표 달성에는 한계가 있다. 또한 하천의 유량이 불안정하고 갈수기에는 하천유량이 현격하게 줄어, 동일 량의 오염물질이 유입되어도 수질오염도는 높아지게 되어 오염사고가 유발되고 있는 등 수량과 분리된 처리 위주의 단편적인 시책으로 오염관리의 한계를 드러내고 있다.

셋째, 하천관리 부서는 하천 공간 관리의 중점을 홍수시의 통수 능력 제고와 하천 개수에 따른 늪지, 유수지(遊水池) 등의 토지이용 증대에만 치중했다. 그 결과 홍수 때 직강화 된 하천의 유속은 빨라지고 유수지와 늪지 등 자연 조절 기능이 소멸되었으며 취약지인 하천변의 토지 이용이 고도화되어 다목적 댐의 건설, 하천 제방의 정비가 이루어지고 있음에도 불구하고 홍수에 의한 인명과 재산의 피해는 계속 증가하고 있는 실정이다. 또한 하상 정비 시 골재 준설, 통수 능력 증대를 위한 하천 폭 확대 등으로 여울과 소(沼)가 없어져 하천의 자정 능력이 상실되어 하천생태계가 파괴되었고 하천유량이 급변하여 하천 생태계의 교란은 더욱 심해지게 되었다. 그 결과 하천은 생명력이 소멸되고 점차 하·폐수의 유하 기능으로만 이용되어 하수천화

---

12) 최지용, 「21세기를 대비한 물자원 정책 개선」(한국환경기술개발원, 1996), pp. 19-20.

됨으로써 수변환경(水邊環境)이 더욱 악화일로에 놓이게 되었다.

3 효율적인 물 관리정책 방안

앞에서 우리나라의 물 관리 시스템을 분석한 결과 효율적인 물 관리정책에는 많은 문제점을 안고 있음을 알 수 있다. 현재 정부의 주요 물 관리정책으로 범정부 차원의 '4대강 물 관리 종합대책', '물 환경관리기본계획('06~'15)수립과 이를 뒷받침할 '4대 강 수계법'이 마련되었으며 이러한 대책과 법령에서 수질오염 총량제, 수변구역 지정 및 집중관리, 토지매수제도와 물이용부담금에 의한 수계관리기금 조성, 수계관리위원회 운영, 생태하천 복원 등 그 외 주요 오염원별(점오염·비점오염) 관리를 해오고 있으나 현재의 물 관리 체제 하에서는 21세기의 맑고 풍부한 물을 요구하는 지속 가능한 사회에 적절히 대응하기란 어려운 점이 많다. 따라서 이에 대응하는 새로운 물 관리를 위한 정책 방안으로서, 물 정책을 담당하고 있는 관리자나 국민들은 크게 두 가지, 즉 물에 대한 새로운 가치 인식의 전환이라는 철학적 과제와 현 물 관리 시스템의 방향 전환이라는 제도적 측면에서의 우선 개선이 필요하다.

1) 물에 대한 인식의 전환

21세기는 물에 대한 새로운 인식의 전환이 요구된다. 즉 물을 어떻게 인식하고서 물을 개발하고 이용하느냐에 따라서 인간의 삶의 질과 행복을 가름하게 될 것이다. 효율적인 물 관리 정책 방안을 도출하는 데 물을 개발하고 관리하는 책임을 맡고 있는 국가기관이나 물을 이용하는 국민은 우선적으로 물에 대한 올바른 인식의 토대 위에서만이 효율적인 물 관리 정책이 도출될 수 있다는 사실을 깨달아야 한다. 지금까지 우리는 물을 대할 때 물은 인간의 이기적인 욕구의 도구로서 한갓 '자원(資源)'의 개념에 머물러 왔다는 점이다. 여기에는 물이 '생명'이라는 존재의 의미가 배제되어 있다고 볼 수 있다. 물은 물리적 성질 면에서 보아도 생명과 직결되어 있음을 알 수 있다. 그럼에도 불구하고 우리는 인간중심적인 입장에서 사물을 인식하는 고정관념에 얽매여 '물'이라는 자연물을 인간 생활의 도구적 수단으로만 생각했다는 점에서 엄청난 오류를 범해 왔다고 볼 수 있다. 우리는 근대화 과정을 통해 물의 생명력(수질)보다는 수량개발 정책에 초점을 두고 관리해 왔다. 즉 물이라는 생명성을 도외시하고 인위적인 삶의 중심에서 물을 인식하고 마주해 왔기 때문에 결국 오늘날 수질이 악화되어 인간의 생명을 위협하는 수준에 이르렀다. 바꿔 말하면 물을 단순히 객관화하여 '자원'이라는 대상만으로 인식했지 생태계라는 공유 범주 안에서 '생명'이라는 주관성 안으로 내재화하지 못했기 때문에 인간의 생명과 별개의 객관적인 도구의 수단만으로 남게 되었다.

모든 자연물도 마찬가지겠지만 물 자체도 생명의 존재 의지가 담겨 있고 스스로 자생자화(自生自化), 자빈자균(自賓自均)할 수 있는 힘을 가지고 있고 그 힘이 자유롭게 발산(기능화)될 때 다른 생명과의 공유가 극대화될 수 있다.[13]

그 때문에 물 또한 그렇게 될 수 있도록 인간이 도와주고 방해하지 말아야 인간의 생명도 또한 극대화된다고 볼 수 있다. 인간과 물은 상호 유기적인 유기체적인 관점에서 접근해야 비로소 생명이라는 생태 시스템이 지속될 수 있다. 인간의 생명을 온전히 보전하고 인간의 진정한 행복을 위해서는 물이라는 자연 속에서 인간의 생명을 보고 인간이라는 자연 속에서 물이라는 생명을 보는 인식의 대전환이 요구된다. 즉 물을 과거처럼 단순히 자원의 차원에서만 보아 인간의 이기적인 도구로 개발(지배), 이용(소유)하는 차원에서 만나지 말고 사귐과 참여와 나눔의 차원에서 생명으로 인식하는 차원에서 만나야 한다. 여기에는 인간의 책임이 요구되며 인간의 소유욕과 정복욕에 기여된 인간중심적 교만을 버려야 한다. 특히 물 정책을 담당하고 있는 정책관리자들은 모든 정책개발에 앞서서 물에 대한 이 같은 인식의 전환이 요구되며, 공급 중심의 물 관리정책보다는 하천을 살리며 항상 맑고 풍부한 물이 흐를 수 있는 수질을 함께 고려하는 수요 중심의 물 관리정책에 더 많은 관심을 가져야 할 것이다. 물을 이용하는 국민들도 물을 '자원'의 차원에서 인식하는 태도에서 벗어나 '생명'으로 인식하는 생태적 가치의 차원에서 만나야만 한다. 즉 물이용에서도 환경과 용수수요가 조화되도록 해야 한다. 또한 절수하는 국민 의식과 오염행위에 대한 철저한 자성을 통해 어떠한 제도 형성 이전에 '물=생명'이라는 차원에서 물의 존재 가치가 국민 개개인에 내재화되어 정부와 국민이 합일된 가치관 속에서 물 관리정책이 도출되도록 해야 한다.

---

13) 박길용, "환경문제와 노·장자사상," 「환경정책」, 제5권 제2호(한국환경정책학회, 1997), p. 11.

2) 제도적 관리 방안

물 관리가 효율적으로 이루어지기 위해서는 물에 대한인식의 전환이라는 토대 위에 물 관리 기능이 통합 관리될 수 있는 합리적인 법체계 및 조직이 정비되어야 한다.

(1) 물 관리 기능의 통합화

① 물 관리 기능 통합화의 논거

우리나라 하천은 갈수기에 오염물질 유입은 일정한데 비해 유량은 상대적으로 적어 대부분 하수천화 되며, 이 경우에는 기술적으로 타당하고 경제적인 방법으로 처리하여 적정한 수질을 유지하는 것은 불가능하다. 특히 우리나라와 같이 수질과 수량의 편차가 심한 하천 구조에서는 수량과 수질을 종합적으로 관리하지 않으면 하천이 죽어가는 것은 당연하다. 또한 최근 기후변화로 인한 강우강도 증가로 홍수위험성이 증대되고 있다.

그러나 오늘날까지 우리나라는 수량 관리에서는 하류 수질문제를 도외시한 수량 확보에만 치우친 물 자원 개발과 수질관리에서도 수량과 상, 하류 간의 용수 이용이 연계되지 않은 수(水) 처리 위주의 정책 시행으로 오염처리를 위한 시설 투자는 지속되고 있지만 수질 개선의 효과는 극히 미약하다. 현재와 같이 수질문제를 도외시한 수량관리와 수량과 연계되지 않은 수질관리 체제가 지속된다면 전국의 하천이 급속도로 오염되어 고도 산업사회에서 요구하는 적정 수질의 물 공급은 불가능하여, 수량은 있어도 사용할 수 없는 물이 전국 하천으로 확대되어 물에 대한 대공황을 초래할 우려도 있다. 이와 같이 갈수록 어려워지고 있는 물문제의 해결은 수질과 수량의 통합관리를 통해 기존의 하천을 살려 물 자원의 효율적인 이용을 도모하고, 국가의 수리권을 확보하여 체계적 용수 배분과 수요관리 정책이 병행되어야 한다. 특히 유역별 수질·수량 통합관리를 통해 하천을 사용할 수 있는 수질과 수량이 흐르도록 살려 하천 하류에서의 취수가 가능하도록 해야 고도 산업사회의 용수 수요에 부응할 수 있다. 특히 우리나라의 국토 및 하천의 특성상 하천은 하상계수(河床係數)[14]가 커서 하천수의 유량이 시기에 따라 큰 차이가 나며, 비가 내리면 빗물은 하천을

14) 하상계수란 하천의 최대·최소 유량 비율을 의미하며, 우리나라 하천의 하상계수는 외국 하천에 비해 매우 크다. 한강과 영산강의 하상계수는 각각 170, 낙동강이 180, 금강이 300, 섬진강은 330인데 비해, 라인강과 나일강의 하상계수는 각각 18과 30에 불과하다.

따라 급속히 바다로 빠져나가 오래 저장해 두고 이용하기가 어렵다.[15] 갈수기에는 하천 유량의 대부분을 하·폐수가 차지하고 있어 유역 내에서 발생되는 하·폐수를 아무리 완벽하게 정화한다 하더라도 직접 용수원으로 사용할 수 없는 것이 현실이다.

우리나라 주요 하천의 하류는 갈수기에는 하수 함유율이 100%를 초과하고 있어 희석수의 공급이 없이는 하천수 이용이 불가능하다. 즉 폐수를 원수 수준까지 처리할 수는 없으며 공급 통로인 하천이 살아 있어야 자정작용을 통해 물의 질적 확보가 가능해지는 하천 특성을 지니고 있다. 이 경우 갈수기에 먹을 물도 없는데 회석 수량 공급은 불가능하다는 주장이 있는데 이는 댐 운영 방식이 수량 위주, 발전 위주로 이루어지기 때문이다. 현재와 같은 수량 위주의 다목적 댐 관리는 풍수기와 갈수기에 따라 댐 저수량이 하천과 동일한 수준으로 변동되기 때문에 갈수기에 유지용수를 공급할 수 있는 물이 없기 때문이다. 그러나 수량·수질이 통합 관리될 경우 다목적 댐 운영 체계를 수질과 통합되게 함으로써 갈수시의 유지용수를 확보할 수 있고, 댐에 저장된 물 외에 직·간접적인 다양한 하천의 자정능력 제고 방안을 통해 하천의 유지 기능을 향상시켜 하천을 살릴 수 있다.

② 물 관리 기능 통합화의 목적과 방향성

물의 수량·수질관리의 통합화에 앞서 정부나 국민이 물 관리 기능 통합화의 기본 목적과 방향성의 인식이 필요하다. 물 관리 기능 통합화의 목적과 방향은 결국 '풍부하고 깨끗한 물을 항시 공급될 수 있는 창조적인 물 관리'라 할 수 있다. 창조적인 물관리란 현재와 미래를 함께할 수 있는 물관리라 볼 수 있다. 창조적인 물 관리가 되기 위해서는 우선 지금까지 지향해 온 물 관리, 즉 대용수 중심의 대형 댐 건설 위주의 물 개발정책을 지양하고, 다음으로 하천을 살려 상류에서 하류까지 수질과 수량을 책임 관리할 수 있는 효율적인 통합 물 관리 조직 체계의 확립이 필요하다. 그런데 지금까지 우리나라의 물 관리 체계는 이원화되어 있어 수량 따로 수질 따로 관리해 오다 보니 결국 많은 문제를 낳고 말았다. 즉 수량 측면에서 보면 수량이 부족하면 대용수 댐 건설을 통한 양적인 공급 확대를, 수질이 불량하면 처리시설의 확충을 시도하는 등 각 사안에 대해 단편적인 접근으로만 문제를 해결하고자 하는 데서 문제가 되었다고 볼 수 있다.

15) 김인환·이덕길, 「신환경론」(박영사, 1998), pp. 285-86.

앞에서도 언급되었지만 이제는 수량 측면에서 물 개발은 대용수 중심의 댐 건설로 통한 공급자 중심의 물 공급 정책은 기본적으로 방향 전환을 해야 하는 시점에 이르렀다. 즉 상류지역에서의 취수허가, 댐 개발 등에 의한 유량 변화는 하류의 유속, 수위, 하천 생태계 변화 등으로 이어져 하천의 자연정화 능력을 저감시켜 결국 죽은 하천으로 만들게 된다. 또한 대규모 댐이 건설됨에 따라 댐 주변 지역에는 기후(안개 일수의 증가, 일조 시간의 부족)와 환경(생태계 파괴) 등 기타 여러 가지 주민 생활과 연관된 변화를 초래하게 된다. 그뿐만 아니라 앞으로 국토 여건상 댐 적지의 고갈, 비용, 주민 반대 등 점차적으로 어려움은 더해 가리라고 전망된다. 따라서 앞으로는 건설 가능한 댐의 적지는 경제적 타당성이 낮은 다목적 댐 대신에 중소 규모의 용수 전용 댐으로 건설되어야 할 것이다. 특히 식수를 제외한 공업용수와 농업용수 등은 하천 하구의 유실 수량을 최대한 이용하는 구조로 용수 이용 형태를 전환함으로써 상류 댐 건설 수요를 환경 친화적 소규모 용수 전용 댐 건설 위주로 추진함으로써 자연환경 훼손 및 지역 주민의 반발을 최소화할 수 있다. 또한 5대강 유역마다 수원함양림(水源涵養林)[16]을 조성하여 산림의 강수 저장 능력을 증대하여 수질 정화 기능 및 토사 유출 방지를 위한 녹색 댐 건설을 통해 늘 맑은 물이 흐를 수 있도록 하여 하천이 살고 이에 따라 대기 정화 기능까지 도움이 될 수 있는 방향으로 물 관리정책이 전환되어야 한다.

따라서 지역적 물 부족을 해소하기 위해 기존 용수 공급 체계의 조정, 친환경 중소 규모 댐 건설, 산간지의 산림을 이용한 녹색 댐 건설, 농업용 저수지 재개발, 해수담수화, 강변여과수, 지하댐, 공공지하수 개발, 산간지의 저류 능력을 최대한 늘릴 수 있는 소규모 보(洑)의 설치 등으로 토지의 수자원 함양 기능을 최대한 살리고, 강과 계곡에 항상 맑은 물이 흐를 수 있는 환경 친화적인 용수원 정책과 동시에 수요자 중심의 물 관리 체제로 전환해야 할 시점에 이르렀다고 본다.

③ 물 관리 기능 통합화 방안

가) 물 관리 기능 통합을 위한 관련 법령의 체계적 정비

현재 우리나라는 수질보전 업무의 환경부로의 기능 통합에 따라 다른 기관에서

16) 수원함양림이란 보호림의 하나로 물을 조절하여 공공용수의 원활한 공급 및 가뭄과 홍수 피해를 막기 위해 설정한 산림이다.

이관된 법이 환경부가 관장하던 기존의 법과 중복되거나 형평성이 결여되는 많은 문제점을 안고 있고, 또한 수량 업무와의 기능 통합이 되지 않는 상황에서 체계적인 물 관리에 한계를 드러내고 있다. 따라서 물 관리 기능 통합을 위한 관련 법령의 체계적 정비가 필요하다. 물 관리 관계법으로는 환경부 소관으로 환경정책기본법, 수질환경보전법, 하수도법, 오수·분뇨 및 축산 폐수의 처리에 관한 법률, 수도법, 먹는 물 관리법, 토양환경보전법 등이 있고, 타 부처 소관으로는 소하천 정비 법, 하천 법, 특정 다목적 댐 법, 지하수법, 온천 법 등이 있다(<표 5-11> 참조).

표 5-11 현행 물 관리 관련 법 및 소관 부서

분 야	주요 내용	관련 법	소관 부서
수원관리	• 용수 확보, 관리 • 공유수면 관리 • 하천 이용 관리 • 소하천 정비 • 지하수 이용관리	• 특정 다목적 댐법 • 공유수면관리법 • 하천법 • 소하천정비법 • 지하수법	• 국토교통부 • 국토교통부 • 국토교통부 • 행정자치부 • 국토교통부
용수 이용	• 수돗물 • 먹는 물 이용관리	• 수도법 • 먹는 물 관리법	• 국토교통부, 환경부 • 환경부
수질관리	• 수질환경 기준 설정 • 폐수배출 규제, 호소 • 오수·분뇨·축산 폐수 규제 • 하수관리	• 환경정책기본법 • 수질환경보전법 • 오수·분뇨·축산 폐수 처리에 관한 법률 • 하수도법	• 환경부 • 환경부 • 환경부 • 환경부 • 국토교통부, 환경부

이러한 법체계는 종합적이고 체계적인 물 관리를 곤란하게 함은 물론 경제적으로도 많은 낭비 요인이 되고 있다. 이에 대한 주요 문제점을 분석해 보면 다음과 같다.

첫째, 수질 보전을 종합적이고 체계적으로 연결시켜 주는 법이 없다. 물 환경정책의 기본법이라 할 수 있는 수질환경보전법이 그러한 기능을 담당해야 하겠지만 현행 수질환경보전법은 폐수의 배출 규제와 오염 방지시설 설치 위주로 규정되어 있다.

둘째, 법 간의 중복으로 효율적인 관리가 어렵다. 예컨대, 오수·분뇨 및 축산 폐수의 처리에 관한 법률은 하수도법, 수질환경보전법 등과 중복되거나 입법 취지가 유사한 면을 보이고 있다. 수도법은 수도시설의 설치 및 유지관리에 대한 규정과 함께 수질 보전을 위한 상수원 보호구역 지정 및 동 구역 내에서의 행위 제한 등과 같은 규정도 함께 두고 있다.

셋째, 사업의 주관 부서와 관련 법 소관 부서가 상이하다. 예컨대, 하천의 퇴적 오니 준설 등을 위한 하천정화사업의 경우 하천법에 의한 하천의 경우에는 지방 양여금 법에 의해 환경부에서 국가 전체적인 수질관리 차원에서 조정 관리하게 되어 있으나, 하천법이 적용되지 않는 소하천의 경우에는 행정자치부의 소하천 정비 법에 의해 행정자치부 장관이 관리하도록 되어 있다.

넷째, 물에 관한 많은 단일법 중 특정 다목적 댐 법은 다목적 댐의 원활한 건설과 관리 등에만 제한되어 있고, 지하수법은 양과 질을 분리하고 있으며, 하천법과도 상호 연계가 없고 소하천 정비법도 하천법과 연계가 없어 상충될 소지가 있다. 현행 하천법, 댐 법 등 물 관련 제도는 개별 시설물 위주로 구성, 미래 수자원 여건을 고려한 통합적 물 관리정책 수행에 한계가 있다. 즉 향후 수리권 관련 분쟁, 도심침수 등 현 수자원 분야 이슈들에 능동적 대처가 곤란하다.

이상과 같은 문제점을 해소하고 종합적이고 체계적인 물 관리를 위해서는 분야별로 관련법을 단일법으로 통합하는 방안과 통합이 곤란한 분야는 분야별 기본법을 근간으로 하고 개별법이나 특별법 등에 의한 관리 방안을 생각할 수 있다.

첫째, 기본적으로 수질과 수량관리 기능 통합을 위해 하천·댐 등 수자원 시설의 체계적 관리를 위한 이들 법체계를 통합하여 단일법으로의 정비와 아울러 필요시에 개별 문제 해결을 위한 개별법이나 특별법으로 정비되어야 한다.

둘째, 수도법과 먹는 물을 단일화와 아울러 행위 제한 등에 관한 사항이나 특정 수계 및 호소의 보전 등을 위해 개별 특별법의 제정이 필요하다. 특히 상수원수의 공급원인 호소의 경우 오염이 심각해지고 있는 것을 고려해 별도의 호소수질보전법과 같은 특별조치법의 제정이 검토되어야 하겠다.

셋째, 지하수 보전을 위한 현행 법체계를 살펴보면, 국토교통부에서 주관하고 있는 지하수법이 지하수 보전의 주된 법이다. 그럼에도 불구하고 개발 부서인 국토교통부에서 지하수법을 주관함에 따라 지하수의 보전 차원보다는 개발 차원에 중점을 두고 있다. 또한 지하수 보전구역 밖의 행위로 인해 지하수 오염이 유발될 수 있음에도 불구하고 지하수 보전 구역 내에서만 개발 이용을 제한하고 있다. 한편 토양오염과 지하수오염은 밀접한 관계가 있음에도 불구하고 토양환경보전법과 지하수법이 별개 법으로 운영되고 있는바, 이의 통합 입법이 검토되어야 한다.

표 5-12 물 관리 통합화의 단계

물 관리 단계	주요 내용	동 기
개별·분리 관리 단계	수질·수량관리 분리	농경 시대의 수량관리 위주
통합화 1단계	수질·수량관리 통합	산업혁명 이후 수질오염 대두
통합화 2단계	물-토지 등 자연자원의 통합	고도 산업사회
통합화 3단계	물-자연자원-경제-사회개발 통합	지속 가능한 사회

이 외에도 물을 둘러싸고 있는 법과 관련 부서는 일일이 열거하지 않더라고 다원화되어 있는데, 법의 종합적인 정비와 이에 따른 업무 조정이 필요하다.

나) 물 관리 기능 통합을 위한 조직 정비

물 관리는 개별관리와 통합관리로 나눌 수 있는데, 통합관리는 다시 발전 단계에 따라서 3단계로 나눌 수 있다. <표 5-12>에서 보는 바와 같이 첫째는 수량과 수질 관리의 일원화로서 물 관리의 통합화의 가장 기본적인 단계이고, 두 번째가 물과 토지자원 및 환경자원과의 통합관리이고, 세 번째는 가장 바람직한 물 관리 방안으로 물과 사회 및 경제적 개발과의 통합관리이다.

대부분의 물 관리 선진국들은 물과 토지 및 환경자원과의 통합인 두 번째 단계에 큰 중점을 두고 있고 최근에 와서는 일부 선진국은 물과 사회・경제 개발과 통합을 시도하는 나라도 있다. 현재 우리나라에서 추진해야 할 물 관리 통합화는 [그림 5-5]에서처럼 제1단계인 수질과 수량의 물리적 관리 기능의 통합화를 의미한다. 즉 유역의 물 자원을 수질과 수량을 통합하여 한 기관에서 상류에서 하류까지 일괄 관리하는 체계를 말한다. 물론 물 관리 제도는 각 국가의 수 환경 여건을 고려한 적합한 모델을 개발하여야 할 것이다. 이러한 예로는 영국의 템스강의 수계관리국(National Rivers Authority: NRA)을 들 수 있다. NRA의 업무는 물 공급, 하수 수집, 처리 및 처분, 오염 방지, 배수관리, 홍수 조절, 어업 그리고 여가 선용을 위한 이용 등이 포함된다.

이상에서처럼 우리가 추진해야 할 제1단계 통합화를 위해서는 수량과 수질을 관리하는 하나의 통합된 조직이 필요하다. 현재 우리나라의 물 관리 통합화를 위해서는 별도의 수질관리기구의 설립도 생각해 볼 수 있지만, 현행 물 관리 중앙조직을 개편하는 방안이 최적의 대안이라고 볼 수 있다.

그림 5-5 물 관리 통합화 1단계

〈환경부〉

상류	통합 물 관리 수량과 수질을 상-하류 동시 관리	하류

↑↑↑

수량관리	수질관리
• 수량 개발 및 관리 • 홍수통제 • 배수관리 • 이수관리	• 하수오염 수집, 처리 및 처분 • 수질 측정 감시 • 수질 기준 설정 • 공공용 물 공급 등

즉, 국토교통부의 수자원정책국을 환경부로 이관하여 중앙정부 차원의 수량과 수질의 통합화를 달성해야 한다. 또한 수계 단위의 물 관리 통합조직체계를 구축하기 위해 국토교통부 산하 5개 지방 국토관리청과 환경부 산하 7개 지방 환경관리청을 통폐합하여 유역관리 체계로 전환해야 하고, 유역별 조사 기능을 강화하기 위해 국토교통부 산하 4개 홍수 통제소와 환경부 산하의 4대강 수질검사소를 통합하여 5대강 유역조사사무소의 신설을 고려할 필요가 있다. 또한 국토교통부의 수자원공사 역시 환경부 산하 환경관리공단의 기능 통합을 위해 조정하는 방안도 생각할 수 있다.

4 맺는 말

물을 관리한다는 것은 '생명'을 관리한다고 볼 수 있다. 본 장에서는 우리나라의 물 자원의 양적·질적 특성 및 현 물 관리 시스템의 문제점을 고찰하고 그 방안을 살펴보았다. 효율적인 물 관리란 한마디로 풍부한 수량과 깨끗한 물을 늘 공급할 수 있는 지속 가능한 물 관리라고 볼 수 있다. 그런데 지금까지 우리나라는 열악한 물 환경의 여건에도 불구하고 물 행정이 분산되어 수량과 수질 및 하천 공간의 주무부처가 상이하여 수량을 담당하는 국토교통부는 수질을 도외시한 수량 확보에만 치우친 정책에 힘써 왔고, 반면 수질관리 부서인 환경부도 수량과 상 하류 간의 용수 이용이 연계되지 않는 수 처리 위주의 정책시행으로 이수와 치수에 난맥상(亂脈相)을 보여 왔고 결국 하천이 병들고 생태계가 파괴되어 창조적 물 관리에 많은 도전을 받고 있다.

21세기 고도 산업화를 대비한 창조적 물 관리를 위해 우리나라는 우선적으로 물 정책을 담당하고 있는 정책담당자나 물을 사용하고 있는 국민 모두 물을 과거처럼 한갓 '자원'으로만 인식하는 태도에 머물지 말고, '물=생명'이라는 인식 토대 위에서 대용수(大用水) 공급 중심의 댐 건설을 통한 수량관리 정책보다는 지속 가능한 환경 친화적인 소규모 용수 전용댐 건설과 녹색 댐 건설을 통해 하천을 살리고 대기 정화 기능까지 도움이 될 수 있는 물 관리 정책으로 전환해 나가야 할 것이다. 이를 위해 현재 수량과 수질관리가 이원화되어 있는 물 관리를 환경부로 일원화하여 효율적인 국가 물 관리의 기틀을 마련함과 동시, 유역 단위 물 관리 체계를 확립하여 하천의 지속성을 고려한 이수·치수·하천생태환경(생태하천)을 하나의 유역 단위관리로 전환하고 유역 관리청에 수질 및 수량관리권을 부여하여 강 본류와 지류가 연계된 창조적인 물 관리 체계를 수립해 나가도록 노력해야 할 것이다. 이런 의미에서 4대강 사업 후 나타난 문제점들을 정확히 진단하여 새로운 이수(利水)[17], 치수(治水)[18], 친수(親水)[19]환경정책을 보완해 나가야 할 것이다.

---

17) 물을 잘 이용하거나 잘 통하게 함.
18) 수리시설을 잘하여 홍수나 가뭄의 피해를 막음. 또는 그런 일.
19) 친환경적 친수공간 조성, 즉 수변녹지대(초지 및 수림대) 조성, 습지정화시설 조성, 우수 및 침출수 배제 시설 및 자연보존 등.

제 6 장 폐기물과 환경

제 1 절 현대사회와 폐기물 문제

1 폐기물의 발생

현행 폐기물관리법에서 폐기물이라 함은 "쓰레기 · 연소재 · 오니 · 폐유 · 폐산 · 폐알칼리 · 동물의 사체 등으로서 사람의 생활이나 사업활동에 필요하지 아니하게 된 물질"로 정의하고 있다(폐기물관리법 제2조). 경제학적 의미에서 말한다면 '생산 및 소비활동에서 그 효용 가치를 잃어버린 것'이라고 할 수 있다.

자연생태계에서는 폐기물이란 존재하지 않는다. 즉 산업사회가 형성되기 이전 전통적인 생산구조와 생활 방식을 가진 농경 중심의 사회에서는 폐기물이 발생되어도 자연생태계의 물질순환 원리에 따라 잘 소화되었으므로 폐기물의 문제가 그다지 심각하지 않았다. 그러다가 인구가 증가하고 산업이 발달함에 따라 사회구조가 대량생산과 대량소비 형태로 바뀌게 되고 생활양식이 다양화되면서 폐기물의 양이 더욱 증가하고, 질 또한 다양화 · 악성화 · 고질화되면서 폐기물 문제가 사회적 핫 이슈로 등장하게 되었다.

2 폐기물 문제

폐기물의 발생으로 인한 문제는 크게 환경적, 경제적, 정치·사회적, 국제적 측면으로 나누어 생각할 수 있다.

환경적 측면에서의 폐기물 문제는 폐기물의 수거, 운반할 때와 매립, 소각할 때 나오는 먼지, 악취와 유해가스는 대기오염을 유발한다. 또한 폐기물을 매립 처리할 때 배출되는 침출수로 인한 수질오염과 토양오염, 경관상의 문제 등은 환경문제의 복합성과 상호 연관성을 잘 대변해 주고 있다.

경제적 측면에서의 폐기물 문제는 폐기물의 수거, 운반, 처리(토지 매입, 시설 투자)는 엄청난 비용이 소요된다. 국민 경제적으로 볼 때 폐기물을 단순히 매립 처리하는 것은 토지 소요 및 자원의 낭비를 초래하므로 폐기물의 양이 증가할수록 사회적 비용은 점점 더 커지는 경향을 보인다. 폐기물 관리정책의 목표가 폐기물로 인해 사회가 지불해야 하는 피해와 비용을 최소화하는 데 있다. 이 목표를 달성하기 위한 방법으로는 폐기물의 발생 억제, 폐기물 처리 기술의 개발을 통한 효율 향상 및 수거·운반·처리 체계의 경제성과 환경성을 향상시키는 것이다.

정치·사회적 측면에서 볼 때 폐기물 관리행정은 지역이기주의(Not in My Backyard: NIMBY) 문제로 많은 어려움을 겪고 있다. 특히 소각과 매립을 위한 폐기물처리장 부지 선정 과정에서 인근 지역 주민 간의 갈등이 표출되면서 각종 민원이 제기되어 정책의 시행이 지연되거나 정책 자체가 취소되는 경우가 빈발하여 사회문제가 되는 경우가 많다.

국제적 측면에서의 폐기물 문제는 선·후진국 간의 국가 정책적으로 유해폐기물, 핵폐기물, 산업폐기물의 국가 간 이동에 따른 문제이다. 선진 공업국은 유해 폐기물을 자국 내에서 엄격한 기준을 적용하여 최종 처분하는데 막대한 비용이 소요되므로, 적절한 시설과 처리 기술 능력도 없는 개도국에 약간의 비용을 지불하고 폐기물을 위탁함으로써 결국 유해 폐기물이 제대로 처리되지 않고 방치되어 외교적 문제로까지 비화되는 사례가 빈번히 발생하고 있다. 따라서 향후 국가 간의 환경 관련 기술적, 경제적, 정치적, 국제법적인 환경 협력이 더욱 중시될 전망이다.

제 2 절 우리나라의 폐기물 관리 현황

1 폐기물의 종류와 배출량

1) 폐기물의 분류

폐기물의 분류 방법은 다양하다. 그 분류 체계는 폐기물 처리의 최종 책임이나 처리 방법을 결정하는 중요한 기준이 되는데, 현행법은 크게 보아 1차적으로 발생원에 따라 생활폐기물, 사업장폐기물로 구분하고 2차적으로는 유해성에 따라 사업장일반폐기물, 지정폐기물(의료폐기물)로, 3차적으로는 발생특성에 따라 사업장생활계폐기물, 사업장배출시설계폐기물, 사업장건설폐기물 등으로 분류하고 있다[그림 6-1] 좀 더 구체적으로 정의해 보면 생활폐기물이란 사업장폐기물 외의 폐기물이며, 사업장폐기물은 '대기환경보전법', '수질 및 수생태계보전에 관한 법률' 또는 '소음 · 진동관리법'에 따라 배출시설을 설치 · 운영하는 사업장이나 그 밖에 대통령령으로 정하는 사업장에서 발생하는 폐기물이다. 사업장일반폐기물은 공장배치 및 공장설립에 관한 법률 제2조 제1호의 규정에 의한 공장으로서 대기환경보전법 · 수질환경보전법 또는 소음 · 진동규제법의 규정에 따라 배출시설을 설치 · 운영하는 자로서 폐기물을 1일 평균 100㎏ 이상 배출하는 사업장이다.

지정폐기물은 사업장폐기물중 폐유 · 폐산 등 주변 환경을 오염시킬 수 있거나 의료폐기물 등 인체에 위해를 줄 수 있는 유해한 물질로서 대통령령이 정하는 폐기물이다. 여기서 의료폐기물은 지정폐기물중 인체조직 등 적출물, 탈지면, 실험동물의 사체 등 의료기관이나 시험 · 검사기관 등에서 배출되는 인체에 위해를 줄 수 있는 물질로서 대통령령이 정하는 폐기물이다. 발생특성에 따른 사업장생활폐기물은 폐기물을 1일 평균 300kg 이상 배출하는 사업장, 사업장배출시설계폐기물은 법에 의한 폐수종말처리시설, 분뇨처리시설, 하수종말처리시설, 축산폐수공공처리시설, 폐기물처리시 시설로서 1일 평균 100kg이상 배출되는 사업장, 사업장건설폐기물은 건설공사 과정으로 인하여 폐기물을 5톤(공사를 착공하거나 작업을 시작할 때부터 마칠

그림 6-1 폐기물관리법상 폐기물 분류

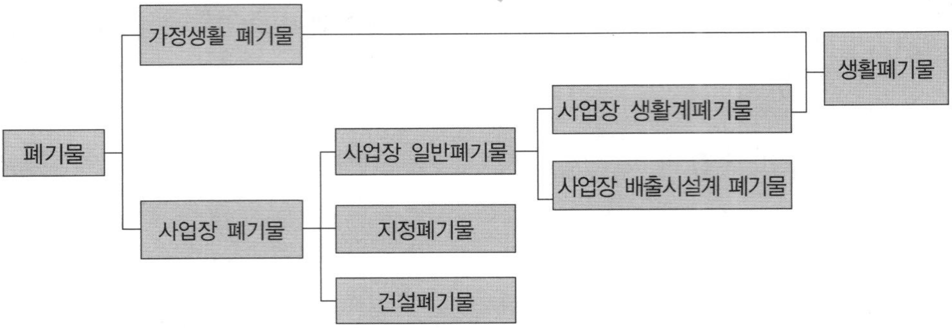

때까지 발생하는 폐기물의 양) 이상 배출하는 사업장을 말한다.

이상의 분류체계는 약간의 혼란이 있을 수 있으나 1차 분류가 우선되고, 2차 분류에 해당되는 것이 원칙이다. 가령 가정에서 발생되는 유해한 폐기물, 즉 폐페인트이더라도 이것은 지정폐기물로서 분류되지 않고 생활폐기물로 분류된다. 치료과정에서 발생되는 폐기물이더라도 일반 가정에서 발생되는 폐기물은 의료폐기물에 해당되지 않는다. 현행법에서는 버리는 사람의 용도폐기의사에 따라 폐기물이 될 수 있으나, 공공의 복리를 위하여 법적으로 적정한 처리를 요구하고 있다. 또한 폐기물을 버리는 사람이 활용할 갈치가 있다고 하여 제3자에게 매각하여도 배출 자는 필요하지 않게 되면 폐기물에 해당한다.

특히 지정폐기물은 일반적으로 인체나 동물 등에 무해한 일반폐기물보다는 독성이 있거나 부식성, 인화성, 용출 특성, 유해성, 반응성, 난분해성, 처리 곤란성, 기타 폭발성 등이 있으며, 농약, 각종 용매 플라스틱 첨가물 등 각종 산업의 중간 생산 과정에서 많이 발생한다. 게다가 가정에서 사용하는 여러 가지 화학물질의 절반가량이 유해한 물질이다. 이렇게 많은 양의 유해성 폐기물들이 부적절하게 처리되면 자연환경뿐만 아니라 커다란 인적·물적 손실을 가져올 수도 있다. <표 6-1>은 우리나라 지정폐기물의 종류와 특성에 따른 판정 기준을 나타낸다.

2) 폐기물의 발생량

폐기물의 발생량은 지역의 특성에 따라 많은 차이가 있다. 여기서는 앞에서 분류

표 6-1 지정폐기물의 종류와 특성에 따른 판정 기준

특 성	종 류	지정 방법
부식성	폐산: pH 2.0 이하 폐알칼리: pH 12.5 이상	11종 폐기물에 대해서는 유해성분의 농도를 측정하여 지정폐기물의 여부를 판단한다.
인화성	폐유: 기름성분 5% 이상 함유	
용 출 특 성	광재, 분진, 폐주물사 및 샌드블라스트 폐사, 폐내화물, 폐도자기 편류, 폐촉매, 소각 잔재물, 안정화 · 고형화 처리물, 납을 비롯한 10개의 항목에 대해 허용용출 농도 이상인 것	
유해성	PCB 함유 폐기물, 폐석면, 폐농약	시험분석 없이 지정폐기물로 지정한다.
반응성	폐유기용제	
난분해성	폐합성 고분자화합물	
처리 곤란성	동물의 잔재물 및 감염성 폐기물	
기타	환경부 장관이 지정한 물질	

한 폐기물 종류에 따라 생활폐기물과 사업장폐기물로 나누어 그 발생량을 살펴보고, 또한 생활폐기물 · 사업장폐기물의 성상별, 연소성별 발생 비율에 대해서도 함께 검토하기로 한다.

(1) 전체 폐기물 종류별 발생량 현황

우리나라는 하루 39만 4천 톤(2012년 기준)의 폐기물을 배출하고 있다. <표 6-2>에서 전체 폐기물의 발생량 추이를 보면 2009년도를 제외하고는 최근 6년간(2007~2012) 폐기물의 총량은 점진적인 증가 추세를 보이고 있다. 2012년도 폐기물구성비는 생활폐기물 12.4%, 사업장일반폐기물 37.1%, 건설폐기물 47.3%, 지정폐기물 3.2%로서 건설폐기물이 전체 폐기물의 절반가량으로 가장 큰 구성 비율을 차지한다. 우선 생활폐기물의 발생량 추이를 보면, 과거 1994년에 1일 1.3kg이었으나 1995년 이후부터 2000년까지 평균 0.97kg으로 1.0kg/일.인 미만으로 유지되다가 2012년에는 0.95kg/일.인으로 감소되었다.

표 6-2 전체 폐기물 종류별 발생량 추이 (단위: 톤/일)

구 분		2007	2008	2009	2010	2011	2012
계 전년 대비 증감률(%)		346,669 (5.1)	368,890 (6.0)	366,921 (−0.5)	374,642 (2.1)	383,333 (2.3)	394,509 (2.9)
생활폐기물 1인당 발생량(kg/일) 전년 대비 증감률(%)		50,346 (1.02kg/인) (3.1)	52,072 (1.04kg/인) (3.4)	50,906 (1.02kg/인) (−2.2)	49,159 (0.96kg/인) (−3.4)	48,934 (0.95kg/인) (−0.5)	48,990 (0.95kg/인) (−0.1)
사업장 폐기물	소계 증감률(%)	296,323 (5.8)	316,818 (6.9)	316,015 (−0.3)	325,483 (3.0)	334,399 (2.7)	345,519 (3.3)
	일반폐기물 증감률(%)	114,807 (13.6)	130,777 (13.9)	123,604 (−5.5)	137,875 (115)	137,961 (0.1)	146,390 (6.1)
	건설폐기물 증감률(%)	172,005 (1.8)	176,447 (2.6)	183,351 (3.9)	178,120 (−2.9)	186,417 (4.7)	186,629 (0.1)
	지정폐기물 증감률(%)	9,511 (−5.1)	9,594 (0.9)	9,060 (−5.6)	9,488 (4.7)	10,021 (5.6)	12,500 (24.7)

자료: 환경부, 『2013년 환경통계연감』(2013), pp. 291~93. 재구성.
지정폐기물 = 사업장지정폐기물+의료폐기물

이는 영국의 0.96kg, 독일의 0.99kg, OECD 국가 평균 1.37kg 등 선진 유럽권 국가들의 수준과 비슷하며, OECD국가 평균보다 크게 낮은 수준이다. 이 기간에 생활폐기물이 급격히 줄어든 원인은 가정 난방연료가 연탄에서 석유나 도시가스로 전환되고, 특히 1995년 이후 전국적으로 쓰레기 종량제 및 과대 포장규제 등 감량정책 등에 힘입은 바가 크다. 또한 음식물류 폐기물 분리배출과 같은 제도적 변화와 폐기물 재활용에 대한 국민의 관심과 참여가 가장 큰 영향을 주었다. 이처럼 1인당 생활폐기물 발생량은 선진국 수준으로 감소되었음에도 불구하고 높은 인구밀도(480인/㎢)와 단위 면적당 생활폐기물 발생량(480kg/㎢ · 일)은 미국(63kg/㎢), 일본(372kg/㎢)과 비교해 볼 때, 훨씬 높게 나타나고 있어 폐기물정책의 수립 시행에 기본적 제약 요인으로 작용하고 있다.

사업장일반폐기물은 총 폐기물 중 점유율이 37.1%에 해당되며 산업생산의 증가로 2009년을 제외하고는 지소적인 증가현상을 보이고 있다. 이는 소각재, 연소재, 분진 등 중간처리시설 잔재물 처리량의 증가와 사업장 배출시설계폐기물 발생량의 증가 원인으로 판단된다. 건설폐기물은 2005년도 이후 최근까지 꾸준히 증가 추세를 보이고 있다. 다른 폐기물 증가율에 비해 상대적으로 크게 증가하고 있으며, 점유율도 총 폐기물 중 절 반가량인 47.3%를 차지한다. 건설폐기물은 신도시 건설, 재건축사업 증가, 건축폐기물 배출자자진신고제도의 정착 등으로 급격히 증가되고 있다. 향후 장비 등의 라이프 사이클 단축과 재개발 및 재건축 등의 대형 공사 증가로 인해 건축폐기물 발생량이 꾸준히 증가될 것으로 예상된다. 지정폐기물은 2002년도 이후 2006년까지 꾸준한 증가세를 보이다가 2007년에는 전년도보다 5.1% 감소했다가 2010년도부터 다시 증가세를 보이고 있다. 사업장일반폐기물과 건설・지정폐기물을 포함하는 사업장폐기물은 건설경기 변동에 많은 영향을 받으면서 매년 지속적으로 증가 추세를 보이고 있다.

우리나라 지역별 폐기물 발생량은 경기, 충남, 경북 순으로 많았으며 이들 3개의 도(道)가 전체 발생량의 40.8%를 차지하고 있다. 생활폐기물 발생량 48,990톤/일 중 22,807톤/일(46.6%)이 인구가 밀집되어 있는 경기, 서울, 부산 지역 순으로 발생하고 있다. 사업장일반폐기물 발생량은 146,390톤/일 중 82,611톤/일(56.4%)이 충남, 전남, 경북 순의 3개 지역에서 발생한다. 건설폐기물 발생량은 186,629톤/일 중 84,596톤/일(45.3%)이 경기, 서울, 경북 지역에서 발생한다. 행정구역단위별의 발생량 차지 비율은 1개 특별시 9.9%, 7개 광역・자치시 18.7%, 9개 도 71.4%로 나타났다. 지정폐기물은 경기 23%, 경북 11.7%, 충남 9.4%, 울산 9.3% 순으로서 이들 지역에서 총 발생량의 53.6%를 차지한다.

(2) 생활폐기물의 성상

폐기물 문제를 해결하는 데는 폐기물의 물리적 조성, 즉 성상이 중요한 의미를 갖는다. 발생되는 폐기물을 성상 면에서 본다면 주거의 형태가 공동주택화하고 연료 소비구조가 석탄류에서 가스나 기름류로 대체되면서 연탄이 총 쓰레기 중에 차지하는 비율이 크게 감소되었다. 1985년도에 생활폐기물의 절반을 차지하던 연탄재가 2007년에는 1%에 불과하다. 생활폐기물 중에는 종이, 목재, 음식물류 등 가연성 쓰레기가 2012년에는 82.7%, 불연성 17.3%이다. 특히 음식물류는 2008년까지 지속적인 증가 추세 율을 보이다가 소폭씩 감소되고 있다. 아직도 전체 생활폐기물 발생량

표 6-3 생활폐기물 성상별 발생량 변화추이 (단위: 톤/일)

구 분		2007	2008	2009	2010	2011	2012
총 계		50,346	52,072	50,906	49,159	48,934	48,990
가연성	소계	18,159	18,493	17,977	17,266	17,548	17,595
	음식물 · 채소류 1)	698	1,116	417	243	273	172
	종이류	5,586	5,136	4,915	4,783	4,940	5,247
	나무류	2,425	2,430	2,341	2,205	2,314	1,982
	기타	9,450	9,811	10,304	10,035	10,021	10,194
불연성	소계	3,788	4,905	3,713	3,674	3,866	3,677
	연탄재 2)	–	–	–	–	–	0
	유리류	405	390	425	411	430	444
	금속초자류	570	439	376	337	330	335
	기타	2,803	4,076	2,912	2,926	3,106	2,899
재활용품		14,656	14,648	15,515	14,790	14,257	14,681
남은 음식물류		13,754	14,026	13,701	13,429	13,264	13,037

1) 생활폐기물 중 종량제에 의해 배출된 양이며, 재활용을 목적으로 별도 분리배출수거한 재활용품과 남은 음식물의 양을 제외한 수치임

2) 종전 '연탄재' 항목이 2007년부터 '유리류'로 변경

자료: 환경부, 「전국 폐기물 발생 및 처리현황」(2013), p.21. 재구성

의 26.9%(남은 음식물류 포함)로서 상당한 비중을 차지하고 있다.

이러한 현상은 소득 수준의 향상으로 생활양식의 변화에 따라 불연성 폐기물보다는 음식물류, 종이류 등 가연성 폐기물의 발생량이 지속적으로 증가할 것으로 보인다. 우리의 음식물 쓰레기는 서구와는 달리 자체가 수분함량이 높아 다른 폐기물에 비해 관리와 처리가 쉽지 않다. 또 한편 현대인의 편리함을 추구하는 생활 패턴이 1회 용품의 이용 증대로 폐기물 발생에 커다란 영향을 주고 있는데 이들 1회 용품은 재이용이 어렵고, 특히 합성수지 제품이 많아 자연분해가 되지 않으며, 소각할 때 유독성 가스를 발생함은 물론 전체 폐기물의 부피를 늘려 매립과 소각 처리의 비용을 증대시키고 있다. <표 6-4>는 각종 쓰레기가 자연계에서 분해되는 데 소요되는 시간을 나타내 준다.

표 6-4 쓰레기 종류별 분해되는 데 소요되는 시간

쓰레기 종류	분해되는 소요 시간	쓰레기 종류	분해되는 소요 시간
종이	2~5개월	가죽구두	25~40년
귤 껍질	6개월	플라스틱 용기	50~80년
우유팩	5년	알루미늄 제품	80~100년
담배 필터	10~12년	1회용 기저귀 및 칫솔	100년 이상
플라스틱 봉지	10~20년	발포 플라스틱	영원히 썩지 않음

(3) 사업장 배출시설계폐기물의 성상

사업장배출시설계폐기물은 산업의 발전과 더불어 지속적으로 발생량이 증가하는 경향을 보여 주고 있다. <표 6-5>의 현황에서 보듯이 2012년도 사업장배출시설계폐기물의 성상은 가연성이 262.4%, 불연성이 77.6%이다. 광재류와 연소재류의 구성비가 각각 23.6%와 12.4%로서 이들 두 종류가 36.0%를 차지한다. 광재의 경우에는 각

표 6-5 사업장 배출시설계폐기물의 연도별 발생량과 성상 변화 (단위: 톤/일)

구 분		2007	2008	2009	2010	2011	2012
총 계		114,807	130,777	123,604	137,875	137,961	146,390
가연성	소계	30,887	29,798	29,257	31,364	31,463	32,745
	폐지, 폐목재	2,069	1,901	2,387	2,228	2,117	1,959
	고분자화합물	6,882	6,766	7,109	7,897	8,384	10,083
	유기성 오니류	17,627	17,044	15,245	16,613	15,858	15,774
	기타[1]	4,309	4,087	4,516	4,626	5,104	4,930
불연성	소계	83,920	100,979	94,347	106,511	106,498	113,645
	광재류	30,485	32,108	17,772	39,969	41,430	34,615
	연소재류	10,735	17,679	21,842	24,184	21,681	18,184
	폐금속류	1,978	1,691	2,672	3,017	3,214	17,341
	무기성 오니류	12,882	19,059	24,442	13,603	14,348	15,605
	기타[2]	27,840	30,442	27,619	25,738	25,852	27,900

1) 가연성 기타 – 동식물성 폐잔재물, 폐식용류, 그 외 가연성 기타류
2) 불연성 기타 – 폐주물사 모래류, 폐석회 석고류, 폐촉매, 폐흡착재 및 흡수재, 유리 및 도자기편류, 그 외 불연성 기타류.
자료: 환경부, 「전국 폐기물 발생 및 처리 현황」(2013), p. 21.

종 금속 제련공장에서 부산물로 발생되는 것으로서 원료에 대해 발생량이 높기 때문이다. 또한 유·무기성 오니류가 많은 것은 각종 공정 혹은 폐수처리장에서 많이 발생하기 때문이다.

(4) 건설폐기물의 성상

건설폐기물은 2005년부터 '건설폐기물의 재활용 촉진에 관한 법률'에 의거 건설폐기물 성상 분류 기준이 변경되었다. 2012년도 건설폐기물의 성상은 건설폐재류가 83.8%, 혼합 건설폐기물 12.0%, 건설폐토석 2.7%로 대부분 차지하고 있다. 건설폐재류 중 폐콘크리트가 전체 건설폐기물 중에서 63.1%로서 가장 큰 비중을 차지하며, 다음으로 폐아스팔트가 19.1%를 차지한다(<표 6-6> 참조).

표 6-6 건설폐기물의 연도별 발생량과 성상 변화 (단위: 톤/일)

구 분		2010	2011	2012
총 계		178,120	186,417	186,629
건설폐재류	소계	148,969	158,765	156,448
	폐콘크리트	114,302	121,181	117,754
	폐아스팔트 콘크리트	32,535	35,245	35,738
	기타[1]	2,132	2,339	2,957
가연성 건설폐기물	소계	1,573	1,708	1,964
	폐목재	636	592	683
	폐합성수지	839	1,096	1,261
	기타[2]	98	20	21
비가연성 건설폐기물	소계	654	1,407	651
	건설 오니	645	1,403	644
	기타[3]	9	4	7
건설폐토석		5,347	4,838	5,094
혼합 건설폐기물		21,577	19,699	22,471

1) 건설폐재류 기타: 폐벽돌, 폐블럭, 폐기와 2) 가연성 건설폐기물 기타: 폐섬유, 폐벽지
3) 비가연성 건설 폐기물 기타: 폐금속류, 폐유리.
자료: 환경부.「전국 폐기물 발생 및 처리 현황」(2013), p. 22.

(5) 지정폐기물 성상

지정폐기물은 산업의 발전과 더불어 지속적으로 증가하고 그 성분이 점차 다양화하여 유독성 물질이 발생하게 되므로 인체에 대한 위해가 크게 우려되고 있다. 2012년 전체 지정폐기물 발생량은 총 4,562,846톤으로 전년도 보다 24.7%(905,079톤)로 크게 증가하였고, 사업장지정폐기물 발생량은 전년도 보다 25%(882,842톤) 증가하였다. 의료폐기물 발생량은 147,658톤으로 전년도 보다 17.7%(22,237톤) 증가하였다. 성상별로 보면 폐유기용제가차지 하는 비율(22.2%)이 가장 높고, 다음으로 폐유(19.6%)와 폐산(14.6%) 순으로 높게 나타났다. 폐유기용제 발생량은 전년도 대비 36.3%(269,223톤)로 크게 증가하였다. 폐유기용제는 각종 제품의 제조공정에서 추출, 세정시에 다량으로 사용되고 폐산은 철강산업의 세척공정 중에 대량으로 사용되기 때문으로 추측된다(<표 6-7> 참조).

표 6-7 지정폐기물의 연도별 발생량과 성상 변화 (단위: 톤/년)

구 분	2007	2008	2009	2010	2011	2012
총계	3,471,461	3,501,980	3,306,962	3,463,240	3,657,767	4,562846
사업장지정 폐기물소계	3,388,827	3,411,163	3,184,610	3,348,186	3,532,346	4,415,188
폐산	677,246	623,751	511,636	562,112	567,525	666,350
폐알칼리	56,392	55,169	46,355	52,234	59,623	68,196
폐유	731,602	698,554	724,274	633,315	798,167	895,992
폐유기용제	651,232	754,218	682,801	850,929	741,703	1,010,926
폐합성고분 자화합물	28,061	27,592	12,717	11,777	21,310	19,500
분진	466,237	474,797	456,670	499,027	550,804	549,370
오니류	269,433	266,081	221,270	223,796	260,643	352,274
기타	508,624	511,001	528,887	514,987	532,571	852,580
의료폐기물소계(비율)	82,634 (2.3)	90,817 (2.6)	122,352 (3.7)	115,054 (3.3)	125,421 (3.4)	147,658 (3.2)
조직물류	6,573	5,498	20,735	5,224	5,130	5,732
폐합성 수지류 등	76,061	85,319	101,617	109,830	120,291	141,926

자료: 환경부, 「지정폐기물 발생 및 처리 현황」(2013), p. 5.

산업분류코드에 따른 사업장지정폐기물 업종별 발생현황을 보면, C업종(제조업)이 4,415,188톤 중에서 74%(3,268,063톤)로 가장 크게 차지하고, 다음으로 제1차 금속제조업(C24)이 21.9.%, 전자부품, 컴퓨터, 영상, 음향 및 통신장비 제조업(C26)이 16.5%, 화합물 및 화학제품 제조업(C20)이 16.3%로 나타났다. 지역별로는 경기 23%, 경북 11.7%, 충남 9.4%, 울산 9.3% 순으로서 이들 지역에서 총 발생량의 53.6%를 차지한다. 환경청별로는 한강청 32.5%, 낙동강청 24.2% 순으로 두 지역에서 총 발생량의 56.7%를 차지하고 있다.

2 폐기물의 처리

1) 폐기물 처리 체계

폐기물의 분류 체계는 폐기물 처리의 최종 책임이나 처리 방법을 결정하는 중요한 기준이 된다. 현행법은 폐기물을 발생원을 기준으로 생활폐기물과 사업장 폐기물로 구분하고 있다. [그림 6-2]는 현행 폐기물 처리체계를 나타내 주고 있다.

발생된 폐기물은 오염자부담 원칙(Polluter Pays Principle: PPP)에 따라 배출자가 처리하는 것이 기본 원칙이다. 구체적인 처리 방법을 살펴보면 생활폐기물의 수거·운반 및 처리 업무는 자치단체, 즉 관할 시장·군수·구청장의 책무이며, 자치단체 조례에 따라 업무의 일부를 민간에 위탁하여 수행하고 있다.

생활폐기물의 수거·운반 업무는 자치단체가 직영하는 체계와 계약을 통해 민간업체에 대행시키는 체계로 이루어지며, 특히 민간업체에 위탁하는 체계는 민간업체에 일정 지역의 수집·운반을 대행시키는 계약 형태를 수행할 수 있도록 하는 허가 형태로 운용되고 있다. 생활폐기물의 수거·운반은 지역별·계절별 발생 특성에 따라 수거·적환·운반 단계를 거치며 매우 다양한 방법으로 운영되고 있다. 이러한 수집·운반 체계와 병행하여 재활용품 분리수거 체계가 별도로 운영되고 있다. 즉 수익성이 높은 폐지·고철류 등은 민간업체가 주로 수거하며, 폐플라스틱 등 경제성이 낮은 재활용품은 자치단체가 수거하여 보관장이나 집하 선별장으로 운송하여 민간에 판매하거나 한국자원재생공사 재활용 시설로 운반하는 형태로 처분되고 있다.

그림 6-2 폐기물 처리 체계

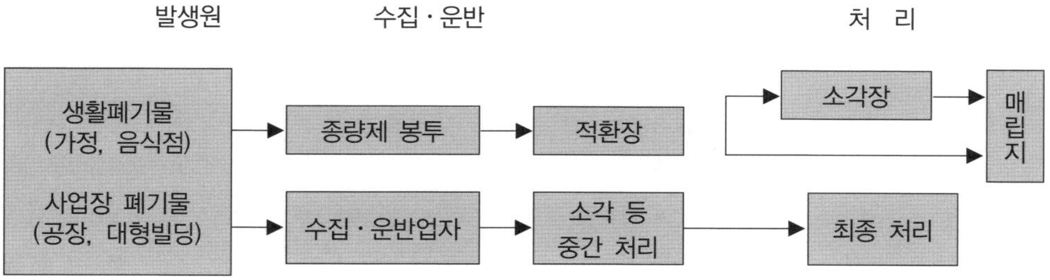

사업장 폐기물은 폐기물 배출자가 자가 처리하거나 폐기물 처리업자, 자치단체, 다른 사람의 폐기물을 재활용하는 자 또는 폐기물 처리시설을 설치·운영하는 자에게 위탁 처리하는 등 배출자 처리를 원칙으로 하여 관리되고 있다. 또한 환경이나 인체에 대한 유해성이 강한 지정폐기물도 적정 처리를 위해 필요한 조치 강구 의무가 국가에 부여되어 있기는 하나 역시 배출자 책임 하에 처리되어야 하는 것이 원칙이다.

2012년에 폐기물 처리 주체별(자치단체, 처리업체, 자가처리) 처리현황은 지방자치단체가 9.1%, 처리업체가 83.5%, 배출자의 자가 처리가 7.4%로 나타났다(<표 6-8> 참조).

처리업체는 2012년도 기준 총 9,059개소이며 이 중에서 사업장 폐기물 처리업체의 수가 5,740개로 가장 많다. 세부적으로 살펴보면 중간처분업소 176개소, 최종 처분업소 31개소, 중간 재활용업소 852개소, 최종 재활용업소 308개, 종합 재활용업소 1,729개소이다. 생활폐기물의 수집·운반 업소는 총 1,411개소이고, 건설폐기물 중간처리업소는 491개로서 주된 처리방법은 파쇄·분쇄로 처리한다.

생활폐기물처리에 종사하는 인력은 35,158명(지방자치단체 19,077명, 처리업체 15,850명, 자가업체 231명)이며, 수집운반수단으로 차량 11,338대, 손수레 7,897대, 중장비가 520대이다. 2012년도 자치단체의 생활폐기물 관리예산 집행은 총 31,386억 원이며, 이 중 시설설치비가 3,950억 원(12.6%), 수집·운반 등 처리비가 27,436억 원(87.4%)으로 나타났다. 2013년도 생활폐기물 관리예산은 41,088억 원으로 전년도에 대비 10.7% 증가하였다. 처리시설 현황을 보면 매립시설은 총 288개이며 2012년도

표 6-8 폐기물의 처리주체별 처리현황 (단위: 톤/일)

구 분		계	비율(%)
총 폐기물 (지정폐기물 제외)	총계	382,009	100.0
	자치단체	34,930	9.1
	처리업체	318,836	83.5
	자가처리	28,243	7.4
생활 폐기물	소계	48,990	100.0
	자치단체	29,714	60.7
	처리업체	18,976	38.7
	자가처리	300	0.6
사업장배출 시설계폐기물	소계	146,390	100.0
	자치단체	2,138	1.5
	처리업체	120,208	82.1
	자가처리	24,044	16.4
건설폐기물	소계	186,629	100.0
	자치단체	3,074	1.6
	처리업체	179,652	96.3
	자가처리	3,899	2.1

※ 사업장 폐기물 중 지정폐기물은 제외함.
자료: 환경부, 「전국 폐기물 발생 및 처리현황」(2013), p. 31.

매립량은 1,530만 톤이다. 매립시설 수를 운영 주체별로 보면 지방자치단체가 223개(잔여 용량의 77.9%), 자가 처리업체가 34개(잔여 용량의 17.6%), 최종 처분업체가 31개(잔여 용량의 4.5%)이다. 생활 및 사업장폐기물 소각시설은 총 522개소이며 시설 용량은 32,130(톤/일)이다. 2006년 1월 1일부터 시간당 소각능력 25kg이상 200kg 미만의 소각시설도 다이옥신 배출기준 적용을 받게 됨에 따라 해당 소각시설의 폐쇄가 이루어져 2010년도 672개소, 2011년도 611개소 , 2012년도 552개소로 감소되었다.

2) 폐기물 처리 방법

연도별 전체적인 폐기물 처리방법을 보면 매립 처리와 해역 배출의 비율이 점진적으로 낮아지고 재활용과 소각이 소폭 상승되고 있다. 폐기물의 처리에 있어

표 6-9 전체 폐기물의 연도별 처리 방법

(단위: 톤/일, %)

구 분	2007	2008	2009	2010	2011	2012
계	337,158 (100%)	359,296	357,861	365,154	373,312	382,009
매립	37,554 (11.2)	37,784 (10.5)	39,794 (11.1)	34,306 (9.4)	34,026 (9.1)	33,698 (8.8)
소각	17,957 (5.3)	18,709 (5.2)	18,518 (5.2)	19,511 (5.3)	20,898 (5.6)	22,848 (6.0)
재활용	273,561 (81.1)	295,863 (82.3)	292,557 (81.7)	304,381 (83.4)	312,521 (83.7)	322,419 (84.4)
해역 배출	8,086 (2.4)	6,940 (2.0)	6,992 (2.0)	6,956 (1.9)	5,867 (1.6)	3,044 (0.8)

※ 사업장 폐기물 중 지정폐기물은 제외함.
자료: 환경부, 「전국 폐기물 발생 및 처리 현황」(2013), p. 23.

서 주요 방법은 재활용이며, 2012년도 재활용율은 84.4%로 2007년 대비 3.3%P 증가하였다. 반면 매립율은 2.4%P 감소하였으며, 소각율은 0.7%P 증가하였다(<표 6-9> 참조).

발생원별(<표 6-10>)로 보면 생활폐기물의 경우 재활용이 크게 확대되고 매립 처리율이 크게 낮아지는 한편, 소각 처리율은 점진적으로 증가 추세에 있다. 즉 1995년에는 생활폐기물 중 72.3%를 매립 처리하고 23.7%만을 재활용했으나, 쓰레기 종량제 실시 및 재활용 정책에 힘입어 2012년에는 재활용률이 59.1%로 크게 증가하고 매립처리율은 15.9%로 낮아지는 등 바람직한 폐기물 처리구조로 변화되고 있다. 그러나 생활폐기물 중 가연성 폐기물이 82.7%에 이르는데도 소각 처리율이 25.0%에 불과하다는 것은 좁은 국토 현실에 비추어 바람직하지 않은 현상으로 시급히 개선되어야 할 과제이다. 생활폐기물 소각율은 25.0%로 전년도 대비(2011년 23.7%) 1.3%P 증가하였고, 매립율은 15.9%로 전년도 대비 1.3%P 감소한 것으로 나타났다.

사업장 폐기물은 사업장배출시설계폐기물 처리의 경우, 매립은 감소추세를 보이고 소각과 재활용은 소폭씩 증가하고 있다. 재활용율은 2007년에 비해 9.6%P 증가하였고 소각율은 전년도 대비 0.5%P 증가하였다. 매립율은 2007년도 대비 4.7%P 감소되었다. 건설폐기물의 경우는 매립은 2007년 이후 지속적으로 소폭씩 감소하다가

표 6-10 2012년도 폐기물 종류별 처리 방법 (단위: 톤/일, %)

구 분	계	매립	소각	재활용	해역 배출
계	382,009 (100%)	33,698 (8.8)	22,848 (6.0)	322,419 (84.4)	3,044 (0.8)
생활폐기물	48,990 (100%)	7,778 (15.9)	12,261 (25.0)	28,951 (59.1)	-
사업장 배출 시설계 폐기물	146,390 (100%)	21,802 (14.9)	9,570 (6.5)	111,974 (76.5)	3,044 (2.1)
건설폐기물	186,629 (100%)	4,118 (2.2)	1,017 (0.5)	181,494 (97.3)	-

자료: 환경부, 「전국 폐기물 발생 및 처리 현황」(2013), p. 23-28.

2012년에는 좀 증가하였다. 소각은 크게 감소하였고 재활용은 최근 6년간 큰 변동 없이 97~98%를 유지하고 있다.

지정폐기물은 최근 6년간 현황을 보면 매립, 소각, 재활용 3부문 모두 증감의 변동이 크지 않다. 사업장지정폐기물의 주된 처리방법은 재활용으로서 그 비율이 54.3%이며 이중 폐유기용제가 33.3%로 가장 많이 재활용되고 있다. 의료폐기물의 주된 처리방법은 소각으로서 그 비율은 96.1%이며 그 외 멸균분쇄(자가)처리가 9.8%이다(<표 6-11> 참조).

표 6-11 전체 지정폐기물 처리 방법 현황 (톤/년)

구분	2007	2008	2009	2010	2011	2012
합계 (비율)	3,471,461 (100%)	3,501,980	3,306,962	3,463,240	3,657,767	4,562,846
매립	774,433 (22.3)	778,072 (22.2)	684,896 (20.7)	668,172 (19.3)	684,205 (18.7)	1,048,988 (23.0)
소각	584,842 (16.8)	635,858 (18.2)	566.030 (17.1)	622,074 (18.0)	663,916 (18.2)	748,517 (16.4)
재활용	1,872,803 (53.9)	1,977,679 (56.5)	1,876,611 (56.8)	1,944,263 (56.1)	2,086,788 (57.1)	2,477,738 (54.3)
기타 1)	239,383 (7.0)	110,371 (3.1)	179,425 (5.4)	228,732 (6.6)	222,858 (6.1)	287,603 (6.3)

자료: 환경부, 「지정폐기물 발생 및 처리 현황」(2013), p. 16.
1) 기타 = (기타 처리량+최종보관량) - 전년도 이월량

제 3 절 우리나라의 폐기물 관리정책

1 폐기물관리제도 및 행정 체계

1) 폐기물 관리제도의 변천

(1) 위생 개념의 도입(1961~1977)

1960~1970년대는 청소 개념에 기초한 '오물청소법'(1961년) 시대로서 주로 도시지역('특별청소구역'이라 불림)에서의 쓰레기 처리 및 분뇨 처리가 주된 현안으로 대두되었던 시절이었다. 즉 이 시기의 폐기물관리는 주로 쓰레기를 주거지역에서 신속하게 치움으로써 도시지역 주민의 보건·위생 수준을 향상시키는 데 중점을 두었고 청소구역, 하수도, 하천 및 해역 등에 오물 투기를 금지했다. 한편 1963년 '공해방지법'이 제정되어 산업폐기물의 관리 책임을 법적으로 규정했다. 1973년 개정된 '오물청소법'에서는 '오물'의 개념에 '폐기물'을 포함시켜 산업 활동으로 생기는 오물을 사업자 스스로 처리하도록 규정함으로써 산업폐기물은 형식적으로 제도권 내에서 관리하게 되었다.

(2) 환경보전 개념의 도입(1978~1986)

1970년대 말에 들어와 환경문제가 점차 사회적 관심사로 대두되면서 환경법의 제정과 중앙부처 단위의 환경조직 신설이 거론되기 시작하여 1977년 12월에는 '환경보전법'이 제정되었고, 1980년에는 환경청이 발족되었다. 환경법의 제정과 환경청의 발족을 통해 환경문제에 대한 대처 방향은 종전의 '소극적 방어적 개념'에서 '적극적 환경보전적 개념'으로 전환되어 나갔다. 또한 농촌 폐비닐이 사회문제화 되면서 '합성수지폐기물처리사업법'이 제정되었고, 이를 집행하기 위해 1979년에 한국자원재생공사가 설립되었다. 1981년에 개정된 환경보전법에서는 사업자에게 산업폐기물 처리 의무를 부과했다. 이에 따라 산업폐기물은 환경보전법에서, 분뇨와 쓰레기 등 생활폐기물은 여전히 '오물청소법'에서 관리되도록 함으로써 이원적인 법체계를 갖추게 되었다. 그러나 아직 폐기물은 '처리 개념' 중심으로 다루어지고 있었다.

(3) 재활용 개념의 도입(1986~1992)

1986년 환경청은 일원화된 폐기물 관리 체계를 구축하기 위해 '오물청소법'과 '환경보전법'상의 폐기물 관련 규정을 통합하여 폐기물 전반을 다루는 독립된 '폐기물관리법'을 제정했다. 이 폐기물관리법은 폐기물관리 업무를 단일화하면서 일반폐기물과 산업폐기물로 구분하고 폐기물을 성상과 특성에 따라 관리하도록 했다. 또한 이 법의 종전과 다른 특색은 '재활용'이란 개념이 도입되어 단순 처리 개념에서 진일보한 접근이 이루어졌다는 것이다. 폐기물관리법은 1991년에 개정하면서 폐기물의 관리 체계를 생활폐기물과 산업폐기물에서 위해성을 기준으로 일반폐기물과 특정폐기물로 나누어 관리하는 체계로 전환되었다. 또한 1991년 '오수・분뇨 및 축산폐수의 처리에 관한 법률'이 제정되면서 오수・분뇨 등이 수질관리 측면에서 다루어지게 되었다.

(4) 폐기물 최소화 개념의 도입(1993~2001)

1992년 급속한 산업화에 따른 점증하는 폐기물 발생량을 원천적으로 줄이고 폐자원의 재활용 촉진을 위해 '폐기물관리법'에서 '자원의 절약과 재활용 촉진에 관한 법률'이, 1995년에는 님비 현상을 극복하고 폐기물처리시설 설치를 효율적으로 추진하고 그 과정에 주민 참여를 확대하기 위한 '폐기물처리시설 설치 촉진 및 그 주변 지역 지원 등에 관한 법률'이 분법(分法)・정비되었다. 이 법을 통해 발생지 처리의 원칙을 정하고 각종 개발계획을 수립할 때 폐기물 시설계획을 수립하는 것을 의무화했으며 입지 선정 때 주민의 참여를 법제화했다. 폐기물관리법은 1995년에 다시 개정하여 폐기물을 발생원에 따라 생활폐기물과 사업장 폐기물로 분류하여 원인자 및 발생지 처리 의무 제도를 도입했으며, 생활폐기물 수수료 제도를 배출량에 따라 차등 부담하도록 하는 쓰레기 종량제의 실시 근거와 지정된 업종 및 일정 규모 이상의 사업장 폐기물 배출자의 감량 지침 준수 근거를 마련했다. 한편 1994년 우리나라가 유해폐기물의 국가 간 이동통제에 관한 바젤협약의 국내 이행을 위해 '폐기물의 국가 간 이동 및 그 처리에 관한 법률'을 제정했다. 이 시기의 중요한 성과를 보면 첫째, 제품으로 인한 폐기물 문제를 효과적으로 해소하기 위해 폐기물 부담금 및 예치금제도가 도입되었다. 둘째, 1995년 1월부터 쓰레기 종량제를 시행함으로써 폐기물 감량이 촉진되었을 뿐 아니라 재활용의 가장 큰 걸림돌이었던 분리수거 문제가 해소되었다. 셋째, 폐기물 관리정책의 방향이 '재활용', '감량'으로 전환되면서 생산·유통·소비의 전 과정에 걸쳐 폐기물을 최소화하는 자원재순환형 경제·사회 기반 구축을 위한 제도의 틀이 마련되었다. 넷째, 1999년 2월 폐기물관리법의 개정으로 의료법의 적용을 받던 감염성 폐기물이 폐기물관리법 적용 대상으로 이관되어 엄격하게 관리되도록 했으며 폐기물의 부적정 처리 근절을 위한 제도적 장치가 마련되었다. 다섯째, 지금까지의 폐기물 관리정책은 소비자와 자치단체에 폐기물의 수집·운반·재활용 및 처리의 책임이 부여된 반면, 생산자는 폐기물예치금 및 부담금을 통해 재정적인 부담만 지는 데 불과했다.

(5) 폐기물 자원순환정책 개념의 도입(2002~현재)

폐기물관리법 제8조 2의 규정에 근거하여 국가폐기물관리 종합계획(2002~2011년)이 수립되었다. 이는 환경정책기본법에 의한 '국가환경 종합계획' 중 폐기물 분야의 하위 계획인 동시에 '자원재활용 기본계획', '건설폐기물재활용 기본계획' 및 '시·도 폐기물처리 기본계획'의 상위 계획에 해당된다. 또한 2003년에는 폐기물의 원천적 감량 및 재활용을 위해 생산자에게도 폐기물 회수·재활용의 직접적 의무를 부과하는 '생산자책임 재활용제도'가 도입되었다. 특히 최근에는 국제적으로 지속 가능 발전 및 자원순환형(zero waste) 사회 구축을 위한 폐기물 관리 체계의 패러다임 전환이 요구되고 있다. 1992년 리우지구정상회담 이후 지속 가능 발전이 국가·사회가 추구해야 할 목표로 제시되고 2002년 지속가능발전정상회의(WSSD) 등을 통해 지구 환경규범이 강화되고 있다. 지속 가능 발전 및 자원 순환형 사회구축은 폐기물 발생 억제→재사용 및 재활용→에너지 자원화→안전 처리순의 폐기물 관리 시스템 구축을 통한 CO_2 감축 및 환경영향 최소화 단계로의 이동이다(<표 6-12> 참조).

즉 종전의 환경과 경제를 통합하는 환경관리에서 환경과 경제 그리고 에너지를 통합하는 3ES(Environment+Economy+Energy)의 패러다임이라 볼 수 있다. 장래 화석연료의 고갈 및 지구온난화에 대비한 대체 에너지의 개발·보급이 시급함에 따라 폐기물을 새로운 자원으로 인식하고 이의 에너지화를 추구하는 3ES 패러다임은 현 시대가 처한 복합적인 난제를 해결할 수 있는 유용한 정책 수단으로 활용되고 있다.

우리나라도 이 같은 국제 환경규범 및 뉴 패러다임을 반영하여 2007년 7월 '제2차

표 6-12 폐기물정책 패러다임 전환

구 분	그간의 정책	새로운 정책방향
정책여건	폐기물로 인한 환경오염심화	기후변화, 원자재·에너지 고갈
목 표	쾌적한 생활환경 조성	자원순환사회 구축
추진전략	감량 → 재활용 → 처리	효율적 생산 · 소비 → 물질재활용 → 에너지회수 → 처리선진화
주요과제	쓰레기종량제, 생산자책임재활용 제도 및 처리시설설치	자원순환성평가, 재활용품질인증, 폐자원 등 에너지화, 처리광역화
핵심개념	'폐기물'	'자원(순환 / 천연)'

자료: 환경부, 『환경백서』(2013), p. 304.

국가폐기물관리 종합계획'을 수정하고 적극적인 방안을 모색하고 있다. 특히 대형 폐가전제품 무상 수거 등 재활용 자원 최대 확보, 폐자원 에너지화 시설 확충 등 재활용 기반 확충 및 재활용 시장창출 · 업계지원을 위한 자원순환사회 전환 촉진 대책을 발표(2013.9)하였으며 이를 실현하기 위하여 자원의절약과 재활용 촉진에 관한 법률을 개정하고 자원순환사회 전환 촉진법을 제정 중에 있다.

2) 폐기물관리 행정 체계

폐기물 관리 업무는 1980년 환경청이 설립되면서 수질보전국의 폐기물처리과에서 담당했다. 그 후 산업화에 따른 대량 생산과 대량 소비, 특히 유해산업 폐기물 증가와 다양화에 대처하기 위해 1986년 폐기물관리국이 설치되었다. 현재 환경부의 자원순환국은 그 하부조직으로 자원순환정책과, 생활폐기물관리과, 산업폐기물과, 자원재활용과, 폐기물에너지팀을 두고 있다.

환경부는 폐기물에 관한 기본 정책과 폐기물관리 종합계획의 수립, 폐기물 공공처리시설의 설치 및 관리, 지방자치단체에 대한 기술적 · 재정적 지원, 지방자치단체 간의 폐기물사업 조정 등의 업무를 시행한다. 생활폐기물의 수거, 운반 및 처리 업무 등과 같은 집행 업무는 대부분 시 · 군 · 구 등 기초지방자치단체가 담당하고 있으며, 자치단체 조례에 따라 업무의 일부를 민간에 위탁하여 수행하고 있다. 폐기물의 관리 책임은 생활폐기물에 대한 것은 시장, 군수, 구청장이 기본적 처리 책임을 지고 있으며, 사업장 폐기물은 발생자가 처리하는 것을 원칙으로 하고 있다. 한편 사업장

폐기물 중에서 일반폐기물은 생활폐기물과 비슷한 방법으로 처리하며 지정폐기물은 종전의 특정 폐기물과 같은 방법으로 수집, 운반, 처리되고 있다.

2 폐기물정책의 목표와 수단

1) 폐기물정책의 목표

폐기물정책의 목표는 크게 두 가지 기본 틀을 갖고 있는데, 우선 폐기물이 되기 이전 단계에서 폐기물이 만들어지지 않도록 최소화하는 정책과, 경제활동으로 불가피하게 발생된 폐기물을 국민 건강과 환경에 피해를 주지 않도록 안전하게 처리하는 정책이다.

여기서 '폐기물 최소화'란 폐기물의 원천적 발생 억제 및 감량(prevention or reduction), 재이용(reuse), 재활용(recycling), 에너지 회수(소각 처리시 열에너지 활용, energy recovery) 까지를 포괄하는 개념으로, 관리 방식의 우선순위는 폐기물 발생을 원천적으로 억제하거나 감량하고, 그 다음이 재이용, 그리고 재활용이다. 폐기물의 최종처리에는 소각(incineration)과 매립(landfill)이 있다. 불가피하게 발생한 폐기물은 가능한 한 소각하고 그 잔재물은 매립하는 것이 선호된다. 사실 폐기물은 매립하면 국토 이용을 제한할 뿐 아니라 침출수에 의한 환경오염을 유발하며 소각 처리할 경우에는 다이옥신 등 환경오염물질이 배출된다. 또한 폐기물은 대부분 수입에 의존하는 자원이 변화한 것이므로 폐기물 증가는 자원 및 외화 낭비를 의미한다. 따라서 폐기물 관리정책은 소각이나 매립을 최소화하는 데 중점을 두어야 한다.

특히 '폐기물 최소화' 범위에서 재활용은 자원 회수 기능(material recovery)과 폐기물 처분 기능(waste disposal)을 가지고 있어 가장 바람직한 폐기물관리 수단으로 인식되고 있다. 한 보고서에 의하면 자원 회수 이익과 환경오염 저감 이익을 합한 사회적 편익을 감안한다면 매립 · 소각보다도 재활용이 가장 유리한 폐기물 관리 방법이며, 또한 우리나라에서 폐지, 고철, 폐유리병, 폐플라스틱 등 4대 생활폐기물의 재활용률을 1% 증가시키면 사회적 편익이 639억 원 증가하는 것으로 계산되었다. 따라서 우리와 같이 부존자원이 빈약하고 국토 면적이 협소한 국가에서는 폐기물뿐 아니라 자원문제에 대처할 수 있는 중요한 수단으로 재활용정책을 적극 추진해야 한다.

최근의 폐기물정책은 제품의 생산 과정과 제품 자체, 제품 포장 등 폐기물이 만들어지기 이전 단계에 중점을 두고 대처해 나가는 것이 세계적인 추세이며, 우리나라도 이에 부합한 폐기물정책을 다양하게 구상하고 계획, 추진해 나가고 있다.

2) 폐기물정책의 수단

폐기물을 최소화하기 위해 사용하는 정책 수단에는 직접 규제 수단으로 각종 기준, 허가·승인제, 재활용 지정사업자 제도, 환경보고 의무제 등을 들 수 있고, 경제적 유인 정책 수단으로는 폐기물 예치금제도와 부담금제도 등이 있다. 최근에는 친환경적 기업경영 표준, 환경마크 제도(eco-labelling), 확대 생산자의 책임(Extended Producers Responsibility: EPR)을 근간으로 하는 통합적 정책 수단 등이 시도되고 있다.

3 폐기물 최소화 정책

1) 생산 단계에서의 최소화

앞에서 밝힌 바와 같이 폐기물정책의 기본 틀은 '폐기물 최소화'와 경제활동으로 불가피하게 발생되는 폐기물을 국민 건강과 환경에 피해를 주지 않고 '안전 처리'하는 것이다. 우리나라에서 추진 중인 폐기물 최소화 정책을 제품의 라이프 사이클 단계별로 구분하면 다음과 같다.

(1) 사업장 폐기물 감량제도

사업장 폐기물 감량화제도는 사업장 폐기물의 발생 억제를 위한 발생원 감축과 재활용 등 자발적인 폐기물 감량 노력을 유도하고, 사업자의 폐기물 감량화 실적 분석·평가와 기술 진단 및 지도 등을 통해 이를 지원하는 것이다. 폐기물관리법 제17조(사업장폐기물배출자의의무)의 규정에 의한 '사업장폐기물감량지침'으로 제도화하여 1996년 12월부터 운영되고 있다. 이 지침은 폐기물관리법에 의한 폐기물의 감량지침 준수 의무 대상 사업자가 공정 개선, 재활용 등의 방법으로 생산 공정에서 발생되는 폐기물을 줄이기 위해 준수해야 할 사항과 폐기물 감량화 우수사업장 지정 등에 관한 사항을 정하고 있다.

이 제도의 근본 목적은 제품생산 공정 등 발생원에서부터의 폐기물 발생 원천억제 및 재활용 확대를 통하여 폐기물 발생과 최종 처분량 등을 줄이기 위한 것이다. 2014년부터 폐기물다량발생 18개 업종을 중심으로 의무대상사업장(2013년 1,623개소)으로 선정하여 자체 감량활동을 전개하고 있다. 또한 감량화 대상 사업장 규모를 종전 지정폐기물을 연간 200톤 이상 배출하는 사업장에서 지정폐기물외의 폐기물을 1,000톤 이상 배출하는 사업장까지 확대하여 최근 3년간의 연평균 배출량 기준으로 변경하였으며, 폐기물감량실적평가단을 폐기물감량평가심의위원회로 확대 개편하고 매년 정기회의 개최를 통해 전년도 사업장 폐기물 감량실적 평가결과 보고서 등을 심의하고 있다. 2014년 이후부터는 지정폐기물의 기준을 연간 100톤으로 확대 적용하여 대상사업장이 증가할 것으로 예상된다. 대상 사업장은 스스로 사업장별로 그 특성에 따라 공정분석, 감량요인 분석, 재활용 가능성 등을 분석하고 목표율, 이행수단 등의 내용을 담은 사업장 폐기물 감량화 계획을 수립하여 추진하고 그 실적을 철저히 관리해야할 할 것이다. 환경부는 향후, 사업장폐기물 다량발생사업장을 중심으로 감량목표 설정의 효율적 관리와 감량화제도의 실효성 확보를 위한 감량목표관리제 등을 추진할 것이라고 밝히고 있다.

(2) 폐기물 부담금제도

1993년 '자원의 절약과 재활용 촉진에 관한 법률'을 제정하여 생산 단계에서부터 폐기물의 발생 억제, 재질의 개선 등 제품의 환경성을 고려하도록 폐기물 부담금제도를 도입・시행하고 있다. 이 제도는 폐기물의 발생을 억제하고 자원의 낭비를 막기 위해 특정 대기・수질 유해물질 및 유독물을 함유하고 있거나, 재활용이 어렵고 폐기물 관리상의 문제를 초래할 가능성이 있는 제품・재료・용기의 제조업자 또는 수입업자에게 그 폐기물의 처리에 드는 비용을 부과함으로써 폐기물 종류 간 비용부담의 형평성을 유지하면서 또한 환경 투자비용도 확보하고 제품의 환경 친화성을 높이도록 유도하기 위한 일종의 제품 부담금제도이다. 1993년에 도입되어 대상 품목, 부담금 산출기준 등의 변경을 통해 2012년 현재 살충제・유독물 제품용기, 부동액, 껌, 1회용 기저귀, 담배, 플라스틱 제품(포장재 포함) 등 6개 품목에 대해 폐기물

표 6-13 폐기물 부담금 부과 실적 (단위: 백만 원)

연도	2007	2008	2009	2010	2011	2012
부과액	58,753	48,570	58,138	64,452	89,385	97,886

자료: 환경부, 『환경백서』(2013), p. 316.

부담금을 부과하고 있다. <표 6-13>은 최근 6년간 폐기물 부담금 부과 실적이다.

폐기물 부담금은 부담금 부과 대상 제조업자에게 출고 실적에 대해 매년지정 월에 일괄 부과되며, 수입업자에게는 수입 실적에 따라 수입할 때 수시 부과된다. 징수된 부담금은 환경개선 특별회계에 귀속되어, 폐기물 감량과 재활용을 위한 연구 및 기술개발, 폐기물 재활용사업과 처리시설 설치 지원, 지방자치단체의 폐기물 회수 및 재활용비용의 지원, 재활용 가능자원의 구입 및 비축 등에 사용된다.

2) 유통 단계에서의 최소화

제품의 유통을 위해 사용되는 포장 폐기물은 연간 600만 톤 정도로 추산되며 이는 생활폐기물 발생량의 36.8%에 달하고 과대 포장 등으로 인해 포장재 사용량이 증가하면서 포장폐기물이 매년 4.2%씩 증가하고 있다.

환경부는 유통 단계에서는 상품의 과잉 또는 과대포장으로 인한 폐기물 발생을 줄이기 위해 1993년 8월부터 '자원의 절약과 재활용 촉진에 관한 법률' 제 15조와 '제품의 포장 방법 및 포장재의 재질 등의 기준에 관한 규칙'에 근거하여 재활용이 용이한 친환경적 재질 대체를 위한 포장 재질 규제와 포장폐기물 감량화를 위해 포장 방법(포장 공간 비율 및 포장 횟수)을 규제하고 있다. 포장 폐기물의 재활용을 용이하게 하기 위해 모든 포장에 PVC 코팅을 금지, 발포스틸린계 포장재 사용을 제한, 리필제품 생산 권고제도 등을 운영해 왔다. 재활용 부문은 예치금제도를 통해 관리하고 있다.

그런데 포장 공간 비율 등 포장기준이 일선 지자체에서 집행하기 어려운 문제점이 있고 과대 포장규제 대상제품이 제한적이며, 제품 제조자 등이 기준을 위반하더라도 재질 대체 절차가 오래 걸려 과대 포장을 효율적으로 억제할 수 없는 문제점이 있었다. 따라서 1999년 2월에 '자원의 절약과 재활용 촉진에 관한 법률'을 개정하여 과대 포장으로 인정되는 제품에 대해 제조자·수입자 부담으로 포장 전문기관으로부터 검사를 받도록 명하는 '포장검사명령제'와 포장 공간 비율 · 재질 · 횟수를 포장 겉면에 표시하도록 권장하는 '포장표시권장제'를 도입했다.

또한 '제품의 포장방법 및 포장재의 재질 등의 기준에 관한 규칙'을 개정하여 과대 포장 규제 대상 제품을 기존 8개 품목에 의류, 문구류, 의약부외품, 신변잡화류 등 4개 품목을 추가하고 리필제품 생산을 촉진하기 위해 생산 권고 품목과 생산 권고율을 확대했다. 아울러 합성수지 포장재의 감량을 위해 합성수지 재질 포장재의 연차별 감량화의 목표율을 상향 조정하고, 재활용에 지장을 초래하고 소각시 오염물질을 발생시키는 PVC 수축 포장재 사용을 2001년부터 금지하도록 했다. 주요 포장 재질 및 포장 방법에 관한 기준은 <표 6-14>와 같다.

표 6-14 주요 포장 재질 및 포장 방법에 관한 기준

구 분	주요 규제 기준
포장 재질	○ 포장재질에 폴리비닐클로라이드(PVC)를 사용하여 첩합(라미네이션) · 수축 포장 또는 도포(코팅)한 포장재(제품의 용기 등에 붙이는 표지를 포함)는 사용금지 ○ 합성수지 재질(PVC 등)로 된 포장재는 사용을 금지하거나 연차별로 줄여나가도록 규제 • 사용금지(PVC): 계란 · 메추리알, 튀김식품 · 김밥류 · 햄버거류 · 샌드위치류 등 6개 포장재 • 연차별 줄이기 대상: 계란판 · 받침접시, 면류용기 등 4개 제품
포장 방법	○ 가공식품 등 23개 제품 제조자 · 수입 및 판매자를 대상으로 포장 공간비율(10~35%), 포장 횟수(2차 이내) 제한

자료: 환경부, 『환경백서』(2013), p. 319.

3) 소비 단계에서의 최소화

(1) 쓰레기 종량제

쓰레기 종량제란 쓰레기의 발생을 근본적으로 억제하고 재활용품의 분리 배출을 촉진하기 위한 경제적 유인 수단으로서 종전까지 건물 면적, 재산세 등을 기준으로 부과하던 정액부과 방식의 쓰레기 수수료 부과체계를 '쓰레기를 버린 만큼 비용을 낸다'라는 오염배출자부담원칙에 따라 실제 배출하는 쓰레기의 양(쓰레기 종량제 봉투 사용량)에 비례하는 부과체계로 전환한 것이다. 이 제도는 친환경적 소비 패턴의 촉진, 분리수거의 효율화 등을 목적으로 1995년 1월부터 전국적으로 실시되었다. 시행에 필요한 세부사항은 '쓰레기 수수료 종량제 시행지침'(2012년. 11. 개정)으로 정하여 운용하고 있다. 이 제도에 따라 생활폐기물은 자치단체(시장 · 군수 · 구청장)에서 제작 · 판매하는 규격 봉투에 담아 배출해야 하며, 봉투의 가격은 쓰레기 처리 비용과 지방자치단체의 재정 능력을 고려하여 시 · 군 · 구의 조례로 정하도록 하고 있다.

그러나 연탄재와 재활용 가능 폐기물(종이, 고철, 캔, 병, 플라스틱 등)은 규격 봉투에 담지 않고 자치단체에서 지정된 장소나 일시에 배출하거나 자치단체의 여건에 따라 조례에서 정하는 별도의 방법에 따라 배출하면 무료로 수거해 가며, 폐가구 · 폐가전제품 등 대형 폐기물은 스티커를 구입 · 부착하여 배출하는 등 별도의 수수료를 부담하여 처리하도록 하고 있다. 깨진 유리와 같이 종량제 봉투에 담기 어려운 쓰레기는 자치단체가 제작 · 판매하는 별도의 전용 포대나 마대 등에 담아 배출하고, 집수리 등으로 일시에 다량 발생하는 폐기물은 대형 폐기물에 준하여 배출 · 처리하는 한편, 골목길, 공원 청소 등으로 수거한 쓰레기는 시 · 군 · 구에서 무료로 지급하는 공공용 봉투를 사용해야 한다.

초기에는 생활폐기물에 대해서만 종량제를 시행했으나 현재는 사업장 일반폐기물 중 폐기물관리법 시행령 제2조 제2호에 해당하는 사업장 폐기물로서 생활폐기물과 성상이 유사하여 생활폐기물의 기준 및 방법으로 수집 · 운반 · 보관 · 처리할 수 있는 폐기물에 대해 실시하고 있으며, 시행에 필요한 세부 사항은 '쓰레기 수수료 종량제 시행지침'(2006. 12 개정)으로 정해 운용하고 있다. 또한 종량제 봉투의 재질로 사용하던 폴리에틸렌은 분해가 잘 되지 않아 매립지의 안정화를 저해하는 단점이 있어 기존 폴리에틸렌의 지방족 폴리에스테르, 전분 등 생분해성 수지를 30% 이상 혼합한 생분해성 봉투를 사용하도록 쓰레기 수수료 종량제 시행지침을 개정해 시행하고 있다.

2011년 쓰레기 수수료 종량제 실시지역은 전국 3,469개 읍 · 면 · 동 중 3,468개 지역으로 전체 행정구역의 99.9%가 실시하고 있으며, 전체 20,033천 가구 중 19,995천 가구에서 종량제를 실시하고 있다. 그 동안 종량제 추진성과 평가 결과로 나타난 문제점 및 주민 불편 사항 등을 보완하기 위해 구체적인 산정 기준이 없던 주민 부담률의 구체적 산정 기준을 마련, 주민 부담률 목표치를 달성하기 위한 봉투 가격 가이드라인을 제시하여 봉투 가격 현실화가 되었다. 2011년 기준 가정용 종량제 봉투별 평균 판매가격은 10리터(233원/매), 20리터(465원/매)로 나타났다. 또한 대형 폐기물 배출시 자치단체 홈페이지 등에서 인터넷 신청이 가능하도록 대형 폐기물 배출 절차 등이 어느 정도 보완·개선되었다고 볼 수 있다. 종전에는 재사용이 가능한 대형폐기물이 청소대행업체가 수거함에 따라 선별·재활용이 되지 못하고 단순 파쇄 또는 소각 등의 방법으로 처리되었지만 이제는 대형폐기물 수거 대행자로 '재활용센터'를 지정하여 재사용 가능 물품을 확보할 수 있게 되었다. 이와 더불어 재활용센터를 지역 복지사업과 연계·운영하여 지역 일자리 창출 및 나눔 문화 활성화에도 기여하고 있다.

쓰레기 종량제 실시에 따른 기타 성과로서는 쓰레기 발생량 감소, 재활용품 증가, 쓰레기 행정 서비스 개선 등 가시적인 성과 외에도 국민들의 환경 의식이 총체적으로 높아지는 계기가 마련된 것도 종량제의 큰 성과 중 하나라 하겠다. 아울러 제품의 생산·유통·소비 전 과정이 환경 친화적으로 변화되었다고 평가되고 있다. 즉 소비자가 가게에서 물건을 살 때에도 쓰레기를 덜 발생시키는 제품과 리필(refill) 제품을 선호하고, 기업에서도 쓰레기 발생량을 줄이기 위해 생산 공정을 변화시키고 있다. 소비자들은 상품을 살 때 스티로폼 등 포장재를 떼어놓고 내용물만 가져오고, 기업에서도 이 점을 감안, 부피가 적은 포장재 개발에 많은 노력을 기울이고 있다. 또한 자치단체의 쓰레기 행정에서 경영 마인드(business mind)가 확산되는 계기가 되었으며, 재활용품의 공급이 확대되면서 재생사업이 활성화되고 있다.

(2) 1회용품 사용 규제

현재 생활수준의 향상과 지나친 편리성 위주의 생활방식으로 인한 1회용품의 사용이 보편화되고 외형을 중시하는 소비문화와 업체의 판촉 전략으로 제품 보호와 무관한 과대포장 제품 증가로 자원낭비와 환경에 부정적 영향을 초래하고 있다. 2012년 한 해 동안 우리나라의 1회용품 및 포장폐기물 발생량은 하루에 약 2만 톤이 발생하는 것으로 추정되며 이는 음식물을 포함한 전체 생활폐기물에 절반에 이르는 수준으로 발생된 폐기물을 처리하기 위한 비용증가와 환경오염이 심히 우려된다. 이에 따라 1994년 3월부터 '자원의 절약과 재활용 촉진에 관한 법률'에 따라 1회용품 사용을 억제하기 위한 각종 제도를 시행하고 있다. 1회용품 규제는 1회용 컵, 봉투·쇼핑백 등 1회용품을 주로 많이 사용하는 업종을 대상으로 규제 대상 품목을 차등 규제하고 있으며, 주요 규제 품목 및 준수 사항은 <표 6-15>과 같다.

표 6-15 주요 업종별 규제대상 및 준수사항

업 종	준수 사항	적용 대상 1회 용품
식품접객업 집단급식소	사용억제	○ 1회용 컵 · 접시 · 용기(종이접시 및 종이용기, 합성수지 · 금속박 재질 등) ○ 1회용 나무젓가락, 이쑤시개, 수저 · 포크 · 나이프, 비닐식탁보 등
목욕장업	무상제공 금지	○ 1회용 면도기, 칫솔 · 치약, 샴푸 · 린스
대규모 점포, 도 · 소매업	무상제공 금지	○ 1회용 봉투 · 쇼핑백(종이로 된 것은 제외)
식품제조 · 가공업, 즉석판매제조 · 가공업(대규모점포 내에서 영업하는 사업장으로 한정)	사용억제	○ 1회용 합성수지용기
금융업, 보험 및 연금업, 증권 및 선물중개업 등	제작 · 배포 억제 등 사용 억제	○ 1회용 광고 선전물

자료: 환경부, 『환경백서』(2013), p. 319.

환경부에서는 국민 생활 및 의식변화, 재활용 및 포장 관련 기술 등 사회경제적 여건변화와 이해관계자들의 다양한 의견을 반영하여 지속적으로 1회용품 사용 및 제품포장 규제를 개선해 오고 있는 것은 사실이다. 환경부는 '1회용품 사용규제관련 업무처리지침'을 마련하여 전국 지자체가 1회용품 사용규제 대상 사업장에 대하여 연간 점검계획을 세워 지도 · 점검을 실시토록 하고 있으며 2012년 지방자치단체에서 1회용품 사용 규제 이행 여부에 대한 점검을 실시한 결과 총 348개소를 적발하여 9백만 원의 과태료를 부과했으며 과대포장의 우려가 많은 설, 추석명절, 입학 · 졸업시즌 등을 중심으로 집중단속을 실시하여 과대 포장제품 총 228건을 적발하여 522백만 원의 과태료를 부과하였다고 한다. 그러나 급속한 사회문화적 변화에 따라 법적 규제만으로는 폐기물감량에 한계가 있어 환경보호라는 사회적 책임을 바탕으로 스스로 1회용품 사용과 과대포장을 줄이려는 사회구성원의 노력을 유도하는 '1회용품 사용 · 친환경 포장 자발적 협약'을 활용하고 있다.

(3) 음식물류 폐기물 감량화

음식물류 폐기물 감량화는 폐기물관리법의 규정에 의한 처리 기준에 따라 음식물 쓰레기를 재활용하거나 탈수나 미생물에 의한 발효 과정을 거쳐 그 부피를 줄이는

표 6-16 생활폐기물 중 음식물류 폐기물 점유 비율

구 분	2003	2004	2005	2006	2007	2008	2009	2010	2011
생활폐기물 발생량 (톤/일)	50,737	50,007	48,398	48,884	50,346	52,072	50,906	49,159	48,934
음식물 폐기물 발생량 (톤/일)	11,398	11,464	12,977	13,372	14,452	15,142	14,118	13,671	13,537
점유율(%)	22.5	22.9	26.8	27.4	28.7	29.1	27.7	27.8	27.7

자료: 환경부, 『환경백서』(2013), p. 312.

것을 의미한다. 2003년 음식물 쓰레기 발생량은 1일 11,398톤으로서 생활폐기물 발생량 50,737톤/일의 22.5%를 차지함에 따라 음식물 쓰레기가 차지하는 점유 비율이 상대적으로 높으나, 1999년도의 25.4%에 비교하여 2004년까지 점차 감소하는 추세였으나 음식물류 폐기물 직매립 금지(2005.1.1) 이후 분리 배출되는 음식물류 폐기물이 증가하고, 국민의 생활수준 향상 및 웰빙 문화 확산으로 인한 과일·채소류의 소비가 증가하면서 2005년(26.8%)부터 음식물류 폐기물 발생량이 대폭 증가한 것으로 나타났다. 2008년도의 음식물류 폐기물 발생량은 1일 15,142톤으로서 전체 생활폐기물 발생량 52,072톤/일의 약 29.1%를 차지함에 따라 음식물류 폐기물이 차지하는 점유 비율이 상대적으로 높은 편이다. 그러나 2003년을 기점으로 증가추세에서 2009년부터는 다소 감소하는 것으로 나타났다(<표 6-16> 참조).

음식물류 폐기물 정책은 음식물쓰레기의 배출로 인한 경제적, 사회적 비용이 증가하고 에너지·기후변화에도 악영향을 미침에 따라 정부는 사후처리 위주에서 사전 발생 억제정책으로 방향의 전환을 하고 있다. 특히 음식물류 폐기물 직매금지 이후 분리 배출되는 음식물류 폐기물이 증가하고 국민의 생활수준 향상 및 1~2인 세대수(전체 가구의 48%)증가로 음식물류 폐기물 줄이기 노력이 시급한 시점이다. 그간 음식물류 폐기물을 분리 배출하는 144 시·구 지역에서는 음식물류 폐기물을 무상으로 수거하거나 일정금액을 일괄 부과하였으나 버린 만큼 처리비용을 부과하는 총량제는 2013년 1월 총 144개 지자체 중 공동주택 기준 시행 126개소, 미시행 18개소이다.

음식물 쓰레기 폐기물 종량제의 방식은 전용봉투, RFID, 납부칩·스티커로 총 3가지로 지자체 여건에 따라 선정하게 된다(<표 6-17> 참조). 전용봉투방식은 배출자가 음식물 전용봉투 구입(수수료 선납)하여 배출하며, 납부칩·스티커방식은 배출자가 '납부칩' 등 구입 후 수거용기에 부착하여 배출하고, RFID방식은 배출원 정보가 입력된 전자태그를 통해 배출원별 정보를 수집하고 배출무게를 측정하여 수수료 부과하는 방법이다. RFID방식은 무게측정 계량정확도가 높고 배출편리(비용기 방식)와 누진세 방식 적용 등이 용이하다는 장점이 있는가 하면, 타 방식에 비해 설치 및 유지비용이 높다는 단점을 갖고 있지만 종량제 취지에 가장 적합함으로 환경부가 권장하는 방식이다. 향후 음식물류 폐기물 종량제가 정착될 수 있도록 지자체와 민간단체가 협력하여 지역주민 대상으로 홍보교육을 세밀히 행정지도 해야 할 것이다.

표 6-17 음식물 쓰레기 종량제 방식별 비교 설명

방식별		제작단가	장·단점		비고
			장점	단점	
RFID	개별 계량	1,750,000 (원/대)	• 계량정확 높음 • 배출편리 • 통계관리 용이(누진세 방식적용)	• 타 방식에 비해 설치 및 유지비용 높음	세대 부과
	차량 계량	15,000,000 (원/대)	• 초기 투자비 비교적 저렴	• 세대별 체감이 미흡하여 감량 효과 저조	공동 부과
칩/스티커		100,000 (원/대)	• RFID방식에 비해 구축비용 저렴 및 유지관리 용이(전기 불필요)	• 계량 정확도 미흡 (부피측정) • 용기사용에 따른 불편	공동 부과
전용봉투		150원/5ℓ 봉투	• 투자비 가장 저렴함	• 재활용(자원화) 불리·'15. 6월 이후 사용금지	세대 부과

자료: 환경부, 『환경백서』(2013), p. 314.

4 폐기물의 자원화 정책

1) 폐기물 자원화 정책의 기본 방향과 중점 추진 과제

2000년대 우리나라 폐기물 자원화 정책의 기본 방향은 재활용 순환 과정인 수집,

가공, 재생 처리, 판매 및 소비 전 단계의 균형 있는 발전을 통한 자원 순환형 경제·사회구조를 구축해 나가는 데에 있다. 즉 폐기물 감량화(최소화)정책과 더불어 자원의 순환 이용을 고려한 재활용 체계를 확립하는 것이다. 중점 추진과제로는 ① 생산자책임 재활용제도, ② 재활용품 분리 배출 및 수거 체계의 효율화, ③ 재활용품 유통구조의 선진화, ④ 재활용 산업의 경쟁력 강화, ⑤ 재활용 제품 수요 기반 및 재활용 의식 확산 등을 두고 추진하고 있다.

2) 주요 품목별 폐기물 재활용 현황

(1) 폐지

일반가정에서 배출되는 폐지류(폐신문지·폐골판지 등)는 쓰레기 종량제로 인한 분리 수거제도 정착으로 회수량이 매년 증가하고 이에 따라 제지업체의 국내 폐지 사용률도 매년 증가 추세에 있다. 한국제지공업연합회의 자료에 의하면 국내 폐지 사용률은 쓰레기 종량제 실시해인 2005년 71.8%에서 2010년 92.7%로 무려 20.9%상승하였다.

(2) 고철 및 금속캔

지금까지 고철은 고로(高爐)에서 선철 제조공장에 주로 사용했으나 제강 기술의 발전으로 전기로에서 철강, 합금철 제조 시 사용할 수 있게 됨에 따라 고철 사용량이 증가하는 추세이다. 한국철강협회의 자료에 의하면 최근 6년간(2004~2009) 국내 고철 사용률은 40%내외로 큰 변동이 없다가 2010년엔 철재소비량 대비 28.9%로 2009년에 비해 소폭 감소하였다. 2010년 고철사용량은 22,400천톤으로 이중 72%인 16,134천톤이 국내에서 조달되고 28%인 6,276천톤은 수입되었다. 한편, 금속캔은 한국금속캔재활용협회에 따르면 2010년에는 발생량 352천톤의 39.2%인 138천톤을 회수·재활용했다.

(3) 폐유리

폐유리병의 분리수거 확대, 폐유리의 재활용 기술 개발로 인해 폐유리병, 폐판유리 등 폐유리 사용률은 지속적으로 증가하는 추세였으나, 한국유리공업협동조합의 자료에 의하면 2005년 이후 유리병 소비량 감소의 영향으로 증가세는 다소 둔화되었으며, 2010년 폐유리 재활용은 495천톤으로 2009년의 471천톤에 비해 24천톤이 증가되었다.

(4) 폐타이어

폐타이어는 타이어 제조업체들이 중심이 되어 구성된 대한타이어공업협회가 전국 30개 수거업자를 통해 회수하여 재활용업체에 납품하고 있다. 2010년에는 폐타이어 발생량 28,222천개의 79.8%에 해당하는 22,518천개를 회수·재활용했다. 민간 재활용업체 등에서 재활용한 양을 감안하면 폐타이어 재활용률은 85%를 상회할 것으로 추정된다.

(5) 폐윤활유

폐윤활유는 전국 23개 정제 연유 생산업체가 중심이 되어 구성된 한국윤활유공업협회를 통해 회수·재활용하고 있다. 2007년까지 재활용이 꾸준히 증가 추세에 있었으나, 그 이후 소폭감속 추세로 바뀌었다. 2007년에는 237,788톤이 발생되어 68.9%인 163,902톤을 회수·재활용했으나 2010년엔 65.8%로 나타났다.

3) 폐기물 재활용 촉진정책

(1) 생산자책임 재활용제도

① 생산자책임 재활용제도의 도입 배경과 개념

폐기물의 문제를 근본적으로 해결하기 위해서는 폐기물을 배출한 사람이 수거, 운반, 처리의 비용을 부담하는 오염원인자 부담의 원칙이 지켜져야 한다. 기업은 생산자로서 회수해서 처리해야 할 폐기물의 범위와 책임을 명확히 하여 그 책임을 져야 하며, 일반 국민은 소비자로서 배출한 폐기물의 처리 비용을 부담해야 한다.

그간 쓰레기 문제 해결을 매립·소각장 건설을 통해 해결하려 함에 따라 매립과 소각을 위한 폐기물처리장 증설에 따른 환경적·경제적·사회적인 많은 문제를 야기 시켜 왔다. 또한 폐기물의 발생을 줄이고 재활용을 확대하기 위해 시행되어 오던 예치금제도는 재활용을 경제적 요인에만 맡겨 두는 결과를 초래, 사회적으로 바람직한 재활용률을 달성하지 못하는 한계가 노출되어 환경부는 1992년부터 시행한 폐기물예치금제도의 문제점을 개선하고 제품의 재활용 과정에서 생산자의 책임을 좀 더 확대하기 위해 '자원의 절약과 재활용 촉진에 관한 법률'을 전면 개정하여 기존의 폐기물예치금제도를 폐지하는 대신 2003년 1월부터 '생산자책임 재활용제도'를 도입·

시행했다.

'생산자책임 재활용제도(Extended Producer Responsibility: EPR)'란 제품의 생산자로 하여금 제품의 설계, 제조, 유통·소비 및 폐기 등 모든 과정에 걸쳐 친환경적인 경제활동을 유도함으로써 폐기물의 감량(reduction), 재이용(reuse), 재활용(recycling)을 촉진하고 자원순환형 경제·사회체계를 구축하려는 것이다. 이는 폐기물 발생을 생산 단계에서부터 줄이고 재활용을 활성화하는 동시에 생산자, 소비자, 정부가 폐기물 문제에 대한 책임을 합리적으로 분담하는 재활용 체계를 구축하며, 재활용 시설 확충이라는 공급 위주의 정책에 병행하여 재활용품 소비 확대라는 수요관리 차원의 재활용 정책을 대폭 강화한다는 것이다. 현재 우리와 여건이 비슷한 독일, 영국, 프랑스, 헝가리 등 유럽 15개국과 일본, 대만, 호주 등 대부분 선진국들이 생산자 역할을 중시하여 사회적 역할 분담 체계가 폐기물 감량과 재활용 확대를 위한 근본적인 해결책이라는 데 인식을 같이하고 동 제도를 도입하여 많은 성과를 거두고 있다. 우리나라도 이 제도의 시행에 따라 EPR 대상품목의 재활용량은 2012년 1,519,000톤으로 2002년 938,000톤에 비해 약 62% 증가하는 등 재활용산업의 양적 성장을 이루었다. 그러나 회수율 저조 및 재활용 허위 실적 제출 등 생산자책임제도의 문제점을 개선 및 보완하기 위하여 '자원의 절약과 재활용촉진에 관한 법률'을 2013년 5월에 개정하였다.

② 생산자책임 재활용제도의 시행 절차

첫째, 환경부장관은 제품·포장재별로 출고량과 분리수거량 등을 기초로 품목별 재활용 의무율을 산정, 관계부처 협의를 거쳐 고시하게 되며 개별 재활용의무생산자는 제품출고량과 고시된 재활용의무율에 따른 의무량을 부담하게 된다. 그리고 의무생산자는 재활용의무를 공동으로 이행하기 위하여 분담금을 재활용사업공제조합에 내야 한다.

둘째, 각 재활용의무생산자는 재활용의무량을 이행하기 위한 계획서를 환경부장관에게 제출하여 승인을 받아야 한다. 이 때 의무생산자는 공제조합을 통하여 의무를 이행할지, 직접 회수·재활용하거나 개별 위탁을 통하여 재활용의무를 이행할 것인지 등 구체적인 의무이행 방법을 결정하여야 한다.

셋째, 각 재활용의무생산자는 재활용의무를 이행하고 그 결과보고서를 제출하여야 하며, 최종적으로 환경부장관은 재활용의무이행 결과보고서를 확인・조사하여 의무를 적정하게 이행했는지 여부를 확인하고 의무를 이행하지 않은 것으로 확인될 경우 그 미이행 수준에 해당하는 부과금을 생산자에게 부과하게 한다. <표 6-18>은 생산자책임 재활용제도의 시행 절차를 보여 준다.

표 6-18 생산자책임재활용제도의 시행 절차

12월 까지	품목별 재활용의무를 고시	환경부 장관	법 제17조 제1항 시행령 제22조
1월	재활용의무이행계획서 제출	공제조합, 의무생산자 → 공단	법 제18조 제1항 시행령 제24조
2월	재활용의무이행계획서 승인	공단 → 의무생산자, 공제조합	법 제18조 제1항 시행령 제25조
1~12월	재활용의무이행	의무생산자, 공제조합	법 제16조 제1항, 제3항, 법 제29조
4월 15일	제품 · 포장재 출고실적제출	생산자 → 공단	시행령 제22조 제2항 시행규칙 제13조
4월 30일	재활용의무이행 결과 보고서 제출	공제조합, 의무생산자 → 공단	법 제18조 제2항 시행령 제26조 시행규칙 제17조
6월 30일	재활용부과금 고지	재활용의무량 미달성 의무생산자 및 공제조합	법 제19조 시행령 제28조 제3항 시행규칙 제18조
7월 20일	재활용부과금 납부	–	법 제19조 시행령 제28조 제4항

자료: 환경부, 『환경백서』(2011), p. 558.

③ 생산자책임 재활용제도 대상 품목

2003년 처음 도입 시 최초의 대상품목은 기존의 예치금 품목을 중심으로 하면서 지속적으로 재활용이 가능한 품목으로 새롭게 추가하여 결정했다. 2007년에는 화장품을 추가했으며, 2008년부터는 '전기・전자제품 및 자동차의 자원순환에 관한 법률'의 시행으로 망간전지, 알칼리망간전지와 니켈수소전지를 추가하고, 2009년에는 일회용 봉투 등 필름류 포장재를 추가하였고 2010년에는 양식용 부자, 윤활유용기 등을 추가하였다. 또한 2008년부터는 EPR품목 중 전지 및 전자제품이 동 법률의 관리 대상으로 전환되면서 유해물질 사용규제 등 사전관리가 한층 더 강화되었다. <표 6-19>는 생산자책임재활용제도 대상 품목이다.

표 6-19 생산자책임재활용제도 대상 품목

대상 품목	제품	타이어, 윤활유, 전지(수은전지, 산화은전지, 니캘카드뮴전지, 리튬 1차전지, 망간 · 알카리망간전지, 니켈수소전지), 형광등, 전자제품(TV, 컴퓨터, 냉장고, 에어컨, 세탁기, 휴대폰, 오디오, 프린터, 복사기, 팩시밀리), 양식용부자
	포장재	음식료품, 농 · 수 · 축산물, 세제류, 의약품, 화장품류 등의 포장에 사용된 금속캔 · 유리병 · 종이팩 · 합성수지포장재

자료: 환경부, 『환경백서』(2013), p. 306.

(2) 재활용산업 육성 및 공공 재활용 기반시설 설치 확충

환경부는 국내의 취약한 재활용산업을 육성하기 위해 재활용업체의 시설설치자금, 경영안정자금 및 기술개발자금 등의 장기 저리로 융자지원책을 실시하고 있다. 또한 재활용 가능 자원의 회수량이 크게 증가함에 따라 재활용 집하 · 선별장 등 지자체의 공공 재활용 기반시설을 현대화 시설로 대체 · 확충하여 재활용품의 신속하고 효율적인 처리를 통한 재활용률을 제고하고자 2000년부터 공공 재활용 기반시설 확충사업을 추진하고 있다.

(3) 전기 · 전자제품 및 자동차에 대한 환경성보장제 추진

EU 등 선진국은 제품의 설계 단계부터 폐기 단계까지 제품의 전 과정에 걸쳐 환경영향을 줄일 수 있는 통합제품정책(Integrated Product Policy: IPP)으로 전환하고 있으며, 특히 소비량이 급증하고 중금속 등 유해물질이 포함되어 있는 전기 · 전자제품 및 자동차에 대한 재활용정책을 강화하고 있다. 2001년 EU에서는 전기전자제품과 자동차를 대상으로 제품과 제품폐기물의 위해성 저감 및 재활용 촉진에 대한 3종의 지침을 발표했으며, 이를 통해 제품의 제조자와 수입업자에게 제품으로부터 특정 유해물질을 제거하고 발생된 제품 폐기물을 일정 비율 이상 회수 · 재활용하도록 의무를 부과했다. 우리나라의 경우, 2007년까지는 전기 · 전자제품 및 자동차에 대한 사전 재활용성 제고 및 유해물질의 사용 제한을 위한 관리지침을 시행했으나 실효성이 미흡했고, 사후관리는 전자제품에 대해서만 생산자책임 재활용제도를 통해 이루어져 왔다. 이의 실효성을 높이기 위해 '전기·전자제품 및 자동차의 자원순환에 관한 법률'을 2007년 4월에 제정하여 시행하고 있다. 이 제도의 도입으로 전기·전자제품 및 자동차의 유해물질이 저감되고 재활용 여건이 개선될 뿐만 아니라 개발도상국들로부터 수입되는 유해한 제품의 수입 억제로 국내 환경을 보호하고, 내수시장에서 국내 제품의 경쟁력을 제고함은 물론 재활용시설 설치 및 재활용 기술 개발을 촉진하는 국내 시스템이 마련될 것이며 유해물질 처리 비용 절감, 재활용률 증가, 프레온가스 회수 및 처리, 매립비용 절감 등으로 많은 경제적 효과가 발생할 것으로 예상된다.

(4) 폐자원 이용의 촉진

재활용 가능 자원을 효율적으로 이용하기 위해 종이제조업, 유리용기제조업, 제철 및 제강업, 플라스틱제품 제조업을 자원재활용 가능 업종으로 지정하여 일정 생산규모 이상의 중점관리대상 사업자는 연차별로 제품 생산에서 폐자원을 일정 비율 이상 제품 원료로 사용하도록 의무화하고 있다. 그 결과 2009년도에는 폐지 90.0%, 폐유리 72.4%, 폐철캔 48.9%가 각각 제품의 원료로 사용되었다.

또한 생산·건설·토목 공사장 등에서 발생한 부산물 중 재활용이 특히 필요한 부산물 배출자인 지정 부산물 배출사업자는 지정 부산물(철강 슬래그, 석탄재, 콘크리트 덩이, 아스팔트 콘크리트 등)을 일정 비율 이상 재활용하도록 하고, 지정 부산물의 재활용 촉진을 위해 재활용시설을 갖추고 지정 부산물의 재활용을 위한 기술개발에 노력하도록 규정하고 있다. 2009년도에는 지정부산물 중 철강 슬래그 99.8%, 석탄재 64.0%가 재활용되었다.

4) 음식물류 폐기물 자원화 정책

음식물류 폐기물로 인한 경제적 손실과 환경오염문제는 실로 크다. 따라서 발생량 자체를 원천적으로 줄이는 것이 최선의 방법이고, 어쩔 수 없이 발생된 폐기물은 처리 과정에서 발생되는 환경오염 문제를 최소화하고 재활용 가능한 것은 자원화하는 것이 필요하다. 정부는 음식물류 폐기물 관리정책의 기본 방향으로 발생량을 줄이는 데 정책의 최우선 순위를 두고 추진하고 있으나, 이러한 감량화 노력에도 불구하고 불가피하게 발생하는 음식물류 폐기물은 유기성 자원으로 재활용을 적극 추진하고 있다. 2004년부터 2008년까지는 발생량이 소폭 증가해오다가 2009년부터 감소 추세를 보이고 있다. 2011년도에는 음식물류 폐기물이 전체 생활폐기물 발생량의 27.7%를 차지함에 따라 아직도 상대적으로 점유율이 높게 나타나고 있다. 음식물류 폐기물에는 유기물과 영양분을 많이 포함하고 있어 사료와 퇴비로서의 이용 가치가 충분하므로 사료용 양곡 및 원료의 수입 의존도가 95%에 이르는 우리나라 실정을 감안하여 유용한 자원으로 최대한 활용하여 자원재순환 사회를 구축할 필요가 있다. 환경부는 그간 음식물류폐기물의 자원화를 촉진하기위한 제도적인 노력으로 2004년 음식물류폐기물 종합대책 등 중장기 대책을 수립・추진한 결과 2011년 음식물류 폐기물 발생량(13,537톤/일)의 95.3%를 사료・퇴비 등의 재활 원료로 사용하고 있다. 또한 2013년부터는 재활용과정에서 발생되는 폐수 중 해양으로 배출되는 폐수를 전량 육상처리로 전환하여 해양환경 보전에 기여하고 있다. 향후 음식물류 폐기물의 자원화를 촉진하기 위하여 국고 보조를 통한 음식물류 폐기물 공공자원화 시설 설치 및 운영・관리강화가 필요하다. 이를 위해 차량구입 및 민간의 자원화 기술개발 등 자원화에 필요한 인프라 구축에 더욱 지원을 확대해 나가야 할 것이다.

5) 건설폐기물 재활용 촉진정책

건설폐기물은 2007년 이후 최근까지 지속적인 증가 추세를 보이고, 점유율도 전체 폐기물 중 47.3%를 차지하고 있다. 건설폐기물은 신도시 건설, 재건축・재개발, 주거환경 개선 등의 활성화로 급격히 증가할 것으로 예상된다. 2003년 약 5천 3백만 톤에서 2012년에는 약 6천 8백만 톤에 이른다. 이는 전체 사업장폐기물 발생량의 절반이상을 차지하는 양이다. 건설폐기물은 정부의 재활용정책에 힘입어 2012년에는 97.3% 수준까지 증가했으나 재활용 용도는 대부분 성토・복토 등 단순 용도로 활용되고 있는 실정이다. 사용자의 부정적인 인식과 사용 기피로 도로 기층용(基層用)이나 콘크리트용 골재 등과 같은 부가가치가 높은 부문의 실질 재활용률은 약 32.5%에 불과하다. 앞으로 건설폐기물을 친환경적으로 처리하고 폐자원을 고부가가치 용도로 재활용할 수 있는 제도적 기반을 마련하고, 현재 시행 중에 있는 순환골재 품질인증제도가 정착될 수 있도록 수요처 기반 마련에 힘쓰고 건설 분야 전반의 재활용정책을 환경부와 국토교통부가 상호 조정정책을 통해 재활용 효율을 극대화시켜 나가야 할 것이다.

6) 폐기물 에너지화 정책

세계는 산업혁명 이후 화석연료 사용의 급증으로 지구 기후 변화에 따른 환경(생태계)과 경제위기 그리고 인간 생활양식 전반에 광범위한 파급 효과가 예상되고 있다. 특히 화석연료 에너지원의 사용 가능 연수가 급격히 줄어들고, 미국 지질연구소에 의하면 세계 석유 매장량이 3조 배럴로 추정하여 오일 피크(oil peak)가 2037년으로 보고 있다. 국제 유가의 경우 2007년 하반기부터 가파른 상승을 보이기 시작했다. 우리나라는 화석연료 수입이 97%, 석유소비 세계 7위(경제 규모 13위) 국가로 세계 1위의 이산화탄소 배출국가(IEA, CO2 Emissions From Combustion Highlights, 2011 Edition)이다. 1990년 이후 연평균 온실가스 배출증가율이 4.7%로 OECD 국가 중 1위를 기록하는 등 온실가스 의무감축 국가로 편입되어야 한다는 국제사회의 압력을 받고 있다. 따라서 한국은 환경, 경제, 에너지 3중고의 위기를 동시에 겪고 있다. 이의 극복을 위해서는 화석연료와 천연가스 같은 1차 에너지를 대체할 수 있는 신·재생 에너지를 확대 생산·보급함으로써 에너지의 수입 의존율을 줄여나갈 방안 마련이 절실하다. 2011년 기준으로 국내 총 1차 에너지 대비 신·재생 에너지의 비율은 2.75%에 불과하다. 현재 신·재생 에너지 생산량의 67%가 폐기물에서 산출되고 있고, 생산단가 또한 태양광의 10%, 풍력의 66% 수준으로 저렴하여 폐기물 에너지화는 신·재생 에너지 보급·확대를 위해 가장 비용 효과적이고 조기에 실현할 수 있는 방안으로 제시되고 있다.

폐기물의 에너지화는 초고유가 시대 대응뿐만 아니라, 화석연료를 대체하고 온실가스 발생을 줄임으로써 '지구온난화 지수(이산화탄소의 21배)'로 인한 기후 변화에 대응할 수 있는 가장 유력한 수단으로 등장하고 있다. 최근 국제적으로도 가연성 폐기물의 고형 연료화(RDF)와 유기성 폐기물의 바이오가스화 등 폐기물 에너지화로 온실가스를 감축하려는 노력이 활발하다. 우리나라의 경우 음식물 쓰레기 재활용 과정에서 발생되는 음폐수, 하수 및 폐수 슬러지, 가축 분뇨 등 유기성 폐기물의 해역 배출량이 2011년도 기준, 1일 약 2만 톤에 달한다. 해양환경 보전 및 수산물 안전을 위해 이러한 유기성 폐기물 중 하수 슬러지 및 가축 분뇨가 2012년부터, 음폐수는 2013년부터 해역 배출이 금지됨에 따라 이들의 육상 처리 전환 대책이 시급한 실정이다. 그러나 이들을 매립 처리하고자 할 경우 매립지의 안전과 악취 등의 문제로, 소각 처리의 경우 다이옥신 등 대기오염과 높은 처리 비용 등의 문제로 어려움이 많다. 따라서 육상 처리 대체 수단으로 매립·소각 처리보다는 유기성 폐기물 바이오가스화 등을 통한 신·재생 에너지의 생산과 온실가스 감축 등의 생산적 처리 기회로 적극 활용할 필요가 있다.

지금 우리는 폐기물 에너지화의 초보 단계에 있고, 그간 정부 폐기물 관리정책도 물질 재활용 위주의 정책 추진으로 에너지화에는 소극적으로 대응해 왔다. 앞으로 좀 더 적극적인 에너지화를 위해서는 선진국과 같이 가연성 폐기물을 이용한 고형연료(RDF) 생산 및 전용 발전, 유기성 폐기물의 바이오가스화를 통한 전력 생산·정제 이용 등의 사업을 확대할 필요가 있다. 현재 환경부가 추진하고 있는 저탄소 녹색성장정책의 일환으로 「폐기물 에너지 종합대책」수립을 통해 지속적인 시설 투자, 기술 개발 및 CDM(Clean Development Mechanism) 사업의 활성화로 폐기물 에너지화의 선진화 실현이 이루어져야 한다.

5 폐기물의 안전처리 정책

폐기물을 효율적으로 처리하는 일은 쉬운 것이 아니다. 무엇보다도 우선 폐기물이 발생되지 않도록 최소화하는 것이 가장 중요하고, 다음으로 경제활동으로 불가피하게 발생된 폐기물을 적절히 안전 처리하는 방법이다. 폐기물의 최종 처분 방법으로는 소각하거나 매립하는 방법이 있으며, 이러한 과정에서 대기·수질·악취 등의 환경문제가 발생하기 때문에 처리장의 입지를 확보하는 일이 매우 어려운 문제로 대두되고 있다.

1) 매 립

우리나라의 폐기물 처리는 1995년까지는 주로 매립에 의존해 왔으나 쓰레기 종량제 실시 및 재활용 정책에 힘입어 이제는 폐기물 처리구조가 크게 바뀌었다. 1995년도에 생활폐기물 전체의 72.3%를 매립했는데 2012년도에는 15.9%로 4배 이하로 줄어들었고, 반면 재활용이 59.1%로 크게 증가했다. 또한 2012년도의 전체 폐기물 처리 비율을 보면 재활용이 무려 84.4% 증가한 반면 매립은 8.8%로 매우 낮다. 폐기물 매립시설로는 2개 이상의 시·군에서 통합하여 운영하는 광역위생매립시설, 시 지역에서 운영하는 단독 매립지 및 군 지역의 쓰레기를 처리하는 농어촌 폐기물 종합 처리시설이 있다.

전국적으로 폐기물 매립시설은 2012년 말 기준 총 288개소이며 시설 용량은 1,530만 톤이다. 수도권 매립지의 경우 제1 매립장이 종료되어 사후관리를 하고 있다. 앞으로 소득 수준의 향상으로 생활양식의 변화에 따라 불연성 폐기물보다는 음식물·채소류 등 가연성 폐기물의 발생량이 지속적으로 늘어날 것이다. 우리의 음식물류 쓰레기는 자체가 수분 함량이 높아 다른 폐기물에 비해 관리와 처리가 쉽지 않다. 특히 국토가 좁아 매립지의 확보가 쉽지 않고, 매립지가 확보되었어도 계획과 실행의 미숙으로 침출수와 장마 등으로 인해 근처의 토양과 수질오염을 야기할 수 있다. 또한 매립의 기술성이 제고되었음에도 불구하고 운반 처리 과정의 문제점과 혐오시설이라는 선입관이 많은 사회적 갈등을 야기하고 있다. 가급적 사회적 비용을 줄이는 방향으로 매립의 안정성을 확보하는 것이 매우 중요하다고 볼 수 있다.

2) 소 각

폐기물을 최종 처리하는 또 하나의 방법은 소각하는 일이다. 폐기물의 소각 처리는 폐기물을 감량화하여 매립에 필요한 면적 소요를 줄일 수 있는 점과 유기물 쓰레기를 연소시켜 에너지로 이용할 수 있는 장점이 있다. 이런 이점에 따라 일부 선진국은 폐기물 소각 기술 개발과 시설 투자에 많은 정책적 비중을 두고 있다. 특히 우리나라는 국토가 좁고 인구가 많아 열 소모량이 높기 때문에 소각 기술 개발에 신경을 써야 할 것이다. 그럼에도 불구하고 우리는 소각 기술 부족에 따른 유독가스 발생, 시설비 확보의 어려움, 그리고 소각장 입지에 대한 지역 주민의 반대에 부딪혀 소각장 건설 자체에 어려움을 겪고 있다. 이런 이유로 현재 우리나라에서 발생되는 폐기물의 소각 처리율은 다른 선진국에 비해 매우 낮다. 일본, 네덜란드, 스위스, 독일, 스웨덴 등 환경 선진국은 30~70% 정도의 높은 소각 처리율을 나타내고 있다. 2012년도 우리나라의 전체 폐기물 중 소각이 6.0%에 불과하며, 생활폐기물 중에서는 25.0%를 소각 처리했다.

2012년 말 기준 생활 및 사업장 폐기물 소각시설은 총 522개이며 시설용량은

32,130(톤/일)이다. 2006년 1월부터 시간당 소각 능력 25kg 이상 200kg 미만의 소각시설도 다이옥신 배출 기준 적용을 받게 됨에 따라 많은 소각시설의 폐쇄가 이루어져 2010년도 시설 수 672개소에서 2012년도 552개소로 감소되었다. 우리가 여기서 주의할 것은 소각 처리 비율이 매우 낮지만 이에 따른 문제점 또한 적지 않다는 것을 잊어서는 안 될 것이다. 특히 소각 처리 과정에서 발생되는 다이옥신 계열의 유해가스는 대기를 오염시킬 뿐만 아니라 대기 중에 퍼져나가 희석되며 흙이나 식물, 물속으로 들어와 먹이사슬을 통해 사람의 몸으로 도달하게 된다. 다이옥신은 약 75가지 종류의 형태가 있고 가장 독성이 강한 것은 사염화 디벤조-파라-다이옥신이다. 다이옥신은 자연계에서 한 번 생성되면 잘 분해되지 않고 안정적으로 존재한다. 몸으로 들어오면 잘 배설이 되지 않고 지방조직에 축적되어 장기적으로 건강장애를 일으키는 것으로 알려져 있다. 다이옥신은 강력한 발암물질로 폐암, 간암, 혈액암 등을 일으킨다. 또한 생식 기능을 현저히 떨어뜨리며 면역 기능을 손상시켜 여러 가지 질병에 잘 걸리게 하는 것으로 보고되고 있다. 불임이 되기도 하고 신생아는 장애, 기형, 정신지체 등의 원인이 되기도 한다.

소각에 따른 이런 많은 부작용을 고려하여 독일의 경우는 소각장 시설을 중단하는 정책을 지향하고 있다. 1995년 독일 연방환경성 환경보고를 보면, 1995년 기준 52개소 소각시설로 1,000만 톤을 처리할 수 있으나, 2005년 발생 폐기물을 고려한다면 40~80개소의 소각시설이 더 필요하다. 그런데 독일환경성은 퇴비화로 1,800만 톤의 50%를 감량하면 소각량은 900만 톤으로 현재의 소각시설 52개소에서 완전 처리할 수 있다는 것이다. 즉 새로운 소각로를 건설하지 않아도 된다. 이와 같이 독일의 일반폐기물 연간 배출량을 2015년까지 발생 억제와 재활용 그리고 퇴비화에 의해 폐기물을 감량화하고 소각로 건설을 최대한 억제하는 정책을 지향하고 있다. 앞으로 우리는 소각에 따른 에너지 확보, 유독성 가스 발생에 따른 문제점 등을 잘 고려하여 소각 기술의 선진화를 바탕으로 에너지 확보에 도움이 될 수 있는 소각정책 방향이 이루어질 수 있도록 해야 할 것이다.

3) 폐기물 적법처리 시스템 구축

'폐기물적법처리시스템(Allbaro 시스템)'은 배출자, 운반자, 처리자 및 행정기관 사이에 유통되는 폐기물 인계서를 인터넷상에서 전자정보 형태로 처리하여 이미 구축된 업체의 인·허가정보와 폐기물 인수·인계정보를 취합·대조·분석함으로써 사용자들은 자신의 폐기물 인계정보와 처리 상황, 처리 결과를 수시로 조회할 수 있으며, 행정기관은 폐기물의 이동이 적법하고 투명하게 이루어지는지를 실시간으로 확인하여 폐기물의 부적정 처리를 방지하도록 하고 있다. 2002년 9월 시스템이 본격 운영된 이래 폐기물 관리의 투명성 제고를 위하여 사업장 폐기물 배출·운반·처리 시 동 시스템을 사용하도록 단계적으로 확대한 결과 2012년 말 기준 약 33만여 개 업체에서 시스템을 사용하는 한편, 연간 900만건 이상의 전자인계서가 발행되어 전국 사업장폐기물 발생량의 대부분인 약 1억 2,300여 만톤의 폐기물이 전자정보로 관리되고 있다. 이외 방치폐기물·의료폐기물·수출입폐기물·영농폐기물 수거처리 등 이들 안전처리를 위하여 환경부는 다양한 방안을 강구해 나가고 있다.

제 4 절 우리나라 폐기물 관리정책의 과제

대량 생산-대량 소비-대량 폐기로 이어지는 현대 사회의 생산·소비구조와 편리함 추구에 따라 발생한 자원의 고갈과 환경오염이라는 부작용은 현재를 사는 우리뿐만 아니라, 미래 세대의 삶의 질을 악화시키는 근본적인 요인이 될 것이다. 폐기물 정책의 최종적인 목표는 폐기물을 최소화하고 불가피하게 발생된 폐기물을 재활용하며, 그 나머지를 안전하게 처리함으로써 환경을 보전하고 모든 국민이 쾌적한 환경 속에서 살아갈 수 있도록 함에 있다. 근래에 와서 선진국들은 생산 및 소비 패턴의 변화를 유도하여 환경오염을 원천적으로 저감하려 하고 있다. 이러한 관점에서 폐기물 정책은 생산 과정, 제품, 포장 등의 단계에서 폐기물의 발생을 억제하는 데에 비중을 두고 생산자책임 재활용 시스템 중심의 폐기물정책을 추진해 나가고 있다.

또한 우리나라는 외국 여러 나라에 비해 주어진 환경과 여건이 다르다. 즉 우리의 경제는 계속 성장할 것으로 전망되고, 그로 인해 자연자원과 에너지 사용 증가율은 세계 대부분의 국가들보다 높을 것으로 예측된다. 결과적으로 생활폐기물과 사업장 폐기물의 발생량은 지속적으로 증가할 것이다. 따라서 기존의 환경오염 예방 중심과 단순히 발생된 폐기물을 처리하는 수준을 넘어서 '환경적으로 건전하고 지속 가능한 발전'을 이념으로 하는 우리에게 적합한 자원순환형 사회의 정착이 필요하다. 이러한 가운데 가용 토지자원의 부족, 지방화 시대에 따른 님비 현상 팽배, 국제 환경 규제의 강화 등으로 인해 정책 수단이 크게 제약을 받을 수밖에 없다. 이에 더하여 국민의 환경 질에 대한 기대 수준이 높아지기 때문에 좀 더 적극적인 폐기물 관리정책이 요청된다.

1 지속 가능한 폐기물 통합관리 지향

지속 가능성을 고려하여 폐기물을 관리하지 못할 경우 사회적·경제적·환경적 외부 요인에 의해 정책 추진 여건이 매우 악화될 우려가 있다. 지속 가능성 제고를 위해 폐기물이 가진 자체 특성인 물질량(폐기물 감량화), 가치(폐기물 자원화), 영향(폐기물 위해성) 등에 대한 관리뿐만 아니라 외부영향력 요인인 환경적 요인(처리시설 및 관리 체계 선진화), 경제적 요인(폐기물관리 국제화 및 폐기물 재활용산업 육성), 사회적 요인(고객 지향적 폐기물 관리 체계 구축) 등을 적극적으로 관리할 수 있는 통합적 시스템 관리가 필요하다.

2 국토 보전적 폐기물관리 인프라 구축

우리나라의 폐기물관리 기반 및 여건을 살펴보면, 우선 자연적 여건으로 국토(남한) 면적이 약 99,646㎢으로 1인당 면적이 2,072㎡(628평)에 불과하여 매립 방식의 폐기물 처리는 근본적으로 한계가 있다. 단위 면적당 폐기물 발생량도 연간 171톤/㎢으로 OECD 국가 중 상위에 속한다. 또한 매립 방식은 자연환경 훼손, 가용 토지자원 잠식을 초래하고 과다한 사후 환경관리 비용이 소요된다. 그뿐만 아니라 연평균 강수량이 1,245㎜로 이 중 여름철에 2/3 가량 집중되어 매립지 침출수 처리 등에도 많은 어려움이 따른다. 사회·경제적 여건을 보면 1인당 생활폐기물 발생량은 선진국 수준으로 감소되었으나 높은 인구밀도(486인/㎢), 서비스 중심의 산업구조(서비스 73%, 광공업 19%, 농림어업 8%)로 인해 단위 면적당 생활폐기물 발생량이 480kg/

일로서 미국(63kg), 일본(372kg)보다 과다하다. 또한 인구의 80% 이상이 도시생활을 하고 있어, 도시형 생활양식에서 비롯되는 포장 폐기물 등 유통·소비 관련 폐기물이 많은 비중을 차지할 것이며, 지속적인 성장에 따른 국민소득 증가, 신도시 건설, 도시재개발(도시재생사업) 등으로 건설폐기물 등이 증가할 것으로 보아 근본적으로 매립 처리 방식은 한계가 있다.

이런 한계를 극복하기 위해서는 폐기물 최소화와 자원화 정책에 중심 초점을 맞추면서 또 한편 국토 이용의 생태적 효율성을 높여가는 국토보전적 폐기물 관리 인프라 구축정책이 필요하다. 즉 자치단체별 지역 특성을 반영한 폐기물정책의 탄력적인 추진과 함께, 지역 간 공동처리 및 시설별 공동이용 체제 확대가 필요하다. 따라서 향후에는 국토계획, 지역계획, 도시계획 등 각종 계획의 수립 시에 도시환경계획과 연계하여 폐기물 매립장, 소각시설, 종합적 폐기물 처리시설 등의 입지를 포함하도록 하고, 나아가 폐기물의 수거·운반·처리가 좀 더 효율적으로 이루어지도록 토지 이용 및 교통 체계를 갖추어야 한다.

3 생태효율성의 극대화를 지향하는 폐기물관리

현대 사회에서는 사람이 살아나가는 데에 필요한 물질과 에너지가 한 공동체의 밖으로부터 안으로 유입되고, 공동체 안에서 필요한 물품을 생산하고, 그 안에서 물품이 소비되거나 이용가치를 잃어버리면 폐기물로 버려지게 된다. 폐기물 문제의 해결책은 이러한 과정과 흐름에서 찾아야 한다. 폐기물의 발생이 적으려면 먼저 유입되는 자원의 양이 적어야 하고, 경제가 건강하여 배출되는 폐기물의 양이 적어야 하며, 일단 배출된 폐기물은 재활용·재이용으로 최대한 자원으로 회수하고 그 나머지는 처리 과정에서 에너지 자원화 및 안전하게 처리해야 한다. 이는 종전의 환경과 경제를 통합하는 환경관리에서, 환경과 경제, 그리고 에너지를 통할하는 21세기 자원순환형 사회의 패러다임이라 볼 수 있다. 다시 말하면 자연 생태계가 갖는 생태적 효율성[1)](ecological efficiency)이 극대화되어야 하는 것이다.

1) 생태효율성이란 환경 성과와 경제적 성과인 가치의 비율로 정의 되며(가치/환경영향), 우리의 경제활동, 즉 성장을 추구하는 데 물·공기·가용 토지·에너지 등 생태자원을 가장 적게 효율적으로 사용하

원천적으로 에너지와 자원의 낭비가 많고 환경 부하가 큰 생산 공정과 소비 관행에서 환경에 부담이 적고, 자원 이용 효율이 높은 환경 친화적인 생산 및 소비 패턴으로 바꾸어 나가야 한다. 기업은 환경 친화적인 생산 공정과 생산 기술을 채택하고, 내구성이 크고 사용 도중에나 폐기할 때에도 환경오염을 덜 야기하는 상품을 만들 뿐만 아니라, 배출되는 폐기물은 최대한 재활용하여 폐기물 오염을 줄일 수 있도록 해야 할 것이다. 일반 국민도 의・식・주 생활을 쓰레기 배출이 적은 방식으로 바꾸어 환경 친화적인 제품을 사용하고, 쓰레기의 발생이 적어지도록 노력하며, 배출되는 쓰레기는 분리하여 수거할 수 있도록 협조함으로써 공동체의 환경이 더 나아지도록 행동해야 한다. 이러한 내용이 리우회의에서 채택한 '의제21'의 핵심 내용이며 '지속 가능한 개발'의 기본 정신이다.

4 폐기물 처리기술 및 에너지 자원 개발・보급

우리나라의 폐기물 처리・처분 기술은 선진국의 30% 수준이고 폐기물 자원화 기술의 경우 70% 정도인 것으로 평가되고 있다. 환경기술의 개발은 환경 친화적 생산체제의 구축 또는 환경 친화적 산업구조로의 전환뿐만 아니라 폐기물 문제의 해결을 위해서도 반드시 이루어야 하는 중요한 과제이다. 아직도 폐기물정책의 추진에서 가장 문제점으로 대두되고 있는 것이 폐기물 처리시설의 입지에 대한 지역 주민의 반발이며, 그 이유 중의 하나가 완벽한 처리가 이루어지지 못하는 데서 기인하는 지역의 환경 질 악화이다. 쓰레기 매립장에서 가장 기초적이라 할 수 있는 위생 매립과 침출수의 적정 처리가 제대로 이루어지지 않는 경우가 많고, 소각로의 경우도 악취와 다이옥신 배출 문제로 지역 주민의 심한 저항을 받고 있다. 특히 소각처리는 최근 완만한 상승세를 보이고 있고 처리율은 상대적으로 낮지만 위해성이 매우 크기 때문에 고도의 기술적 관리가 필요하다. 따라서 폐기물의 소각 기술, 위생 매립 및 침출수 처리 기술, 폐기물의 재이용・재활용 기술, 폐기물의 퇴비화 및 소각・매

여 가장 큰 경제적 성과를 창출하고, 그 과정에서 발생하는 오염물질의 발생을 최소화하는 것이다. 즉 생태효율성 향상은 자원 이용의 효율성을 최대화하고 환경 부하를 최소화하는 것으로 녹색성장의 중심 키워드로 볼 수 있다.

립 처리 과정에서의 에너지화 기술 등의 개발에 집중적 투자가 이루어져야 할 것이다.

5 지구 환경보전을 위한 적극적인 대응

종래에는 UNEP, OECD 등 국제기구에서 폐기물 문제를 해당 지역에 국한된 국지적 개별 국가의 문제로 간주하고 이에 대해 매우 소극적이었다. 그러나 현재 선진 공업국을 중심으로 발생하고 있는 막대한 양의 유해 폐기물은 수출 등의 명목으로 개도국으로의 국제적 이동이 이루어지면서 전 세계적인 환경문제로 대두되고 있다. 특히 1980년대 들어와서는 선진 공업국가에서 발생·배출된 유해폐기물이 개도국으로 불법적으로 수출·폐기된 사건을 포함해서 몇몇 심각한 관련 사건들이 발생하면서 폐기물에 관한 국제 규범의 필요성이 더욱 부각되었다. 유해 폐기물의 국제 교역을 규제하는 '유해 폐기물의 국가 간 이동 및 그 처리 통제에 관한 바젤협약'이 채택되어 1992년 5월에 발효되었다. 1992년 UN, 환경개발회의가 지구환경의 보호 의지를 결의하면서 이제까지의 생산·소비 패턴을 바꾸는 것이 결국 지구의 유한한 자원을 절약하고 인류의 번영과 지구환경 보호의 지름길이라는 인식을 갖게 되었다.

이에 따라 국제사회는 기업의 환경관리 체제(environmental management system), 제품의 생애 전주기 분석(life cycle analysis), 환경 친화적인 상품의 표시(ecolabelling) 등에 대해 광범위하게 논의하기 시작했다. 더구나 국제표준화기구(ISO)가 환경 친화적 기업 경영, 상품 등의 국제표준화 작업을 추진함으로써 앞으로는 이러한 표준에 적합하지 않는 제품은 국제시장에서 생존할 수 없는 사태가 올 것이 예상된다. 기후변화협약, 런던협약 등 국제협약과 국제환경규제에 적극적으로 대응할 필요가 있고, 동북아 국가 간 지역 국제 협력 체제 기반 구축에도 교류 및 협력을 강화해야 할 것이다. 즉 경제도 살리고 환경의 질도 높이기 위해 우리는 이러한 국제적 움직임에 맞추어 우리의 사고를 전환하고 일상생활과 생산방식을 환경 친화적이고 자연생태계의 순환 원리에 부합되는 방식으로 바꿔 나가야 한다.

제 7 장 토양과 환경

제 1 절 토양환경의 구성과 특성

1 토양의 구성 성분

토양을 한마디로 정의하기란 어렵지만 간단히 표현한다면 지구의 생성과 함께 지구 위의 모든 생물체 및 무생물체를 지지하고 있는 물체로서 지표면을 얇게 덮고 있으면서 가볍게 결합해 있는 천연의 물질이며, 암석의 풍화 생성물과 동식물의 사체가 분해되어 잔류한 유기물의 혼합물이라 할 수 있다. 토양은 공기, 물과 더불어 사람뿐만 아니라 동·식물 및 토양 생명체의 생존 기반이라는 절대적 기능을 지니고 있는 생태계의 주요 구성 요소이다. 인위적으로 토양을 생성 발달시킨다는 것은 불가능한 일이며, 자연적으로도 오랜 기간이 필요하다.

토양을 구성하고 있는 성분은 크게 무기질, 유기물, 생물체, 토양 용액, 토양 공기 등으로 분류할 수 있다. 무기질은 토양을 구성하고 있는 광물을 포함할 뿐 아니라 콜로이드 입자나 미량 원소를 포함한다. 토양원소의 조성은 지형, 기후, 시간, 인간 활동 등의 영향을 받아 지역에 따라 각기 다른 조성을 보이지만 조사된 원소의 평균 조성을 보면, 토양 중에는 산소(O)와 실리카(Si), 알루미늄(Al), 철(Fe) 등이 가장 높은 점유율을 보이고 있다. 유기물은 동·식물의 사체에서 분해되어 생성되며 토양의 성질을 특정짓는 데 매우 중요한 역할을 담당하고 또한 토양 비옥토(肥沃土)의 척도 및 토양의 생산성과도 깊은 관계가 있다. 생물체는 토양 중에서 생식하는 미생물을 포함한 지렁이 두더지와 같은 생물 및 식물이나 나무의 뿌리를 포함하며 엄밀한 의미에서는 토양의 구성 성분이라 할 수 없으나 전체적인 토양을 놓고 볼 때는 그 일부로서 존재한다. 물과 공기는 토양의 공극 사이를 채우고 있는 부분으로 이들 또한 토양의 화학성에 큰 영향을 미치는 요소라 할 수 있다.

2 토양의 생성 과정

토양 생성의 시작이 풍화(weathering)작용이다. 즉 암석의 표면이 대기권에 노출되면 이들은 여러 가지 물리·화학·생물학적인 작용을 받으면서 작은 입자상 물질로 변해 간다. 이러한 작용을 풍화작용이라고 하고, 이들 작은 광물질 입자가 오랜 기간 동안 기후와 식생의 영향으로 흙의 형태를 갖추게 되는 것을 토양 생성작용이라 한다.

[그림 7-1]은 토양의 생성 과정을 나타내 주고 있다. 암석으로부터 토양을 생성시켜 나가는 데는 다양한 요인에 의해 영향을 받게 된다. 19세기 말 러시아의 도쿠차예프(Vasilii Vasil'evich Dokchaev, 1846-1903)[1]는 토양 생성에 관한 연구를 하면서, 토양 생성에 크게 관계되는 공통적인 다섯 가지 조건에 주목하고 이를 토양 생성 인자라고 명명했다. 이에 따른 토양 생성 인자는 모재(母材),[2] 기후, 생물, 지형, 시간을

---

1) 근대 토양학의 원조로서 러시아 스몰렌스크 출생. 1872년 페테르부르크대학을 졸업하고, 모교 교수가 되었다. 1870년 니지니노브고로드 현(縣)의 토양, 특히 흑색 토양의 생성과 성인(成因)에 관한 조사를 했다. 그 결과, 토양이란 암석이 풍화하여 생긴 잔 부스러기로서 어느 정도 썩어 버린 동식물의 유체(遺體)가 그것에 섞여 있는 것이라는 통설(通說)을 뒤엎을 새로운 생각을 품게 되었다. 또한 러시아의 토양조사를 조직적으로 실시했으며, 러시아의 온대지방에 분포하는 석회 함량이 높은 검은 흙을 '체르노젬'이라고 명명했다. 그는 "토양 상호작용으로 토양이 생긴다"는 것을 지적했다. 이 생각을 근거로 하여 토양 분류를 한 것이 바로 토양대(土壤帶)의 개념이다. 그 후 이 사상은 구미 여러 나라에 소개되어 토양의 범위도 넓어지고 토양 분류와 조사 방법이 변경되기는 했지만, 기본적으로는 그의 생각이 각국에 그대로 계승되었다. 유명 저서는 『러시아의 흑색토양』(1883)이 있으며, 모스크바에는 그의 업적을 기리는 도쿠차예프기념토양연구소가 있다.

2) 토양 생성의 가장 기본적인 재료로 토양은 결국 이들 모재의 풍화 정도나 경도, 입경, 광물 조성, 화학 조성

들고 있다.

이같이 토양 생성 과정에서 물리·화학·생물학적 상호작용에 의해 유기물과 무기물의 혼합체가 형성되면 토양은 층을 형성하기 시작한다. 토양생성 과정이 성숙되어 가면서 토양 표면에서는 식물들에 의해 쌓이는 낙엽과 동물의 배설물로부터 유래된 부식질층(surface litter, A층)이 형성되고, 이 층에서 다양한 동물, 곰팡이, 세균, 포식자와 기생충에 대한 영양분이 제공된다. 이 층 바로 아래의 표토층(topsoil, B층)에는 낙엽이 분해되어 생긴 검은색의 부식토가 형성된다. 부식토는 유기물과 무기물 입자의 다공성 혼합물로서 식물 생육에 필요한 양분을 제공하고 공기 유통과 수분 보유를 좋게 한다. 표토층 아래의 용탈층(zone leaching, C층)에서는 유기물의 분해산물의 화학적 작용을 통해 토양 입자로부터 무기물의 용출을 촉진시키고 용출된 무기물은 배수되는 물에 용해되어 하토층(subsoil, D층)으로 이동되어 축적된다. 이 하토층에서는 토양 내 대부분의 무기물질을 함유하고 있으며 모래, 침적토, 점토와 자갈의 다양한 혼합물의 형태로 존재한다. 그 아래에는 모재층(parent material, E층)이 있고, 맨 아래에는 기반암층(bedrock, F층)이 있다.

그림 7-1 **토양의 생성 과정**

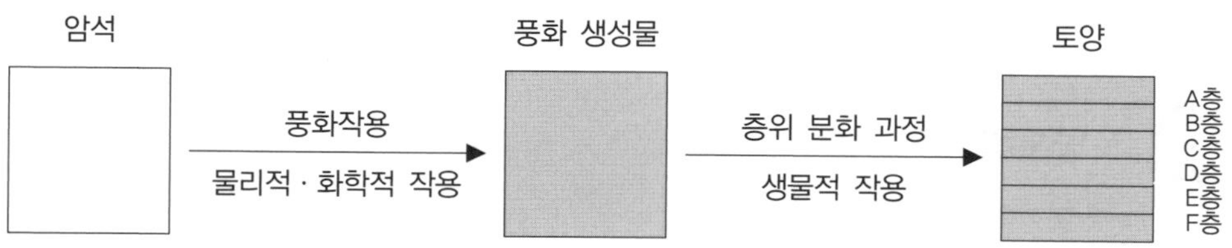

3 토양의 생태학적 의미와 기능

토양은 인류의 삶의 터전이며 생명의 근원으로서 지구생태계를 지탱하는 물질 순환에서 가장 중요한 부분이다. 특히 기름진 토양은 인간 활동에 필요한 중요한 자원

등에 크게 영향을 받고 독특한 성질을 가진 토양으로 발전되어 간다.

이 된다. 토양이 가지는 식량 생산 기능은 물론이고, 환경 기능이나 사회·경제적 기능까지를 포함하는 지표로 토양을 관리해야 할 필요가 있다. 토양은 식물 생장에 필요한 에너지와 물질을 공급하는 토양생태계를 이루고 있다. 토양은 영양소의 보유능이 우수하며, 침수능 및 보수능이 높고 물이 쉽게 증발되지 않으며 다공성이므로 공기의 유통이 원활하고 염분의 농도가 낮은 조건을 유지하고 있다. 더구나 부식질이 많기 때문에 식물의 생장이 용이하다. 토양의 미생물은 대부분 토양생태계에서 유기물을 분해하는 분해자 역할을 하여 환경이 깨끗하게 유지하도록 하고 분해된 물질은 생물의 먹이가 되거나 자연으로 환원되므로 자연생태학적 의미에서도 매우 중요하다. 토양의 생태학적 기능으로 환경을 유지·보전하는 물질 순환 기능, 유해물질에 대한 여과·완충 기능, 자연 균형 조절 기능을 갖고 있다. 그 밖에 생태학적 측면에서 주요 환경적 기능은 홍수 예방, 수원 함양, 토사 붕괴 방지, 침식 억제, 지반 침하 방지, 오염물질 정화, 지표의 온도와 습도에 대한 간섭, 토양생물상 보호, 정수(淨水) 및 투수(透水) 기능, 식생 보호 등이 있다.

제 2 절 토양오염

1 토양오염 문제

토양오염이란 오염물질이 외부로부터 토양 내로 유입됨으로써 그 농도가 자연 함유량보다 많아지고 이로 인해 토양에 나쁜 영향을 주어 그 기능과 질이 저하되는 현상을 말한다. 특히, 식량 생산 기반인 토양은 사람에게 직·간접적인 영향을 주기 때문에 토양오염은 식량의 생산뿐만 아니라 식품의 안전성에 미치는 영향도 심도 있게 고려해야 한다. 토양은 오염물질에 대해 완충 용량이 매우 큰 편이지만, 토양의 특성과 환경 요인에 따라 한정된 환경 용량을 가진다. 토양오염에 의해 제한된 용량을 초과할 때에는 토양이 갖고 있는 생태적 기능을 상실하게 되어 식량 생산성의 저하를 가져오거나 먹이사슬을 통해 사람을 포함한 생물들에게 유해한 영향을 끼친다.

토양오염은 다른 환경오염과는 달리 쉽게 눈으로 식별되지 않는 잠재성을 가지고 있어 오염이 진전될 때까지는 인식하기가 어렵고 대부분 피해를 입은 이후에야 알게 되므로 피해를 면하기가 어렵다. 또한 토양오염은 주로 그 피해가 식량, 사료, 지하수, 토양에 서식하는 생물체 등을 통해 간접적으로 나타나기 때문에 오염행위와 피해 발생 간에 상당한 시차가 발생하고 그 피해는 장기간에 걸쳐 서서히 나타나게 된다. 이로 인해 토양은 일단 그 기능을 상실하게 되면 되돌릴 수 없거나 또는 상실 정도에 따라 어느 정도 회복이 가능한 곳일지라도 그 회복에는 대기나 수질오염에 비해 훨씬 더 많은 시간과 비용을 필요로 한다는 특징을 가지고 있어 평소에 이에 대한 관리가 절실히 요청된다.

2 토양오염의 원인과 경로

토양의 사막화 · 바람과 물에 의한 자연 침식 · 경작지 확보와 도시화에 의한 토양 유실 등과 같이 토양자원을 근원적으로 고갈시키는 자연적 · 인위적 환경 피해도 있지만, 일반적으로 토양오염이라고 할 때에는 유기오염물질이나 영양염류 및 중금속 등의 오염물질이 토양에 집적되어 나타나는 현상을 뜻한다. 토양오염물질은 일정한

그림 7-2 토양오염의 원인 경로

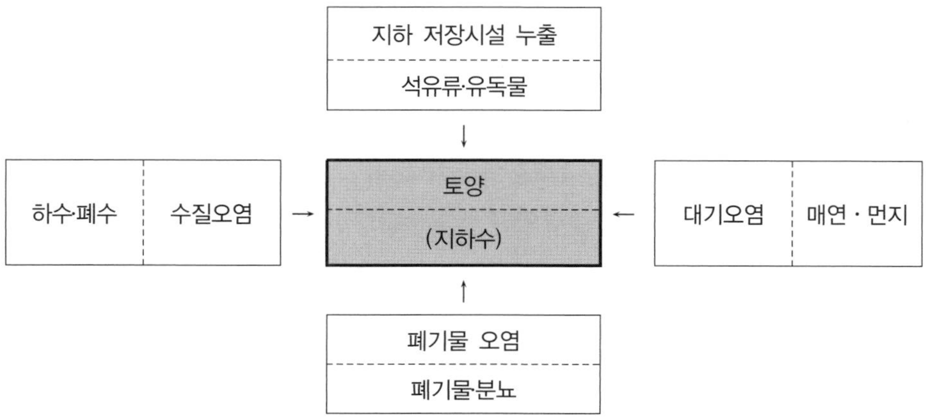

경로를 통해 토양으로 유입되고 토양 자체만이 아니라 지하수도 오염시킨다[3]([그림 7-2] 참조).

토양오염의 원인은 산업 원료를 채취하여 제품을 폐기하는 과정에서 유해물질이 환경에 배출되거나 도시하수, 공장폐수와 대기오염물질인 매연, 분진이 토양으로의 건성 및 습성 침착(dry and wet deposit), 유류나 유독물의 지하 저장시설로부터의 유출, 그리고 각종 폐기물 등에 함유된 유해 중금속이 유입되어 최종적으로 토양에 잔류되는 것이 주요인이며, 농약 및 화학비료 사용도 또 하나의 토양오염이 되고 있다. 이들 오염물질들은 발생원에 따라 점오염원과 비점오염원으로 구분되기도 한다(<표 7-1> 참조).

표 7-1 토양오염 발생원에 따른 분류

점오염원	폐기물매립지, 대단위 가축사육장, 산업지역, 건설지역, 운영 중인 광산, 송유관, 유류 및 유독물 저장시설
비점오염원	농약 및 화학비료의 장기간 연용, 휴 · 폐 광산의 광미나 폐석으로부터 유출되는 중금속, 산성비, 방사성 물질 등

3 토양오염의 종류

고도 산업화와 도시화가 빠르게 진행되면서 산업장과 도시로부터 각종 오염물질이 대기 · 수질 · 폐기물 · 유독물 저장시설 등의 직 · 간접적인 다양한 경로를 통해 환경의 최종 수용체인 토양으로 유입 · 축적되고 있다. 또한 농업의 생산 효율을 높이기 위해 많은 농약이나 화학비료를 사용하므로 각각의 환경 구성 요소들에 영향을 준다. 오염물질의 종류와 특성은 오염부지 복원 기술의 선정이나 관리에 가장 중요한 영향 인자이므로 이들의 종류와 특성을 이해하는 것은 매우 중요하다.

1) 영양소

식물의 필수영양소는 무려 16가지 정도 된다. 그 중 토양오염과 더불어 지표수나

3) 김계훈 외, 「토양학」(향문사, 2008), p. 350.

지하수를 직접 오염시키는 것은 화학비료·하수 슬러지(sludge)·가축 분뇨·고형 폐기물 등에 함유되어 있는 질소와 인이다. 질소와 인의 주된 환경영향 증상 및 관심사는 강이나 호소의 부영양화에 대한 우려이다. 토양 중에 투입된 질소 중 암모늄태(態) 질소는 토양에 잘 흡착되고, 질산태(窒酸態) 질소로 산화되면 이동성이 높아진다. 인산은 음이온이나 토양에 강하게 흡착 고정되기 때문에 토양에 잔류되기 쉽다. 토양에 축적된 질소와 인산은 강우에 의한 토양 유실을 통해 수계(水系)로 이동하여 수질을 오염시킬 수 있다. 특히 축산 폐기물은 가축 분뇨로 인한 토양오염 부하를 높이게 되고, 방류한 축산 폐수는 하천의 수질을 오염시켜 환경오염의 주요 원인으로 인식되고 있다. 주로 축산 폐기물 매립장이나 분뇨 야적장 부근에서 유기물질에 의한 토양오염이 발생하고, 축산 폐기물의 재활용 및 폐기를 통한 순환 과정에서 직접 및 간접으로 오염물질이 토양으로 유입되어 토양이 오염된다.

2) 농약과 비료

농약(pesticides)은 인구의 증가와 함께 농작물의 생산성을 높이기 위해 주로 사용되고, 그 외 농경지의 토양 소독, 수확한 농산물을 저장할 때에 농산물의 손실을 방지하는 목적으로 사용된다. 이들 농약에는 살충제, 살균제, 제초제 등이 있다. 환경에서 농약이 심각한 문제로 나타나고 있는 것은 농약이 독성을 지니고 있을 뿐만 아니라 자연환경 속에서 매우 안정하므로 잔류 축적되어 생태계를 순환하기 때문이다. 토양은 점토광물과 유기물을 함유하고 있기 때문에 농약을 흡착하여 잔류시킨다. 잔류된 농약은 작물이나 미생물의 활성에 영향을 끼친다. 토양이 농약으로 오염되면 지하수나 지표수에도 양향을 끼쳐서 인체의 건강에도 나쁜 영향을 끼칠 수 있다. 특히 농약의 과다한 사용은 단기적으로는 식량 생산성 증대 효과를 가져올 수 있을지 모르지만 장기적으로 보면 토양 내의 유익한 생물을 사멸시키고 토양의 산성화를 초래하여 지력을 약화시켜 토양의 생산성에 악영향을 미치고 전체적인 생태계를 불안정하게 만드는 요인이 된다. 따라서 새로운 농약을 개발하고 사용할 때는 토양환경에 미치는 영향에 대해 자세히 조사·연구할 필요가 있다.

비료 또한 식량 증산을 위해 사용한다는 점에서 농약 사용과 동일하다. 현재 사용하고 있는 화학비료 중에 가장 많이 사용하는 것은 질소와 인이다. 질소와 인은 농작물 생장에 꼭 필요하지만 과다하게 사용하면 식물이 흡수하고 남은 비료 성분이 토양에 잔류하게 되어 오염원이 된다. 화학비료 중 황산암모늄[$(NH_4)_2SO_4$: 질소 21%, 황24%]은 화학반응에 의해 질산과 황산을 만들게 되어 토양의 산성화를 유발한다. 토양이 산성화되면 영양염류의 보유능이 저하되고 미생물에 의한 질소 고정이 감소되며, 식물의 질병에 대한 저항력이 감소된다. 과잉의 비료 성분은 흙의 입자를 응결시켜 토양의 호흡을 방해하며, 토양 속의 호기성 미생물을 감소시켜 죽은 토양을 만들게 된다.[4)]

3) 유독성 유기물질

각종 산업 원료로 많이 사용되고 있는 PCB, 시안, 페놀, 유류, 휘발성 유기화합물, 다환고리 방향성 탄화수소 화합물(polyaromatic hydrocarbons: PAHS) 등은 토양을 오염시키는 대표적인 유독성 유기물질이다. 수용성이 낮은 유류오염물질이 토양에 유입되면 높은 농도로 잔류하며, 그 중 일부가 지하로 침투하여 지하수 오염의 원인이 되기도 한다. 유기 독성물질은 특유의 흡착성으로 토양 내에 쉽게 흡착되면서 서서히 지속적으로 토양과 지하수를 오염시킨다. 유류나 휘발성 유기 화합물에 의한 토양오염은 고의로 불법 투기한 경우도 있겠지만, 주로 유류의 저장시설로부터 시설 노후화 및 차단막 부재, 부적절한 관리, 운반 중 사고 등의 이유로 누출되어 토양오염을 유발한다. 특히 유류에 의한 피해는 악취를 유발하고, 기름띠가 형성되어 토양 생태계를 파괴하며 지하수나 하천에 유입되어 환경을 오염시켜 인간을 포함한 모든 생명체에 즉각적인 급성 위험이나 장기적인 만성 위험 독성을 나타낼 수 있다. 또한 유류의 누출로 인한 토양오염의 경우, 정화시키는 데에 장시간의 아주 많은 비용이 소요되므로 적절한 관리에 의해 미리 오염을 예방하는 것이 최선의 방법이라 할 수 있다.

4) 중금속 오염

중금속(heavy metal)은 비중이 5.0g/mL 이상 되는 금속으로 지각에 미량 함유되어 있는 원소를 말한다. 현재 약 65개 정도의 금속 원소들로 자연계에 존재하며, 아직까지 이들의 정확한 분류는 이루어지고 있지 않다. 인간이 중금속을 사용한 역사는 기원전 6,000년부터로 알려져 있다. 대표적인 중금속 오염 원소는 카드뮴(Cd), 구

4) 민경희 외, 『환경과학의 이해』(교학사, 2005), p. 145.

리(Cu), 납(Pb), 수은(Hg), 크롬(Cr), 니켈(Ni), 아연(Zn), 비소(As) 등이다.

이들 중금속은 광산(폐석 · 광미 · 광재 · 광산 폐수 등), 제련소, 화학공장, 금속공장, 전기 부품공장 등에서 나오는 산업 폐기물과 자동차 배기가스를 포함하는 화석연료의 소각(납, 바나듐 등을 포함), 농약(비소 · 구리 · 주석 · 망간 · 수은 · 아연 등의 유해 성분) 및 화학비료를 통해 토양으로 유입된다. 중금속은 토양생물에 의한 분해작용이 억제될 뿐만 아니라 불용성이므로 잔류성이다. 한번 토양에 유입된 중금속은 상당이 오랜 시간을 토양 중에서 체재하는 것으로 알려져 있는데, Cd는 75~380년, Cu, Zn, Pb는 1,000~3,000년으로 보고되고 있다. 이와같이 중금속은 토양 중에 장시간 체재하면서 축적되고, 고농도로 되어 토양 용액 중으로 용출되며 용출된 중금속은 생물이나 농작물에 축적되어 인체에 유입되고, 각종 대사 과정을 저해하여 치명적인 피해를 입히게 된다. 중금속의 독성은 종류에 따라 인간이나 동물 또는 식물에 나타내는 독성이 서로 다르고 복잡하다. 따라서 중금속 오염이 중요한 이유는 미량이라도 체내에 축적되면 잘 배설되지 않고 장기간에 걸쳐 부작용을 일으키며, 또 환경에 배출된 중금속은 분해나 자정작용을 받지 않고 생물권을 순환하면서 먹이사슬을 따라 사람에게까지 빠른 속도로 이동할 수 있기 때문이다. 중금속 오염에 의해 나타난 대표적인 질병이 수은에 의한 미나마타(Minamata)병과 카드뮴에 의한 이타이이타이(Itai-Itai)병이다.

5) 산성비와 방사성 물질오염

pH 5.6 미만의 비를 산성비라고 한다. 앞 제2편 제1장에서 산성비의 오염 피해와 제어 대책에 대해 상세히 기술했다. 우리나라의 경우 전반적으로 pH 5.0 정도의 산성비가 내린다고 한다. 산성비가 내리면 토양은 산성화된다. 이런 환경 조건 하에서는 토양 속 미생물의 생존은 불가능하게 되며 토양은 황폐화되고, 이에 따라 식물의 뿌리가 썩기 쉬우며, 많은 종류의 식물이 병들게 되어 토양 생태계의 평형을 유지할 수 없게 된다.

방사성 오염은 핵실험 등에 의한 낙진과 방사성 물질을 처리하기 위해 토양 속에 매립한 방사성 폐기물 등으로 토양오염을 유발할 수 있다. 특히 지속적인 산업화로 화석연료의 한계로 인해 원자력 발전에 크게 의존하고 있는 현실에서 방사성 폐기물이 지구 생태계를 위협하는 중요한 요소로 등장하고 있다. 방사성 물질에 의한 오염은 동·식물을 포함한 모든 생물체에 직접적인 피해를 줄 수 있고, 생물의 유전자를 변화시켜 돌연변이를 일으킬 수 있으므로 매우 위험하다. 물론 방사성 물질의 이용과 관리 및 폐기물의 처리는 국제 원자력기구(IAEA)의 철저한 감시와 규제를 받고 있지만 무엇보다도 이용하는 각 국가의 엄격한 관리정책이 필요하다.

제 3 절 우리나라의 토양오염 관리정책

토양오염을 관리하는 목적은 토양오염으로 인한 국민건강 및 환경상의 위해를 예방하고 토양을 적정하게 관리, 보전함으로써 모든 국민이 건강하고 쾌적한 삶을 누릴 수 있게 함에 있다고 토양환경보전법에서 제시하고 있다. 그 범위는 사업 활동 기타 사람의 활동으로 인한 오염으로 국한했고, 사람의 건강 및 환경에의 피해를 그 대상으로 했다.

1 토양오염물질별 관리 수단과 관리 체계

1) 토양오염물질별 관리 수단

토양환경보전법에서 저장시설의 누출 등 직접적으로 토양을 오염시키는 경우와 간접 오염의 결과로 오염된 토양의 개선에 비중을 두고 관리하는 방법과 대기나 물, 폐기물 등을 매개로 하여 간접적으로 토양을 오염시키는 물질의 관리는 개별 관리

표 7-2 토양오염 물질별·매체별 관리 법령

오염 유발 형태	오염 매체별	오염물질	관리 법령
직접 오염	누출 등	석유류, 중금속, 유독물질 등	토양환경보전법
간접 오염	대기	매연, 먼지 등	대기환경보전법
	수질	하수, 폐수 등	수질환경보전법
	폐기물	쓰레기, 분뇨 등	폐기물관리법

법에 의해 관리되고 있다. 특히 직접 오염원 중에서도 석유류 저장시설 등 오염의 개연성이 높은 일부 시설은 토양오염 유발시설로 등록하여 상시 관리하고 있다. <표 7-2>는 토양오염 물질별·매체별 관리 법령을 보여 준다.

2) 토양오염 관리 체계

토양환경 관리는 오염물질의 확산과 심화 등을 방지하는 사전관리와 오염된 토양을 복원하는 사후관리로 구분하여 시행하고, 토양오염원 관리는 오염의 개연성이 높고 환경상 위해가 심한 물질을 상시 취급하는 유류·산업 및 난방시설을 특정 토양오염관리 대상 시설로 지정하여 등록 관리하는 한편, 폐기물 매립지·농약 등 비지정 오염원은 토양 측정망에 포함시켜 일반 관리하는 등 이원적으로 관리하고 있다.

현재 우리나라는 '토양환경보전법'상 카드뮴, 구리, 비소, 수은, 유류, 용기제 등 토양 오염원이 되는 21개의 물질을 규제 대상 토양오염물질로 규정하고 있다. 오염 판단과 행정적 대책의 기준이 되는 토양오염 기준은 각각의 물질에 대해 사람의 건강 및 재산, 동·식물의 생육에 지장을 초래할 우려가 있는 정도의 토양오염도인 토양오염 우려 기준과 우려 기준을 초과하여 사람의 건강 및 재산, 동·식물의 생육에 지장을 주어 토양오염에 대한 적극적인 대책을 필요로 하는 토양오염 대책 기준을 정해 관리하고 있다. 아울러 토양오염 기준은 전국의 토지를 지적법(地籍法)에 의한 토지 용도별로 구분해 설정하고 있다. 즉 상대적으로 오염 가능성이 적은 지역을 '가'지역으로 비교적 오염 가능성이 큰 지역을 '나'지역으로 구분 적용하도록 하고 있다. 2005년 6월에는 유류 중 TPH(석유계 총탄화수소)에 대한 '가'지역의 토양오염 기준을 설정해 비오염지역에서의 유류오염에 대한 관리를 강화했다(<표 7-3> 참조).

우려 기준을 상회하는 토양에 대해서는 자치단체장이나 환경부 장관이 토양오염물질의 제거, 오염시설의 이전, 오염방지시설의 설치, 오염시설 사용 제한 및 금지 등의 조치를 취하도록 하고 있다. 또한 대책 기준을 상회하는 농경지의 경우에는 농토개량사업(객토·토양개량제 사용 등)·오염수로 준설사업·오염토양 매립 등을 실시하는 동시에 오염에 강한 식물을 재배하도록 권장하고 있다.

표 7-3 토양오염 우려 기준 및 대책 기준 (단위: mg/kg)

물 질	우려 기준		대책 기준	
	'가' 지역	'나' 지역	'가' 지역	'나' 지역
카드뮴(Cd)	1.5	12	4	30
구리(Cu)	50	200	125	500
비소(As)	6	20	15	50
수은(Hg)	4	16	10	40
납(Pb)	100	400	300	1,000
6가 크롬(Cr^{6+})	4	12	10	30
아연(Zn)	300	800	700	2,000
니켈(Ni)	40	160	100	400
불소(F)	400	800	800	2,000
유기인화합물	10	30	–	–
폴리클로리네이티드비페닐(PCB)	–	12	–	30
시안(CN)	2	120	5	300
페놀(phenol)	4	20	10	50
유류(동·식물성 제외)				
–벤젠·톨루엔·에틸벤젠·크실렌(BTEX)	–	80	–	200
– 석유계 총탄화수소(TPH)	500	2,000	1,200	5,000
트리클로로에틸렌(TCE)	8	40	20	100
테트라클로로에틸렌(PCE)	4	24	10	60

1) '가'지역: 지적법에 의한 지목이 전·답·대·과수원·목장용지·임야·학교용지·하천·수도용지·공원·체육용지(수 목·잔디 식생지에 한함)·유원지·종교용지 및 사적지인 지역
2) '나'지역: 지적법에 의한 지목이 공장용지·도로·철도용지 및 잡종지인 지역
3) 다음 각목의 1)에 해당하는 경우에는 지목 구분에 관계없이 '나' 지역의 토양오염 우려 기준을 적용한다.
   a. 특정 토양오염 유발시설이 설치된 경우
   b. '가'지역에서 폴리클로리네이티드비페닐 또는 유류에 의한 토양오염사고가 발생한 경우
   c. '가'지역을 제외한 지역에서 토양오염사고가 발생한 경우

자료: 환경부, 『환경백서』(2008), p. 503.

3) 토양오염도 조사

전 국토의 토양오염 상황 및 오염 변화추이를 파악하여 토양오염 정책 수립의 기초자료로 활용하기 위해 전국 토양에 대한 오염도를 상시 측정하고 있다. 현재 전국 토양오염도 조사는 환경부 장관이 설치・운영하는 측정망과 자치단체장이 실시하는 토양오염 실태조사의 두 가지 경로를 통해 이루어지고 있다. 환경부에서는 1987년도에 처음으로 250곳의 전국적 토양측정망을 설치하고 토양 오염도를 상시 측정하기 시작한 후, 지속적으로 확충하여 2012년에는 1,521개 지점의 토양측정망과 2,586개 지역에 대한 토양오염 실태조사를 실시했다.

(1) 토양오염 측정망 운영

환경부장관은 농경지, 산업지역 등 토양의 용도별로 전국을 일정 단위로 구획하여 측정망 1,521개를 설치하여 농경지는 3~4월에, 기타 지역은 5~6월에 시료 채취한 후 중금속(8개 항목), 일반 항목(12개 항목) 및 토양산도(pH) 등 총 21개 항목에 대해 매년 오염도를 측정하여 전국 토양에 대한 오염 추세를 파악하고 있다(<표 7-4> 참조).

표 7-4 토지 용도별 토양측정망 현황(15개 지목)

계	임야	논	밭	과수원	목장용지	잡종지	대(垈)	공장용지	학교용지	공원	체육용지	유원지(종교부지)	도로용지	철도용지	하천부지
1,521 (100%)	188 (12.3)	247 (16.2)	146 (9.6)	24 (1,6)	20 (1.3)	9 (0.6)	233 (15.3)	59 (3.9)	229 (15.1)	48 (3.2)	117 (7.7)	28 (32) (1.8)(2.1)	80 (5.3)	24 (1.6)	37 (2.4)

자료: 환경부, 『환경백서』(2013), p. 193. 「토양측정망 설치계획 변경」.

토지 용도별 조사결과 공장용지, 도로용지 등 산업활동과 관련된 지역에서 Cu, Pb, Zn, Ni 등 중금속류 및 유류(BTEX, TPH)항목이 평균치보다 높게 나타났으며 임야, 과수원 등 비오염원 지역에서 As, Hg, Cr 등 일부 중금속 항목이 높게 나타났다. 토양오염도 현황을 보면 2010~2012년까지 토양 측정망 1,521개 지점 모든 항목이 토양오염우려기준 이내로 조사되었으며, 불소(F)는 우려기준의 50.9% 범위로 기준 대비 가장 높게 검출되었다. 카드뮴 등 중금속류는 우려기준의 1.0(수은)~32,3(카드뮴)% 범위로 검출되었다. 유기인, PCB, TCE, PCE는 모든 토지용도에서 불검출되었으며 pH범위는 3.4~9.4로 평균값은 6.5이었다(자연토양은 pH5.7). 연도별 평균오염도는 변화추이는 카드륨 등 중금속 5종의 경우, 2006~2009년에 비해 측정방법이 전함량법으로 변경된 2010년 이후 농도가 크게 증가되었다.

(2) 토양오염 실태조사

자치단체장(시장·군수·구청장)은 매년 산업단지 및 공장지역, 광산주변 지역, 폐기물 매립지 주변, 원광석·고철야적 지역 등 토양오염이 우려되는 지역을 대상으로 토양오염실태조사(2,000지점 이상)를 하고 있다. 토양오염 실태조사 결과 토양오염 우려 기준을 초과하는 지역에 대해서는 토양정밀조사를 실시하고 오염 원인자에게 오염 토양의 정화를 실시하도록 하고 있다. 토양오염 실태조사는 종전의 지역측정망이 설치목적(오염지역 파악)에 부합되지 않아 매년 토양오염 우려지역을 중심으로 지점을 변경하면서 조사하는 체제로 전환(2001년도)하여 산업단지 및 공장지역, 공장폐수 유입지역, 폐기물 처리시설 설치지역 등 16개 오염 우려지역에 대해 조사하고 있다(<표 7-5> 참조).

2012년에는 전국 2,586개 지역의 토양오염 실태를 조사한 결과 55개 지역(2.13%)에서 토양오염 우려기준을 초과했으며 초과 율은 강원, 제주, 서울, 경기, 부산 순으로 나타났고 대구, 광주, 대전, 세종, 전북 지역은 초과지역이 나타나지 않았다. 오염우려기준을 초과한 55개 지역 중 폐기물 및 재활용 관리지역, 원광석·고철 등의 보관·사용지역 각 14개(25.5%), 교통관련시설지역 10개(18.2%), 광산지역 6개(10.9%) 순으로 나타났다. 오염물질별로는 Zn 19개, TPH 16개, 구리 11개 순으로 우려기준을 초과하였으며, 특히 가장 많은 초과항목인 Zn은 강원도 동해 아연정광석 물류창

표 7-5 토양오염 우려지역별 현황(16개 지역)

계	공장 및 산업 단지	공단 주변 주거 지역	공장 폐수유입 지역	원광석·고철 야적 등 지역	금속 제련소 지역 (기타)	금속 광산 지역	폐기물 적치·매립·소각 지역	교통 관련시설 지역	어린이놀이터지역	토지 개발 등 지역	사고발생·민원 유발 지역
2,586	649	131	76	107	14(86)	100	446	422	318	136	101
100%	25.1	5.1	3.0	4.1	0.5(3.3)	3.9	17.2	16.3	12.3	5.3	3.9

자료: 환경부. 『환경백서』(2013), p. 194. 「2012년 토양측정망 및 토양오염 실태조사결과」.

고(6지점 초과)와 같은 원광석·고철 등 보관·사용지역에서 주로 초과하였다.

2 토양오염 방지 관리 현황

1) 특정 토양오염관리 대상시설 관리

(1) 특정 토양오염 관리대상 시설의 종류 및 현황

특정 토양오염 관리대상 시설은 '토양환경보전법' 시행규칙 제1조의 3(별표 2)에서 '위험물안전관리법'에 의한 2만 리터 이상의 석유류 제조 및 저장시설, '유해화학물질관리법'에 의한 유독물 제조 및 저장시설, '송유관안전관리법'에 의한 송유관 시설, 기타 환경부 장관이 고시한 시설 등이다. 2012년말 전국의 특정토양오염관리대상시설 현황인 <표 7-6>을 보면, 석유류가 98.2%로 차지하고 있고 유독물은 421개소로 1.8%에 불과하다. 또한 석유류 저장시설 중에는 주유소가 67.3%로 가장 많고 산업시설 20.4%, 기타 (난방시설 등) 12.3%로 나타났다. 지역별로는 경기가 4,807개소(21.0%)로 가장 많고 그 다음으로 경북 2,491개소(10.9%), 경남 2,092(9.1%), 전남 1,834개소(8.0%) 순이었다. 전국 16개 지역 중에서 대전 463개소(2.02%), 제주 363개소(1.58%)로 가장 적게 나타났다.

표 7-6 특정 토양오염 관리대상 시설 현황

구 분	신고업소 수 (계)	석유류				유독물
		소 계	주유소	산업시설	기 타 (난방시설)	
2012년	22,868	22,447	15,112	4,567	2,768	421

자료: 환경부. 『2013년 환경통계연감』. p. 521.

(2) 특정 토양오염관리대상 시설의 오염검사 및 오염현황

특정 토양오염관리대상시설을 설치한 자는 지방환경관서장('13.6.2부터는 시·도지사)이 지정한 토양 관련 전문기관으로부터 정기적으로 토양오염 검사를 받아야 한다. 토양오염 검사는 토양 중의 시료를 직접 채취하여 오염물질 함유 정도를 검사하는 토양오염도 검사와 저장시설의 누출 여부를 검사하는 누출검사로 구분하여 실시하고 있다. 토양오염도 검사는 저장시설의 설치 연수 등에 따라 1~5년 주기로 검사를 받도록 하고, 자연환경 보전지역, 지하수 보전구역, 상수원 보호구역, 팔당・대청 특별대책지역(대기보전과 관련된 특별대책지역은 제외)내에 있는 특정 토양오염관리대상시설은 매년 토양 오염검사를 받도록 하고 있다. 다만, 자연환경보전지역과 특별대책지역에 설치된 시설에 대한 토양오염도 검사결과 토양오염물질이 불검출 확인된 경우에 해당 시설은 다음 연도 토양오염도 검사를 받지 않을 수 있다. 토양오염 우려 기준을 초과한 경우에는 의무적으로 누출검사를 실시해야 한다. 토양오염 우려 기준을 초과한 경우에는 자치단체장(시장・군수・구청장)의 시정명령 등에 따라 시설의 개선이나 정밀조사의 실시 및 오염토양을 정화해야 한다. 한편, 2006년 7월부터는 토양오염도검사만으로는 오염물질 누출을 사전에 예방하는 한계가 있어 누출검사 제도를 도입하여 토양오염의 사전 예방 기능을 강화하였다.

2012년에 환경부 특정 토양오염관리대상시설에 의한 오염 현황을 보면, 석유류의 제조 및 저장시설 중에서 전체 22,447개소 중 8,245개소를 수시 또는 정기 검사한 결과 238개소 업소(2.9%)가 토양오염 우려기준을 초과하였다. 저장시설별로는 주유소가 5,976개 업소 중 202개 업소(3.4%)가 초과하였고, 산업시설은 1,505개 업소 중 21개 업소(1.4%), 기타 시설은 764개 업소 중 15개 업소(2.0%)가 초과한 것으로 조사되었다. 항목별로는 BTEX 179건 중 20건이 초과되었고 TPH는 1,732건 중 164건, BTEX 및 TPH를 검사한 6,334건 중 54건이 초과된 것으로 조사되었다. 누출검사의 경우에는 1,724개 업소에 대한 검사 결과 총 78개소(4.5%)가 부적합 판정을 받았으며 시설별로는 탱크 9개소, 배관 44개소, 탱크와 배관 25개소가 부적합한 것으로 조사되었다.

(3) 자율 정화를 위한 자발적 협약과 클린주유소 설치

환경부는 국내 총 유류 유통량의 90% 이상을 차지하는 4대 정유사와 대규모 유류 저장시설을 보유하고 있는 한국석유공사와 자율적인 토양오염 검사와 토양복원을 내용으로 하는 자발적 협약을 체결(협약 기간 10년, 2013년 재 협약)하여 운영 중이다. 또한 토양오염 사전 예방을 위한 클린주유소[5]를 설치・지정 운영토록 하여 지정된 주유소(2012년, 총 461개)에는 15년간 토양 오염검사의 면제, 지정 현판 수여, 방지시설 설치자금 융자 등 인센티브를 제공함으로써 클린주유소의 설치 확산을 유도해 나가고 있다.

2) 폐금속광산 토양오염 방지관리

우리나라 광산은 석탄광산, 금속광산, 기타 석회석광산 등으로 구분되며, 비금속광산에는 석면광산, 석회석광산 등이 포함된다. 이중 금속광산의 광석에 포함되어 있는 중금속 성분과 제련 과정에서 사용되는 시안(CN)등 화학약품, 갱구에서 유출되는 갱내수 등이 주요 토양오염원이라 할 수 있다. 석면광산은 채굴과 가공과정에서 발생된 석면이 광산 주변지역의 토양오염원으로 작용하고 있다. 전국의 폐광산 현황은 2012년 기준으로 폐금속광산 2,428개소('10년 이전 936개소), 폐석탄광산 394개소, 폐석면광산 38개소이며, 대부분 휴·폐광 상태로 1940년대 이전에 개발되었으나 경제성 저하 등의 이유로 방치되어 있는 상태이다(환경부, 2013년 환경백서. 제2장).

폐광된 금속광산지역의 광물 찌꺼기, 갱내수, 폐석 등으로 인한 주변 농경지, 하천 오염이 환경문제로 대두됨에 따라 1992년도부터 폐금속 광산 주변 지역 토양 오염 조사를 시작하여 오염이 심각한 지역은 복원사업을 추진해 왔으나, 최근에는 폐금속 광산 주변의 토양오염 범위가 농경지, 하천수, 지하수뿐만 아니라 오염된 토양에서 생산된 농작물에도 영향을 미쳐 주민들의 건강까지 위협하고 있다는 주장이 제기되고 있다. 이에 따라 환경부에서는 1992년부터 전국의 폐금속광산에 대해 토양오염실태 개황조사와 정밀조사를 실시하여 오염이 확인된 광산은 관계 부처와의 협조를 통해 광해 방지, 농경지 토양개량 등 토양오염 방지사업을 실시해 오고 있다.

2012년까지 완료된 960개 폐금속광산 환경부 조사결과에 따르면 460개소의 폐금속광산 및 주변 토양에서 비소, 카드뮴 등의 중금속이 토양오염우려/대책기준을 초과하였고, 하천 및 저질토, 농산물에서도 중금속이 검출된 것으로 보고되고 있다. 아울러 2005년부터 2009년까지 폐금속 광산 주변 농경지의 농산물 오염과 관련하여

---

5) 이중벽 탱크, 이중배관, 흘림 및 넘침방지시설 등 오염물질의 누출·유출을 방지하는 시설을 갖추어 토양오염을 사전에 예방하고, 만일의 누출 시에도 감지장치에 의한 신속한 확인으로 오염의 확산을 방지할 수 있는 체계를 갖춘 주유소를 의미한다.

농경지 오염이 우려되는 401개 광산에 대한 토양·수질 오염 및 주변 농경지 농산물 안전성조사를 정부합동으로 실시하였고 그 결과 146개 광산이 비소, 카드뮴 등 중금속이 기준을 초과하였으며 중금속 오염이 확인된 농작물은 수매·폐기하였다고 밝히고 있다. 폐광지역이 위치한 자치단체 대부분의 재정자립도가 매우 열악한 실정에서 과거 환경부에서 지원하던 국고보조율 50%로는 일부 자치단체에서 폐광 관리사업 추진이 어렵고 산업통상자원부에서도 광산지역의 광해(鑛害)방지사업을 실시하고 있어 유사한 사업이 중복 추진되는 등 업무 조정의 필요성이 제기되었다.

환경부는 휴·폐금속광산에 대한 정밀조사를 실시하여 그 결과를 산업통상자원부, 농림축산식품부 등 관계기관에 통보하고, 산업통산자원부에서는 토양오염방지사업을 포함한 광해방지사업을 추진토록하고 있다. 또한 환경부, 산업통상자원부, 농림축산식품부 등 관계부처에서는 정확한 토양오염 실태와 폐광산지역의 주민 피해 여부 및 토양오염 방지사업 완료 후, 사후 관리체계 미흡 등의 문제점을 해소하기 위해 종전의 조사 및 복원사업 위주에서 조사·복원사업, 사후관리, 주민건강조사, 농작물 오염 등 종합적인 관리 체계로 전환하여 관계 기관별 업무 추진 네트워크를 구성하여 상호 협조체계를 구축·운영하고 있다.

특히 2005년에 '광산피해의 방지 및 복구에 관한 법률'이 제정되었으며 이 법률에 근거하여 2006년 6월에 '광해방지사업단'이 발족함으로써 폐광산에 대한 광해방지사업을 본격적으로 수행하게 되었다. 이와 같이 폐금속 광산 및 주변 지역 토양오염 방지 사업은 관계부처와 협조 체계를 구축하여 부처별로 업무를 분담하여 추진 중이며, 부처별 업무 내용은 <표 7-7>과 같다.

환경부는 2010년부터 효율적인 폐광산 관리를 위하여 이상의 4개 기관으로 구성

표 7-7 폐광산 관련 부처별 업무분담 현황

기관별	업무 내용
환경부	토양오염 실태조사, 주민건강 영향조사, 농경지 오염실태조사
산업통산자원부	광해방지사업, 오염농경지 휴경·보상, 토양개량
농림축산식품부	농산물 안정성 조사, 오염농산물 수매·폐기 등 유통방지
식품의약품안전청	농산물 중금속 잔류 허용기준 마련('06. 12월)

자료: 환경부, 『환경백서』(2013), p. 202(국무조정실 업무조정 및 농산물관련 정부종합대책).

된 '정책협의회'를 구성하여 운영하고 있다. 또한 폐광산에 대한 광해 방지사업 완료 후에도 오염물질이 유출되는 등 지속적인 사후관리의 필요성이 제기됨에 따라 2005년 7월에 '광해방지사업이 완료된 사업장 주변 환경오염영향조사 지침'을 마련하여 광해방지사업이 종료된 후에도 5년간 시설물 관리실태, 토양, 수질오염도 현황, 광미 등 오염물질 유실 여부 등에 대한 사후 환경영향조사를 실시하고 있다. 이 외에도 2012년부터 토양오염을 유발하는 점오염원의 실태를 파악하고 사전・사후 토양오염 예방과 기초 및 정책자료 활용을 위해 토양환경지도 제작, 토양오염 인벤토리 및 토양・지하수 오염 취약성 평가 기반사업을 지속적으로 추진하고 있다고 밝히고 있다.

3) 기타 토양오염 유발시설 관리

(1) 골프장 농약 사용 제한

환경부는 '체육시설의 설치・이용에 관한 법률'(문화체육관광부 소관)과 '수질 및 수생태 보전에 관한 법률'(환경부 소관)의 규정에 따라 시・도에서 전국 골프장에 대해 농약 사용량 및 잔류량을 연 2회 조사한 결과를 분석하여 골프장의 농약 사용으로 인한 환경오염 및 토양오염 방지 대책을 마련해왔다. 그러나 2개 부・처 중복 관리수행에 따른 일선 지자체의 업무 혼선 등으로 효율적인 관리가 되지 않아 2009년 12월 국무총리실규제개혁위원회의 권고에 따라 환경부로 일원화되었다. 이에 따라 환경부는 기존 관련 제도를 개선하여 '골프장의 농약사용량 조사 및 농약 잔류량 검사방법 등에 관한 규정'으로 전면 개정하여 '전국 골프장에 대하여 농약사용량 및 잔류량 조사'를 추진하고 있다. '수질 및 수생태 보전에 관한 법률'에서는 골프장을 설치・관리하는 자는 골프장 내에서 맹독성 및 고독성 농약의 사용을 금지하고 있으며, 수목의 해충・전염병 등의 방제를 위해 관할 행정기관의 장이 불가피하다고 인정하는 경우 승인을 받아 사용할 수 있도록 하고 있으며 이를 위반할 경우에는 1천만 원 이하의 과태료 처분을 받게 된다.

환경부 2012년 골프장 농약 사용 실태 조사 결과에 따르면, 전국 448개 (2010년 396개, 2011년 421개) 골프장에 대해 조사한 결과 연간 232개 품목의 농약을 총 125.8톤 사용했으며, 단위 면적당(ha) 농약 사용량은 5.1kg으로 나타났다. 2011년에 비해 연간 농약 총 사용량은 7.2톤이 증가하였으며 단위 면적당 농약사용량은 0.1kg 증가한 것으로 조사되었다. 앞으로 골프장 건설이 급격히 늘어날 것으로 예상됨으로 철저한 관리가 이루어져야 할 것이다.

(2) 상수원 보호구역의 잔류농약 조사

환경부는 팔당호, 대청호 등 전국 주요 상수원 보호구역 내의 농경지의 유출수, 토양 및 상수원수에 대해 농약에 의한 상수원 오염을 사전 예방 차원에서 농약 잔류실태를 연 2회 조사하여 관리하고 있다. 조사 횟수 및 시기로는 수질은 농약의 다량 사용으로 유출 우려가 높은 시기 중 갈수기 및 장마철에, 토양은 작물 재배 전과 후로 각각 연 2회씩 조사하고 있다. 조사대상은 '수도법' 제5조의 규정에 의한 상수원 보호구역 내의 농경지 중 광역상수원 및 급수인구가 많은 지역 위주로 선정하여 조사하고 있다. 2012년도 조사 결과로는 총 140개 조사지점을 대상으로 140개 시료에 대해 조사한 결과 모두 농약이 검출되지 않은 것으로 나타났다.

4) 토양환경 관리제도 개선

토양환경을 보전하기 위해 1995년 '토양환경보전법'이 제정된 이래로 누차에 걸쳐 제도적 보완이 있어 왔다. 특히 2004년에 동법을 대폭적으로 개정하여 제도적인 미비점을 보완하고 토양오염 관리의 선진화를 도모했다. 주요 개정 내용으로는 신고 및 투기 금지, 토양정화 검증제도, 토양정화업 등록제도, 위해성 평가제도 도입 등을 들 수 있다. 2011년 10월 6일부터 선진화된 토양오염 방지 정책을 효과적으로 추진하기 위하여 개정한 '토양환경보전법' 및 관련규정이 시행된다. 그 주된 냉용은 ① 국가가 정밀조사 및 정화를 추진할 수 있도록 국가의 역할 강화 ② 토양오염의 정화뿐만 아니라 자원으로서의 토양관리 ③ 위해성 평가의 대상을 확대하고 평가절차에 주민참여보장 ④ 토양환경평가에 정밀조사 단계를 추가 ⑤ 오염발생 사전대비를 위해 업계자율적인 토양정화공제조합 설립 근거마련 ⑥ 오염현장에서 외부로 반출 처리되는 오염토양의 효율적인 정화와 재활용을 위한 토양관리단지를 환경부 장관이 지정 ⑦ 토양관련 전문기관에 토양환경평가기관과 위해성평가기관을 신설하고 민간기업의 참여를 확대 ⑧ 토양오염물질의 누출·유출 등의 사실을 신고하지 않을 경우 500만 원 이하 벌금을 부과하는 벌칙을 추가하여 사업자의 주의 및 관리책임을 강화하였다.

3 우리나라 토양오염 방지를 위한 향후 정책 과제

토양오염 방지대책은 오염물질의 확산과 심화 등을 방지하는 오염발생원에 대한 근본적인 규제와 이미 오염된 상태로서 사전 예방이 사실상 불가능한 지역에서 오염토양을 복원하는 것이다. 앞에서도 설명한 바와 같이 토양오염은 다른 환경오염과는 달리 쉽게 눈으로 식별되지 않는 잠재성을 가지고 있어 대부분 피해를 입은 이후에야 알게 되므로 오염행위와 피해 발생 간에 상당한 시차가 발생하고 장기간에 걸쳐 서서히 나타나게 된다. 따라서 토양이 일단 오염되어 그 생태적 기능이 상실되면 회복에는 많은 비용과 시간이 필요로 한다는 특징을 지니고 있어 평소 이에 대한 철저한 관리 대책이 요구된다.

1) 토양보전 종합계획 수립

토양은 지구 생태계를 지탱하는 물질 순환에서 가장 중요한 부분이다. 토양은 식물 생산 기능, 오염물질 정화 기능, 정수 및 투수 기능, 자연교육 및 레크리에이션 기능 등 인간의 생명과 직접적인 기능을 수행하고 있기 때문에 토양 종합관리가 요구된다. 토양 종합관리는 토양의 물리(토양개량제의 사용, 경반층의 파쇄, 적절한 배수, 심경, 객토 등)·화학(석회물질의 사용, 규산 사용, 유기물 시용, 산의 붉은 흙이나 지오라이트 사용 등)·생물적인 요인 개량에 의한 작물의 생산 환경 개선은 물론, 환경에 미칠 수 있는 나쁜 영향을 최소화하는 친환경적인 토양관리가 되어야 한다. 토양 종합관리를 위해서는 토양환경보전법 시행에 따른 토양보전정책의 기본 목표를 설정하고 5~10년 단위의 중장기 종합계획을 세워 법령 운영과정에서의 미비점을 지속적으로 보완·실행해 나가야 한다.

2) 토양측정망의 확대와 과학적 운영

현재 토양오염 정책 수립의 기초 자료로 활용하기 위해 환경부가 전국 토양에 대한 오염측정망 1,521개(2012년 기준)를 운영하고 있고, 자치단체가 실시하는 토양오염 실태조사(2,000지점 이상)가 있다. 앞으로 도시화의 가속과, 분진 및 비점오염원의 증가로 오염측정망을 확대 실시하고 특히 자치단체에서 실시하는 토양 정밀조사는 오염지역별로 과학적인 분석을 토대로 한 조사 운영이 필요하다.

3) 비점오염원 관리대책 강화

점오염은 발생원이 분명하므로 대책이 용이하지만 비점오염원을 가진 농약 및 화학비료 사용, 각종 중금속 등은 관리가 제대로 되지 않아 토양오염 방지에 한계가 있다. 특히 농촌의 일손 부족으로 김매기가 어려워 대량 제초제를 살포하고 있어 토양오염은 물론 생태계에 중대한 영향을 미친다. 농약에 의한 토양 환경오염을 방지하기 위해 농림축산식품부와 협조하여 새로운 농약을 개발할 때 토양환경에 미치는 영향에 대해 자세히 조사할 필요가 있다. 즉 저독성 농약과 생물 농약을 개발하여 활용해야 할 것이다. 또한 농약의 사용 규제, 유기질 비료의 사용 확대, 생물 농약 및 천적을 이용한 방제 방법 확대 보급 등 종합적인 농약 저감 대책이 필요하다. 또한 작물 재배에 과잉 시비(施肥)로 비료의 많은 양이 토양에 집적되어 있고 이는 토양의 호흡을 방해하며, 토양 속의 호기성 미생물을 감소시켜 죽은 토양을 만든다. 토양에 들어 있는 양분(養分) 함량에 따라서 시비량이 결정되는 토양 검정에 의한 시비가 필요하다. 토양 검정에 의한 시비는 환경을 고려한 시비 방법이며 동시에 작물에게도 최적량의 비료를 사용할 수 있는 방법으로 경제적으로도 유리한 방법이다. 토양 검정에 의한 시비량 사용이 이루어질 수 있도록 관리해야 한다.[6]

4) 토양오염 복원기술의 개발 보급

토양오염의 문제가 식량생산 및 식품의 안정성, 생태계 보전과 직결되기 때문에 그 심각성이 매우 크다. 따라서 오염된 토양의 피해를 최소화하기 위해서는 무엇보다도 토양오염 복원기술에 대한 선진화가 필요하다. 최근 기술 개발의 필요성이 현실화되어 상당히 성과를 거두고 있다.

정부는 오염된 토양에 대해서는 해당 지역을 별도로 분류하여 철저한 개량과 복원 대책을 세워 오염물질을 제거해야 한다. 오염도가 극심하여 개량 및 복원이 불가능한 농경지는 농경지 외의 다른 용도로 전환해야 한다. 오염된 토양을 정화하고 처리하는 기술의 개발과 보급은 정부, 기업 모두 그 대책을 강구해야 한다. 현재 정화·처리 방법에 따라 생물학적, 물리·화학적, 열적 및 기타로 구분할 수 있다. 앞으로

---

6) 김선관, 「토양학」(2008, 그린토마토), p. 238.

신기술 개발에 정부가 적극 나서서 인력과 예산을 지원하고 개발된 기술을 확대·보급하여 건강한 토양을 지킬 수 있도록 해야 한다. 날로 증가하는 농약사용, 화학비료 사용을 잘 관리할 사전적·사후적 기술을 개발하고 선진화 토양오염 방지정책을 효과적으로 추진할 수 있는 법·제도적 보완이 이루어져야 할 것이다.

참고 문헌

강헌 외(1995), 「교양환경학」. 자유아카데미.

권호장(2004), "먼지예보제의 도입 필요성과 시민의 역할."

국립환경연구원(2000). 「환경교육교재」.

국무조정실 업무조정('03.11월,'10년) 및 농산물관련 정부합동대책('06.9월)

국제인구행동연구소보고서(2002). PAI.

국토해양부(2006), "수자원 장기종합계획," 국토해양부 내부자료.

김계훈 외(2008), 「토양학」, 향문사.

김선관(2008), 「토양학」, 그린토마토.

김인환·이덕길(1998), 「신환경정책론」, 박영사.

민경희 외(2005), 「환경과학의 이해」, 교학사.

박병윤(2004). 「환경학개론」, 형설출판사.

오정민 외(2003), 「인간과 지구환경」, 동화기술.

정용(1997), 「환경과학」, 지구문화사.

주광열(1986), 「과학과 환경」, 서울대학교출판부.

최지용(1996), 「21세기를 대비한 물 자원정책 개선」, 한국환경기술개발원.

환경부(2008), 「대기환경개선 10개년 종합계획(2006~15)」, 환경부 내부자료.

———(2008), 「대기환경연보」, 환경부 내부자료.

———(2008), 「폐금속광산 토양오염 실태 정밀조사 결과보고」, 환경부 내부자료.

———(2008), 「2007 전국 폐기물 발생 및 처리 현황」, 국립환경과학원.

———(2008), 「2008 지정폐기물 발생 및 처리 현황」, 국립환경과학원.

———(2008), 「2007년 특정 토양오염 관리대상 시설 관리 현황 보고」, 환경부 내부자료. UNDP(2006), 「2006 인간개발보고서」.

———(2013), 「2012년 토양측정망 및 토양오염 실태조사결과」, 환경부 내부자료.

———(2013), 「토양측정망 설치계획변경」(환경부 고시 제2009-182호).

———(2007~2013), 「환경백서」.

———(2013), 「환경통계연감」.

UN(2013), ICPP 제5차 평가보고서(http://web.kma.go.kr/notify/press/kma_list.jsp)

제3편

환경영향평가

제 8 장 환경영향평가제도

제 8 장 환경영향평가제도

제 1 절 환경영향평가제도 도입 배경과 발달 과정

1 도입 배경과 개념

현대 고도산업사회에 따른 도시화, 인구 증가 및 다양한 개발 산업의 집중화로 자연생태계의 파괴와 환경오염은 날로 복잡·심화되고 있어 자연의 자정능력 범위인 환경 용량을 초과하고 있는 실정이다. 이와 같은 환경문제를 효율적으로 해결하기 위해서는 배출된 오염물질의 처리 등 사후 대책만으로는 근본적인 해결이 어렵다. 즉 사업의 개발계획 또는 정책의 구상 단계에서부터 환경에 대한 배려를 충분히 고려할 수 있는 사전 예방적 정책 수단인 환경영향평가제도의 필요성이 대두되었다.

환경영향평가(Environmental Impact Assessment: EIA)란 대규모 개발 사업이나 중요한 시책, 프로그램을 시행하는 과정에서 나타날 수 있는 환경상의 악영향을 미리 예측·분석하고 부정적인 환경영향을 줄이는 방안을 마련하는 계획과정의 일환이며 의사결정을 지원하는 수단이다. 즉, 개발사업을 수립·시행하는 데 경제적·기술적 측면 이외에 환경적 측면까지 종합적으로 고려하도록 함으로써 환경 상태의 악화를 예방하는 정책수단으로서 환경적으로 건전하고 지속 가능한 개발(ESSD)을 이루어 쾌적한 환경을 조성・유지하는 것을 목적으로 한다. 현재 우리나라는 2012년 7월 22일부터 전면 시행에 들어간 개정법에 따라 '전략환경영향평가', '환경영향평가', '소규모 환경영향평가'로 나누어 진행하고 있다.

2 기능과 역할

환경영향평가가 갖고 있는 기능과 역할은 제도를 운영하는 법령과 심사기관의 성격에 따라 다소 차이가 있을 수 있으나 일반적으로 개념이 갖고 있는 의미에서 제시해 주는 기능은 다음과 같다.[1]

첫째, 환경에 미치는 부정적인 영향을 사전에 제거하거나 최소화할 수 있도록 방향을 제공해 주고 지속 가능한 개발을 위한 사전 예방적인 수단이 된다.

둘째, 정책결정권자의 의사결정 및 합리적인 개발행위 수립을 위한 기초 자료를 제공해 준다.

셋째, 환경영향평가 과정에서 보장되어 있는 환경영향평가서의 공람 과정과 주민의 참여는 사업계획 수립 전반에 관한 절차적 민주성을 반영한 제도라 할 수 있다.

넷째, 사업계획의 합목적성을 객관적으로 인정시키는 도구이다.

다섯째, 환경영향평가 실시 결과를 보고서 형식으로 제출한 환경영향평가서는 당해 지역 주변의 환경 현황과 장래 환경 질의 예측치들이 수록되어 있기 때문에 이들 지역의 환경과 관련된 종합적인 정보자료로 제공될 수 있는 정보성 역할을 하게 된다.[2]

3 발달 과정

환경영향평가제도는 1969년 미국의 국가환경정책기본법(National Environmental Policy Act: NEPA)을 근거로 최초 도입되었으며, 그 이후 1973년에 캐나다, 1974년

1) 한국환경정책・평가연구원(www.ker.re.kr/aKor/contentView.kei).
2) 최병찬 외, 「환경영향평가제도」(녹원출판사, 1993), p. 16.

에 독일, 호주 등 국가들이 도입했다. 현재 전 세계적으로 자국의 사회 환경과 특성을 고려한 다양한 형태의 내용으로 수정하여 도입・적용하고 있다. 환경영향평가제도가 세계 각국에 널리 보급되게 된 배경에는 환경에 대한 전반적인 인식의 향상과 더불어 사전 환경정책 수단으로서 환경영향평가에 대한 공감대 형성, 유엔환경계획(UNEP), OECD, 세계은행 등 국제기구의 노력에 힘입었다. UNEP 이사회는 1987년에 '환경영향평가의 목적과 원칙'을 명문화하고 여기에 국제적・지역적・국가적 차원에서 환경영향평가 실시를 위한 행동강령을 포함했다. 또한 OECD는 환경영향평가제도를 지속 가능한 개발의 실현을 위한 주요 정책 수단으로 권장하고, 환경 규정에서 공공 및 민간의 주요 사업에 대한 환경영향분석, 관광개발시의 환경영향평가, 개발원조사업의 환경영향평가의 실시 등을 강조하고 있다. 세계은행은 1970년대 말부터 차관 협정에서 환경영향평가 실시를 조건으로 명시함으로써 개발도상국이 이 제도를 채택하는 데 결정적인 동기를 제공했다.[3)]

우리나라는 1997년 제정된 '환경보전법' 제5조(사전 협의)에 행정기관이 시행하는 도시개발, 산업입지의 조성, 에너지개발 등에 대한 협의 근거를 마련함으로써 처음 도입되었으나 평가서 작성방법 등에 대한 하위 규정 미비로 실시되지 못하였다. 1981년 2월 '환경영향평가서 작성에 관한 규정'(환경청고시 제81-4호)이 제정・고시됨에 따라 본격적으로 실시되었으며, 이후 환경보전법의 개정을 통해 대상사업을 확대하면서 행정기관뿐만 아니라 정부투자기관 등 공공기관 및 민간이 시행하는 사업까지 포함되었다. 1990년 환경청이 환경처로 승격되면서 환경법 체계를 전면 개편함에 따라 환경영향평가에 관한 사항을 '환경정책기본법'에 규정하고, 주민 의견수렴 및 사후관리 제도를 도입하여 환경영향평가가 한 단계 발전하는 계기가 마련되었다. 그러나 환경정책의 기본 방향을 정하고 있는 환경정책기본법에서 환경영향평가 대상사업의 범위, 시기, 협의 절차 등 구체적・집행적 사항까지 정해야 하는 등 입법상의 문제와 제도 운영상 나타난 문제점을 개선하기 위해 1993년 6월 단일법으로서 '환경영향평가법'을 제정했다.

이 법의 제정으로 평가 대상사업이 16개 분야, 59개 사업으로 확대되고, 주민 의견수렴을 위한 설명회 또는 공청회를 의무적으로 실시하도록 하는 한편, 평가서 협의

3) 김인환 외, 『신환경정책론』(박영사, 1998), p. 93.

요청 및 사후관리를 사업 승인기관이 담당하도록 했다. 한편 지방자치제도의 실시, OECD 가입 등 환경영향평가를 둘러싼 국내외 여건 변화에 대응하기 위해 1997년 3월에 '환경영향평가법'을 개정하여 시·도 조례로 환경영향평가를 실시할 수 있도록 함으로써 평가 대상을 확대했으며 2009년 현재 8개 시·도에서 환경영향평가 조례를 제정하여 평가를 실시하고 있다.

또한 환경영향평가 및 협의 당시에 예측하지 못한 중대한 환경영향이 발생하여 주변 환경에 심각한 영향을 미칠 경우에는 재평가를 실시할 수 있도록 했으며, 평가서의 전문적 검토, 평가 기법의 개발·보급 등을 위해 기존의 '한국환경기술개발원'을 '한국환경정책·평가연구원'으로 확대·개편했다. 그리고 폐수 배출시설 등의 배출 농도에 관한 협의 내용(협의 기준)을 위반한 경우 협의 기준 초과부담금을 부과·징수하도록 하여 협의 내용 이행을 담보하기 위한 제도적 장치를 마련했다.

1999년 12월 그동안 환경·교통·재해·인구 등 영향평가가 각각 다른 법률에 근거를 두고 별도로 시행됨으로써 사업자의 시간적·경제적 부담이 가중되고 있다는 지적에 따라 이를 해소하기 위해 환경 등 4대 영향평가를 통합한 '환경·교통·재해 등에 관한 영향평가법'을 제정했다. 당시 환경영향평가제도는 개발사업의 중요한 결정사항(입지, 규모 등)이 이미 완료된 이후인 실시설계 단계에서 환경영향평가를 시행하도록 규정되어 있기 때문에 그 과정에서 중대한 환경문제가 발견될 경우 협의기간이 장기화되는 경우가 빈발하게 되었다. 협의기간의 장기화에 따라 개발사업이 지연된다는 불만을 해결하기 위하여 환경당국은 협의기간을 대폭 줄일 수 있도록 제도를 개선하였다. 사업계획의 초기단계에 미리 환경성검토를 거쳐 환경성을 확보하고 환경영향평가협의기간을 줄일 수 있는 전략환경영향평가 개념이 도입된 사전환경성검토제도를 환경정책기본법(1999년 12월 31일)의 개정을 통해 도입하고 시행하게 된다. 또한 2003년 12월에 '환경·교통·재해 등에 관한 영향평가법'을 개정하여 평가서를 작성하기 전에 평가 대상사업 및 지역의 특성에 따라 평가 항목·범위를 미리 결정하여 평가서를 작성하도록 하는 스코핑(Scoping) 제도를 도입하고, 사업자가 환경영향평가서 작성에 관한 대행계약의 경우 설계 등 다른 계약과 분리하여 별도로 계약을 체결하도록 했다. 2005년 5월 동법을 다시 개정하여 평가서 작성 시 사전 환경성검토서의 내용을 활용할 수 있도록 하고, 사전환경성 검토 시 의견수렴을 작성하게 한 경우 평가 단계에서 의견수렴 절차를 생략할 수 있도록 하는 등

사전환경성검토와의 연계를 강화했다.[4)]

2008년 3월 28일(법률 제 9037호) 기존의 환경 · 교통 · 재해 등에 관한 영향평가법에 의한 분야별 평가서 작성과 협의의 체계에 많은 문제점이 제기되어 이의 제도 개선 방안을 토대로 하여 법률 명칭을 다시 단일법인 '환경영향평가법'으로 개정했다. 또한 2009년 1월 '환경영향평가법'을 다시 개정하여 교통 · 재해 · 인구영향평가 제도를 분리하고 환경영향평가제도만을 규정함으로써 환경 · 교통 · 재해 · 인구영향평가 등 성격이 서로 다른 평가제도 통합운영에 따른 평가제도 상호 간의 중복과 각종 영향평가서 작성에 과다한 시간 · 비용 · 인력이 소요되는 등의 문제점을 개선하였고, 환경영향평가의 협의 및 이행과정의 관리를 강화하기 위하여 평가서에 대한 검토와 사후관리 등에 관한 규정을 보완하였다.

그러나 그동안 동일목적의 사전환경성검토 및 환경영향평가제도가 사전협의 제도임에도 불구하고 환경정책기본법과 환경영향평가법으로 각각 운용되고 있어 처리 절차가 복잡하고 적용에 일부 혼선 및 합리성이 떨어지고, 환경정책의 기본방향을 규정하는 기본법인 환경정책기본법에 근거하는 사전환경성검토는 법령의 특성상 세부적인 시행방안 및 강제상항을 규정하기 곤란함 점 등의 문제점이 나타남에 따라 전면 개정에 이르게 되었다. 따라서 통합 환경영향평가법 개정을 위한 용역을 토대로 법안을 마련하고 2011년 7월 21일 '환경영향평가법'이 공포되어 2012년 7월 22일부터 전면 시행에 들어간 개정법에 따라 '전략환경영향평가', '환경영향평가', '소규모 환경영향평가'로 나누어 진행하고 있다. 이들 세 가지 제도를 포함하고 있는 현행 환경영향평가법의 개정 전 · 후의 비교를 통한 특징은 다음과 같다(<표 8-1> 참조).

상기 <표 8-1>에 의거 개정 환경영향평가법의 특징을 정리하면,

- ○ 환경평가의 명칭을 전략환경영향평가(사전환경성검토 행정계획), 환경영향평가 및 소규모 환경영향평가(사전환경성검토 개발사업)로 명확히 구분
- ○ 평가체계별 절차 · 방법 등을 구체적으로 규정
- ○ 기존 사전환경성검토의 행정계획의 특성을 고려하여 정책계획과 개발 기본계획으로 구분하여, 절차의 합리화를 위해 정책계획에 대하여는 평가서 초안 작

4) 환경부, 『환경백서』(2013), pp. 363-65

표 8-1 환경영향평가법 개정 전 · 후 비교

구 분	개정전	개정후
법률명칭	• 환경정책기본법 • 환경영향평가법	• 환경영향평가법
평가구분	• 사전환경성검토(행정계획)	• 전략환경영향평가(정책계획) – 국가철도망 구축계획 등 지역적 범위가 넓고 기본방향이나 지침적 성격의 계획
		• 전략환경영향평가(개발기본계획) – 택지예정지구 지정 등 구제적인 개발구역의 지정 계획
	• 사전환경성검토(보전지역 개발사업)	• 소규모 환경영향평가
	• 환경영향평가(대규모 개발사업)	• 환경영향평가
주민의견수렴	• 사전환경성검토(행정계획) 행정계획 구분 없이 동일한 절차 및 주민의견수렴	• 정책계획은 주민의견수렴 대신 전문가, 자문위원회의 의견수렴 대체
		• 개발기본계획은 환경영향평가 수준으로 주민의견수렴절차 및 방법강화 ※ 주민요구 시 공청회 개최 의무화, 협의전 주요사항 변경시 주민의견 재수렴 실시 등
평가관련 위원회	• 환경성검토협의회, 환경영향평가계획서 심의위원회 및 이의신청심의위원회를 각각 운영	• 환경영향평가협의회로 통합
사전환경성 검토서 작성대행	• 없음 (사전환경성검토는 누구나 작성대행)	• 전략환경영향평가서의 전문 평가업자 작성 의무화 ※ 대행업무 범위에 따라 등록에 필요한 기술인력 차등화
평가대행	• 환경영향평가대행자(종별 구분 없음)	• 환경영향평가업자 1종: 종전 평가대행자 2종 신설: 자연생태조사평가 전문
평가사 도입	• 없음(대기, 수질 등 매체별 기술 자격자)	• 환경영향평가사제도 도입. 평가서작성 총괄
벌칙	• 사전환경성검토 부실 · 허위작성 등의 처분규정이 없음	• 전략환경영향평가서 부실 · 허위작성 및 협의내용 미이행 등 벌칙 신설

성 및 주민의견 수렴 절차를 거치지 아니하도록 하는 대신 전문가, 자문위원회 등을 활용하도록 하고 아울러 개발 기본 계획 단계에서 전략환경영향평가서

초안에 대한 주민의견 수렴을 이행한 경우, 환경영향평가서 초안 작성 및 의견 수렴 절차를 생략할수 있도록 하되, 개발 기본단계의 주민의견 수렴 절차 및 방법은 기존 환경영향평가 수준으로 강화함(주민요구시 공청회 개최 의무화, 주민의견 재수렴 규정)

○ 유사기능의 위원회(환경성검토협의회 · 환경영향평가계획서심의위원회 · 이의신청심의위원회)를 환경영향평가협의회로 통합하여 환경평가의 효율성을 제고함
○ 당초 근거가 없었던 사전환경검토서의 작성 대행을 포함하여 환경영향평가대행업자 작성근거 규정 마련하고 대행업무의 범위에 따라 등록에 필요한 기술인력 차등화
○ 종합적이고 체계적인 환경영향평가서를 생산하고 이에 따른 관리와책임을 강화하기 위하여 환경부장관이 인정하는 환경영향평가사 자격제도 도입
○ 전략환경영향평가서 부실 · 허위작성 및 협의 내용 미 이행 등 벌칙 신설 등이다.

제 2 절 전략환경영향평가

1 전략환경영향평가 제도 도입

환경영향평가제도는 우리나라에서 1977년 환경보전법을 통해 최초로 도입된 후 1993년 법률 제4567호로 환경영향평가법이 제정되면서 본격적으로 시행되었다. 한편, 사전환경성검토제도는 1999년 개발계획의 초기단계부터 사업규모의 적정성, 입지의 타당성 및 주변환경과의 조화 등을 고려하기 위하여 환경정책기본법을 통해 도입 시행되어 왔다. 환경오염의 사전예방원칙을 구현하는 실해메커니즘으로 그 유효성을 보편적으로 인정받고 있는 환경영향평가제도는 우리나라에서 나름대로의 역할을 수행하여 왔으나 이제도의 시행으로 인하여 국토가 효과적으로 보전되고 효율적으로 이용되었다는 평가에는 부정적인 시각도 많이 있어왔다.

이러한 환경영향평가제도에 대한 부정적 시각의 중심에는 환경영향평가가 개발계

획의 수립 및 시행에 관한 의사결정과정에 있어서 환경적 측면에서의 의사결정지원 기능을 제대로 수행하지 못하고 있다는 비판이 자리하고 있다. 즉 환경영향평가의 과정 및 결과가 개발계획을 수립하고 시행함에 있어서 환경적 가이드라인으로서 기능하지 못하고 단지 개발계획의 시행을 전제로 사업규모의 부분축소나 사업시행에 따른 환경영향 저감방안을 제시하는 정도에 머물러 있었다는 것이다.

이에 따라 환경영향평가제도의 개선이 필요하다는 주장이 끊임없이 제기되어 왔고, 그 핵심 대안 가운데 하나가 바로 '전략환경평가제도'의 도입이었다. 앞서 언급한 바와 같이 우리나라에서는 1999년부터 낮은 단계의 전략환경평가라 볼 수 있는 사전환경성검토제도를 시행하여 왔다. 그러나 이 제도는 검토대상 행정계획의 제한성, 평가항목과 방법의 추상성, 무엇보다도 계획수립절차 과정에 기능적으로 편입되지 못한 점 등으로 인하여 상위 행정계획 수립단계에서 의사결정 지원이라는 역할을 적절히 수행하는 데에는 근본적으로 한계가 있다는 지적이 있어 왔으며, 이러한 사전환경성검토 제도의 한계를 극복하기위한 대안으로 상위 행정계획에 대한 전략환경평가의 도입 필요성이 실무현장과 학계에서 제기되어 왔다.

2011년 7월 개정된 환경영향평가법 제2조에서 전략환경영향평가는 기존의 상위 행정계획 및 개발기본계획에 대한 사전환경성검토가 개편된 환경평가유형으로, 정책계획 및 개발기본계획을 대상으로 "환경에 영향을 미치는 상위계획을 수립할 때에 환경보전계획과의 부합여부 확인 및 대안의 설정 · 분석 등으 통하여 환경적 측면에서 해당 계획의 적정성 및 입지의 타당성 등을 검토하여 국토의 지속가능한 발전을 도모하는 것을 말한다"라고 정의하고 있다.

2 전략환경영향평가 대상

전략환경영향평가 대상계획은 환경영향평가법 제9조 제1항 규정에 따라 17개 유형의 개발계획 및 환경에 영향을 미치는 시설로서 대통령령으로 정하는 시설설치에 관한 계획을 대상으로 한다. 이들 대상계획은 그 성격 등을 고려하여 '정책계획'과 '개발기본계획'으로 구분한다.

정책계획이란 "국토의 전 지역이나 일부 지역을 대상으로 개발 및 보전 등에 관한 기본방향이나 지침 등을 일반적으로 제시하는 계획"으로서 도시개발 계획 등 지역적 범위가 넓고 기본방향이나 지침적 성격을 띤 15개 계획이다.

이에 비해 개발기본계획이란 "국토의 일부 지역을 대상으로 하는 계획으로서 구체적인 개발구역의 지정에 관한 계획 또는 개별 법령에서 실시계획 등의 기준이 되는 계획"을 말하며, 혁신도시개발예정지구의 지정, 도시·군 관리계획 등 86개 계획으로서 전략환경영향평가 대상계획의 총 수는 101개이다. 2012년 시행령 개정시 종전의 사전환경성검토대상 93개에서 5개를 삭제하고 13개를 추가하여 전략환경영향평가대상을 확대하였다(<표 8-2> 참조). 부처별로 보면 국토교통부 51개, 미래창조과학부 15개, 농림축산식품부 8개, 문화체육관광부 5개, 기타 부·청에서 22개이다.

표 8-2 전략환경영향평가의 대상

개발계획 유형	정책계획	개발기본계획
1. 도시의 개발에 관한 계획	2	16
2. 산업입지 및 산업단지의 조성에 관한 계획	0	10
3. 에너지 개발에 관한 계획	0	1
4. 항만의 건설에 관한 계획	0	7
5. 도로의 건설에 관한 계획	1	2
6. 수자원의 개발에 관한 계획	1	1
7. 철도(도시철도를 포함)의 건설에 관한 계획	1	2
8. 공항의 건설에 관한 계획	0	2
9. 하천의 이용 및 개발에 관한 계획	0	3
10. 개간 및 공유수면의 매립에 관한 계획	0	1
11. 관광단지의 개발에 관한 계획	3	5
12. 산지의 개발에 관한 계획	4	2
13. 특정 지역의 개발에 관한 계획	2	17
14. 체육시설의 설치에 관한 계획	0	2
15. 폐기물 처리시설의 설치에 관한 계획	1	2
16. 국방·군사 시설의 설치에 관한 계획	0	2
17. 토석, 모래, 자갈, 광물 등의 채취에 관한 계획	0	11
계	15	86

자료: 「환경영향평가법」 제9조 및 시행령<별표 2>.

3 전략환경영향평가 세부 평가항목 · 범위 등의 결정

환경영향평가법(제7조 및 시행령 제2조 별표 1)에 따른 전략환경영향평가의 평가항목은 그 평가대상 계획의 위계에 따라 구분되어 규정되고 있다. 즉 정책계획의 경우 "환경보전계획과의 부합성", "계획의 연계성 · 일관성", "계획의 적정성 · 지속성"을 주요 평가항목으로 두며, 개발기본계획의 경우 "계획의 적정성"과 "입지의 타당성" 중 자연환경의 보전, 생활환경의 안정성 및 사회 · 경제 · 환경과의 조화성을 주요 평가 항목으로 규정하고 있다(<표 8-3> 참조).

평가 항목 · 범위 등의 결정은 환경영향평가법 제11조 제1항에 규정하고 있는데

표 8-3 전략환경영향평가 내용 및 세부 평가항목

<table>
<tr><th>평가
대상</th><th>평가내용</th><th colspan="2">세부항목</th></tr>
<tr><td rowspan="3">정책
계획</td><td>환경보전계획과의
부합성</td><td colspan="2">- 국가 환경정책
- 국제환경 동향 · 협약 · 규범</td></tr>
<tr><td>계획의 연계성 ·
일관성</td><td colspan="2">- 상위계획 및 관련 계획과의 연계성
- 계획목표와 내용과의 일관성</td></tr>
<tr><td>계획의 적정성 ·
지속성</td><td colspan="2">- 공간계획의 적정성
- 수요 · 공급 규모의 적정성
- 환경용량의 지속성</td></tr>
<tr><td rowspan="10">개발
기본
계획</td><td rowspan="2">계획의 적정성</td><td>상위계획 및 관련 계획과의 연계성</td><td>-</td></tr>
<tr><td>대안설정 · 분석의 적정성</td><td>-</td></tr>
<tr><td rowspan="8">입지의 타당성</td><td rowspan="4">자연환경의 보전</td><td>생물다양성 · 서식지 보전</td></tr>
<tr><td>지형 및 생태축의 보전</td></tr>
<tr><td>주변 자연경관에 미치는 영향</td></tr>
<tr><td>수환경의 보전</td></tr>
<tr><td rowspan="3">생활환경의 안정성</td><td>환경기준의 부합성</td></tr>
<tr><td>환경기초시설의 적정성</td></tr>
<tr><td>자원 · 에너지 순환의 효율성</td></tr>
<tr><td>사회 · 경제 · 환경과의 조화성: 환경
친화적 토지이용</td><td>-</td></tr>
</table>

자료: 「환경영향평가법」 제7조 및 시행령<별표 1>.

"전략환경영향평가 대상계획을 수립하려는 행정기관의 장은 전략환경영향평가를 실시하기 전에 평가준비서를 작성하여 환경영향평가협의회의 심의를 거쳐 다음 각 호의 사항을 결정하여야 한다.

1. 전략환경영향평가 대상지역
2. 토지이용구상안
3. 대안
4. 평가항목 · 범위 · 방법 등

4 전략환경영향평가 절차

현행 전략환경영향평가는 행정계획에 대하여 수립성격과 지역적 범위, 수립기간 등을 고려하여 정책계획과 개발기본계획으로 구분하며, 상위 행정계획 단계부터 개발시행단계까지 일련의 절차에 따라 환경영향평가를 실시하고 있다. 기존에는 사전환경성검토(행정계획) 및 환경영향평가시 각각의 단계에서 주민의견수렴을 하도록 하였고, 사전환경성검토 단계에서 환경영향평가에 준하는 의견수렴을 실시한 경우에는 환경영향평가 단계에서는 생략할 수 있었다. 그러나 사전환경성검토 시 행정계획에 대한 의견수렴은 그 절차와 방법이 구체적으로 규정되어 있지 않아 실효성을 거두지 못했다. 따라서 사업의 시행단계에서 발생할 가능성이 있는 사회적 갈등을 사전에 예방하기 위해서는 행정계획단계에서 충분한 의견 수렴이 이루어져야 한다는 주장이 그동안 끊임없이 제기되어왔다.

이에 개정법에서는 개발기본계획에 대한 전략환경영향평가시에도 주민이 요구할 경우 공청회 개최, 주민의견 재수렴, 주민 등의 의견수렴 결과와 반영여부 공개 등 세 가지 규정이 의무화 되어 있어 주민의견 수렴 절차를 현행 환경영향평가 수준으로 강화하였다. 정책계획의 경우는 계획의 성격상 전 국토를 대상으로 하거나 대부분의 계획이 추상적이어서 구체적인 입지가 없는 것 등을 고려하여 주민의견 수렴 의무 절차를 생략하여 전체적으로는 전략환경영향평가의 구분별 특성에 따라 그 절차를 합리화하기 위한 개정리라고 볼 수 있다. 의견수렴 절차의 일부 조정에도 불구하고 기존 제도에서 의견수렴에 대한 중복이행을 피하기 위해 개별 법령에 따른 의견수렴 절차에서 전략환경영향평가서(개발 기본계획) 초안에 대한 의견을 수렴한 경우 생략 가능하게 한 것은 그대로 반영하였으며, 개발 기본계획 의견수렴시 환경영향평가의 내용을 포함하였다면 환경영향평가시 의견수렴 절차를 생략할 수 있는 규정은 기존과 동일하다고 할 수 있다.

전략환경영향평가가의 절차는 평가준비서의 작성→ 전략환경영향평가서 초안의 작성→ 주민의견 수렴→ 전략환경영향평가서 작성→ 전략환경영향평가서의 검토→ 협의→ 조치계획 수립 등의 절차를 거친다([그림 8-1] 참조).[5]

그림 8-1 전략환경영향평가 절차

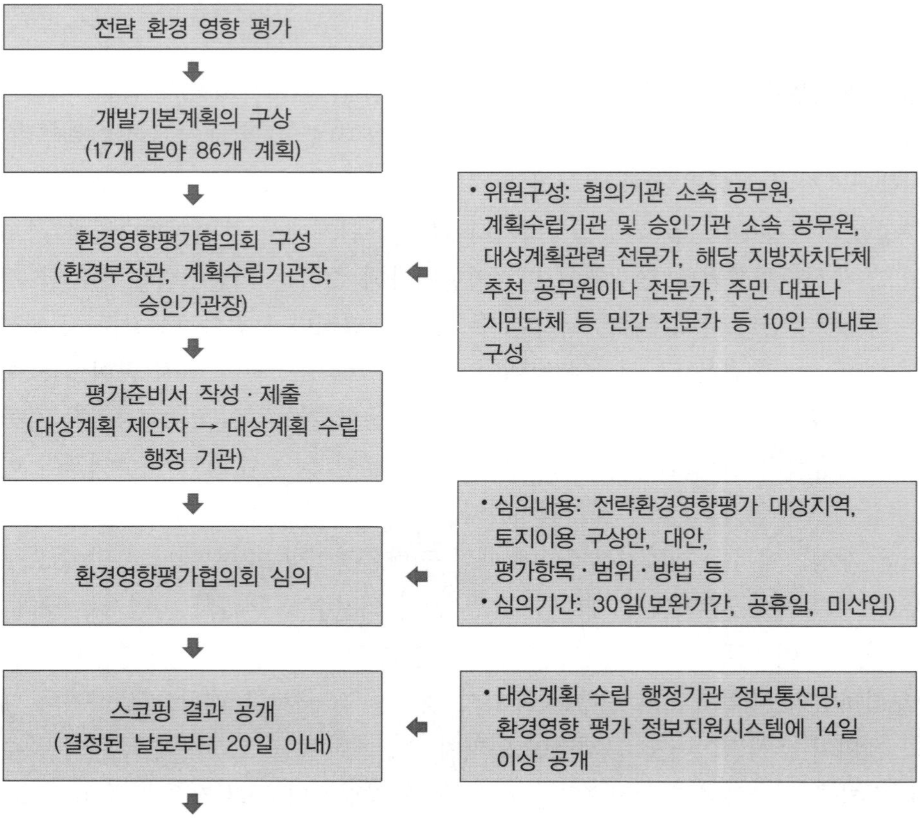
전략 환경 영향 평가
개발기본계획의 구상
(17개 분야 86개 계획)
환경영향평가협의회 구성
(환경부장관, 계획수립기관장, 승인기관장)
• 위원구성: 협의기관 소속 공무원, 계획수립기관 및 승인기관 소속 공무원, 대상계획관련 전문가, 해당 지방자치단체 추천 공무원이나 전문가, 주민 대표나 시민단체 등 민간 전문가 등 10인 이내로 구성
평가준비서 작성 · 제출
(대상계획 제안자 → 대상계획 수립 행정 기관)
환경영향평가협의회 심의
• 심의내용: 전략환경영향평가 대상지역, 토지이용 구상안, 대안, 평가항목 · 범위 · 방법 등
• 심의기간: 30일(보완기간, 공휴일, 미산입)
스코핑 결과 공개
(결정된 날로부터 20일 이내)
• 대상계획 수립 행정기관 정보통신망, 환경영향 평가 정보지원시스템에 14일 이상 공개

5) 이종호 외, 『환경영향평가』(동화기술, 2014), p. 62.

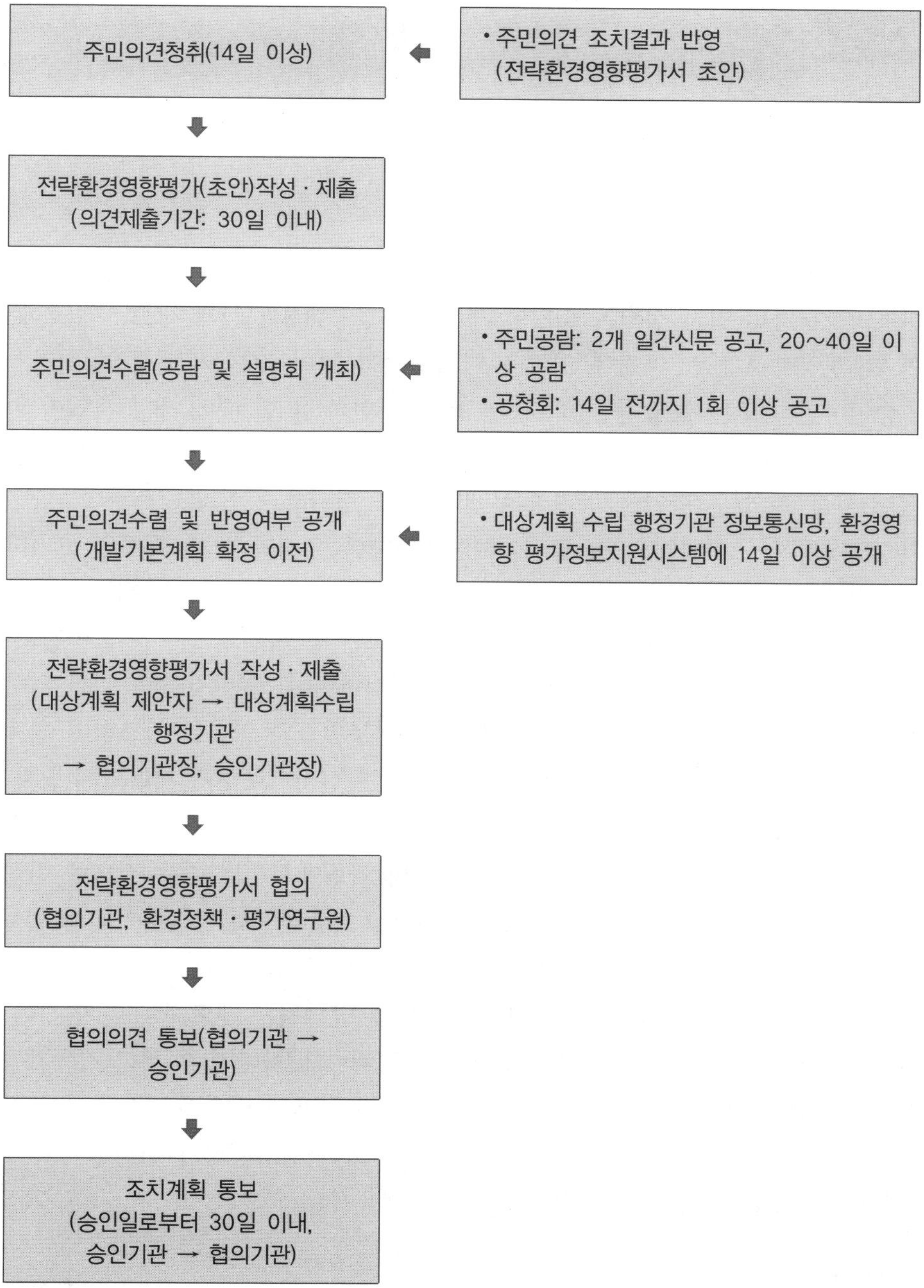

주민의견청취(14일 이상)

← • 주민의견 조치결과 반영 (전략환경영향평가서 초안)

↓

전략환경영향평가(초안)작성 · 제출 (의견제출기간: 30일 이내)

↓

주민의견수렴(공람 및 설명회 개최)

← • 주민공람: 2개 일간신문 공고, 20~40일 이상 공람
• 공청회: 14일 전까지 1회 이상 공고

↓

주민의견수렴 및 반영여부 공개 (개발기본계획 확정 이전)

← • 대상계획 수립 행정기관 정보통신망, 환경영향 평가정보지원시스템에 14일 이상 공개

↓

전략환경영향평가서 작성 · 제출 (대상계획 제안자 → 대상계획수립 행정기관 → 협의기관장, 승인기관장)

↓

전략환경영향평가서 협의 (협의기관, 환경정책 · 평가연구원)

↓

협의의견 통보(협의기관 → 승인기관)

↓

조치계획 통보 (승인일로부터 30일 이내, 승인기관 → 협의기관)

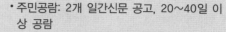

제 3 절 환경영향평가

1 개 설

환경영향평가의 법적 정의는 2012년 개정법(환경영향평가법)에 제2조 제2호에 의하면 "환경영향평가"란 환경에 영향을 미치는 실시계획·시행계획 등의 허가·인가·승인·면허 또는 결정 등(이하 "승인 등"이라 한다)을 할 때에 해당 사업이 환경에 미치는 영향을 미리 조사·예측·평가하여 해로운 환경영향을 피하거나 제거 또는 감소시킬 수 있는 방안을 마련하는 것"이라고 정의하고 있다.

환경영향평가는 사업계획 시 고려하여야 할 제반 요소와 함께 환경을 고려하는 의사결정 지원수단으로 환경정보의 분석기법을 통해 악영향을 최소화할 수 있는 사전 예방적 정책이다. 따라서 사업계획의 수립자 또는 동 사업의 인·허가 기관이 환경영향평가서에 따라 사업계획의 추진여부를 결정하여야 하는 것이다. 이를 위하여 환경영향평가 결과에 대한 충분한 이해와 환경전문기관의 의견을 참조하여 경제성·사회성·환경성을 함께 고려해야 하는 것이다. 현실적으로 사업계획의 수립자 또는 동 사업의 인·허가권자가 환경적 고려요인 외의 자본·기술·사업 필요성에 초점을 두고 추진 중인 사업을 행정절차상 가시화 과정에서 작성하는 것으로 인식되는 경우가 많았다. 이제 이제도가 지향하는 목적을 효율적으로 달성하기위해서는 본래의 취지에 부합하는 인식의 변화와 절차의 합리성이 요청된다.

환경영향평가는 시행초기(1981년)에서 1980년대 말까지는 제도에 대한 인식이 부족하여 환경영향평가 협의 건수가 저조하였다. 그러나 1990년 이후 부터 지속가능발전에 대한 국민의 인식이 높아지고 이에 따른 여러 차례의 법령개정을 통하여 평가대상사업의 범위가 민간 개발 사업까지 확대되면서 환경영향평가 협의실적도 2004년 이래 연 200건 이상 증가하였다.

2 환경영향평가 대상사업

모든 종류의 개발 사업은 그 규모의 크기에 관계없이 사업을 시행하는 과정에서 환경에 나쁜 영향을 미칠 수밖에 없으므로 환경 보전을 위해서는 모든 개발 사업에 대해 환경영향평가를 실시하는 것이 바람직하다. 그러나 모든 개발 사업을 환경영향평가를 거치도록 하는 것은 실행가능성이 없고, 또한 평가인력과 기술이 뒷받침되지 아니하는 상황에서 물량만 증대하면 실효성이 없다. 따라서 환경영향평가에 따른 사회적 비용과 시간, 기술 등을 고려할 때 그 실익이 크지 않은 사업은 평가 대상에서 제외하고 지역의 특수성, 사업의 규모나 내용, 환경에 미치는 영향 정도에 따라 평가를 실시하는 것이 타당하다.

환경영향평가 대상 사업을 선정하는 방식은 다양하다. 미국, 캐나다 등 일부 국가는 평가 대상을 '환경 질'에 중대한 영향을 미치는 행위 등으로 포괄적으로 규정하고 각 행위별로 구체적인 환경영향을 사전 심사하여 평가 대상 여부를 결정하는 스크리닝(screening) 방식을 채택하고 있다. 독일과 영국, 일본 등은 평가 대상을 1종 사업과 2종 사업으로 구분하고 1종 사업의 경우 반드시 환경영향평가를 받도록 하며 2종 사업에 대해서는 스크리닝을 적용하는 절충형 제도를 채택하고 있다. 우리나라는 평가 대상사업을 법령에 구체적으로 열거하는 방식(positive list)을 취하고 있다.[6] 일반적으로 평가 대상사업은 다음과 같은 선정 기준에 따르고 있다.

첫재, 골프장 건설 등과 같이 사업의 특성상 대규모의 자연환경을 훼손할 우려가 큰 사업

둘째, 국립공원 안에 설치하는 집단시설지구 등 환경적으로 민감한 지역에서 시행되는 사업

셋째, 매립사업, 댐 건설 등 환경영향이 장기적·복합적으로 발생하여 그 결과를 쉽게 예측하기 힘든 사업

넷째, 택지 개발, 공업단지 조성 등 대기, 수질오염 등 환경오염이 복합적으로 발생할 우려가 있는 큰 사업

6) 환경부, 「환경백서」(2005), p. 287.

이와 같은 사항들을 고려하여 환경영향평가 대상사업은 환경영향평가법 제22조 제2항에서 구체적인 종류, 범위 등을 대통령령으로 정하도록 위임하고 있다(시행령 제31조 제2항, 별표 3). 별표 3에 열거된 대상사업들은 국가, 지방자치단체 등 공공기관 및 민간사업자가 시행하는 도시의 개발, 산업 입지 및 산업단지의 조성, 에너지 개발, 항만시설, 수자원개발, 철도·공항 건설 등과 같은 대규모사업들로서, 17개 분야 78개 단위사업에 이르고 있다(<표 8-4> 참조).

표 8-4 환경영향평가 대상 사업

구 분	대 상 사 업
도시개발 (13개)	• 도시개발, 혁신도시개발, 역세권도시개발: 25만㎡ • 도시 및 주거환경 정비, 대지조성, 택지개발 · 보금자리주택단지조성, 학교설치공사: 30만㎡ • 공동집배송센터조성, 여객자동차터미널설치, 물류터미널설치, 농어촌마을정비사업: 20만㎡ • 도시계획시설사업: 운하, 유통업무설비 · 주차장(20만㎡), 시장(15만㎡), 공공 · 개인하수처리시설설치(10만㎥/일)
산업입지 (7개)	• 산업단지개발, 중소기업단지개발, 자유무역지역 지정, 공장설치, 공업용지 조성, 산업기술단지조성, 연구개발특구의 조성: 15만㎡
에너지개발 (7개)	• 전원 개발, 전기설비: 발전소(1만kw, 댐 및 저수지 수반시 3천kw, 태양력 · 풍력 · 연료전지 발전소공장 10만kw, 공업용지내 자가발전설비 3만kw), 지상송전선로(345kv, 10㎞), 옥외변전소(765kv), 저탄장(5만㎡), 회처리장(30만㎡) • 해저광업 · 광업(30만㎡), 송유관시설 중 저유시설(10만kL), 석유저류시설 설치공사 · 석유비축시설설치공사(10만kL), 가스저장시설(10만kL)
항만건설 (5개)	• 어항시설: 외곽시설(300m, 매립수반시 3만㎡), 계류시설(매립 3만㎡), 기타(15만㎡, 매립 수반시 3만㎡) • 항만시설, 신항만시설건설: 외곽시설(300m, 매립수반시 3만㎡), 기능시설(매립 3만㎡), 기타(15만㎡, 매립 수반시 3만㎡) • 항만 준설(10만㎡, 준설량 20만㎥), 항만재개발사업(30만㎡)
도로건설 (1개)	• 도로(신설 4㎞, 도시지역 폭 25m) · 확장(2차로 이상 및 10㎞) · 신설 및 확장(신설길이/4km+확장길이/10km)
수자원개발 (3개)	• 댐 · 하천시설(하구언설치공사), 저수지 · 보 · 유지조성: 만수면적 200만㎡, 저수용량 2,000만㎥

철도건설 (3개)	• 철도건설(고속포함), 도시철도건설: 길이 4㎞ 또는 면적10만㎡, 삭도 · 궤도건설 (삭도: 2㎞, 궤도: 길이 4km 또는 면적 10만㎡)
공항건설(1개)	• 공항개발: 비행장, 활주로(500m), 기타(20만㎡)
하천개발(1개)	• 하천공사(하천구역, 홍수관리구역): 10㎞
개간 · 매립 (2개)	• 매립사업: 30만㎡, 지정항만 · 신항만 · 자연환경보전지역 내 3만㎡ • 개간 · 간척사업: 100만㎡
관광단지 (6개)	• 관광사업, 관광지 및 관광단지조성, 온천개발: 30만㎡ • 공원집단시설지구(10만㎡), 유원지설치(시설면적 10만㎡), 도시공원(시설면적 10만㎡)
산지개발 (2개)	• 묘지 · 봉안설치(25만㎡), 초지조성(30만㎡), 산지전용(20만㎡), • 임도설치사업: 8㎞ 이상 · 생태 · 자연도 1등급 권역내 사업
특정지역 개발 (10개)	• 지역종합개발사업(20만㎡), 주한미군시설, 국제화지국개발, 평택시개발, 행정중심복합도시건설, 기업도시개발, 신공항건설, 경제자유구역개발, 친수구역조성사업, 지역균형개발 및 지방중소기업육성사업
체육시설 (5개)	• 청소년수련시설 설치사업, 청소년수련지구 조성사업: 30만㎡ • 체육시설설치공사, 경륜 · 경정시설설치사업, 경마장설치사업: 25만㎡
폐기물 · 분뇨 축산폐수시설 (2개)	• 폐기물처리시설설치사업: 매립시설(면적 30만㎡, 용적 330만㎥ 지정폐기물의 경우 면적 5만㎡ 또는 용적 25만㎥), 소각시설(100ton/일) • 분뇨처리시설 · 가축분뇨처리시설설치: 100kL/일
국방 · 군사 시설(3개)	• 군용항공기지: 비행장, 활주로(500m), 기타(20만㎡) • 국방 · 군사시설사업(33만㎡, 해군기지내시설사업(15만㎡, 매립 수반시 3만㎡)
토석 등 채취 (7개)	• 하천 및 연안구역에서의 토석 등 채취사업: 상수원보호구역 내 2만㎡, 상수원보호구역상류 5㎞ 이내 5만㎡), • 산지토석 등 채취사업(10만㎡), 해안광물채취(강원 · 경북 2만㎡, 기타 3만㎡), 해안골재채취(면적 25만㎡, 채취량 50만㎡), 골재채취예정지 지정: 면적 25만㎡, 채취량 50만㎡), 골재채취단지 지정, 채석단지 지정

3 환경영향평가 평가항목

환경영향평가의 평가항목이란 대상사업의 시행으로 인해 영향을 받게 되는 주요 환경인자를 말한다. 이는 환경영향평가법 제7조, 시행령 제2조 별표 1에 규정되어 있으며 2014년 현재 대기환경, 물 환경, 토지환경, 자연생태환경, 생활환경, 사회・경제환경 등 6개 분야, 21개 항목으로 구성되어 있다(<표 8-5> 참조). 평가항목・범위 등의 결정은 환경영향평가법 제24조에 규정하고 있는데 환경영향평가 협의절차 중 평가준비서를 작성하여 환경영향평가협의회의 심의를 거쳐 결정한다.

표 8-5 분야별 환경영향평가 평가항목

분야	대기환경 (4)	물환경 (3)	토지환경 (3)	자연생태 환경(2)	생활환경 (6)	사회 · 경제 환경(3)
평가 항목	기상, 대기질, 악취, 온실가스	수질 (지표 · 지하), 수리 · 수문, 해양환경	토지이용, 토양, 지형 · 지질	동 · 식물상, 자연환경자산	친환경적 자원순환, 소음 · 진동, 위락 · 경관, 위생 · 공중 보건, 전파장해, 일조장해	인구, 주거(이주포함), 산업

자료: 「환경영향평가법」 제7조 및 시행령 제2조<별표 1>.

4 환경영향평가 절차

현행 환경영향평가의 단계별 협의절차와 각 단계별 주요 내용을 살펴보면 다음과 같다([그림 8-2] 참조).[7)]

7) 위의 책, p. 64.

그림 8-2 **환경영향평가 절차**

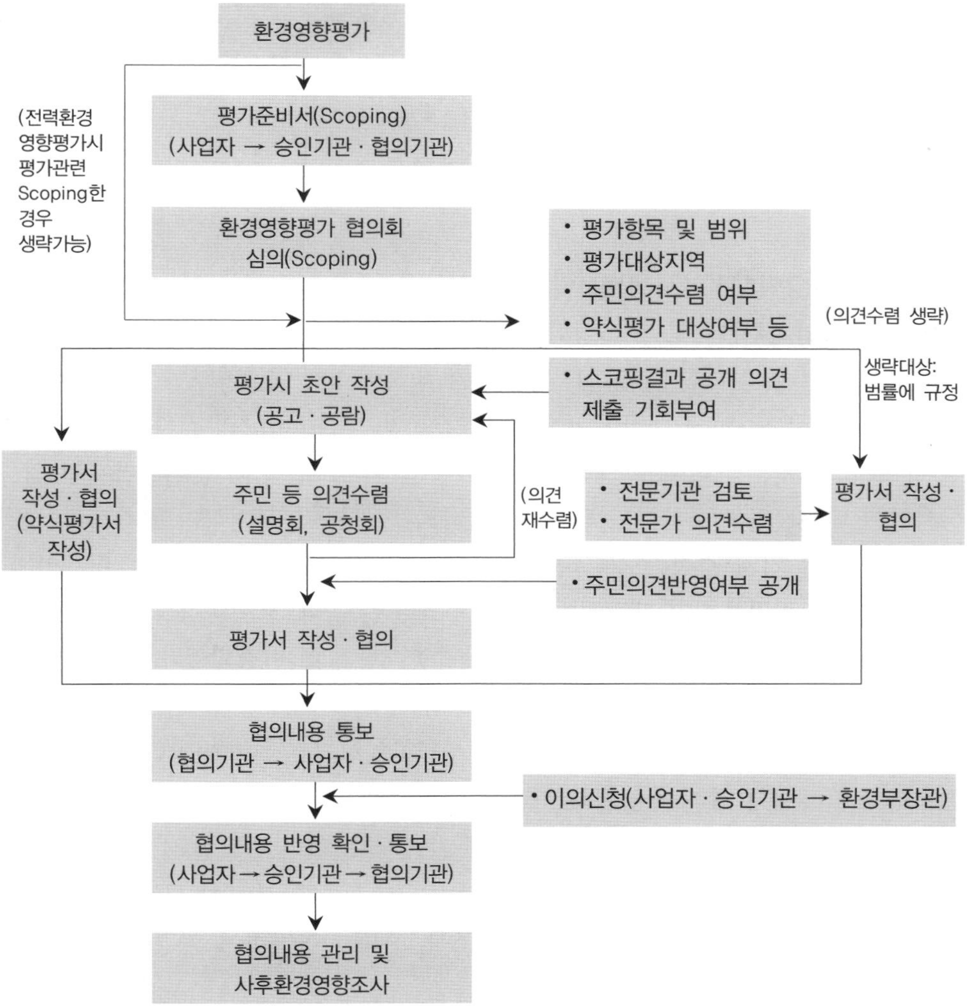

제 4 절 소규모 환경영향평가

1 개 설

그 동안 환경영향평가서 작성 및 협의 절차가 사업 및 지역적 특성에 대한 고려 없이 일률적인 절차에 따라 진행되어 평가서 작성기간 및 협의기간이 장기화되는 문제점이 있었다. 이러한 문제점을 해소하기 위하여 환경영향평가법은 대상사업 중 환경영향이 적은 사업에 대하여 평가서 초안과 평가서를 하나의 절차로 흡수·통합하여 협의 절차를 간소화하기 위한 간이평가 절차를 도입하고, 간이평가 절차의 대상사업이 되는지의 여부는 사업의 규모, 지역의 특성 등을 고려하여 평가계획서심의위원회 심의를 거쳐 결정하도록 하였다. 이후 2011년 7월 21일 환경영향평가법개정으로 환경영향평가유형이 재편됨에 따라 이 제도는 종래 사전환경성 검토대상이었던 소규모 개발사업을 포함하여 '소규모 환경영향평가'로 변경되었다. 환경영향평가법은 제4장에서 간이평가 절차를 규율하고 있다.[8)]

따라서 소규모 환경영향평가는 기존의 사전환경성검토 대상이었던 보전구역 내 소규모 개발사업에 대한 개정법에 따른 환경영향평가 유형이다. 개정 환경영향평가법 제2조 제3항에서 "소규모 환경영향평가"란 '환경보전이 필요한 지역이나 난개발(難開發)이 우려되는 계획적 개발이 필요한 지역에서 개발사업을 시행할 때에 입지의 타당성과 환경에 미치는 영향을 미리 조사·예측·평가하여 환경보전방안을 마련하는 것을 말한다'라고 정의하고 있다.

2 소규모 환경영향평가 대상사업

환경영향평가법 제4장 43조(소규모 환경영향평가의 대상)에 소규모 환경영향평가

8) 홍준형, 『환경법특강』(박영사, 2013), p. 219

대상사업을 규정하고 있다.

① 다음 각 호 모두에 해당하는 개발사업을 하려는 자(이하 이 장에서 "사업자"라 한다)는 소규모 환경영향평가를 실시하여야 한다.

1. 보전이 필요한 지역과 난개발이 우려되어 환경보전을 고려한 계획적 개발이 필요한 지역으로서 대통령령으로 정하는 지역(이하 "보전용도 지역"이라 한다)에서 시행되는 개발사업
2. 환경영향평가 대상사업의 종류 및 범위에 해당하지 아니하는 개발사업으로서 대통령령으로 정하는 개발사업

② 제1항에도 불구하고 다음 각 호의 어느 하나에 해당하는 개발사업은 소규모 환경영향평가 대상에서 제외한다.

1. 「재난 및 안전관리 기본법」 제 37조에 따른 응급조치를 위한 사업
2. 국방부장관이 군사상 고도의 기밀보호가 필요하거나 군사작전의 긴급한 수행을 위하여 필요하다고 인정하여 환경부장관과 협의한 개발사업
3. 국가정보원장이 국가안보를 위하여 고도의 기밀보호가 필요하다고 인정하여 환경부장관과 협의한 개발사업

소규모 환경영향평가 대상사업의 종류 및 규모는 시행령 제59조(별표 4)에 제시하고 있으며 개발제한구역, 농림지역, 생태경관보전지역, 공익용산지외의 산지 등 19개 용도지역에서의 5,000㎡~30,000㎡이상의 개발사업에 한하여 시행토록 규정되어 있다(<표 8-6> 참조).

표 8-6 소규모 환경영향평가 대상사업의 종류 및 규모

구 분	5,000㎡이상	7,500㎡이상	10,000㎡이상	30,000㎡이상
국토의 계획 및 이용에 관한 법	자연환경보전지역	농림지역		
	보전관리지역	생산관리지역	계획관리지역	
	관리지역 내 5,000㎡ 미만의 공장			
개발제한구역의 지정 및 관리에 관한 특별조치법	개발제한구역			

자연환경보전법 및 야생생물 보호 관리에 관한 법	생태경관보전지역 (핵심구역) 자연유보지역	생태경관보전지역 (완충지역)	생태경관보전지역 (전이구역)	
	야생동식물보호구역			
산지관리법			공익용산지	공익용산지외의 산지
자연공원법	자연보전지구	자연환경지구		
습지보전법	습지보호지역	습지주변관리지역 · 습지개선지역		
수도법	광역상수도설치지역(공동주택의 건설)	광역상수도설치지역(공동주택제외)		
하천법			하천구역	
소하천정비법		소하천 구역		
지하수법	지하수보전구역			
초지법				초지조성허가신청
그 밖의 개발사업	위의 규정에 의한 최소대상면적의 60% 이상인 개발사업 중 관계행정기관의 장이 필요하다고 결정한 사업			

자료:「환경영향평가법」 시행령 제59조<별표 4>.

3 소규모 환경영향평가 항목

소규모 환경영향평가의 평가항목은 환경영향평가법 제7조 및 시행령 제2조(별표 1)에 규정되어 있다. 구체적인 평가항목은 사업개요 및 지역환경현황(사업개요, 지역개황, 자연생태환경, 생활환경, 사회 · 경제환경)과 환경에 미치는 영향예측 · 평가 및 환경보전방안, 즉 1) 자연생태환경(동 · 식물상 등) 2) 대기질, 악취 3) 수질(지표, 지하), 해양환경 4) 토지이용, 토양, 지형 · 지질 5) 친환경적 자원순환, 소음 · 진동 6) 경관 7) 전파장해, 일조장해 8)인구, 주거, 산업 등 8개 분야로 되어 있다.

4 소규모 환경영향평가 절차

현행 소규모 환경영향평가의 단계별 협의절차와 각 단계별 주요 내용을 다음과 같다([그림 8-3] 참조).[9]

그림 8-3 소규모 환경영향평가 절차

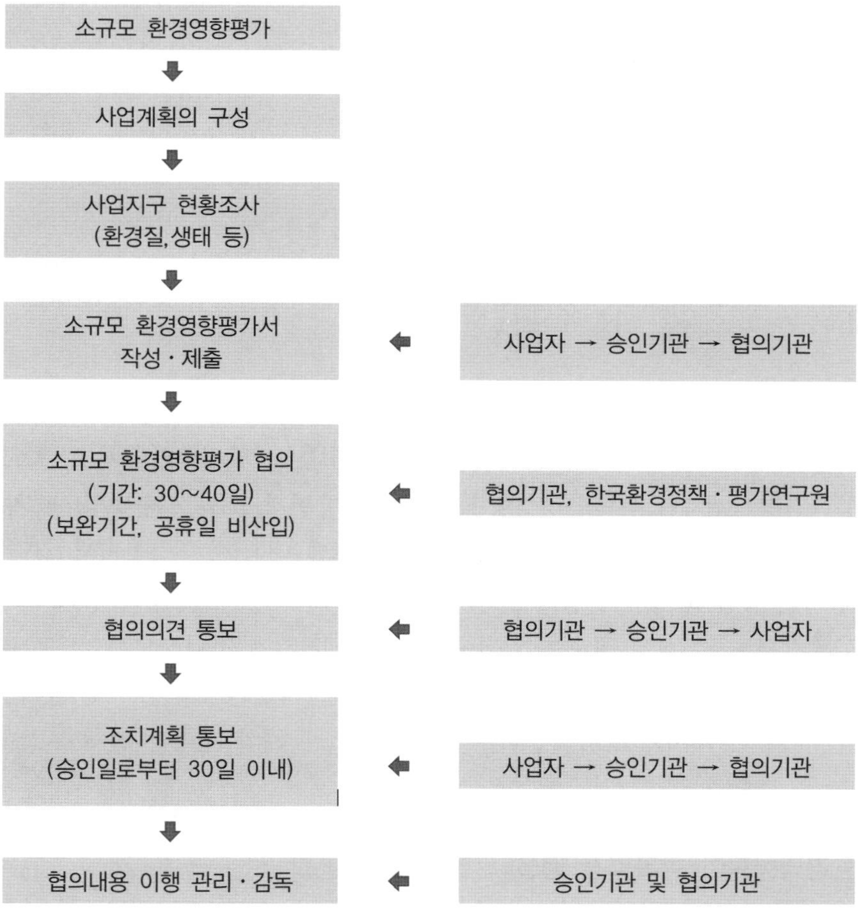

9) 위의 책, p. 67.

제 5 절 환경영향평가의 제도개선 및 발전방향

1 환경영향평가제도의 개선내용

그동안 지속적인 환경향평가 제도개선에도 불구하고 환경영향평가제도가 「환경정책기본법」에 따른 사전환경성검토제도와 「환경영향평가법」에 따른 환경영향평가로 이원화되어 유사 목적의 평가제도가 각각 다른 법률에 규정되어 평가절차가 복잡하고 환경평가의 일관성과 연계성이 부족하다는 지적이 문제점으로 계속 제기되어 왔다. 이에 따라 환경영향평가체계 및 절차를 보다 합리적으로 개선하고 평가의 효율성 제고를 위해 사전환경성검토와 환경영향평가의 제도를 통합하여 법률로 규정한 「환경영향평가법」을 2011년 7월에 개정하여 2012월 7월부터 시행하였고 개정된 법률의 주요 내용은 다음과 같다.[10]

1) 환경평가체계 및 절차의 개선

사전환경성검토제도와 환경영향평가제도의 근거법을 「환경영향평가법」으로 단일화하여 환경평가체계를 전략환경영향평가, 환경영향평가, 소규모 환경영향평가로 구분하고 있다. 즉 기존 사전환경성검토의 행정계획에 대하여 수립성격과 지역적 범위, 수립기간 등을 고려하여 정책계획과 개발기본계획으로 구분하고, 정책계획에 대하여는 평가서 초안 작성 및 주민의견수렴 절차를 거치지 아니하도록 하는 대신 전문가, 자문위원회 등을 활용하도록 한다. 또한 기존 사전환경성검토 및 환경영향평가대상 분야를 일치시키고 유사분야는 통합하여 상·하위 계획간 연계를 강화하고 있다.

2) 환경영향평가 항목결정 등을 위한 위원회 통합

환경성검토협의회, 환경영향평가의 평가계획서심의회 및 이의신청심의위원회를

---

10) 환경부, 『환경백서』(2013), pp. 368-370

통합하여 평가협의를 요청하는 기관의 운영 효율성 제고 및 절차의 중복을 방지하도록 하고 있다.

3) 환경영향평가 항목 및 범위결정 절차 항구화

환경영향평가서의 질적 향상과 효율화를 목적으로 평가항목·범위 등 결정(Scoping) 절차는 시범적·한시적으로 도입하였으나, 제도 도입으로 인한 평가서 작성비용, 협의기간, 보완사항 등이 전반적으로 감소한 반면, 환경평가제도도 고액만족도는 매년 향상되는 등 운영성과가 좋아 항구적 제도로 변경하고 있다.

4) 환경영향평가사 국가자격제도 도입

환경영향평가서 부실로 인한 협의기간 지연 등을 방지하고 사업자와 주민간 갈등을 사전에 예방하기 위하여 일정한 자격을 가진 환경영향평가사가 평가서를 작성하거나 감수하는 방안을 마련하였으며, 이를 위해 환경영향평가사를 국가자격제도로 도입하고 있다.

5) 자연생태조사 강화를 위한 환경영향평가업 신설

환경영향평가 과정에서 자연생태분야의 조사를 강화하여 환경영향평가서의 공정성·신뢰성 확보를 위하여 제2종 환경영향평가업(자연생태계조사사업)을 신설하고 있다.

6) 전략환경영향평가서 등의 평가대행기관 작성 의무화

기존 사전환경성검토서는 평가대행기관 등이 대행하여 작성할 수 있는 명시적 규정이 없어 무자격업체에 의해 검토서가 작성되는 사례가 많아 검토서의 내용부실로 협의 시 반려·보완 등이 상례화 되어 평가서 작성비용이 상승하고 협의기간이 장기화되는 결과를 초래함에 따라 환경영향평가 등의 대행은 환경영향평가업체만이 수행할 수 있도록 하여 평가서의 객관성 및 전문성을 제고할 수 있도록 하고 있다.

2 환경영향평가제도의 발전 방향

그간 환경영향평가제도의 조기 정착을 위해 정부가 많은 노력을 해오고 있지만, 실질적인 제도의 목적 달성을 위해서는 지속적인 내실화가 필요하다. 자칫하면 평가제도가 일종의 요식행위로서 개발사업의 면죄부 역할만 제공한다는 비판을 면하기 어려울 것이다. 현실적으로 그 한계점이 많아 실효성의 극대화에 문제점이 자주 제기되고 있다. 근본적인 한계점으로 환경영향의 조사와 평가는 현재의 시점을 토대로 하여 불확실한 미래에 대한 장·단기간의 환경 변화 정도를 예측하는 것으로서 많은 불확실성이 내재되어 있고, 환경가치의 객관화·계량화도 매우 어렵다는 점이다. 또한 환경영향평가의 기본 목표인 개발과 보전의 조화를 유지하는 수준과 이에 대한 판단 기준이 모호하다는 점도 평가의 큰 한계라고 볼 수 있다. 따라서 실행 과정에서 문제점을 찾고 이의 개선점을 지속적으로 보완해 나가야 할 것이다.

우선 몇 가지 개선점을 살펴보면, 첫째, 환경영향평가의 전문성 확보가 필요하다. 즉 환경 기술 분야의 전문성뿐만 아니라 인문·사회과학 전문지식이 결합된 평가를 통해 평가의 객관성을 제고해야 한다.

둘째, 환경 가치의 객관화, 계량화의 수준을 높여 나가야 한다. 이를 위해 환경 가치의 지표 개발이 좀 더 구체화될 필요가 있다.

셋째, 환경영향에 대한 지속적인 모니터링이 이루어져야 한다.

넷째, 평가에 대한 주민참여제도를 개선하기 위해서는 기본계획의 수립 단계에서부터 지역 주민들이 참여하는 실질적인 방안을 강구하여 사업의 타당성을 검증받아야 할 것이다. 또한 설명회와 공청회에 대한 목적을 명확히 하고, 주민들이 사업 및 환경 관련 정보를 필요로 할 경우, 모든 내용을 공개함을 원칙으로 함으로써 주민의견 수렴 내용의 질을 향상시킬 수 있도록 해야 한다.

다섯째, 환경영향평가에 직·간접적으로 유관한 다양한 지식정보 체계인 환경 데이터뱅크 시스템을 구축함으로써 과학적으로 조사·예측된 결과를 근거로 평가가 용이하게 이루어질 수 있도록 해야 한다.

참고 문헌

김인환・이덕길(1998),『신환경정책론』, 박영사.
박길용・윤종설(2000), "ESSD를 위한 전략적 환경영향평가 모델,"「한국사회과학논총」, 10(2), 한독사회과학회.
신보균 외(2007),『환경영향평가실무』, 동화기술.
이종호 외(2014),『환경영향평가』, 동화기술.
최병찬 외(1993),『환경영향평가제도』.녹원출판사.
한국환경정책・평가연구원(www.ker.re.kr/aKor/contentView.kei).
환경부(2003-2005),『환경백서』.
환경부(2013),『환경백서』.
환경부(2013),「환경영향평가법」(법률 제11690호(정부조직법)
홍준형(2013),『환경법특강』,박영사.
http://waterforall.blog.me/120167980948

제4편

자연과 인간

제 9 장 문명사적 입장에서 본 자연관

제10장 산업문명의 한계와 위기

제11장 문명의 전환: 생태문명을 향하여

제 9 장 문명사적 입장에서 본 자연관

제 1 절 문명: 자연과 인간

인류의 문명은 지구를 구성하는 일부분이므로 지구 자연환경과 밀접한 관계를 가지고 있다. 즉 문명은 자연환경과 인간 사회의 끊임없는 상호작용 안에서 이루어져 왔다고 보는 것이다. 토인비(Arnold Toynbee)는 문명 발생의 기본 패턴은 '도전과 응전'이라 지칭한 상호작용의 패턴으로 보았다. 자연적 또는 사회적 환경의 도전은 사회나 사회 내 집단의 창조적 응전을 자극시켜서 그 사회를 문명 과정으로 들어가도록 유도한다는 것이다.

인류 문명사에서 보면 인류는 원시문명을 거쳐 약 1만 년 전의 농업문명, 300여 년 전의 산업혁명과 함께 이루어진 산업문명, 가장 최근에 일어나고 있는 지식정보 혁명과 더불어 새로운 문명을 지향하고 있다. 물론 문명의 전환은 나라마다 각기 다른 발전 과정을 밟고 있음은 사실이다. 그러나 오늘날 인류 문명을 주도하고 있는 대부분의 선진국들은 산업문명과 새로운 문명의 가교적(架橋的) 위치에 서 있다. 그렇지만 문명의 역사 과정에서 공통적인 점은 고대든, 중세든, 근대든 이들 문명은 근본적으로 자연에서 출발했다는 점이다. 이는 지금까지 인간이 자연에 대한 매우 다양한 방식으로 자신과 자연환경 사이의 관계를 규정하고 유지시켜 왔다고 볼 수 있다.

한편으로는 자연과 인간이 연속된 하나의 전체로서의 이유로, 안으로부터 직관하고 공감할 수 있는 동질자로서의 자연을 인식한 문명으로, 다른 한편으로는 인간과 자연은 서로 이질적 타자화로서의 관계에서 인간이 자연을 끊임없이 가공하고 마름질하고 지배하여 이용해야 할 하나의 대상으로서의 자연을 인식한 문명으로 전개시켜 왔다. 바로 오늘의 산업문명은 후자의 관점에서 문명을 지속화시키고 있다는 데 많은 문제점을 낳고 있고 이로 인해 현실적으로 위기를 맞고 있다. 물론 이의 결과에 따른 인류가 치러야 할 대가는 너무나 크다고 생각한다.

그러나 필자는 오늘날 전 세계적으로 문제가 되고 있는 지구 환경위기가 단순히 과학혁명 이후 산업문명에서 기인되었다고 보지 않고, 더 위로 거슬러 올라가 고대 그리스와 중세, 로마로부터 출발되었다고 본다. 따라서 제4편에서는 우선 문명사에서 인간이 자연에 대한 어떠한 태도로서 자연환경을 인식하고 마주해 왔는지를 시대사별로 자연관을 살펴본다. 다음으로 문명사 중에서 가장 가까운 시점에서 가장 문제시되고 있는 산업문명이 지구생태계에 미친 부정적 영향, 즉 그 근원이 과연 어떤 철학과 윤리와 세계관에서 출발되었는지를 이해하면서 마지막으로 산업문명의 한계와 위기 극복을 위한 새로운 대안문명으로서의 이념적·사회적 패러다임을 제시해 본다.

제 2 절 그리스·로마의 자연관

고대 그리스인들의 자연에 대한 기본 태도는 자연이 인간에게 기쁨과 환희를 가져다 주는 원천으로 생각하고 향유했다. 그 예로서 그들의 건축물과 조각작품은 자연으로부터 가져온 것들이 많고 또한 시(詩)에서도 그 소재나 표현 방식에서 자연의 아름다움에 대한 깊은 감수성을 보이고 있다. 물론 여기에는 역사 이전의 그리스의 신화와 종교가 자리 잡고 있고 이들은 그리스 문화의 기본적 바탕이었고, 철학사상도 그것으로부터 적지 않은 영향을 받았다. 그러나 그들은 자연을 단순히 숭앙하고 찬양하는 차원을 넘어서서 자연이 구성하고 있는 근본적인 실체와 원리를 이해하고자 노력했다. 즉 신화적인 세계관을 넘어서서 인간의 이성을 통해 합리적으로 이해하려고 노력했다.

신화적 사고를 탈피하여 우주를 '이성적(理性的)'으로 설명하려는 움직임이 기원전 6~7세기에 이오니아인들에 의해 시작되었다. 그들은 모든 사물에 보편적인 본질과 근원적인 의미에서 영원 불변의 실재를 이성적으로 파악하려는 데에서 철학을 성립시켰다. 이오니아인의 자연 파악 태도도 바로 여기에 해당된다. 따라서 그들이 형성한 철학은 '자연철학'이다. 흔히 그리스의 철학 사상을 일의적(一義的)으로만 규정하기는 결코 쉬운 일이 아니지만 밀레토스 학파에서 시작된 이오니아적인 계보와, 피타고라스 학파에서 시작된 이탈리아적인 계보로 나누어 생각할 수 있다. 전자는 밀레토스 학파의 3인(탈레스, 아낙시만드로스, 아낙시메네스)에 이어서 헤라클레이토스를 비롯한 다원자들이며, 후자는 피타코라스 학파에 뒤를 이은 엘레아학파, 즉 플라톤 및 아리스토텔레스이다.

전자는 원질(原質, 아르케: archë), 즉 근원적인 것, 자연을 '질료(質料, hylë)'적 의미로 파악했다. 즉, 모든 사물은 하나의 근원자로부터 생겨나고 또한 그 근원자로 돌아가는 것이다. 그리고 이러한 근원자는 모든 존재의 구성 요소 혹은 원소이다. 이때 생멸(生滅)하고 변화하는 것은 이 근원자의 단순한 양태에 지나지 않는 것이다. 따라서 비록 어떤 식으로 생멸이나 변화가 일어난다 해도 실은 어떠한 생성이나 절멸(絶滅)도 없다. 왜냐하면 그 근저에는 자연(physis)이 언제나 유지되고 있기 때문이다. 후자는 근원적인 것, 즉 자연을 '형상(形象, idea 혹은 eidos)'으로 파악했으며 그것은 피타고라스의 수에서 시작되어, 플라톤의 '이데아(인간이 일상적으로 경험하는 세계의 바깥에 존재하는 영원불멸의 이상형이다)'를 거쳐 아리스토텔레스의 '형상'(형상은 실체의 본질)에서 끝난다.[1)]

자연은 그리스어로 퓌시스(physis)인데 이에는 두 가지 의미가 있다. 첫째, 사물의 본래적 성질, 즉 본성의 의미로 '있는 그대로 존재하게 하는 힘'이다. 둘째, 사물의 총체 또는 존재 전체를 의미한다. 즉 질서정연한 조화 있는 세계를 뜻하는 코스모스(cosmos)와 유사한 의미를 가진다. 근대에서는 이 총체가 바로 객관적 세계이다.[2)] 그런데 첫 번째 의미가 두 번째의 의미로 전환되어 사용하는데 이는 근원성과 전체

---

1) 구니야 준이치로(國谷純一郞), 「환경과 자연 인식의 흐름」, 심귀득·안은수 옮김(서울: 고려원, 1992), p. 16; 팀 크레인(Tim Crane) 외, 「철학」, 강유원·김영건·석기용 옮김(서울, 유토피아, 2008), p. 39.
2) 구니야 준이치로, 위의 책, p. 24.

성은 별개의 것이 아니라 상호관련적인 것이므로 근원적인 자연은 곧 전체적인 자연이다. 또한 퓌시스 단어를 어원적으로 분석해 보면 '생성(genesis)' 또는 '존재(ousia)'의 두 가지 의미가 다 있는데, 그리스 자연사상의 흐름은 이를 두 가지 의미로 짜여져 왔다. 이오니아 계보와 이탈리아적 계보에서도 생성과 존재라는 두 가지의 사고방식을 분리하지 않는다. 이는 생성과 존재의 의미를 두 계보에서 동시적으로 발견할 수 있기 때문이다. 밀레토스 학파의 물이나 공기는 사물의 모든 변화, 생성의 기저에 있는 항상적인 실체, 즉 근원적인 존재이고 아리스토텔레스에게는 근원적인 존재로서의 형상을 자기 안에 가지고 이를 생성하는 전체가 바로 자연인 것이다.[3]

이에 따라 자연관의 내용적인 면을 살펴보면 첫째, 두 계보 모두 자연은 살아 있는 것으로 자연을 물활적(物活的, hylozoism, animistic)인 것, 생명적인 것으로 보고 있다.[4] 아리스토텔레스는 자연은 유기적이고 합목적적인 살아 있는 자연으로 스스로의 안에 운동의 원리를 가지고 자발적으로 생성하는 세계로 보았다. 둘째, 그리스의 자연관은 자연과 신, 자연과 인간 등이 확연히 구분되지 않고 신적인 것과 인간적인 것이 동시에 말해지고 있는 연속적인 자연관을 가지고 있다. 즉 자연과 인간과 신이 연속될 하나의 전체로서의 자연이다. 탈레스는 "만물은 신(神)들로 충만해 있다."[5] 아낙시만드로스(Anaximandros)와 아낙시메네스(Anaximenes)도 근원적인 질료를 가리켜 "신적인 것"이라고 불렀다. 플라톤에게 인간의 영혼이 인간의 신체에 충만해 있듯이 우주 영혼은 우주의 모든 사물을 신체로 하며, 이곳에 충만해 있다는 것이다. 아리스토텔레스에게도 자연의 목적론적 계층 질서에서 자연의 목적은 인간에게 향해 있고, 인간의 목적은 신에게 향해 있다고 하는 의미에서 인간과 신은 연속하고 있다. 인간은 이성을 가지는 한, 능동 이성으로 신의 이성에 관계하며 신의

---

3) 아리스토텔레스에게는 '질료'와 '형상'이라는 두 개념이 형이상학적 사상의 중추를 이루고 있는데 그의 스승 플라톤으로부터 형상(eidos)이라는 개념을 물려받았으면서도 그것을 스승과는 전혀 달리 사용하여, 형상이란 감각을 초월한 실재의 세계가 아니라, 형상이 개개의 사물(질료) 속에 내재하여 그 사물로 하여금 형상을 갖게 하는 원인으로 여겼다. 즉 그는 모든 자연은 연쇄적인 계열을 좇아 질료가 형상을 실현시켜 가는 것으로 보았다.

4) 이 물활론은 기원전 5세기경, 후기 자연철학인 다원론(엠페도클레스, 레우키포스 등), 특히 원자론에 이르러 자연을 기계론적으로 보게 됨에 따라 점차 폐기되었으며 이와 더불어 인간은 자연의 품 안에서 서서히 벗어나게 된다.

5) 탈레스의 세 가지 명제는 (1) 모든 사물의 제1원리는 물이다. (2) 천연자석은 철을 끌어당기기 때문에 영혼을 갖고 있다. (3) 만물은 신(神)들로 충만해 있다.

생명을 나누어 갖는 것이다. 여기서 이러한 연속관이 결코 신화적·의인적 자연관으로서 말해지는 것이 아니다. 셋째 인식의 문제에서도 자연이 인간과 연속하고 있는 이유로 내부로부터 직관하고 공감할 수 있는 동질자인 것이다. 이러한 연속관은 존재하는 전체이든지 생성하는 전체이든지 전체가 자연이라고 볼 수 있기 때문에 한마디로 그리스의 자연관은 범(汎)자연론 또는 범신론이라고 말할 수 있다.[6]

이상에서 살펴본 그리스의 자연관은 두 가지 측면에서 이해될 수 있다.

우선 그리스의 범신론적 연속적인 자연관은 신화적·의인적·종교적 설명 방식을 받아들이는 것은 아니었다. 여기서 말해지고 있는 신은 신화나 종교의 신이 아니라, 학문 안에서 이성적으로 파악된 신이다. 그는 영원성·근원성·법칙성의 다른 이름, 또는 그것을 부여한 자로서의 절대자인 것이다. 다만 고대 그리스 문명의 초기 아테나이 시대 이전, 주로 밀레토스(Miletos)를 중심으로 활동무대가 된 그리스의 자연철학은 자연에 대한 태도 변화에서 자연을 물활론적으로 인식했다. 즉 초기의 자연 철학자들은 자연을 인간에 대립되는 죽은 자연으로 보지 않고 도리어 인간을 그 품 안에 안고 있는 살아 있는 자연으로 보았으며, 따라서 폴리스의 법률도 인간의 생활도 이 자연의 이법을 따라야 하는 것으로 보았다. 아무튼 그리스의 범신론적 연속적인 자연관은 오늘날 문명 생태학적 관점에서 본다면 순환적·회귀적 의미에서 재해석될 수도 있다.

그러나 후기에 이르러서는 다원론적 철학과 원자론이 대두되었다.[7] 이와 더불어 자연을 능동적인 이성을 통해 기계론적으로 인식함으로써 인간이 자연세계에 대한 진리를 발견할 수 있다는 점에서 애니미즘으로부터의 탈출이었다. 하지만 그리스의 세계관이 물활론적이고 범신론적인 사유의 세계를 완전히 극복했다고 보기는 어렵다. 다만 자연 현상에 대한 기계론적 세계관이 소수의 철학자들에 의해 초기보다 저변 확산이 폭넓게 이루어졌다는 점은 짐작해 볼 수 있다.

다음은 그리스 철학자들은 최초로 자연세계 내에서 발생되는 모든 현상들에 대해

---

6) 위의 책, pp. 95-99.

7) 레우키포스(Leukippos), 데모크리투스(Democritus), 에피쿠로스(Epikuros) 같은 이들은 기계론적 원자론을 주장한 자들로 이들은 기본적으로 세계를 순전히 물질적이고 물리적인 것으로 보았다. 즉 이 세계는 더 이상 나눌 수 없는 궁극적인 물질 원소인 원자(原子)들로 구성되어 있고, 이 원자들의 운동은 철저히 기계적이며 오직 우연적으로 움직이고 있을 뿐이라고 보았던 것이다. 결국 이 우주 안에 어떤 목적이 있다든지, 우주가 어떤 의도 하에서 미리 설계되었다든지 하는 생각들을 정면으로 부인한다.

'이성'을 통해 합리적인 설명을 찾고자 했다. 그러나 자연에 대한 합리적 태도에서 본질적으로 그들은 자연세계 안에서 확인될 수 있는 법칙을 찾고 이해하는 데 두 눈으로 확인할 수 있는 자연세계 그 자체보다는 그것을 인식하는 인간의 마음을 아는 것이 좀 더 올바른 길이라고 생각하여 순수하게 인간의 사고 속에서 진리로 확증하는 것을 우선시했다. 이런 사고방식 때문에 그리스 철학자들은 외부 자연계에 대한 관찰에 큰 중요성을 부여하지 않았고 잘못된 사변의 미로(迷路) 속을 헤매는 경우가 많았다.

자연세계를 단지 합리적인 구조로 이루어졌다는 신념은 또한 이성에 대한 선호와 신뢰 그리고 감각에 대한 경멸과 무시로 인해 철학적 추론의 결과가 자연세계에서의 실제 생태적 관계와 과정에 어떠한 유사성을 가지는 것을 불가능하게 만들었다. 즉 그리스 철학자들이 자연에서의 불(火)을 바라볼 때, 그의 마음 속에 일어나는 의문은 연소를 지배하는 물리적·화학적 원리에 관한 것이지, 불이 그 지역의 자연사에 미치는 영향력에 관한 것은 아니었다.

이같이 그리스에서 생태학적 지식이 중요한 것으로 발달되지 않았던 이유는, 생태적 자연은 그리스 형이상학적 관점에서 볼 때 근본적으로 실재하는 것이 아니므로 지식의 대상이 될 수 없었기 때문이다. 사실 고대 그리스 문명사에서도 알 수 있듯이 인간은 자연에 대해 가장 약탈적이고 파괴적인 행위를 서슴없이 자행해 왔음에도 불구하고 환경 보존적 사고에 대한 그리스의 철학은 오히려 먼 곳에서 머물러 있었다. 물론 그리스인들이 문명을 발전시켜 나가는 과정에서 생태학 같은 분야를 명시적으로 개척한 흔적은 나타나고 있지 않지만, 헤로도투스, 플라톤, 아리스토텔레스 등에서 자연에 대한 깊은 관심은 가졌던 것으로 보인다. 특히 아리스토텔레스의 제자인 테오프라스토스(Theophrastos)는 그의 스승이 주장한 목적론적 자연관을 거부하고 모든 동·식물들 각자가 지닌 자족적인 목적이 있을 뿐이라고 주장하면서 자연안의 사물들이 현실적으로 상호 의존하고 있는 자연 안의 조건들을 정확히 밝혀내고, 그것들이 다른 사물들과 상호 관련되어 있는 양상을 파악하는 것에 주력했다. 즉 유기체적인 생태학적 관점을 나타내 주고 있다.[8]

초기 로마인들의 자연에 대한 태도는 그리스인들의 사고방식을 받아들였기 때문

8) 도널드 휴즈(J. Donald Hughes), 「고대문명의 환경사」, 표정훈 옮김(서울: 사이언스북스, 1998), pp. 114-16.

에 애니미즘이 사라졌다고는 할 수 없다. 왜냐하면 로마인들의 자연에 대한 태도는 로마인들의 종교를 반영하고 있기 때문이다. 로마인들의 종교는 근본적으로 그들의 농경문화에 뿌리를 두고 있기 때문이다. 그들의 생활문화에서 찾을 수 있는 수많은 신들을 보아서도 금방 알 수 있다. 또한 그들이 세운 신전이나 사원을 보면 로마인들이 부여한 어떤 신성한 힘이 그 건물이 세워진 특정한 장소에 깃들어 있다고 생각했다. 그러나 이들은 자연 속에 깃들어 있는 정령들에게 양해를 구하는 의례적인 기도나 약간의 희생 제물을 바친 뒤에는 그들의 편리한데로 이용했던 것이다. 즉 자연에 대한 그들의 숭배는 예전처럼 순수한 경외감이나 존경의 마음을 머금은 것이 아니었고 다만 의례로서의 의미를 지닐 뿐이었다. 그러한 숭배는 서서히 철학적인 이해와 인식으로 대체되고 있었다. 로마인들은 그리스인들이 취했던 지식을 위한 지식을 추구하지 않았고 어떤 지적인 노력이 반드시 실용적인 결과를 낳을 수 있어야 한다는 태도를 갖고 있었다. 이런 측면에서 그들은 후기 그리스인들의 합리적 사고방식을 받아들여, 그들의 실용주의적 공리주의적 태도를 한층 더 발전시켰다고 볼 수 있다. 결국 로마인들이 지녔던 공리주의적·실용주의적 태도와 자연을 인간의 힘으로 가공해 보려는 성향을 로마의 문명에서 극명하게 나타내 주고 있다.

그렇다면 로마인들의 이 같은 자연관이 생태학적 의미에서 무엇을 의미하는가! 로마인들의 자연에 대한 지적 접근은 그리스인들이 접근한 방식과는 차이를 보여준다. 즉 그들은 이론과학 분야가 아닌 농업·건축·토목·기계기술 등의 실용 목적을 위한 기술 개발에 몰두했지, 과학적 탐구에는 별 흥미가 없었다. 바로 이러한 실용 기술의 발전과 그 활용은 생태계에 적지 않는 영향을 미쳤다. 실용주의적이고 공리주의적인 태도는 자연환경을 살아 있는 생명체들의 체계가 아니라, 인간의 이익과 편리를 위해 이용 가능한 자원의 창고로 보았다. 즉 자연환경은 이제 이성을 통한 합리적인 분석과 사고의 대상일 뿐이었다.[9] 이러한 로마인의 사고 속에는 자연을 끊임없이 조작하고 마름질하고 정복할 수 있는 세계관이 자리 잡고 있었다. 오늘날 서구인들이나 자연환경을 변화시키며 과도한 개발에 열심인 사람들은 아마 로마인들의 실리 추구적이고 실용주의적 태도에까지 그 근원을 소급해 볼 수 있다.

---

9) 위의 책, pp. 155-73.

제 3 절 중세의 자연관

서양의 중세라는 것은 기원후 5세기 로마제국이 멸망한 때부터 기독교문화가 종교개혁과 르네상스 운동 등으로 상당히 쇠퇴하는 15세기까지 1,000년 동안을 말할 수 있다. 고대와 근세와의 중간 시대로, 지적으로 '암흑 시대', 문화적으로 '공백 시대', 인간적으로 정신의 '노예 시대'라고 르네상스 시대의 인문주의자와 계몽사상에 의해 지지된 적도 있었다. 그러나 오늘날에는 중세의 진정한 역사적 의미가 인식되어서 그 같은 사고방식은 편견으로 배척되고 있다. 오히려 중세는 일면 독특한 방식으로 고대 문명을 보존하면서 근대 문명을 탄생시킨 풍요로운 토양의 시대였다. 중세라는 하나의 부정을 통과하여 르네상스가 성립되고 근대과학의 탄생을 가져오게 했다.[10] 이런 의미에서 중세의 사상은 그리스의 사상과 기독교 사상의 결합에 의해 형성되었다고 볼 수 있다. 따라서 중세의 자연관을 밝힌다는 것은 그리스의 이성 중심의 합리적인 사고와 기독교의 자연관을 살피는 것과 동일하다고 할 수 있다. 그리스의 자연세계에 대한 합리적인 사고는 그리스의 자연관에서 설명되었으므로 여기서는 중세의 기독교의 자연관을 중심으로 인간과 자연의 관계를 살피면서 자연환경에 대한 인간의 태도가 어떻게 표상되었는지 살펴보기로 한다.

기독교의 자연관을 이야기할 때는 신과 인간, 인간과 자연과의 관계 인식이 충분히 이해되어야 할 것이다. 그렇다면 기독교에서는 자연을 어떻게 보았을까.

한마디로 기독교의 자연관은 '피조물(被造物)로서의 자연'이라 말할 수 있다. 피조물이란 신에 의한 창조를 의미한다(창세기 1: 1). 기독교에서 신의 천지창조는 질료는 물론 시간·공간까지도 무에서 창조된 것으로 말해진다. '무(無)로부터의 창조'는 어떠한 소재도 없이, 완전히 무로부터 존재가 주어졌다는 것을 의미한다. 좀 더 광의로 해석한다면 '무로부터의 창조'는 계속적인 창조행위이며, 즉 현재도 미래도 자연은 신의 지배 하에 있다는 것이다. 결국 창조는 신의 질서가 자연을 끊임없이 지배한다는 것을 의미한다. 여기서 창조자와 피조물과의 관계는 즉 창조자인 신은 초월

10) 구니야 준이치로, 앞의 책, pp. 103-104.

성을 지닌 초자연적, 초인간적인 유일신을 의미한다. 이런 점에서 그리스의 자연관인 신과 인간과 자연이 하나의 연속된 범신론·범자연론과는 다른 특질을 지닌다고 말할 수 있다.

무에서 창조된 피조물로서의 자연과 인간의 관계는 자연과 인간은 동등하게 창조된 것이 아니라 인간은 자연보다도 우위에 만들어졌다는 것이다. 이에 대한 단적인 표현으로 모든 피조물들 가운데서 오직 인간만이 '하나님 형상'에 따라 창조되었다는 것이다(창세기 1: 26-28).

이로 인해 인간과 자연의 근본적인 간격이 생겼다. 인간은 그 자신을 자연과 동일화시키지 않고 언제나 자기를 자연으로부터 분리시키고 자연에 대해 주인과 지배자의 위치에 세울 수 있는 근거를 얻었다. 또한 인간이 신의 형상(image: 속성)대로 창조되었다는 것이 모든 피조물 가운데 인간에게만 타당한 것이기 때문에 이것은 인간의 인격성을 의미한다. 이는 인간이 '자유 의지'로 생각하고 결단할 수 있는 자율적인 주체를 의미한다고 할 수 있다. 더욱이 인간은 자신의 피조성을 알며 인격적인 관계로서 창조자와 대화할 수 있는 존재라는 점에서, 인간의 존재는 자연물과는 달리 존엄하며, 이 존엄한 인격으로서의 주체성이 '신의 형상'이라고 말할 수 있을 것이다. 물론 여기에서 다른 피조물에 대한 인간의 자유 의지는 '신의 예지 안에서의' 자유이므로 피조물 내에서만 인간 중심적인 것이다. 인간은 피조물 내의 주인이지만 다른 면에서 스스로는 피조물로서의 창조자인 신을 받들고 신에게 영광을 올리는 존재이다.

따라서 기독교의 자연관은 신과 인간과 자연은 그 계층적 질서에서 목적론적으로 결합하고 있다. 자연은 인간을 통해 신에게 향하는 것이다. 인간은 그 위치로 인해 자연에 대해 책임을 지는 존재이다. 다시 말하면 신중심 안에서 인간중심주의가 성립하는 '신 중심적 자연관'이다.

그러나 훗날에 서구사상은 신중심 안에 인간중심주의라는 기독교의 사상적 유산을 상당히 왜곡된 형태로 굴절시켜 계승했다. 즉 신이 무시되었던 계몽적 근대 이후 신 중심이 누락되고 인간의 자연 지배라는 거만과 오만으로 단순한 인간중심주의로 빠져가는 것을 알 수 있다.[11]

---

11) 휴즈(J. Donald Hughes), 앞의 책, p. 80.

이 같은 기독교의 자연관은 초기 그리스 적인 특징이었던 자연과 인간과 신이 하나의 연속된 전체로서의 자연관과는 달리, 초월적인 신적 질서 안에서 인간의 진정한 자유를 확립할 수 있었다. 다시 말하면 자연의 세계를 탈마귀화, 비신격화함으로써 고대 그리스인들의 물활론적(萬物有生論)이고 범신론적인 사유의 세계를 극복하고, 자연에 대한 인간의 자유스러운 접근과 탐구와 분석을 가능케 했다. 이런 의미에서 기독교의 자연관이 근대 세계의 과학적 사유의 기초를 마련했다는 점에서 매우 공헌을 했다고 볼 수 있다.

제 4 절 근대의 자연관

르네상스(Rrenaissance)는 근대 이전이라 해야 옳다. 르네상스 휴머니스트들은 대체로 과학에 무관심하거나 무지했다는 점에서 인문주의자라는 말이 더 잘 어울린다.[12] 그러나 르네상스는 분명 근세의 시작을 의미하기도 한다. 르네상스는 고대 그리스·로마문화의 재생(再生)을 의미하며, 인간과 자연의 재발견이란 점에서 큰 의미가 있다. 여기서 인간과 자연의 재발견이 고대 그리스적인 인간관과 자연관으로 동일하게 회귀한다는 것을 의미하지는 않는다. 오히려 새로운 인간관과 자연관의 형성과 확립이란 의미에서 '신생(新生)'이라 할 수 있다. 그것은 중세에 배양된 기독교적·주체적 인간에 의해 고대 그리스 문화를 매개로 이룩한 신문화의 창조이며, 자율적 인간과 과학적 자연의 새로운 발견이었던 것이다. 그러나 르네상스는 고대의 물활론적 자연관을 배제할 수 없었던 것 같다.[13]

다시 한 번 이야기하지만 중세 기독교에서의 자연은 신에 의한 피조물로서, 자연은 인간을 통해 신을 향해 존재한다는 목적론적인 사고방식으로 계층성을 지니고 있다. 여기에는 아리스토텔레스 철학의 목적론도 이를 보강했고 기독교를 주축으로

---

12) 르네상스기의 레오나르도 다 빈치(Leonardo da Vinci, 1452-1519)는 예외적으로 위대한 예술가이며 발명가·기술자·해부학자이기도 했다. 그가 남겨 놓은 수많은 과학적 업적들은 그가 죽은 오랜 뒤 19세기 말에 그의 원고가 출판되어 17세기에 근대과학이 일어나는 데는 거의 영향을 미치지 못했다는 것은 확실하다 (송상용, 「서양과학의 흐름」(강원대학교, 1997), pp. 81-85).

13) 구니야 준이치로, 앞의 책, pp. 143-146.

한 스콜라철학의 자연관도 이로써 형성되었던 것이다. 즉 자연을 인간과 이질적인 존재로 파악하고 자연으로부터 주체적인 존재로서 자각할 수 있어, 인간은 자연을 초월하여 이를 객관적으로 관찰할 수 있다는 태도가 배양되어 왔다. 그러나 르네상스기에 범신론적 자연사상이 우세하게 되었던 것은 중세 기독교에 대한 반항으로 나타나게 되었다고 볼 수 있다. 물론 르네상스기의 범신론이 그리스적 범신론 그 자체는 아니었지만, 자연 속의 신의 생명을 탐구하는 것이 신앙 이외에 신을 알 수 있는 또 하나의 방법으로 중시되었다. 이는 결국 신의 생명은 자연에 내재한 것으로 보았으며 신과 자연은 합일되어 동일시된다. 여기에는 두 가지 관점에서 범신론을 생각할 수 있었다. 르네상스기에는 전자의 입장을 취했으나 17세기에는 기계론적 입장의 범신론이 지배하게 되었다.

따라서 15, 16세기까지 자연의 세계는 유기체적으로 간주되었다. 즉 자연은 생명이 있는 것이고, 자연 현상의 원인으로서는 생명이 가진 감각과 욕망 등이 생각되었다. 이는 물활론으로, 목적론이 관통하고 있는 것이다.

그러나 르네상스기에는 자연 연구에 관심이 고양되었지만, 아직 과학적인 방법이 확립되지는 못했기 때문에 자연에 대한 견해는 공상적이며 신비적인 면이 많았다고 볼 수 있다.[14)] 이 같은 범신론적 · 유기체적 자연관은 17세기 서양 과학혁명에 의해 자연과학이 일어나서 극복되고 기계론적인 자연관으로 이행하게 되었다. 왜 유기체적 자연관이 기계론적 자연관으로 이행하게 되었을까? 그것은 자연에 대한 객관적인 태도가 확립되었기 때문이다. 자연에 대해 그것의 생명을 인정했던 것은 거기에 인간의 주관성을 투입했기 때문이다. 주관성의 제거에 의해 객관성이 증대하고 그로부터 생명이 없는 물질적 자연이 출현한다.

이러한 물질적인 자연관에 대해 기계론적인 사고방식이 적용될 수 있었던 것이다. 그러나 르네상스기의 범신론적 · 유기체적 자연으로부터는 자연과학이 태동할 수 없는 것이다. 범신론이 극복된 것으로부터 유기체적인 자연관이 소실되고, 기계론적인

14) 브루노(Giordano Bruno, 1548-1600)와 캄파넬라(Tommaso Campanella, 1568-1639)는 범신론적 자연철학을 했으며, 카르다노(Girolamo Cardano, 1501-1576)와 아그리파(Cornelius Heinrich Agrippa, 1486-1535), 파라켈수스(Philippus Aureolus Paracelsus, 1493-1541) 등으로부터 점성술과 마술 등이 행해졌다. 브루노는 우주는 신적 생명을 지니고 목적운동을 행하고 있다고 보았고, 캄파넬라는 자연의 모든 존재 속에서 작용하는 우주 생명을 인정했다. 아그리파와 파라켈수스는 점성술과 마술은 세계에 충만해 있는 영혼 간의 힘의 관계를 탐지하여 그것을 인간을 위해 이용하는 것이라고 했다.

기술중심주의가 출현했다. 그와 함께 자연과학도 발전했던 것이다. '기계론적 자연관'의 성립은 자연의 수학적 · 실험적 방법에 의한 연구를 수반한다.

17세기의 근대 과학을 수학적 · 실험적으로 확립 · 공헌했던 사람은 갈릴레이와 뉴턴, 데카르트 등을 들 수 있다. 여기에서는 이들 세 사람을 중심으로 하여 '기계론적 자연관'의 내용을 간략하게 밝혀보도록 한다.[15)]

갈릴레이(Galileo Galiei, 1564-1642)는 "자연은 수학적 언어로 씌어진다"라는 수학적 합리주의를 주장하면서 자연에 대한 접근은 경험의 직관적 분석에 의해 일반화에 도달하는데, 우선 감각의 세계에서 본질적인 요소를 분리하는 추상화의 방법을 쓴다. 그는 교황 우르바누스 8세(Urbanus Ⅷ, 1568-1644)에게 헌정하는 형식으로 쓴 『시금자(試金者, Saggiatore)』라는 저서에서 자연의 모든 변화와 성질은 양적으로 규정된다고 했다. 자연으로부터 주관성을 제거함으로써 객관성이 명료해지는데, 그것은 자연으로부터 인간성을 제거하는 것이 된다. 왜냐하면 자연에서의 인간성은 인간 주관성의 자연에 대한 투영이기 때문이다. 갈릴레이는 제2의 성질－감각적, 즉 질적 성질－을 제거하고, 자연을 제1성질, 즉 형태 · 크기 · 운동 등의 양적 성질만으로 파악했다. 이때 제2성질은 인간의 주관성을 이루는 것이다. 이 같은 자연계에서는 생명과 영혼 등이 존립할 수 없을 것이다.

데카르트(René Descartes, 1596-1650)에게 신은 무한 실체이다. 그에게는 어떤 범신론도 용납되지 않는다. 이 초월적인 신은 물질을 창조하고 이것의 법칙에 따라 움직이는 운동을 최초로 부여한다고 생각했다. 즉 신은 운동의 제1원인이다. 데카르트는 정신과 물체를 각각 유한 실체로서 완전히 분리하는 '이원론'을 주장했는데 이 때문에 물체계(物體界)에서는 철저하게 기계론을 취할 수 있었다. 물체적 자연에서는 운동의 원인으로서 영혼과 같은 정신적인 것은 완전히 배제되어 있다. 이때 물체는 연장 이외의 것이 아니기 때문에 그 자체는 운동할 힘을 가지지 못한다. 또 그는 물질은 무한히 분해 가능하며, 물질 자체를 철저히 이해하려면 이를 물리 · 생물 · 화학적 구성 요소로 분해해서 수학적으로 해석함으로써 가능하다고 보았다. 이와같이 사물을 단순한 구성 분자로 나누어서 조사하고 그 구성 분자들에 대한 정확한 지식을 통해 사물과 현상의 세계를 이해할 수 있다는 주장을 환원론(還元論, reductionism)

15) 구니야 준이치로, 앞의 책, pp. 181-199; 송상용, 위의 책, pp. 91-145.

이라고 한다. 이 환원론에 입각해서 사물과 현상을 이해하려는 사유 방식이 분석적이고 이원론적 사고방식이라 할 수 있다. 이렇게 데카르트는 자연의 세계에 관해서는 철저하게 기계론을 주장했지만 운동의 제1원인으로서 신을 설명했던 것이다.

뉴턴(Isaac Newton, 1642-1727)은 근대 과학의 체계를 원리적으로 확립시키고, 과학혁명을 마무리한 서양 지성사의 전환점을 이룬 사람이지만, 그 자연관의 배후에 있는 강렬한 종교적 측면을 도외시할 수는 없다. 그는 과학자였지만 또한 연금술사, 연대학자, 신학자이기도 했다. 뉴턴은 유일신에 대한 신앙을 갖고 그것을 그의 실존의 근거로 했으며, 한편 과학자로서의 그는 우주의 궁극적인 법칙적인 통일이 있다는 명료한 자연관을 확립했다. 이는 세계가 그대로 신이라고 하는 범신론과는 아주 다르다. 신의 편재는 신의 지배에 의한 것이다. 이것을 형이하학적으로 말하면 자연법칙의 보편적 · 필연적 지배라는 것으로 된다. 뉴턴은 자연을 시계에 비유하면서 자연은 '복잡한 기계'에 불과하다고 보았다. 창조주는 어떤 계획에 따라 이 자연이라는 기계를 만들어 움직이게 해놓았다. 이 자연이란 기계는 아무렇게나 막 움직이는 기계가 아니라 창조주의 계획이 담긴 고정 불변의 법칙에 따라 움직이는 기계이다. 따라서 인간이 이 자연의 움직임을 지배하는 법칙과 원리를 알아내면, 인간은 자연의 움직임을 설명하고 이해하고 예측할 수 있으며, 나아가서 자연을 이용할 수 있는 것이라는 결정론적 입장에서 자연의 움직임을 수학적으로 나타낼 수 있음을 보였다.

이같이 17세기의 기계론적 자연관이 확립되면서 과학과 기술의 발전에 힘입어 18세기 중엽부터 19세기에 걸쳐 영국에서 산업혁명이 일어나 온 세계에 파급되었다.

프랑스와 영국은 앞 다투어 새로운 기술 발전을 일으켰고, 19세기 말에 이르자 후진국 독일이 화학공업을 발전시켰다. 신생국 미국은 막대한 자원을 배경으로 기술을 비약적으로 발전시켜 영국과 프랑스를 압도하면서 20세기의 산업문명을 주도해 왔다. 과학기술은 20세기에 들어와 인간이 상상할 수 없는 폭발적인 발전을 기록했다.

아인슈타인(Albert Einstein, 1879-1955)의 특수 및 일반상대성 이론은 뉴턴 물리학의 시공 개념을 근본적으로 바꾸어 고전물리학을 뒤엎는 제2의 물리학혁명을 불러오게 했다. 그 이후 비약적인 기술의 발전이 과학으로 스며들어 과학과 기술의 경계가 사라지면서 새로운 과학기술(scientific technology)의 문명세계를 만들어 놓았다. 이는 인간이 지금까지 자연에 대한 근본 태도가 기계론적 자연관으로 일관되어 왔고, 또한 자연을 이해하고 사유하는 데도 철저한 이성주의에 입각한 분석적 ·

이원적 · 원자적 · 직선적인 접근 방법이 지배되었다는 것을 알 수 있다.

특히 17세기 이후 그 중요성이 점차 커졌던 철, 석탄, 증기가 드디어 산업혁명을 통해 사회를 근본적으로 바꾸어 놓았다. 산업혁명은 농업에 기초한 경제구조를 무너뜨리고 새로운 산업구조의 개편과 함께 새로운 생산 방법과 기업조직을 탄생하게 했다. 즉 산업혁명은 다음의 네 가지로 특징지을 수 있다. 1) 매뉴팩처(manufacture)의 거대한 확장, 2) 가내 수공업에서 공장제 공업으로의 매뉴팩처적 성격의 변화, 3) 급격한 인구 증가, 4) 새로운 기술의 응용이다.[16] 물론 산업혁명이 과학기술 자체보다도 경제 · 사회적 요인에 더 많은 영향을 받았다. 인구 증가가 가져온 큰 시장과 노동력, 그리고 모험적 산업에 매력을 느끼게 한 이자율, 대영제국의 팽창과 교역의 증가, 영국 상품, 특히 직물의 수요 증가, 기술혁신이 가져온 물품의 가격 인하와 그에 따른 수요 증가, 경제 발전을 촉진한 계속된 전쟁 등이다. 산업혁명을 통해 인류는 과거의 에너지원이었던 나무를 석탄과 석유로 대치했다. 화석연료를 중심으로 새로운 공업화가 일어났고 대규모적인 공장, 산업, 주택의 건설이 진행되었다. 특히 도시화와 산업화가 가속되는 공업 및 도시지역에서는 과다한 화석연료 사용에 따른 다양한 환경문제가 사회문제로 크게 대두되기 시작했다.

16) 송상용, 앞의 책, p. 208.

제 10 장 산업문명의 한계와 위기

과학기술의 발전은 산업혁명을 거쳐 새로운 문명을 만들어 냈다. 지난 20세기는 한마디로 '산업문명'의 시대라고 볼 수 있다. 문명사적 입장에서 보면, 산업문명은 인류의 번영과 편리함을 제공하는 데 공헌한 바는 컸다. 그런데 왜 오늘의 산업문명이 개인의 일상생활뿐만 아니라 정치 · 경제 · 사회 · 문화 모든 영역에서, 정체성의 위기(identity crisis)를 맞고 있는가? 산업문명의 후유증으로 보이는 많은 문제들이 산업문명 체제 내에서 발생되고 있으나, 그 해결 가능성은 점점 더 멀어져 가고만 있는가? 이 장에서는 이런 위기가 어디에서 발현(發現)되었는지, 그 이념적 · 사회적 패러다임을 살펴본다.

제 1 절 도구적 이성 중심에 입각한 과학기술주의 · 인간중심주의 세계관

산업문명의 본질적인 가치 체계를 형성한 것은 중세와 르네상스, 계몽기를 거치면서 자연에 대한 범신론적 세계관을 극복하고 16~17세기에 이르러 갈릴레이, 뉴턴, 베이컨, 데카르트 등의 '기계론적 자연관'으로 발전하면서 이루어졌다고 볼 수 있다. 이는 자연에 대한 객관적인 태도의 확립을 의미하며, 인간의 수학적 이성과 합리적 이성에 의해 우주 질서의 법칙성을 설명하려는 과학의 절대화를 의미하기도 한다.

당시 인간의 '이성(理性)'은 진리를 추구할 수 있지만, '감성(感性)'은 진리를 어둡게 함으로써 감성을 제거, 이성으로 회귀를 강조함에 따라, 이성과 감성이 분리되는 이원론적 사고와 물질과 정신이 분리되는 기계론적인 사고가 동시에 확립되었던 것이다. 따라서 이성제일주의에 입각한 과학기술주의와 인간 중심적 세계관이 산업문명을 만들어 왔다 해도 과언이 아니다.

즉 과학만능주의의 '신화된 이성'이라 할 수 있다. 오늘날 산업문명 위기의 모든 징후는 산업문명을 낳은 서구적 '근대성'의 후유증에서 비롯되었다는 것이 위기론자들의 공통된 시각이다. 서구적 근대(모더니즘)란 합리적 이성에 대한 절대적 신뢰를 바탕으로 자본주의와 과학을 추구했던 시대이다. 즉 과학이라는 도구는 천체의 운행질서 구조를 밝혀내고, 어떤 역학적 규정론적 법칙성과 질서성을 탐구하는 곳에 머물렀지, 인간의 규범행위 질서 안으로 편입되지는 않았다는 것이다.

근대 과학이 성립한 이래 과학이 기술로, 기술이 과학으로 스며들어 과학과 기술의 경계가 사라져 버렸다. 이때부터 기술은 지구상의 모든 생물과 무생물을 무차별적으로 조작할 수 있는 단계에 도달했고, 이제 기술의 발달은 자연 전체의 변화를 불가피하게 만든다. 우리 시대 기술의 비극은 도구적 성격을 가진 기술이 과학을 흡수하여 자연에 대한 보편적인 힘을 얻게 되었다는 데 있다. 과학, 즉 기술은 극도의 미지의 세계에서 거대한 우주 공간에 이르기까지 우주에 존재하는 모든 것을 실험대상으로 한다. 인간 자신도 그 대상으로부터 벗어나지 못한다. 이미 기술은 우주 공간을 활보하고 있다. 기술은 극미(極微)의 물질세계에 침투하여 핵 발전과 핵무기를 내놓았고, 사이버 공간 속의 가상 사회를 건설했다. 이제 기술이 모든 생물의 중심으로 여겨져 온 인간 속으로 들어가 인간을 마음대로 조작하고 변형할 수 있게 되면, 자연에 대한 기술의 지배는 완성되는 셈이다. 기술의 완성으로 가는 길은 결국 인간의 해체를 가져오는 것일 것이다.

기술의 발전이 인간의 삶에 영향을 미치는 가장 중요한 부분은 환경이다. 산업문명의 후유증으로 보이는 증후군, 즉 자연자원의 고갈 및 편재, 자연환경의 오염과 파괴, 생태계의 교란, 기상 이변의 위협 등이 오늘날 인류를 위기에 몰아넣고 있다.

물론 과학기술의 발전 그 자체가 지구 환경위기를 몰고 온 원흉이라는 결정론적 입장은 문제가 있다. 오늘날 새로운 과학기술이 각종 자원 개발에 의한 환경의 질적 향상에 기여한 바가 크다는 것은 누구나 다 인정한다. 문제는 인간의 이성에 바탕을 둔 과학기술주의가 자연을 타자화(他者化)하여 과학적으로 분석하고 오로지 '물질'

과 '자원'의 대상으로만 인식해여 인간 자신의 무한한 욕구 충족과 물질적 성장을 추구하는 '이기적 도구'로 과도하게 사용하는 데 있다. 앞서도 이야기했지만 기술이 과학으로 스며들면서 자연을 조작하는 힘을 얻었고, 과학기술이 인간의 규범행위 질서 안으로 편입되지 않았다는 점이다. 또한 도구적 이성주의에 바탕을 둔 인간 중심적 세계관은 인간의 자연에 대한 우월적 지배 지위에서 인위의 욕구에 구사(驅使)되어 자연을 끊임없이 가공하고 마름질하고 지배하여 이용해야 할 하나의 대상으로서 자연을 인식한 문명으로 전개시켜 왔다는 점이다.

인간 중심적 문명관은 인간 이외의 존재들은 인간에게 이익의 차원에서만이 그 존재의 가치를 인정받는다. 이때의 가치는 거의 전적으로 인간의 물질적 풍요와 편리함을 가져다 주는 경제적 효용의 가치로 귀착된다. 즉 인간의 욕구와 이해를 만족시키는 도구적 가치로만 남는다고 볼 수 있다.

이 같은 인간 중심적 문명의 진행 과정에서는 인간 이외의 자연물은 오로지 '물질' 내지 '자원'으로서의 가치로 인정받을 뿐, 그 존재 의지와 천부적인 가치라는 차원에서는 인정받을 수 없다.[1] 즉 자연과 인간의 관계가 오로지 '물질 내지 자원'의 개념에서 머물면서, 인간과 인간 사이에도 동일한 사고가 녹아들어, 결국 산업문명 속의 모든 정치 · 경제 · 사회 · 문화구조는 오로지 투쟁과 경쟁, 파괴와 차별을 낳은 갈등구조로 치다를 수밖에 없다고 본다. 여기에는 획일주의와 획일주의가 파생한 개발독재와 자연 파괴로 인한 인간의 자유 박탈만 존재할 뿐이다.

---

1) 실천윤리학자인 싱어(Peter Singer)는 전통 윤리학이 구체적인 윤리적 대안을 제시하기보다는 윤리 그 자체의 의미를 질문하는 방법론적 탐구에 지나치게 치중해 있기 때문에 그 한계성이 있다. 반면 실천윤리학(practical ethics)은 현대인의 윤리적 실천을 목표로 하는 학문으로서 이론적 탐구에 그치는 윤리가 아니라 실행 가능한 구체적 윤리를 제시하는 것이다. 특히 환경오염 등의 문제에서 실천적 윤리의 결단이 필요함을 그는 지적하고 있다. 그가 쓴 「동물해방」에서 인격체인 동물에 대해 인간이 지극히 비인격적인 살상행위를 자행하고 있다고 경고한다. 그는 사물들은 세 가지 범주로 구분하면서, 무감각한 것, 감각은 있으나 자의식을 갖지 못한 것, 감각과 자의식을 가진 것, 이 중에서 마지막 범주에 해당하는 생명체는 모두 인격체(person)라고 정의하고 있다. 많은 동물이 세 번째 유형에 속한다고 보고 그는 인간은 자신의 행동이 다른 모든 인격체에 어떤 영향을 미칠 것인가를 고려해야 할 윤리적 의무를 가지고 있다고 말한다. 또한 올바른 환경윤리란 더 이상 인간만을 위한 윤리가 아니라 모든 생명체를 위한 '공생의 윤리'이므로 인간은 다른 종에 대한 지배 특권을 포기할 때 참다운 공생의 윤리가 수립될 수 있다고 말한다 (Peter Singer, 「동물해방」, 김성한 옮김(서울: 인간사랑, 1999); 「실천윤리학」, 황경식 · 김성동 옮김(서울: 철학과현실사, 1993)).

제 2 절 무한 성장 추구와 욕구경쟁주의

산업문명은 대량 생산과 대량 소비의 문명이다. 지금까지 인간은 더 큰 소유와 소비를 통해 무한 욕구를 충족시키려는 의지에 집착해 왔다. 물질적인 풍요를 위한 무한 생산을 추구하는 산업정책은 지구상의 어떤 주의·주장을 펴는 국가든 예외 없이 선호되고 중시되는 목표이다. 이는 모두 인간의 자연에 대한 우월적 지위를 당연시하는 이념적·사회적 패러다임이라 할 수 있다. 이같이 20세기의 모든 국가의 산업화 정책은 자원무한주의를 토대로 하고 있다는 점에서 부정할 수 없는 사실이다. 그 동안 성장과 발전, 풍요를 추구하면서 모든 것을 자원무한주의 토대 속에서 질적 가치보다는 양적 가치를 우선적인 발전 기준으로 삼아 왔다.

그러나 오늘날 자원무한주의를 바탕으로 이루어진 산업문명은 가용 자원의 한계가 있다는 유한성에 의해 새로운 위기를 맞고 있다. 즉 이 한계와 위기는 '자연자원 매장량의 유한성', '외적 교란에 대한 생태적 수용 능력의 한계성' 그리고 '생태적 파괴에 대한 비가역성'을 말한다. 산업문명의 위기는 이러한 무한주의에서 비롯된 산업사회에서 지구자원에 대한 자기 조절능력을 벗어난 파괴에 대한 지구 차원의 반작용인 것이다. 지구 자체가 제한된 수용 능력(인구 폭발)과 생산 능력(자연자원의 감소) 그리고 흡수 능력(공해)을 가지고 있기 때문에 무한 성장은 제약받을 수밖에 없다.

궁극적으로 오늘날 지구 환경문제는 인간의 무한 욕구 충족을 위한 무한경쟁에서 출발하여 유한자원을 무시하고 무한 성장을 추구하는 산업문명 사회구조의 모순에서 비롯된 것이다. 이는 인간 중심적 성장 지배 철학에 기초한 산업문명의 근본적인 가치철학의 자아 성찰을 예고하고 있다고 볼 수 있다. 또한 산업문명 속에서 '생산성'의 개념도 경제적 능률과 도구적 가치 및 시장적 패러다임에 머물러 있다. 즉 생산성 향상운동이 투입되는 노동이나 자본의 효율성에 초점이 맞추어져 있지 '생태적 효율성(eco-efficiency)'과는 거리가 멀다.

제 3 절 자유 개인주의적 사고

근대 이후 세계는 구미 국가들이 주도하는 서양 문명이 지배하고 있었으며, 정신과 사상도 예외는 아니다. 하지만 근대 사회의 부정적 측면이 드러나면서 합리성과 개인주의로 상징되는 서양에 대한 근본적인 의문을 제기하게 되었다. 이런 근본적인 문제 제기에는 우선 동양과 서양에서 받아들이는 인간의 개념이 다르기 때문이다. 서양에서 인간의 개념은 '초자아를 가진 개인' 즉 초월이란 보편적 개념이 매우 강하다. 데카르트의 코기탄스(cogitans: 생각하는 주체)로부터 칸트의 선험적 자아를 거쳐 헤겔의 절대정신에 이르기까지 모든 서양의 인간관은 '인간'을 도외시한 데서 생긴 고립된 실체의 오류에 함몰되어 있다. 서구라파의 근대정신은 모두 이러한 고립된 개체의 절대주의에서 파생된 것이며, 그들이 말하는 자유와 평등의 근세적 이념도 모두 이러한 실체적 개인주의의 오류를 크게 벗어나지 못하고 있다. 이런 개인주의 전통에서 급진적인 자유의 개념이 나오다 보니 다양한 사회문제를 낳게 되었다. 이러한 초(超)자아적인 개인주의 관념은 모든 사회적 시스템에도 구조화되어 자유주의 정치 · 경제 · 사회구조 중심으로 국가가 발달되어 왔으며, 국제 질서 또한 자국 중심의 팽창주의를 지향해 왔다.

즉 자유주의 정치 · 경제 · 사회구조는 무한 생산 · 소비 확장주의와 무한경쟁 시스템을 창출해 냈고 여기에서 환경 파괴가 시작되었다. 이런 시스템에 소외되는 집단은 온갖 사회적 폭력과 인간 소외 · 외로움 등의 원인이 되었다. 반면 동양의 인간 개념은 단순히 '사람'을 명명하는 명사의 의미가 아니고, 사람과 사람 사이(間)가 얽혀서 형성되는 인간 세상, 즉 Human Society를 의미한다. 즉 관계론적 인간 개념이 핵심을 이루고 개인은 독립된 초자아적인 것이 아니라, 가족 · 공동체 · 국가 · 우주 등의 연계된 맥락 안에서 이해되었다. 오늘날 동양의 개발국들에게서 발생되는 많은 사회문제나 환경문제도 자세히 들여다보면 서구의 자유 개인주의적 인간관을 성급히 받아들여 답습했기 때문에 나타나는 현상이라고 볼 수 있다. 투웨이밍(杜維明)이 "동양의 유교와 가족주의가 아시아의 경제 성장과 새로운 인권 개념의 토대가 될 것이다"고 이야기한 것을 다시 한 번 생각해 보아야 할 것이다. 오늘날 산업문명의 위기는 관계성 안에서 추구되는 인간의 개념이 붕괴되었기 때문에 발생된다. 사람과 자연, 사람과 사람과의 관계성이 회복되고 소통되는 사회적 목표와 수단과 기준이 마련되어야 될 것이다.

제 11 장

문명의 전환: 생태문명을 향하여

지난 20세기는 비약적인 과학기술의 진보와 인류 사상 유례 없는 물질적 풍요를 낳은 세기이며 또한 수많은 천재들의 지적 탐구욕을 발동시킨 세기이기도 했다. 또한 인간과 역사에 대한 새로운 관점에 목말라 하는 사상의 프론티어들은 20세기 현실을밑그림 삼아 갖가지 사상의 강물을 만들었고 수많은 에피고넨들이 이에 주석을 달았다. 어떤 것들은 수정됐고 어떤 것들은 이미 절손(絶孫)의 운명을 겪기도 했지만 20세기가 잉태했던 사상의 대하(大河)들은 인류 지성사의 움직일 수 없는 자산이고 새로운 세기의 통찰이기도 하다.

많은 미래학자들은 지난 세기를 토대로 21세기는 새 천년의 풍부한 지식과 정보가 윤택하고 편리한 생활을 만들고 삶의 기회를 확대할 것이라고 예견도 하지만, 또 한편 전쟁과 질병, 유전공학의 부작용, 에이즈(AIDS)와 마약, 도시문명의 발달에 따른 성 타락, 인간 소외, 환경 파괴 등으로 지난 세기의 산업문명이 낳은 부산물이 21세기에도 계속될 것이라고 말하고 있다. 만약 이 모든 부산물을 극복하지 못한다면, 결국 인류는 스스로 파멸의 길을 선택하는 것밖에는 아무것도 할 수 없을 것이다. 인류는 이제 이 같은 공동 책임을 안고 양 세기의 가교 점에서 새로운 문명을 창조하는 역사적 창조 주체자로서 무엇부터 시작해야 할지 참으로 고민하고 사색해야 할 때임이 분명한 것 같다.

제 1 절 공생을 위한 유기체적 생태중심주의

세계는 지금 전반적으로 인구의 지속적 증가와 도시화 및 산업화로 인한 자연환경의 오염과 파괴로 자원의 고갈 및 편재, 가용 에너지의 위협, 생태계의 교란, 기상이변의 위협, 오존층 파괴, 토양의 사막화, 동・식물의 멸종 심화 등으로 심각한 위기에 처해 있다. 21세기의 문명의 틀은 그 동안 수백 년 간 옳다고 여겨 왔던 것에 대한 근본적인 검토, 근본적인 부정을 강제하고 있다. 즉 이성적인 것, 합리적인 것, 과학적인 노력에 의해 장밋빛 미래를 꿈꾸어 왔던 인류는 최초로 자기 문명을 부정해야 하는 시점에 왔다고 볼 수 있다.

이는 우선 산업문명을 옹호해 온 인간의 철학, 윤리, 세계관, 즉 이념적인 근본 변화의 새로운 가치 패러다임 전환(value paradigm shift)을 요구받고 있다는 것이다. 즉 인간의 이성과 합리성을 과신하는 과학만능주의 신념, 실제를 이원론적으로 분리시켜 보는 존재론, 물질을 기계론적으로 보는 환원적 세계관, 현상을 직선적이고 원자적이고 획일적으로 접근하는 태도의 전환을 의미한다. 산업문명의 가치 체계에 바탕이 된 이들 신념은 결국 자연에 대한 인간 우월 중심적인 인간중심주의(anthropocentrism)에 뿌리를 두고 있다. 21세기가 창조해야 할 새로운 문명은 이성과 감성(직관)이 공존할 수 있는 유기체적, 전일적, 일원적, 역동적인 현장 '생명'을 지향하는 생태 중심의 세계관의 전환이 필요하다. 여기서 생태중심주의(ecocentrism)의 세계관은 생태문명의 창조를 의미한다. 생태문명의 창조는 기존의 일차원적인 환경 보호의 차원을 넘어 '우주 생명 공동체 삶'을 창조하는 것으로 볼 수 있다.

즉 인간과 자연이 조화의 질서 안에서 우주의 기운을 호흡하면서 우주적 생명을 회복하자는 문명이다. 우주적 생명을 회복하기 위해서는 마음, 문화, 인간이 변해야 한다. 마음이 변하지 않고는 지구생태계를 지킬 수 없고, 문화가 변하지 않고는 정치. 경제. 사회를 변화시킬 수 없다. 특히 인간과 자연에 대한 근본 해석이 변하지 않고는 아무것도 바뀔 수 없다. 유기체적인 생태적 사고가 필요하다. 인간은 자연을 소유와 지배, 자기 이익의 차원에서 만나는 단순히 물질 내지 자원으로서의 자연에 대한 우리의 인식이 아니라, 자연물 그 자체의 존재 의지와 천부의 권리 확보라는 차원에서 사귐과 참여와 나눔으로써 만나야 할 것이다. 여기에는 반드시 인간은 자연에 대한 윤리적인 관리 책임이 요구된다. 다시 말하면 인간의 소유욕과 정복욕에서 기여된 인간 중심적 교만을 버려야 한다. 인간중심주의 방식이 아닌 공생 방식에서 자연을 접근하는 태도가 필요하다.

생태문명을 지향하기 위해 좀 더 구체적으로 검토되어야 할 부문은 과학 기술에 대한 전면적인 새로운 태도 변화가 요구된다는 것이다. 오늘의 근대화, 산업문명은 과학을 토대로 만들어진 문명임에 틀림없다. 또한 고도의 과학기술 문명이 오늘날 인류의 위기임에 틀림없다. 유전공학, 생명공학, 핵 공학 등 과학의 발전에 따라 우리들은 이제 불확실한 가운데서도 무엇인가를 결정해야 하는 상황에 내몰리고 있다. 이 같은 문명의 불확실성은 '위험사회'의 핵심문제이다. 모든 과학적인 행위자들이 어쩔 수 없이 위험의 생산에 참여하고 있는 셈인지도 모른다. 이러한 점에서 현대 '위험사회(riskoges-ellschaft)'의 특성을 '네거티브섬게임(negativsummen-spiel)'이라고들 한다. 위험사회를 처음 제시한 독일 뮌헨대학교 사회학과 벡(Ulrich Beck) 교수는 과학기술의 발전에 내재한 부정적 결과인 '위험(risiko)'[1]을 감수하고 진행됐던 '제1의 근대'를 넘어서서 그 '위험'이 시민들의 참여에 의해 제거되는 '제2의 근대'의 장을 주장하면서 과학기술의 위험성을 경고하고 있다. 지금까지 학자들 간에 논의된 결론에 의하면 과학기술이 과학의 근본 법칙(열역학 제1법칙, 제2법칙)을 뛰어넘을 수 없다는 것이다. 그렇다고 가속도를 지닌 과학기술 문명의 속성상 인간의 힘으로 그 무한질주를 막는 것도 현실적으로 한계에 이르렀다. 반(反) 과학은 오히려 엄청난 반작용을 초래하기 때문에 그 후유증은 새로운 과학으로 해결할 수밖에 없다는 주장도 있다.

21세기, 전통으로 돌아갈 것인가, 퇴영으로 물러설 것인가, 아니면 과학기술 문명과 함께 계속 질주할 것인가? 지금으로선 예단은 곤란하다고 지성들은 말한다. 분명한 것은 우리는 모든 문제를 과학 만능적으로 해결하려는 '기술개량주의' 태도를 포

---

1) 위험사회를 이해하는 데 가장 중요한 개념은 '선택'이다. 과학기술의 발전에 기반해서 이뤄진 지금까지의 근대화는 '위험을 감수하는 선택'에 의존해 왔다. 즉 과학기술의 발전이 가져다 줄 수도 있는 위험을 우리는 통제 가능하다고 믿거나 또는 안전 기준치 범위 내라는 생각에서 '선택'을 해 왔다. 이는 '예측하지 않은 위험'이 아니라, '예측할 수 있는 위험, 부정적인 결과를 감수한 위험'이다. 지금도 인류는 개인의 선택에 의해서든지, 국가정책에 의해서든지 '위험을 감수하는 선택'을 직·간접적으로 끊임없이 하고 있다. 가령 자동차 배기가스 배출, 합성세제, 일회용품, 산업폐수, 전자파, 난방 에너지, 핵 발전, 간척지 개간, 대형 댐 건설, 농약과 화학비료, 동·식물의 남획 등.

기해야 한다는 점이다. 오늘날 인류는 기술 발전에 따라 인간 능력의 한계를 인정하지 않으려는 환상이 인류를 파멸에 빠뜨릴 수 있음을 경계해야 한다. 기술의 완성을 향한 질주가 우리의 숙명처럼 되어버린 지금, 독일의 물리학자이자 철학자 폰 바이츠제커(Carl Friedrich von Weizsäcker)의 다음 말은 절망적이지만 정확하다. "우리가 기술을 조금 쓰고도 살아갈 수 있도록 우리 문화를 바꿀 수만 있다면 우리는 모두 행복할 것이다. 그러나 우리는 그렇게 하지 않을 것이다. 왜냐하면 우리는 불행을 원하기 때문이다." 일반적으로 신기술은 사회적 생산력과 효율성을 더 높이는 방편으로 인식된다. 기술낙관주의자들은 자본주의의 핸디캡인 부(富)의 불평등 배분문제도 신기술이 창출하는 부를 통해 해소할 수 있다는 기대감을 앞세운다. 반면 신기술 개발이 새로운 불평등과 사회생활 침해로 이어질 우려도 있다. 바로 신기술이 갖는 양면성을 의미한다. 그렇지만 분명한 것은 끊임없는 신기술의 개발은 끊임없는 에너지의 사용량을 확대하고, 결국 에너지의 흐름을 교란시켜 생태계의 정상적인 기능을 파괴한다. 인류는 지속 가능한 사회를 만들어 나가기 위해서는 가능하다면 과학기술이 자연환경에 충격을 적게 가하는 방향으로 이용되고 진전되도록 노력해야만 할 것이다. 과학기술 중심의 문제 해결은 차선적인 선택일 뿐이지, 우선적인 선택 가치여서는 결코 안 된다. 즉 21세기 인류는 인간의 삶의 가치를 더 고양하는 방향으로 나갈 수 있는 과학철학과 과학기술 사회학의 정립이 필요하고, 생태 효율이 높은 자원순환형 경제·사회 체계를 건설하도록 해야 할 것이다.

제 2 절 욕구 경쟁적 무한성장 지배 철학에 대한 반성

산업문명의 위기는 자원무한주의를 토대로 한 무한 성장 추구에서 비롯되었다는 점을 앞에서 밝혔다. 왜 인간은 무한 성장 추구를 갈망하고 있는 것일까?

그 대답은 간단하다. 무한 소유와 무한 소비를 통해서만이 인간의 무한 욕구를 충족시킬 수 있다고 보는 데 있다. 인간의 행복지수도 물질의 소유 지배와 구매 확대를 통해 얻는 만족감과 편리함에 있다는 것이다. 그런데 확대된 욕구에 맞추어 소유를 확대시키는 것은 필연적으로 생산을 확대시키는 일이며, 생산은 자원의 고갈과 생태계 파괴를 가속화시킨다. 이는 곧 인류의 파멸을 의미한다. 자원의 유한성은 이러한 가능성을 용인하고 있지 않기 때문이다. 이제 인류가 선택해야 할 방법은 욕구의 축소를 통한 행복의 추구인 것이다. 즉 절제되어야 할 욕구는 물질적 욕구이며, 확대되어야 할 것은 정신적 욕구인 것이다.

오늘의 산업문명 위기는 분명 인간의 행위 능력(과학과 기술)의 발전은 이를 통제하지 못하는 가치 능력(정신 능력)으로 인해 온 것이다. 만약 인류가 지속적으로 자원의 유한성을 인정하지 않고, 인간의 욕구 확대를 위한 성장지배 철학을 갖고 무한성장을 추구한다면, 지금의 물질 향유와 편리함뿐만 아니라 다음 세대의 어떠한 보상도 기대할 수 없다는 점이다.

결국 우리는 최소한 현재의 물질 생산과 경제 발전의 경쟁 속도를 적어도 현재의 수준에서 균형 있게 조정하고, 지금까지의 직선적이고 획일적인 발전 체계를 생태 효율성에 따른 순환 반복의 과정으로 옮겨가야 한다는 것이다. 그럼으로써 결과적으로 인간은 자기의 탐욕과 의지를 억제 조절하고, 천지 만물의 생성 이식(生成利殖)을 최대 최고화해서 가능한 범위 내에서 주어진 유한을 극복하는 것이다. 문명이라는 것은 '편리함' 이상도 이하도 아니며, '편리함을 추구하는 인간 의지'가 인류 문명 위기의 근원임을 자각해야만 한다.

제 3 절 자유 개인주의에 대한 성찰

근대 산업문명 태동의 뿌리가 된 인간의 '개념'을 바꾸어야 한다. 서구의 고립된 개체의 절대주의에서 상황적 합리성으로 바꾸어야 한다. 즉 시간이 결여된 수학적 합리성이 아니라 시간의 변화 속에 있는 생성적・역동적・도덕적 합리성으로 바꾸어야 한다. 서구 근대성의 출발점이라고 할 데카르트는 실체(substance)를 자기 존재를 위해 다른 존재를 필요로 하지 않는 자기 원인자로 규정하고, 사유의 주체로서의 자아를 절대적으로 고립된 자기로 설정하고, 심(心)과 신(身)을 인간 존재 내에 이원적 실체로 분리시켰다. 서양 근대성의 뿌리인 계몽주의 전통에서도 인간과 인간의 관계가, 인간과 자연의 관계가 단절되었다. 이로 인해 인간은 자연의 완전한 절대적 군주로 군림했고, 절대적 자연 지배에 따른 물질의 풍요가 인간의 사회성을 무시한 이기주의적 개인주의의 팽배를 조장했다. 서구의 초자아적인 자유개인주의가 개체적 자유를 극대화시켜 줄지는 모르지만, 관계성 안에서 생명의 상호작용을 멀리한다. 산업문명의 위기는 상호 의존적인 세계, 연관성에 대한 부정 때문에 일어난 문제들이다. 지구환경은 인간만을 위해 주어진 것이 아니다. 자연과 인간, 자연과 자연, 인간과 인간, 우주의 맥락 안에서 이해되어야 한다.

표 12-1 산업문명과 생태문명의 이념적 · 사회적 패러다임

구 분	산업문명	생태문명
	이념적 패러다임	이념적 패러다임
철 학	서양철학(이성, 합리성) 기계론(환원론)/이원적/직선적/원자적	동양철학(감성, 직관) 유기체적/전일적/일원적/역동적
윤 리	개인의 자유 중시, 편리주의, 경쟁	공생, 공동선, 자립, 지속성(연속성)
세계관	'인간의 자연에 대한 우월적 지위' 인간중심주의(anthropocentrism)[2]	'인간과 자연의 조화적 지위' 생태중심주의(ecocentrism)[3]
	사회적 패러다임	사회적 패러다임
목 표	산업화와 경제 성장(성장>보존)	환경과 문화 복지(성장=보존)
목표 수단	자연의 정복에 의한 대규모 개발	환경적으로 지속 가능한 개발(ESSD)
평가 기준	경제적 효율성(economical efficiency)	생태적 효율성(eco-efficiency)
사회가치관	크고, 높고, 많은 것	Small is Beautiful
행정 체계	중앙중심주의(centralization)	지방중심주의(decentralization)
정치 체계	자유주의(산업입국)	에코토피아(환경 입국)
경제 체계	자유주의 경제구조	친환경주의 경제구조
과학 기술	기술낙관주의(hard technology)[4]	Gaia주의(soft technology)
생산, 소비	생산 · 소비확장주의(자원무한성)	성장한계주의, 녹색소비(자원유한성)
접근 방법	incrementalism	revolutionary comprehensiveness
기 간	short term	long term
국제질서	자국 중심	범지구 중심

자료: Arne Naess(1990: 88); Devall & Sessions(1985: 69); Stering(1992: 82); Carter(1993: 46.52); Milbrath(1989: 119); Fritjof Capra(1982: 30~48); 장춘익(1999: 85~87); 박길용(1997: 16~21); 박길용(2008: 34-37) 등에서 재구성함.

2) 생태중심주의의 반대적 철학인 인간중심주의는 여하한 모든 인간 행위는 정의상 인간 중심적이라는

오늘날 자유개인주의의 만개로 현실의 실천적 윤리가 사라졌고, 유기체적이고 역동적인 생명 체계가 무너져 가고 있다. 사실 자유란 나를 없애는 것이다(無己). 그러면 나는 정말 자유로운 것이다. 21세기의 생태문명은 개인 중심의 이기적인 사고와 욕구로 인해 너와 나의 관계가 무너진 것을 회복하는 데서부터 시작된다. 즉 생성적·역동적·도덕적 합리성이 토대가 되는 정치·사회·경제구조로 바꾸는 길만이 공존공생할 수 있다는 것을 잊어서는 안 된다.

제 4 절 맺는 말

19~20세기가 산업문명 속에 무한한 성장과 소비를 추구하면서 생겨난 인간 사회 내부의 불평등 문제를 두고 자본주의와 사회주의가 갈등한 역사였다면, 21세기는 기존 사회 체계를 유지하려는 개발주의 세력과 인간 문명 및 자연의 공진화(共進化, coevolution)를 주장하면서 '삶(생명)'의 회복을 위해 새로운 방식의 사회 체계를 재

견해를 고수한다. 인간중심주의는 인간, 기술, 도시 그리고 정치·경제 체제의 발전을 찬양한다. 환경은 도덕적 입장 없이 중립적인 실체로 간주되고, 인간은 자신들의 목적을 달성하기 위해 환경을 적극 이용할 수 있다는 것이다. 이론적으로 인간중심주의는 ① 사회 목표의 감성적인 평가보다는 합리적이고 객관적인 평가를 지지하고, ② 최소의 노력으로 최대의 물질적 성과를 산출하려고 시도하는 관리적·경제적 효율성을 장려하고, ③ 자연의 과정을 이해하고 통제하는 인간 능력에 대한 믿음과 낙관을 갖는 반면, ④ 자연에 대한 경외심, 존중심 혹은 도덕적 책무를 견지하지 않는다(J. E. de Steiguer, 「현대 환경사상의 기원」, 박길용 옮김(성균관대학교출판부, 2008), p. 36).

3) 생태중심주의는 자연법 앞에서 지구에 대한 존중과 돌봄, 그리고 인간의 겸허한 행동을 역설한다. 그것은 과시적 소비, 대형화 그리고 도시화를 비판한다. 이론적으로 생태중심주의는 ① 인간 욕구보다 자연과 생태의 한계에 토대를 둔 도덕적 행위 성향을 지지하고, ② 경제 발전을 위한 돌진(drive)의 억제를 찬성하고, ③ 그들은 비대중적 견해를 가진 소수집단을 지원함으로써 특히 민주주의 원리의 적실성을 문제시한다. ④ 그리고 무법 상태로 인한 극단적 환경 악화를 고치도록 한다(J. E. de Steiguer, 박길용 옮김, 2008, p. 35).

4) 경성기술(hard technology)은 오늘날 공업사회에서 이용되고 있는 대부분의 기술이 사회적으로 불평등을 조장하며, 자연환경에 되돌릴 수 없는 해를 입히고, 생활의 질을 떨어뜨린다고 주장하는 적정기술(appropriate technology) 운동주의자들에 의해 나왔다. 반대로 연성기술(soft technology)은 사회적으로 평등하고, 친환경적이고, 생활의 질을 향상시키는 영향을 창조하는 적정기술을 의미한다. 연성기술은 경성기술에 비해 소규모적이고 탈(脫)중앙집권적이며, 단순하고 비 전문화되어 있으며, 적은 자본의 노동집약적인 기술로서 생태계를 지지하고 자원을 절약하며, 생활의 질의 차원에서는 비소외적이고 인간 관계적이며 이해 가능하고 문화적으로 양립 가능하다고 한다.

구성하려는 생태주의 세력이 서로 갈등하는 역사가 될 것이다.[5)]

우리도 그간 40여 년 동안 근대 산업화 과정에서 '경제성장 우선주의'라는 국가 정책 기조에 따라 개발과 보존을 상충적 관계로 인식하고, 무한 성장을 통한 개발 논리로 자연을 마구잡이로 마름질하는 어리석음을 범했다. 그러다 1990년에 접어들면서 성장과 보존을 조화하는 방향으로 국가 정책 기조를 궤도 수정했다. 그런데 그 내면을 깊이 살펴보면 아직도 개발우선주의에 입각한 성장 논리가 우리 사회 전반을 지배하고 있다. 국민 의식 또한 대량 소유·소비로 인한 욕구 충족적인 생활 속에서 행복을 찾고 있다. 특히 이 시점에서 우리는 서구 근대성의 정체와 우리 사회의 근대성에 대한 철저한 이해가 위기진단 및 극복의 첫걸음이라고 보고 있다. 우리는 아직도 기술의 근대만 받아들이고 그 밑에 깔린 합리적 사회 시스템과 사상은 받아들이지 않았기 때문에 근대화 자체에서도 문제 제기가 요구된다. 반면 서구의 근대성이 과연 인류의 보편타당한 문명으로 발전시켜 왔느냐에 대한 물음이 필요하다. 우리는 서구의 근대화가 낳은 산업문명이 '정체성 위기'라는 진단을 결코 지나쳐서는 안 된다. 도구적 이성주의에 토대를 둔 기계론적 자연관과 과학만능주의는 경계해야 할 세계관임을 분명히 인식해야만 한다. 21세기는 지식정보사회가 도래할 것이라고 많은 지성들이 예견하고 있지만, 문제는 인간이 지식정보라는 도구를 인간적인 삶을 설계하는 데 어떻게 활용하느냐가 더 중요할 것이다. 지난 한 세기 동안 인류는 과학만능주의의 토대 위에 무한우주관을 갖고 인간의 무한 욕구 충족을 위해 문명의 원초적인 터전이라 할 수 있는 자연을 무자비하게 마름질하고 착취해 왔다. 자연을 파괴하는 기술문명에서는 결코 진정한 인간의 자유도 기대할 수 없다.

21세기, 새로운 과학과 문명의 전환으로 인류는 과학만능주의를 버리고 자신들이 이용할 수 있는 기술 수준에 입각하여 자연과 인간이 공존공영(共存共榮)하는 지속가능한 유기체적 생태문명을 창출하는 역사적 주체자로 남아야 할 것이다.

---

5) 정수복, "21세기 대안사회의 구성 원리와 패러다임 전환," 「환경과 생명」, 1998, 계간(여름).

참고 문헌

구니야 준이치로(國谷 純一郎)(1992), 「환경과 자연 인식의 흐름」, 심귀득·안은수 옮김. 고려원.

김준인(1981), 「식물생태학」, 일신사.

김지하(1992), 「생명」, 민음사.

뉴 톰슨(1988), 「관주 주석성경」, 성서교재간행사.

도널드 휴즈(Donald Hughes)(1998), 「고대문명의 환경사」, 표정훈 옮김, 사이언스 북스.

박길용(1997), "환경문제와 노·장사상," 「환경정책논집」, 5(2).

———(1998), "환경문제에 대한 제접근," 「인문사회과학연구」, 제6집, 세명대학교.

송상용(1997), 「서양과학의 흐름」, 강원대학교출판부.

앨 고어(Al Gore)(1994), 「지구의 위기」, 이창주 옮김, 삶과 꿈.

유진 하그로브(Eugene C. Hargrove)(1994), 「환경윤리학」, 김형철 옮김, 철학과 현실사.

장춘익(1999), "생태철학: 과학과 실천 사이의 지적 상상력," 「생태문제와 인문학적 상상력」, 나남.

정수복(1998), "21세기 대안사회의 구성 원리와 패러다임 전환," 「환경과 생명」.

제임스 러브록(James Lovelock)(1996), 「가이아(생명체로서의 지구)」, 홍욱희 옮김, 범양사.

조셉 에드워드 드 스타이거(J. E. de Steiguer)(2006), 「현대 환경사상의 기원」, 박길용 옮김, 성균관대학교출판부.

팀 크레인(Tim Crane) 외(2008), 「철학」, 강유원·김영건·석기용 옮김, 유토피아.

피터 싱어(Peter Singer)(1993), 「실천윤리학」, 황경식·김성동 옮김, 철학과현실사.

———(1999), 「동물해방」, 김성한 옮김, 인간사랑.

Atkinson, Adrian(1991), *Principles of Political Ecology*. London: Belhaven Press.

Boughey, A. S.(1975), *Man and the Environment*. 2nd ed. Macmillan.

Burtt, E. A.(1950), *The Metaphysical Foundation of Modern Physical Science*.

Capra, Fritjof(1982), *The Turning Point*, Simon and Schuster.

Carter, Alan(1993), "Towards a Green Political Theory," in Andrew Dobson & Paul Lucardie, *The Journal of Applied Philosophy*.

Devall, B. & G. Sessions(1985), *Deep Ecology*. Salt Lake City: Peregrine Smith Books.

Dobson, A.(1990), *Green Political Thought*. London: Unwin Hyman Ltd.

Kelman, Steven(1993), "Moral Domains, Economic Instrumentalism, and the Roots of Environmental Values," in John Martin Gillroy, *Environmental Risk, Environmental Values and Political Choices*, Boulder; Westview Press.

Luke, T.(1988), "The dreams of deep ecology." *Telos*, No.76.
Milbrath, Lester(1984), *Environmentalists: Vanguard for a New Society*, Albany: State University of New York Press.
Naess, Arne(1990), "Sustainable Development and Deep Ecology," in J. Ronald Engel & Joan Gibb Engel(ed.), *Ethics of Environment and Development*. Tuscon: The University of Arizona Press.
Sterling, Stephen(1992), "Towards an Ecological World View," J. Ronald England Joan, Wadebridge, Cornwall: The Wadebridge Press.
Pepper, D.(1984), *The Roots of Modern Environmentalism*. London: Groom Helm Ltd.
Toynbee, Arnold(1972), *A Study of History*. New York; Oxford University Press.

제5편

동 · 서양의 사상에 내재해 있는 생명사상

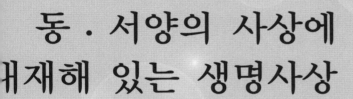

제 12 장

환경문제와 기독교 사상

환경문제를 심층적으로 논의한다는 것은 동·서양을 막론하고 어느 문화권이든 간에 자연세계(natural world)에 관한 인간의 지적인 태도와 가치관의 문제를 우선적으로 살펴보는 것이 필요하다고 본다. 자연에 대한 인간의 지적인 태도와 가치관은 그 나라의 전통문화와 고유사상, 그리고 종교적 태도의 맥락에서 이해되기 때문이다. 특히 사상적 관점에서 자연과 환경문제를 이해하는 데에는 그 범위가 너무나 넓고 접근 방법도 다양하다.

이 장에서는 기독교사상의 입장에서 자연관을 조명해 봄으로써 오늘날 환경문제에 대한 생태학적 이해의 폭을 더욱 확장시켜 보고자 한다. 왜냐하면 오늘날의 서구 산업문명이 대부분 기독교사상에 영향을 입은 바가 크고, 서양사상의 중심이 기독교 중심의 역사 속에서 이해될 수 있고, 또한 서양의 자연관은 성서 중심적 배경 속에서 태동되었기 때문이다. 실제로 그 동안 기독교의 사고방식 체계가 인간이 자연을 다루는 태도에 직·간접의 영향을 많이 끼쳐 왔다. 이런 점에서 오늘날 서구 사회가 직면한 환경위기 상황에 대해 기독교사상이 어떤 시사점을 던져 줄 수 있을 것이다.

문제는 지금까지 기독교사상의 사상적 오류가 생태계에 미친 영향력이 지대하며, 오늘날까지도 환경문제에 대한 이 같은 관점은 학자들 간에 논쟁 대상으로 남아 있음을 알 수 있다. 따라서 여기서 살펴보고자 하는 것은 첫째, 이 같은 사상적 오류가 어디에 근저(根底)를 두고 시작되었는지? 둘째, 이에 대한 학자들의 논쟁은 어떻게 이루어져 왔는지? 셋째, 학자들 간의 논쟁을 중심으로 환경문제에 대한 성서적 관점을 밝혀본다. 결국 이를 근간(根幹)으로 우리는 '인간과 자연' 사이의 바람직한 관계 설정이 무엇인지 분명히 이해할 수 있고, 파괴되어 가는 생태계의 근본 생태학적 각성을 통해 기독교의 창조 질서를 회복하는 길이 무엇인지도 생각해 볼 수 있다.

제 1 절 환경문제에 대한 기독교의 자연관

1 인간 중심적 자연관

오늘날 환경오염과 생태계 위기의 문제, 나아가서 인류 생존의 문제를 설명하면서 일련의 학자들은 그 근본 원인과 책임이 기독교가 유대교에서 '인간 중심적인 자연관'을 받아들였고 이 같은 자연관이 서구 사회에 영향을 미쳐 결국 자연을 인간 지배 대상화했고 이리하여 오늘의 환경 위기를 초래했다는 것이다.

그렇다면 우선 기독교의 인간 중심적 자연관이 창조신앙에 근거할 수 있는 구체적인 내용이 무엇인가를 살펴보기로 한다.

기독교의 창조신앙은 구약성서의 창세기 1장과 2장에 기록되어 있는데 하나님을 야훼(Jahwe)라고[1] 부른 야훼스트(Jahwist)의 문헌인 J문서(창2: 4b)와 하나님을 엘로힘(Elohim)이라[2] 부르는 제사장 문헌, 곧 P문서인(창 1: 1~2: 4a) 두 문헌군으로 구성되어 있다. 두 문헌은 문체와 표현에서뿐만 아니라 정신적 배경과 내용에서도 여러 가지 차이점이 있지만, 공통점으로 이 세계는 하나님으로 말미암아 있게 되었고 하나님이 하늘과 땅과 식물과 동물의 창조자로 고백된다. 특히 두 창조신앙은 공통적으로 사람의 창조에 대해 특별한 관심을 나타내고 있다.

J문서의 창조신앙에서는 하나님의 창조는 사람의 창조와 함께 시작된다. 하나님이 사람을 먼저 창조한 다음 사람의 생존에 필요한 모든 것을 지으신다. 반면에 P문서의 창조신앙에서 하나님은 사람의 생존에 필요한 모든 것을 창조하신 다음에 사

1) 야훼(Jahwe), 이는 '나는 너희를 위해 있는 자로 너희를 위하여 있을 것이다.' 곧 "나는 스스로 있는자"로서, 가난하고 힘없는 자들을 해방시키고 구원하는 행위를 의미한다.
2) 엘로힘(Elohim)은 강하고 능력 있는 분으로서 경외할 대상임을 나타낸다. '엘로힘'은 '엘'의 복수형인데, 이것은 위엄과 온전하심을 나타낸다.

람을 창조한 것으로 나타난다. 달리 표현하면 J문서의 창조신앙에서 사람은 우주의 중심점의 위치에 있고, 우주의 만물은 이 중심점의 주변에 있는 것으로 상징되어 있다. P문서는 창조신앙에서 사람은 우주적 피라미드의 정점에 서 있다. 두 창조신앙에 동일하게 사람은 우주의 모든 것을 다스려야 할 특권과 책임을 부여받은 존재로 나타나며 자연의 만물은 사람을 위해 주어져 있는 것처럼 표상된다.[3)]

이 같은 두 창조신앙에 근거하여 전통적 기독교 창조신학은 인간 중심의 세계관을 가르쳤다. 즉 인간이 세계의 중심이요 정점이다. 세계는 인간 아래에 인간의 주변에 있으며 인간을 위해 존재한다. 그러므로 기독교 창조신학의 기본 텍스트라 할 수 있는 창세기 1장 26절에서 28절은 자연은 인간의 섬김의 대상이 아니라 인간의 지배의 대상이라고 선언하고 있다. 그뿐만 아니라 이 창조신학이 설교되는 곳마다 인간에 대한 자연의 지배는 자연에 대한 인간의 지배로 바뀌게 되었고 찬란한 인간 중심의 문화를 꽃피우게 되었다.[4)]

또한 모든 피조물들 가운데서 오직 인간만이 '하나님의 형상(形象)'[5)]에 따라 창조되었다는 것이다. 이를 통해 인간은 모든 피조물로부터 구별되며 모든 피조물보다 우월한 존재임을 말한다. 이로 인해 인간과 자연의 근본적인 간격이 생겼다. 인간은 그 자신을 자연과 동일화시키지 않고 언제나 자기를 자연으로부터 분리시키고 자연에 대해 주인과 지배자의 위치에 세울 수 있는 근거를 얻었다.

또한 창조신앙은 자연의 세계를 탈마귀화, 탈신화화, 비신격화, 비신성화 함으로써 인간의 지배·소유로 정당화한다. 즉 창조신앙은 고대 그리스인들의 범신론(汎神論)이나 신과 우주를 하나로 보는 스토아철학을 탈피하여 자연의 세계를 인간의 세계

---

3) G. von Rad, *Das erste Buch Mose Genesis, ADT2*-4, 9. Aufl., Gottingen 1972, S. 36ff., 55ff: 왕대일, "창1: 1-2: 4a의 신학적 검토," 「신학과 세계」, 통권 제27호(감리교 신학대학교, 1993); 안병무, 「역사와 해석」(대한기독교출판사, 1982), pp. 46-47.

4) 김명용, "창조의 보전과 새로운 창조신학," 「장신논단」, 제6집(장로회신학대학교, 1990), p. 295.

5) '하나님의 형상'에 대한 구절은 하나님이 자연을 지배할 수 있는 권한을 인간에게 부여하는 구절로 이어진다. "하나님이 그들에게 복을 주시며 그들에게 이르시되 생육하고 번성하여 땅에 충만하라. 땅을 정복하라. 바다의 고기와 공중의 새와 땅에 움직이는 모든 생물을 다스리라 하시니라"(창1: 28). 여기서 '정복하다'라는 말은 헤브루어 '카바스'로 어떤 대상에 대한 소유권의 표시로서 자기의 발을 그 대상 위에 올려 두는 것을 뜻한다. 그것은 전쟁에 승리하여 영토를 소유하거나 다른 백성을 정복하여 예속시키는 것 등을 포함한다. '다스리다'라는 말은 헤브루어 '라다'라고 발음하며 밟는다는 어원을 갖고 있다. 근본적으로 '자기의 것으로 삼다', '짓밟는다', '소유하다'는 것을 뜻한다. 전통적 창조신학은 이러한 해석에 근거하여 인간을 세계의 '지배자와 정복자'로 해석했으며 인간 중심의 자연관을 가르쳤다.

로 끌어들여 세계에 대한 과학적 사유의 기초를 마련한다. 이로 인해 창조 신앙은 자연에 대한 인간의 자유로운 탐구와 분석이 가능하게 되며, 인간의 편리를 위한 자연의 자유로운 변경과 파괴와 착취를 가능케 했다.[6]

2 인간 중심적 자연관에 대한 비판

앞에서 기술한 성서적 자연관, 즉 기독교의 인간 중심적 자연관이 생태계의 파괴와 환경 위기에 대한 근원이 되었다고 비판한 최초의 사람은 미국의 역사학자 화이트(Lynn White, Jr.)였다. 그는 1967년 "우리 생태학적 위기의 역사적 뿌리(The Historical Roots of Our Ecologic Crisis)"에 관한 논의에서 생태학적 위기의 역사적 근원을 서양 현대 사상의 기초인 진보 사상과 그 연원인 기독교 신앙에서 찾고 있다. 그는 서양인들의 자연에 대한 관념을 지배하는 것은 비마법화(非魔法化)·세속화한 자연을 인간이 지배하도록 되어 있다는 유대교·기독교의 신앙이며, 이러한 신앙 자체가 바로 자연환경을 약탈하고 있는 과학과 기술을 산출해 내었다는 것이다.[7] 화이트에 따르면 기독교는 서구의 지배적인 종교로서 출현했고, 자연세계에 대한 우리의 집합적인 사고와 행동방식을 형성했다. 그는 "현대 서구 과학"은 "기독교 신학의 모체가 되었다"고 말했다. 화이트는 기독교가 인간과 자연 사이의 구분을 초래했다고 주장했다. 기독교인의 믿음은 인간이 자신의 목적을 위해 자연을 이용하는 것을 신(神)의 의지라고 주장하고 이것이 현재 생태 위기의 근원이라고 했다. 따라서 기독교만큼 인간 중심적인 종교는 없다고 보았다. 오늘날 자연과학과 과학기술은 자연에 대한 기독교의 오만으로 가득하며 인간의 자연에 대한 파괴와 착취적 태도를 극명하게 나타내 주고 있다는 것이다.[8] 즉 기독교의 창조신앙을 근거로 자연과학자들은 하나님이 인간에게 허락하신 자연세계에 대한 지배권을 관철시키는 것이 그들의 과제라고 믿게 된 까닭으로 과학기술을 신의 의지를 수행하는 수단으로 생각했다. 따라서 화이트는 현대의 환경오염과 생태계의 위기는 이를 인간 중심적 자연관과 깊

6) 김균진, 「생태학의 위기와 신학」(대한기독교서회, 1993), pp. 22-26.
7) 윤응진, "생태학적 위기와 기독교 교육적 과제," 「신학연구」, 제34집(한국신학대학교, 1993), p. 157.
8) Lynn White, Jr., "The Historical Roots of Our Ecological Crisis," in *Science*, March 10, 1967, pp. 1203-7.

이 관련된 것으로 결론지었다.

미국의 과정신학자 콥(J. B. Cobb)도 오늘날 생태계 위기는 창조 신앙이 설명하는 자연에 대한 인간의 특별한 위치로 말미암아 야기되었다고 조심스러운 태도로 말한다.[9] 독일의 사회학자 카데(G. Kade)에 의하면 기독교는 인간 자신의 목적 성취를 위해 자연을 착취하며 창조에 대한 무제한의 지배권을 인정했다. 이는 과학기술과 경제가 결탁하고 창조 신앙이 시민사회의 경제적 이데올로기로 전이하면서 난국에 빠지고 말았다고 말한다.[10]

기독교의 인간 중심적 자연관에 대한 생태학적 비판에서 가장 큰 반응을 불러일으킨 사람은 아마도 아메리(Carl Amery)라고 할 수 있다. 그는 오늘날 발생하고 있는 생태계 위기의 근본 원인은 인간 중심적 자연관에 있다고 보고, 기독교의 창조신앙은 하나님과 모든 피조물 사이의 계약을 인간 중심적으로 축소시켰으며 자연을 단순히 인간을 위한 '대상'으로 접근했다.[11] 이 같은 접근 방식은 결국 자연에 대한 인간의 자유로운 접근과 탐구, 자연의 훼손과 착취로 이어져 오늘날 생태계의 위기로 이르게 되었다는 것이다.

3 비판에 대한 반론

기독교의 창조신학은 인간을 원시적 정신에서 해방시키고 자연을 비신성화, 비마귀화시키고 오늘의 기술문명 사회가 오도록 만들었다는 점에서 지대한 공헌을 했다고 할 수 있다. 그러나 그가 남긴 공헌 그 속에 자신의 문제점을 남기고 있었다. 즉 전통적 창조신학은 물론 자연에 대한 인간의 약탈을 허용한 것은 아니었지만, 자연에 대한 인간의 지배가 자연에 대한 인간의 약탈로 나갈 가능성을 인식하지 못했고, 그 결과 이 가능성을 열어두는 잘못을 범한 것이다. 그 결과 자연을 착취하는 인간

9) J. B. Cobb, *Der Preis des Fortschritts. Umweltschutz als Problem der Sozialethik*, München, 1972, S. 51.

10) G. Kade, "ökonomische und gesellschaftspolitische Aspekte des Umweltschutzes," *in Gewerkschaftliche Monatschrifte* 5, 1971, S.5f.

11) C. Amery, *Das Ende der Vorsehung. Die gnadenlosen Folgen des Christentums*, Hamburg, 1972, S. 15ff.

의 기술에 의해 계속 파괴되었고 인간은 자신의 욕구 충족을 위해 아무런 죄책감 없이 자연을 학살하는 결과를 초래했다. 그러므로 오늘의 생태학적 위기 속에서 가치의 위기, 의미의 위기가 들어 있고 그 가장 깊은 중심에는 '인간 중심적인 세계관'이 자리 잡고 있다.[12)]

그러나 화이트의 주장처럼 본질적으로 오늘날 일어나고 있는 생태계의 위기에 대한 원인 제공자가 유대교·기독교의 창조신앙에서만 찾는다는 것은 타당성이 없다고 본다. 즉 유대교·기독교의 전통이 없는 지역이나 시대에도 자연 파괴는 없었느냐 하는 질문에는 아주 회의적이다. 왜냐하면 성서를 전혀 알지 못하던 때에도 동·식물이 멸절되었고 자연이 인간의 손이나 다른 형상에 의해 끊임없이 파괴되기도 했다.[13)] 특히 화이트는 종교 이외에 환경을 향하는 인간 태도에 영향을 미치는 다른 요소들을 고려하지 않았다는 점에서 비판을 받았다. 환경학자들은 또한 명백히 인정하지 않았던 사실, 즉 비기독교인의 문화가 생태학적 피해에 몫이 있었다는 것을 인정했다. 일반적으로 학술회원들은 화이트의 결론에 가치의 편중과 객관성의 결여가 있었다고 생각했다.[14)] 결론적으로 단지 기독교만이 생태학적 위기를 초래했다는 주장은 신빙성이 없는 것이다. 이 같은 입장에서 인간 중심적 자연관에 대한 비판에 반론을 제기하는 여러 주장도 있다.

신학자 몰트만(J. Moltmann)은 "자연에 대한 현재의 공격적 윤리는 창조신앙의 결과가 아니라 르네상스와 아메리카, 아프리카, 아시아에 대한 근대 구라파인의 정복의 산물이다. 르네상스가 처음으로 자연의 권리를 박탈했으며 그것을 주인 없는 물건으로 곧 점령을 통해 소유하는 자에게 속하는 물건으로 선언했다. 그 이전에 자연은 신(神)의 소유로 인정되었고 모든 사람들의 공동의 유익을 위해 인간들에게 맡겨져 있었다"[15)]고 했다.

---

12) 김명용, 앞의 책, p. 301.

13) 두보(R. Dubos)에 의하면 기독교 신앙이 퍼지기 이전에도 인간은 끊임없이 환경을 파괴하고 자연을 훼손했다. 즉 고대의 풍요로웠던 메소포타미아, 페르시아, 이집트, 서파키스탄 등 문명의 보금자리들이 불모지로 변했다. 그것은 외적인 원인도 있었지만 인구 증가와 자원의 관리 능력의 부족으로 땅의 생산력이 소모되었고 자원이 고갈된 데서 찾아진다(R. Dubos, *A God within*, 1972, p. 224; 오영석, "생태계의 신학적 이해 2," 「기독교사상」, 11월호, 1987, p. 111 재인용).

14) Elspeth Whitney, "Lynn White, ecotheology, and history," *Enviromental Ehtics 15*, 1993, p. 154.

15) J. Moltmann, *Gott in der Schöpfung. ökologische Schopfungsglaube*, München 1985, S.44; 김균진, 「생태학의 위기와 신학」, p. 30 재인용.

신학자 크롤직(Udo Krolzik)은 이 같은 자연 적대적이고 자연 착취적인 근대의 인간중심주의는 기독교 창조론에서 기원하기보다는 오히려 하나님 신앙으로부터 벗어나 인간의 자율성을 주장한 무신론적 합리주의 철학적 전통에 기원하고 있다고 본다.[16]

애트필드(R. Attfield)도 근본적으로 성서적 자연관은 착취적이라고 볼 수 없고,[17] 화이트의 논지는 논리 전개상의 허점과 모순을 지닌 기술주의 결정론적 편견이라 반박했다.

두보(R. Dubos)에 의하면 기독교 학자들은 '토지안식법(土地安息法)'을 보급시켰고, 자연에 대한 인간의 책임 의식을 발전시켰다고 보고 토지나 짐승의 생명에 함부로 침해해서는 안 된다는 뜻이 성서적 자연관이라고 역설한다[18](레위기 17, 25장).

도티(R. Doughty) 또한 그리스도의 가르침은 자연에 대한 도덕적인 복종과 자연의 법칙에 순응하여 마땅히 제한되어야 하는 요소들을 포용하고 있기 때문에 그리스도의 가르침에 의한 삶만이 인류가 당면한 환경재난에서 벗어날 수 있는 길이라 주장하면서 화이트의 견해를 편파적이라고 비판했다. 또한 "구약 창세기의 인간은 자연을 마음대로 다스릴 수 있는 존재가 아니라 자연의 생명을 빌어쓰는 차용인에 불과했다"[19]고 주장했다.

---

16) Udo Krolzik, *Umweltkrise-Folge des Christentums?*(Stuttgart/Berlin, 1979), p. 84.

17) R. Attfield, "Christian Attitudes to Nature," *Journal of the History of Ideas*, 44(3), 1983, pp. 369-86.

18) "여호와께서 시내산에서 모세에게 일러 가라사대 이스라엘 자손에게 고하여 이르라. 너희는 내가 너희에게 주는 땅에 들어간 후에 그 땅으로 여호와 앞에 안식하게 하라. 너는 6년 동안 그 밭에 파종하여 6년 동안 그 포도원을 다스려 그 열매를 거둘 것이나 제 칠년에는 땅으로 쉬어 안식하게 할지니 여호와께 대한 안식이라"(레위기 25장 1~4). 이 계명은 '토지안식법'으로 7년에 한 해 동안 땅을 묵혀서 쉬게 해 주는 '안식년'이다. 즉 안식년(Sabbath)에 땅을 묵혀서 땅의 생명력을 길러야 하고 땅을 가혹하게 착취해서도 안 된다는 의미이다. 생태학적으로 볼 때, 땅을 정기적으로 쉬게 함으로써 땅의 생명력을 북돋워 보존시키는 훌륭한 방법이라고 할 수 있다. 또한 묵힌 땅에서 자란 소산을 주인이 거두어들여서도 안 되고 가축과 날짐승들이 그것을 먹고 살도록 해야 한다. 땅을 묵혀 두는 해에 저절로 자라난 농작물들은 노동하지 않고 얻은 수확이기 때문에 온전히 사람의 몫이 될 수 없고 신이 경작한 것이어서 모두 굶주리고 불쌍한 이웃에게 나누어 주는 것이 마땅하다는 생각이 깔려 있다. 또한 "모든 생물은 그 피가 생명의 일체라 그러므로 내가 너희에게 이르기를 어느 육체의 피든지 먹지 말라 모든 육체의 생명은 그 피인즉 무릇 피를 먹는 자는 나의 백성에게서 끊어진다"(레 17: 14). 이 계명은 육체의 생명은 피에 있으므로 짐승의 고기는 먹어도 좋지만 짐승의 피를 먹어서는 안 된다. 이는 모든 짐승의 생명은 하나님께 속하므로 인간이 함부로 그 생명을 침해해서는 안 된다는 것이다.

19) R. Doughty, "Environmental Theology: Trends and Prospects in Christian Thought," *Progress in Human Geography*, 5(2), 1981, pp. 234-48.

4 성서에 나타난 기독교의 자연관

성서에 나타난 인간이 자연의 지배, 착취적인 원인 제공자인가 아닌가를 따져서 생태 위기의 유래와 관련짓는 이분법적인 논쟁은 큰 의미가 없다. 다만 역사적으로 볼 때 서구 근대 과학의 중요한 접근 방식의 토대가 되는 합리적 경험주의가 성서적 자연관으로부터 어느 정도 영향을 받았다는 데는 부인할 수 없다. 그렇다고 오늘날 생태계의 위기가 기독교 창조신앙에서 발견한다는 것은 보편성이 결여되었다고 볼 수 있다.

결론적으로 오늘날 자연 환경위기의 직접적 원인은 창조신앙의 소위 인간 중심적 자연관에 있다는 것은 성서적 논거로 볼 때 거의 설득력이 없다. 실제로 성서에서 말하고 있는 창조신앙은 '인간 중심적 자연관(anthro-pozentrisches Weltbild)'을 말하지 않는다.

그것은 전적으로 '하나님 중심적 자연관(theozentrisches Weltbild)'을 말한다. 소위 말하는 창조신앙의 인간 중심적 자연관을 창조신앙 자신의 세계관이 아니라 자연을 지배하고 세계를 정복하고자 했던 근대 서구의 제국주의적 지배 이데올로기에 적응하고 이를 조장하기 위해 교회와 신학이 만들어 낸 것이라고 말할 수 있다. 오히려 성서는 인간에게 자연환경에 대해 파괴나 착취를 가르치는 것이 아니라 생산적이고 보호적인 청지기(steward)[20]로서 자연에 대한 인간의 책임성[21]을 요구함으로써, 신(神) 즉 하나님 중심적인 입장을 고수하고 있다.

> 너희는 6년 동안은 너의 땅에 파종하여 그 소산을 거두어들이고, 7년째 되는 해에는 땅을 놀리고 소출을 그대로 두어 너희 백성 중에서 가난한 자들이 먹게 하고 남은 것은 들짐승이나 먹게 하여라. 너의 포도원도, 감람원도 그렇게 하여라. 너는 육일 동안에 네 일을 하고 제7일에는 쉬어라. 그래야 너희 소와 나귀도 쉴 수가 있고, 네 계집종의 자식

---

20) 청지기란 것은 개인적인 것이 아니고, 공동사회의 번영과 이익을 위해 공동적 역할을 해야 하는 직책이다. 성서적 입장에서는 맡겨진 하나님의 피조물을 대신 관리하고 보존한다는 뜻이다. 즉 인간은 하나님의 의지에 복종해야 한다는 말이다.

21) 하나님께서 인간에게 부여하신 특별한 지위, 즉 '하나님의 생기'(창 2: 7), '다스리라'는 위임(창 1: 28), '동물을 이름짓는 행위'(창 2: 19 이하), '노아의 방주사건'(창 6: 9) 등은 인간의 자연에 대한 책임성으로 이해되어야 한다 (조용훈, "개발문제와 기독교 사회윤리," 「신학사상」, 봄호(한국신학연구소, 1996), p. 173).

과 나그네가 숨을 돌리리라(출애굽기 2: 10-12).

노중(路中)에서 나무에나 땅에 있는 새의 보금자리에 새 새끼나 알이 있고 이미 새가 그 새끼나 알을 품은 것을 만나거든 그 어미 새와 새끼를 아울러 취하지 말고 어미는 반드시 놓아 줄 것이요. 새끼는 취하여도 가하니 그리하면 네가 복을 누리고 장수하리라(신명기 22: 6-7).

이를 좀 더 구체적으로 해명하기 위해 창조신앙 안에 내재되어 있는 자연관을 몇 가지 더 밝혀보고, 다음으로 창조 세계에 대한 인간의 책임성과 결부되는 '하나님의 형상인 인간'에 대한 의미와 기독교 창조신학의 기본 사상이라 볼 수 있는 창세기(창 1: 26-28)의 자연에 대한 인간의 '다스림'과 '정복'의 진정한 의미가 무엇인지 밝혀보고자 한다.

1) 창조신앙에 내재되어 있는 자연관

첫째, 성서는 자연세계를 철저히 하나님의 창조로 이해한다. 창세기 제1장은 세계는 우연히 생긴 것이 아니라 하나님의 '말씀'으로 존재하게 되고(창세기 1: 6, 9, 11, 14, 20, 24, 26) 말씀에 의한 하나님의 창조는 그의 '존재의 유래'와 '의존성'을 의미하고 또한 창조 사건의 '인격적 성격' 즉 하나님의 인격적 결단과 인격적 말씀으로 자연이 있게 된 것이다. 따라서 자연세계는 하나님으로부터 유래하며 그 존재에서 하나님께 의존한다.

둘째, 하나님은 자연세계를 '말씀'으로 창조하신 후에 창조의 축복을 함께 있게 하고(창1: 22, 28) "보시기에 좋았다"[22]고 했다(창1: 10, 12, 18, 21, 25). 이는 창조의 축복이 인간에게만 속한 것이 아니라 자연세계 전체에 속한다고 말할 수 있다.

셋째, 전통적 창조신학은 인간을 창조의 중심으로 보았고 자연을 인간의 소유물로 생각했으므로 오늘날 생태계 위기의 근본 원인 제공자라는 비판을 면치 못했다. 그러나 성서는 자연세계의 궁극적인 존재의 근거는 '하나님의 창조'로 인식되고 있으므로 자연의 소유권과 처분권은 인간에게 있지 않고 하나님에게 있다. 다만 인간은

22) "보시기에 좋았다"에서 '좋다(tob)'라는 헤브루어는 '아름답다' 즉 조화되어 있고 질서를 이룬다는 뜻이다. 이런 세계는 삼위일체 하나님께 상응하여 모든 피조물들이 한몸을 이룬 가운데서 사귐과 협동과 고난을 함께 나누는 세계이다. 인간이 인간을, 인간이 자연을 억압하고 착취하며 파괴하는 것이 하나님의 삼위일체적 존재에 반한다.

자연세계의 사용권을 가질 뿐이며 이 사용권도 모든 피조물이 '그 종류대로' 질서 있게 사는 하나님의 창조 목적에 따라 즉 하나님이 인정하신 자연 자신의 고유한 가치와 권리가 유지되는 범위 내에서 집행되어야 한다. 이런 관점에서 볼 때 인간이 자연을 파괴하고 생물들의 종(種)을 멸절시키는 행위는 하나님의 소유권과 처분권에 대한 심각한 도전이요 침해행위라 볼 수 있다.

넷째, 창조신앙 안에 내재되어 있는 세계관으로 모든 피조물은 각기 자신의 고유한 생명과 가치와 생존의 권리를 가진다. 물론 하나님이 인간을 자연세계의 관리자로 위임 책임을 부여한 것은 사실이지만, 하나님 앞에서는 인간을 포함한 모든 피조물이 동등한 존재의 가치와 삶의 권리를 가진다. 자연세계는 세계의 질서 안에서 그 나름의 위치를 부여받는 존재이다. 인간은 자연 위에 있는 상위 존재라기보다 '자연 안에' 있는 존재로 자연과 공존할 수밖에 없는 존재이다. 자연의 세계는 인간이 없어도 존재할 수 있지만 인간은 자연세계 없이 존재할 수 없다. 즉 자연의 세계는 인간의 삶의 기반이요 토대이다. 인간과 자연은 단지 구분될 수는 있어도(distinguishable), 분리될 수는 없다고(inseperable) 볼 수 있다. 성서적 입장에서 보면 자연 자신이 가진 가치는 '성육신(聖肉身)'의 사건과 '성찬식(聖餐式)'에서도 발견된다. 여기서 유의할 점은 하나님이 인간에게 부여한 틀 안에서 인간은 '자율적인 존재'로 창조되었다는 점이다.

인간은 자연과 구분되면서도 분리될 수도 없고 그 자신이 자연인 동시에 자율적인 존재이다. 즉 인간은 자신의 자유 의지에 따라 행동하는 존재이며 역사를 창조하는 주체적인 존재이다. 그렇다고 인간 의지대로 자연을 마음대로 착취하거나 지배할 수는 없다. 인간 이외의 모든 피조물의 존재 권리가 침해되지 않는 범위 안에서 인간은 역사의 주체로서 역사를 창조해야 한다. 인간이 이같이 인식한다는 것은 세계를 인간 중심적 사고의 틀을 벗어나, 하나님의 창조 중심으로 인식한다는 것을 의미한다.

결론적으로 창세기의 창조신앙은 인간이 자연 위에 군림하면서 자연을 지배하고 정복하는 인간상과 세계상을 보여 주기보다는 인간이 자연을 자기와 동일화시키고 자연의 삶과 질서에 참여하는 인간상과 세계상을 그 속에 지니고 있다.

2) '하나님의 형상'으로서의 인간

> 하나님이 가라사대 우리의 형상을 따라 우리의 모양대로 우리가 사람을 만들고 그로 바다의 고기와 공중의 새와 육축과 온 땅과 땅에 기는 모든 것을 다스리게 하자 하시고 하나님이 자기 형상 곧 하나님의 형상대로 사람을 창조하시되 남자와 여자를 창조하시고 하나님이 그들에게 복을 주시며 그들에게 이르시되 생육(生育)하고 번성하여 땅에 충만하라. 땅을 정복하라. 바다의 고기와 공중의 새와 땅에 움직이는 모든 생물을 다스리게 하시리라(창세기 1: 26-28).

위의 본문에서 인간이 '하나님의 형상(Imago Dei)'을 따라 창조되었다고 하는데 여기서 '하나님의 형상'이라는 개념은 인간의 영적・정신적 특성을 의미한다는 기독교 신학 속에 전통적 해석이 있었다.[23] 그러나 이 같은 개념은 성서에서 말하는 하나님의 형상에 대한 올바른 이해라 할 수 없다. 하나님의 형상과 죄인인 인간으로서 하나님 형상의 상실에 대한 바른 이해는 20세기의 두 신학의 거장이었던 바르트(K. Barth)와 브루너(E. Brunner)와의 논쟁의 시작으로 발단되었지만 두 신학자 모두 확실한 답을 제시하지 못했다. 그러나 이 문제에 대한 매우 분명한 이해는 몰트만(J. Moltmann)에게서 구할 수 있다.[24] 몰트만에 의하면 인간이 하나님의 형상이라는 것은 일차적으로 인간에 대한 하나님의 관계이다. 하나님이 인간을 지상에 존재하는 자신의 형상으로 규정했다. 즉 인간은 지상에 존재하는 하나님의 대리자이다. 이 인간에 대한 하나님의 인간의 죄악으로 파괴되지 않는다. 왜냐하면 하나님이 인간의 창조자요, 인간을 향한 그의 계획과 약속에 영원히 신실하기 때문에 인간은 영원히 하나님의 형상이다. 다만 인간의 죄는 인간에 대한 하나님의 관계는 파괴시킬 수 없어도 하나님에 대한 인간의 관계는 파괴시킬 수 있다. 즉 인간은 자신에게 부여된 지위와 책임을 실패할 수 있다.

이상에서 살펴본 창세기의 인간이 하나님의 형상으로 지음을 받았다는 것은 땅 위에 존재하는 하나님의 '대리자'라는 의미가 그 핵심에 놓여 있다. 이는 바로 하나님으로부터 인간에게 주어진 특수한 지위와 본질적으로 연관되어 있다. 그런데 모든

---

23) 아우구스티누스(Augustinus)는 인간의 영적 특성, 곧 영혼이 하나님의 형상으로 이해했고 토마스 아퀴나스(Thomas Aquinas)는 인간의 이성적 본성을 하나님의 형상으로 이해했다.

24) J. Moltmann, *Gott in der Schőöpfung*, 김균진 역, 「창조 안에 계신 하나님」(한국신학연구소, 1986), pp. 272-77.

지위는 책임성과 불가분의 관련이 있다.

하나님의 대리자인 인간은 하나님의 통치와 영광을 세상에 드러내는 거울이어야 한다.

따라서 하나님 형상에 관한 성서적 개념은 인간과 하나님의 관계 그리고 인간과 다른 창조물들과의 관계에서 대리자로 관리책임자로서 표상(表象, vorstellung)되고 있어 하나님의 형상으로서 인간은 다른 창조물을 보살피고[25] 또 그런 식으로 하나님과 이웃과는 물론 자연과의 관계에서도 사랑하는 자여야 한다. 사랑에서 명령과 복종, 지배자와 피지배자, 억압과 눌림의 사고방식은 배제된다. 사랑은 동등한 파트너의 관계 속에서 서로 돌보아 주고 자기를 내어 주며 함께 고난과 기쁨을 나누는 데 있다.[26] 하나님의 대리 관리자로서 지상의 창조 보존과 그 발전에 함께 나눔을 갖는 데서 진정 하나님의 형상으로서 인간의 의미를 찾아볼 수 있다.

3) 자연에 대한 인간의 '다스림'과 '정복'

성서 안에서 자연에 대한 인간의 '다스림'과 '정복'의 진정한 의미가 무엇인지를 밝혀보기로 한다.

성서의 '인간 중심적 자연'에 대한 비판에서 가장 확실한 근거로 삼는 것은 창세기 1장 26~28절의 내용인 하나님이 인간에게 자연의 세계를 '다스리고' '정복하라'는 해석이다. 이 해석은 기독교가 인간이 자연을 수단시하여 인간의 뜻과 목적에 따라 무제한의 지배권을 용인하여 결국 생태계의 파괴와 위기를 초래하게 한 장본인이 되었다고 잘못 이해한 데서 비롯된다고 볼 수 있다. 우선 창세기 1장 26절의 '다스리다(radah)'라는 말의 올바른 해석은 말 어원의 부정적 의미보다는 하나님이 인간을 '자연을 다스리는 자'로서 그의 형상대로 창조했다. 따라서 인간은 하나님이 창조한 자연세계에서 통치자로 세움을 받았음은 사실이지만, 인간은 자연세계를 자신의 목적과 편의에 따라 임의대로 처리하고 파괴할 수 있는 권리를 가진 소유자가 아니라 하나님의 전권(全權)을 위임받은 대리자에 불과하다. 따라서 본래 '다스린다'는 고유한 의미는 파괴 · 지배한다는 뜻이 아니라 다스림을 받는 자의 행복을 위해 '돌본다'

25) 김철영, "창조질서의 보존"에 관한 윤리신학적 분석," 「장신논단」, 제6집(장로회신학대학교, 1990), p. 129.

26) 김균진, "자연은 하나님이 주신 것이다," 「신앙세계」, 7월호(1989), p. 32.

는 것을 뜻한다. 즉 하나님의 대리자로서 인간은 자연세계의 질서를 세우고, 돌보고, 가꾸고, 보호해야 한다는 선한 관리의 책임으로 이해되어야 한다. 또한 창세기(1: 28)의 "땅을 정복하라"에서 '정복하라(kabas)'는 말도 어원적 자체의 의미는 부정적인 뜻을 함의하고 있어서 자연에 대한 인간의 무제약적인 지배를 허용하는 것으로 이해될 수 있다. 그러나 "땅을 정복하라"는 헤브루어 원문 카바스와 "모든 짐승을 부려라"는 라다는 당시 근동지방의 왕이 자신의 영토 안에서 살고 있는 모든 사람과 짐승들의 안녕을 위한 책임 의식 아래 지배하고 통치했던 것과 같이 정복과 지배의 대상을 보호해야 하는 개념이 포함되어 있었던 것이지, 짓밟아 파괴하고 죽여 없애 버리는 것을 의미하는 것은 결코 아니었다. 짓밟아 파괴하고 죽여 없애 버리고 나면 지배할 대상조차 없어지고 말기 때문이다.[27] 결국, 자연은 인간의 정복과 착취의 대상이 아니라 오히려 가꿈(kabas)과 돌봄(radah)의 대상이다. 창세기 1장 28절에 대한 해석이 구약성서 안에 이미 존재하는데 그 중에서도 시편 8편을 들 수 있다.

야훼, 우리의 주여 !
주의 이름 온 세상에 어찌 이리 크십니까?
주의 영광 기리는 노래 하늘 높이 퍼집니다.
어린이 젖먹이들이 노래합니다.
당신의 작품, 손수 만드신 저 하늘과
달아 놓으신 달과 별들을 우러러보면
사람이 무엇이기에 이토록 생각해 주시며
사람이 무엇이기에 이토록 보살펴 주십니까?
그를 하느님 다음가는 자리에 앉히시고
존귀와 영광의 관을 씌워 주셨습니다.
손수 만드신 만물을 다스리게 하시고
모든 것을 발 밑에 거느리게 하셨습니다..
크고 작은 온갖 가축과
들에서 뛰노는 짐승들 하며
공중의 새와 바다의 고기,
물길 따라 두루 다니는 물고기들을

27) 전헌호, "환경문제에 관한 신학적 소고," 「신학전망」, 제106호(1994), pp. 157-158.

통틀어 다스리게 하셨습니다(시편 8: 1-2a, 3-8).

또한 "땅을 정복하라"는 구절은 인간에 대한 하나님의 축복과 하나님의 형상으로서 인간은 땅을 다스려서 땅 위에 하나님의 영광을 드러내야 한다는 것이다. 그렇다면 이 '정복'은 자연의 착취와 파괴를 뜻할 수 없다. 자연을 착취하고 파괴하면서 까지 인간은 축복을 받을 수 없기 때문이다. 오히려 28절의 '정복'은 인간이 자연을 가꾸며 자연과 더불어 평화롭게 살게 되는 것을 뜻한다. 이는 인간과 더불어 모든 피조물들의 평화로운 공생을 뜻하며, 모든 피조물들이 인간의 활동을 통해 자신을 발전시킬 수 있는 가능성을 얻게 되는 것을 뜻한다.

제 2 절 맺는 말

기독교 창조신학은 자연의 세계를 탈마귀화, 비신격화함으로써 원시인들의 물활론적이고 범신론인 사유의 세계를 깨뜨리고 과학적 사유의 기초를 마련했다는 점에서 매우 큰 공헌을 했다고 볼 수 있다. 그러나 자연에 대한 인간의 지배가 자연에 대한 파괴로 가는 길을 막지 못했다는 점에서 자신의 문제점을 남기고 말았다. 이 같은 문제점은 오늘날 기독교 창조신학이 생태 위기를 초래했다는 극단론적인 주장이 학자들 간에 제기되었고 심지어 기독교는 파괴적인 종교로 오인되기도 했다. 분명한 것은 기독교 창조신학의 '인간 중심적 자연관'이 데카르트(René Descartes, 1596-1650)를 중심으로 한 합리적 경험주의 철학과 근대 서구의 제국주의인 지배 이데올로기와 결탁하여 오늘날 환경문제의 가능성을 제공했다는 데에 전적으로 책임을 회피할 수 없을 것이다. 그러나 현재 생태계 위기의 직접적인 원인 제공자가 기독교의 창조신앙에서 발원되었다고 주장하는 것은 성서적 입장에서나 다른 종교적 입장에서 볼 때 거의 설득력이 없다. 환경에 대한 인간관계에 의미를 세우고자 노력하는 많은 신학자들과 종교인들은 일반적으로 환경을 돌보는 것은 도덕적이고 종교적인 이슈의 중심이라는 화이트의 생각에 동의한다. 종교와 환경 사이의 이 같은 연결을 공공의 관심으로 만든 것은 환경사상에서 화이트의 중요한 공헌이다. 문제는 오늘의 생태 위기를 극복하기 위해서는 여러 접근 방법이 있겠지만 성서적 입장에서 볼 때, 우선 자연을 올바로 인식하는 창조신학의 새로운 패러다임 모색이 절실하다고 본다. 새로운 창조신학은 우선 성서에 중심 사상인 '하나님 중심적 자연관'을 중심으로 자연과 인간의 조화를 그 궁극 목표로 삼아야 한다. 즉 인간은 자연을 소유와 지배, 자기 이익의 차원에서 만나지 않고 사귐과 참여와 나눔의 차원에서 만나야 한다. 여기에는 창조의 완성을 위한 인간의 책임이 요구된다. 즉 일차적으로 인간은 죄로 말미암아 파괴된 하나님의 창조 세계를 회복해야 할 책임이 있다. 생태계 보존이라는 말은 바로 이 인간의 일차적인 책임과 연계되어 있다. 인간의 소유욕과 정복욕에서 기여된 '인간 중심적 교만'을 버려야 하며 자연과 인간의 관계에 대한 제국주의적 이해를 수정해야 한다. 다음으로 계속적인 창조행위이다. 인간은 기존해 있던 창조 질서를 새롭게 가꾸고 재창조해 나가야 할 과제를 안고 있다. 이와 같은 인간의 책임은 하나님의 계속적 창조행위에 상응(相應)하는 행위이다. 하나님의 창조행위는 태초의 한 번의 창조로 끝난 것이 아니라 계속적으로 창조하고 인간을 통해 세상은 변혁하고 새롭게 한다. 이 계속적인 창조행위는 파괴된 질서의 회복행위뿐만 아니라 영광의 세계를 향한 새 하늘과 새 땅을 향해 창조해 나가는 종말론적인 창조행위이다.[28]

결론적으로 오늘날 생태 위기의 극복과 질서의 회복은 하나님의 형상인 인간은 하나님의 창조 역사의 완성을 위해 대리자로서 또는 지상의 동역자로서 역사 책임적이고 미래 책임적인 창조행위를 해야 한다. 이는 바로 하나님이 인간과 더불어 전체 피조물 세계를 구원해서 새 하늘과 새 땅을 만들기를 원함이요, 본질적으로 그리스도의 우주적 화해(和解)를 전제한다고 볼 수 있다.

"그의 십자가의 피로 화평을 이루사 만물 곧 땅에 있는 것들이나 하늘에 있는 것들을 그로 말미암아 자기와 화목케 되기를 기뻐하심이라"(골로새서 1: 20).

"그 뜻의 비밀을 우리에게 알리셨으니 곧 그 기쁘심을 따라 그리스도 안에서 때가 찬 경륜을 위하여 예정하신 것이니 하늘에 있는 것이나 땅에 있는 것이 다 그리스도 안에서 통일되게 하려 하심이라"(에베소서 1: 9-10).

---

28) 맹용길, "창조의 보전," 「장신논단」, 제6집(장로회신학대학교, 1990), p. 324; 김명용, 앞의 책, pp. 304-312.

"그때에 이리가 어린 양과 함께 거하며 표범이 어린 염소와 함께 누우며 송아지와 어린 사자와 살찐 짐승이 함께 있어 어린아이에게 끌리며 암소와 곰이 함께 먹으며 그것들의 새끼가 함께 엎으며 사자가 소처럼 풀을 먹을 것이며 젖 먹는 어린아이가 독사의 구멍에서 장난하며 젖뗀 어린아이가 독사의 굴에 손을 넣을 것이라. 나의 거룩한 산 모든 곳에서 해됨도 없고 상함도 없을 것이니 이는 물이 바다를 덮음 같이 여호와를 아는 지식이 세상에 충만할 것임이니라"(사사기 11: 6-9).

제 13 장

환경문제와 노장 사상

20세기는 한마디로 과학과 기술의 융합이다. 과학의 성과는 놀라운 기술의 진보를 가져왔고 기술의 진보는 과학적 사유의 세계를 확장시켜 왔다. 오늘날 기술의 비극은 도구적 성격을 가진 기술이 과학을 흡수하여 자연에 대한 일반적인 힘을 얻게 되었다는 것이다. 실험의 영역이 아닌 부분이 실험이 되고, 개발의 영역이 아니었던 것이 무차별하게 개발될 수 있게 되고, 인간 사유의 대상조차 아니었던 것들이 마구 인간 사유의 영역으로 편입되었다. 이는 인간으로 하여금 지신의 질박한 본성을 잃어버리게 하여 참된 '자기'로부터 소외시키고, 결국 '죽임'을 강요하는 것이다. 과학기술의 발전이 인간의 삶에 영향을 미치는 가장 중요한 부분이 환경이다. 오늘날 인간의 편리함과 욕구 충족의 수단이 되는 과학기술이라면 더 이상 우리의 선택이 될 수 없다. 위험을 감수하면서까지 선택하는 행위야말로 가장 미련한 선택이기 때문이다. 반성적 근대화가 절실히 요구되는 시점에 왔다.

이제 과학기술이 낳은 현대 산업문명의 제반 위기 중에서 특히 환경 위기를 극복하기 위해서 새로운 생명사상을 반추해 볼 필요성이 있다고 본다. 이 생명사상은 현재의 산업문명을 생명 소외의 체제로 진단하고, 인간과 자연을 조화한 '우주 생명'을 부활시키는 데 있다. 이 장에서는 이 같은 생명사상을 노장(老莊)의 직관적 지혜로부터 그 가능성을 얻을 수 있다고 보고, 노장의 자연관과 오늘날 환경문제를 결부시켜 새로운 생태적 인식의 지평을 열어보고자 한다.

제 1 절 노장의 자연관

1 노자의 자연관

흔히 "노자(老子)는 노자를 통해 이해하라"는 말이 있다. 이는 역사 속의 '노자'라는 한계를 의미하며, 그의 철학의 모든 개념을 총괄하는 '도(道)'를 이해하는 데서도 그것은 순수 개념으로 해석하기 이전에 그 개념이 그때 왜, 무슨 목적으로, 어떻게 제기되었는가를 역사적 실존 속에서 읽어야 논리적인 설명이 가능하다는 것을 의미한다.

이 장에서는 환경문제와 관련하여 '노장의 자연관' 속에서 생명사상을 반추하는 데 초점을 두고 있으므로 특히 그의 철학의 정수인 '도(道)'의 역사성을 미리 살펴봄이 중요하다고 볼 수 있다.

1) 노자의 '도(道)'의 역사성

어떠한 사상도 과거 역사의 측면의 개념들이 포괄 회통(會通)되어 형성되므로 그 시대적 역사성을 인정해야 한다. 노자의 '도'의 개념도 노자 이전, 즉 3대(夏·殷·周)에서 동주(東周)를 거쳐 춘추 초·중기에 이르기까지 현시(顯示)된 사상의 특성과 그 변천 과정에서 밝혀진다. 중국 철학을 크게 보면 하에서 은까지 약 1천여 년간의 전주기와 은·주 교체기로부터 춘추 말까지 약 500년의 배태기를 거친 다음, 춘추 말의 세 철학자인 노자, 공자, 묵자에 의해 이른바 제자학(諸子學)이라는 학문의 길이 열리게 된다. 이를 일반적으로 춘추 이전의 3대 사상기라 한다. 3대의 문화의 특성을 놓고 공자는 다음과 같이 평가했다.

- 하(夏)나라는 자연을 숭상하고 삶의 절실한 문제에 충실하여 사람들이 서로 친애하고 평등했다.
- 은(殷)나라는 조상신을 숭배하여 백성의 모든 힘을 여기에 집중시켰으나 백성

의 실제적인 삶은 경시했다. 이처럼 구체적이고 실용적인 것보다는 추상적이고 비실제적인 것을 추구함으로써 순박성이 깨지고 허탄(虛誕)하고, 교사(巧詐)스러운 것에 이끌려 인정을 잃었다.

- 주(周)나라는 예를 숭상하고 교화에 힘써 귀신을 섬기기보다는 사람을 귀히 여기고 도덕적 가치를 표방했다. 그러나 인간의 지혜가 발달하고 문화가 성장함에 따라 사람들은 점차 질(質, 바탕)보다는 문(文, 꾸밈), 실리보다는 허명(虛名)을 좋아하여 역시 폐단을 낳았다.

노자가 활약하던 시대는 춘추 말기인데 그의 철학사상은 3대 사상기 중 주로 하(夏)의 자연천(自然天) 개념[1]에 뿌리를 두고 있다. 물론 은·주의 사상이 노자의 도에 전혀 영향을 주지 않은 것은 아니다. 즉 노자철학의 부정적 이론들은 3대 사상의 성찰에서 발현되었다고 볼 수 있다. 이와 함께 동주의 난세를 당하여 관념의 세계가 완전히 부정되면서 상대적으로 질박한 자연계가 새로운 관심의 대상으로 나타나면서, 춘추 초·중기에 이르기까지 나타난 상황들이 노자의 '무위자연(無爲自然)' 사상의 형성에 지대한 영향을 주었다.

사마천(司馬遷)에 따르면, 춘추 시대에 죽임을 당한 임금이 36명이고, 망한 나라가 52개국이며, 제후가 도망쳐서 사직을 잃은 자는 이미 그 수를 헤아릴 수 없었다고 한다. 이렇게 사회가 격변하게 된 원인으로는 인성(人性)의 타락을 근본으로 꼽을 수 있으나, 더 근본적인 것은 춘추 말의 물질문명의 발달과 더불어 나타난 난세 현상이다. 이러한 시대적 상황에서 노자는 인간 사회의 모든 문제는 인간 본성의 질박성(質朴性)을 상실한 데서 기인한다고 본다. 그리고 그것은 바로 인간의 지식이 발달하여 문화가 생겨났고, 그것이 인간과 자연 사이를 가로막아 거짓과 교사와 욕망이 통용하도록 만들었기 때문이라고 한다. 따라서 노자의 '도'는 반인위적인 성격을 띤 무위자연의 상태로 나타난다. 말하자면 노자에게 가장 중요한 것은 인간의 질박성이지 인위적인 꾸밈이 아니라는 것을 노자철학의 역사성에서 말해 주고 있다.

1) 이때 자연은 모두가 어울려 각자의 공능을 교섭함으로써 비로소 만유가 생성할 수 있다는 뜻이다. 이러한 자연관에 근거하여 하나라는 일체를 평등시하고 횡적이고 다원적인 교류를 행했다.

2) 노자의 '무위자연(無爲自然)' 사상

노자의 '무위자연' 사상을 이해하기 위해서는 '도'의 개념을 어떻게 해석해야 할지가 가장 중요하다. 노자가 말하는 '도'는 일체의 것을 모두 포괄하는 천지만물을 성립시키고 유지시키는 일종의 근원적인 동력으로서 '무(無)'라는 개념을 도의 특성으로 삼는다.

노자는 말하기를 "도를 도라고 말하면 그것은 늘 그러한 도가 아니다. 이름을 이름지으면 그것은 늘 그러한 이름이 아니다. 이름 없는 것을 천지의 시작이라 하고, 이름이 있는 것을 만물의 어머니라 한다."[2]

여기에서 '허명(無名)'은 상도(常道)로서 최상위 개념이고, '유명(有名)'은 영원 불변하지 않은 도, 즉 천지로서 중위 개념이며, '만물(萬物)'은 최하위 개념이다. 그것을 생명의 근원으로 소급해 올라가면 만물은 천지에서 나왔으니까 천지는 만물의 '모(母)'가 되는 것이고, 천지라는 유명(有名)의 차원은 도라는 무명의 차원에서 나왔기 때문에 '시(始)'라고 한 것이다.

다시 말해서 천지의 시초를 무(無)라고 보았고, "천하 만물은 유(有)에서 생겨났고, 유는 무에서 생겨났다."[3] 이 무와 유는 같은 근본에서 나와 그 이름만을 달리한 것이기 때문에, 다시 그 근본으로 거슬러 올라가면 동일의 현(玄), 즉 도의 본체에 근거를 두고 있다. 노자는 상대적인 '유'나 '무'는 다 같이 도에서 나온 것이며, 그 상대적인 유와 무와의 근원인 도, 즉 절대적인 무를 현이라 부르고, 이 현이야말로 우주의 삼라만상을 낳는 최초의 문(門)이다.[4]

노자의 이 도는 심오하여 잘 알 수 없지만 만물을 생성화육(生成化育)하면서 시시각각으로 변화하고 있다. 따라서 이 도는 만물의 시원(始原)이 있음을 밝혀 주고, 도 자체가 그 시원임을 나타낸다.

제51장에서도 "도는 만물을 생성하고, 덕(德)은 만물을 기르며, 만물은 도에 의해 형체를 갖추고, 덕에 의해 그들의 생존을 영위한다. 그러므로 만물은 모두 도를 높이고 그 위대한 덕을 귀하게 여긴다"[5]라고 표현되어 있다.

---

2) 老子, 제1장, "道可道, 非常道. 名可名, 非常名. 無名, 天地之始. 有名, 萬物之母."
3) 老子, 제40장, "天下萬物生於有, 有生於無."
4) 老子, 제1장, "此兩者(無有)同, 出而異名, 同謂之玄, 玄之又玄, 衆妙之門."
5) 老子, 제51장, "道生之, 德畜之, 物形之, 勢成之. 是以 萬物, 莫不尊道而貴德."

여기서 “도는 만물을 생성하고 덕은 만물을 기른다”고 했지만 이것은 횡적으로 대립하는 공능(共能)의 화합이 아니라 완전무결한 도의 공능이 수직적으로 관주(貫注)한 것, 즉 덕이 도의 작용을 품수(稟受)한다는 뜻이다. 이같이 도는 생성을 통해 무한히 확대되어 간다.

제42장 전반부를 살펴보면,[6] 다음과 같다.

절대적인 실체인 “도(道)가 하나, 즉 한 기(氣)를 낳고, 그 한 기가 다시 둘로 나누어져 음과 양이 생기고 그 양기(陰氣)와 음기(陽氣)가 교합하여 그것들과 함께 셋으로 불리는 충화(冲和)의 기가 되고, 그 충화의 기가 만물을 낳는다. 따라서 만물은 각자의 음기를 등에 업고 양기를 품에 안고, 그리고 충화의 기에 의해 조화를 보지(保持)하고 있는 것이다.”

제42장을 좀더 천착해 보면, 다음과 같다.

도(道) 생일(生一)이라고 할 때 도는 제51장; “道生之, 道畜之”(도가 만물을 낳고, 그 위대한 공덕으로 만물을 기른다), 제41장; “道隱無名”(도는 숨어 있어서 형태가 보이지 않고, 인간의 말로써는 이름지을 수 없는 것이다), 제32장; “常道無名”(도의 영구불변의 본질, 즉 참다운 도는 무엇이라 이름을 붙일 수가 없는 것이다)과 같은 의미로 실체의 뜻으로 쓰인 것이다. 이 실체라는 의미의 도에 대해 노자는 다시 도체(道體), 도상(道相), 도용(道用)이라는 세 측면에서 설명하고 있는데, 이들을 종합해 보면 결국 도는 만물 쪽에서 볼 때 ‘허(虛)’, ‘무위(無爲)’ 그리고 ‘자연(自然)’한 것이다(虛=無爲=自然=用). 노자 4장에 보면 “道沖, 而用之或不盈”(道는 텅 비어 있다. 그러나 아무리 퍼내어 써도 고갈되지 않는다)[7] 한마디로 표현하면 ‘道常無爲而 無不爲’이다.[8] 즉 도의 본래적 자세는 인간적인 작위가 없어, ‘무위이면서도 어떠한 큰일이라도 이루지 못하는 것이 없다. 도가 이런 의미이고 보면 허(虛)가 유(有)를 성취시키는 무(無)인 것이며, 아무것도 작용하지 않기 때문에 일체 만물의 작용하는 자에게는 유용하게 된다. 이는 노자가 천지 대자연의 조화를 무위이 무불위(無爲而 無不爲)로 본 것이다.

이같이 노자가 말하는 ‘무위’란 노자 철학의 핵심 사상을 이루는 개념으로 통상

6) 老子, 제42장, “道生一, 一生二, 二生三, 三生萬物. 萬物 負陰而砲陽, 冲氣以爲和.”
7) 老子, 제45장, “大盈若沖, 其用不窮”. 여기서 不窮과 不盈이 상통한다.
8) 老子, 제37장, “無爲而 無不爲”의 논리에 대해서는 제38장의 “上德無而爲無以爲,” 제48장의 “損之又損以至於無爲 無 爲而無不爲” 등에서도 찾아볼 수 있다.

'유위(有爲)'와 대비된다. 무위는 '함이 없음'이다. 그렇다고 아무것도 하지 않음(actionless)을 의미하는 것이 아니다. 무위의 '위'는 유위적이고 조작적인 도의 흐름에 배치되는 사특한 행위인 것이다. 바로 인간 생존에 위해한 어떤 종류의 행위, 즉 인간의 인위적인 지모(智謀)와 욕구에 구사되어 일어나는 위선적·독선적 행위이며 전체를 파악하지 못하는 부분적인 행위이다. 사람이나 동물 기타 이 세상에 삶을 의탁하고 살아가는 모든 존재들은 태어나면서 자기가 사는 세계의 섭리에 맞게 삶을 영위해 갈 수 있는 지혜를 가지고 있다. 노자가 주장하는 이 '위(爲)'는 이처럼 자연으로부터 타고나서 자연의 섭리에 순응하면서 살아갈 수 있는 자연스러운 삶의 행위이다. 그런데 인간의 경우는 노자가 볼 때, 자연에서 타고났고 또 그 자연에 알맞게 살아가도록 하는 그들의 본능이 자신들이 만들어 낸 문명의 틀에 의해 침식하고 파괴되었다는 것이다.[9)]

특히 현대 과학문명이 가져온 자연환경의 파괴로 인간 삶의 황폐화를 초래하게 된 원인이 자연의 섭리에 위배되는 '위(爲)'를 자행함으로써 생겨난 부작용이라 볼 수 있다. 노자의 이런 주장 안에는 인간 행위의 한계를 일깨워 주는 귀중한 교훈이 들어 있다. 이와같이 노자의 무위는 논리적으로는 위(爲) → 무위(無爲) → 무불위(無不爲)로 전개되고 '무불위'는 '위'의 부정으로서의 '무위(無爲)'에서 인도된다.

또한 천지 조화의 작용에 근원인 '도'의 행위를 보면, 모든 것은 반드시 존재 근거를 갖고 있으며 그 근거에 따라 존재해 나간다. 이는 존재의 권능 위계라고도 볼 수 있다.

즉 "인간은 땅 위에서 땅의 혜택으로 살아가기 때문에 땅의 생성 이치를 본받아야 하고, 그 땅은 또한 하늘 아래에 있어 하늘의 혜택으로 만물을 낳고 기를 수 있어 하늘을 본받아야 한다. 하늘도 또한 천지의 운행 생성 법칙인 도에서 연유한 것이기 때문에 도를 본받아야 하며, 결국 도는 자연을 본받아야 한다"[10)] 하여 '자연'을 최고의 권능 위계에 올려놓았다.

이 '자연'은 인(人), 지(地), 천(天), 도(道)와 같은 실체의 개념이 아니다. 즉 자연의 '자(自)'는 천지만물을 포괄한 도를 가리키며, '연(然)'은 이미 최고 최선의 공능이 도에 자존(自存)하므로 그 스스로가 갖추고 있는 법칙이 된다. 따라서 노자의 도를 가

9) 金忠烈, 『老莊哲學講義』(서울: 예문서점, 1996), pp. 172-73.
10) 老子, 제25장, "人法地, 地法天, 天法道, 道法自然."

리켜 '스스로 있는 것(自然)'이라고 말하는데, 결국 그것은 '자연을 따라 스스로 그렇게 된 것이며(道法自然)', 또한 '만물이 그 스스로 그렇게 되어감(自然而然)'을 의미한다. 다시 말하자면 '무위자연'은 인공적 · 자의적 · 억지적 기교나 작위, 조작하지 않고 모든 만물은 자생자화(自生自化)하고 자빈자균(自賓自均)한다는 뜻으로 스스로 도에 복종하고 스스로 전체 균형에 맞게 자신을 조절한다는 것이다. 그러므로 '도'는 그러한 '자연'에 대해 '무위'이며 '자연이연(自然而然)'하는 '자연'이 있기 때문에 '무불위(無不爲)'가 되는 것이다.

2 장자의 자연관

1) 장자사상의 개요

노자의 사상을 계승 발전시킨 사람이 장자(莊子)라고 하지만 장자를 순전히 자연주의 철학자로만 생각하는 것은 잘못이다. 왜냐하면 장자 내편(內篇)의 「대종사(大宗師)」 편은 내성(內聖)의 극치이고, 「응제왕(應帝王)」 편은 외왕(外王)의 출발점이다. 즉 내성외왕(內聖外王)의 도를 갖춘 후에 회귀하는 것으로 인간 세를 부정해서 초월했다가(出世之法) 다시 인간세를 긍정하고 회귀하는(人世之法) 양면성을 추구하는 사상 체계이기 때문에 장자사상은 자연과 인간을 동시에 주목하면서 인간을 지인(至人: 眞人 · 神人)으로 승화된 최대의 정신적 인간을 이상으로 내세웠다. 그러한 인간은 노자가 요구하는 자연에 순종하는 의미만의 인간이라기보다는 조물주와 벗하고 천지 정신과 교류하며 자연을 '생명 향유(生命享有)'의 현장으로 삼는 인간이다. 이런 의미에서 장자는 자연과 인간을 함께 중시하면서 자연과 인간이 화해를 이룬 세계를 도와 하나가 되는 '도통위일(道通爲一)'의 경지로 보았다.

따라서 장자야말로 소극적인 허무주의자가 아니라 누구보다도 인간 세상을 사랑하고 천지 자연을 비롯한 일체의 모든 것을 긍정하면서, 지고한 생명정신의 향유를 천지 간에서 실현시켜 보려고 적극 추진해 간 지혜로운 사상가였음에 틀림없다. 그는 어떠한 변화에도 동요하지 않을 수 있는 정신력의 고양에 관심이 컸다. 그래서 일체의 변화를 발원케 하는 '야반유력자(夜半有力者)'와 같은 경지에로 비상하여 '장천하어천하(藏天下於天下)'[11]함으로써 자족무외구(自足無外求)의 자유를 누리려고 했다.

2) 장자의 천 · 도 · 자연

장자의 자연론의 주축을 이루는 개념은 천(天) · 도(道) · 자연(自然)이다. 이들 세 가지 개념은 서로 얽혀 있고 대단히 방대하고 심오한 의미를 갖는 까닭에 그들 사이의 경계선을 확연히 구분짓기가 어렵다.

(1) 장자의 '천'

여기에 나타나는 천(天)의 용례를 살펴보면 천공(天空), 천지(天地), 천연(天然)의 의미로 쓰이는 사례로 대별할 수 있는데 천공의 천은 하늘(창공)로서 육안의 대상이고, 천지의 천은 우주이며, 천연의 천은 흔히 오늘날의 자연의 개념에 해당된다.

장자의 '천(天)'자는 천공의 뜻으로 쓰인 예는 드문 반면(17회) 주로 천지(113회)와 천연(149회)의 의미로 사용된 사례가 대부분이다. 그 중 천지에 대해서는 장자의 고유한 개념이라기보다는 당시의 일반적인 용례에 따른 것으로 곽상(郭象)은 이러한 천지를 "천지자 만물지총명야(天地者 萬物之總名也)"라고 해석했다. 즉 천지는 우주 만물 전체를 지칭한다는 의미이다. 또한 이 천지는 형체를 가진 존재 중에서 그보다 큰 것이 없고 그보다 넓은 것이 없으니 '대전(大全)'이라고 칭할 수 있다.[12]

이 같은 뜻을 나타내는 용례들이 「장자(莊子)」 여러 편에서 나타나고 있다.[13] 이들을 종합해 보면 천지는 "우주이고 일체의 존재자인 만물은 그 안에 있으며 이러한 천지를 성립, 존재시키며 지탱하고 변화시키는 것이 바로 도(道)인 것이다." 물론 여기에서 도는 '지도(至道)'를 의미한다.

---

11) "천하는 천하에 감춘다." 즉 천지간에 생명을 가진 자는 누구나 주인이 되어 자기를 키우고 자기 공능을 마음껏 펼 수 있는 곳으로 개방되어 있다는 의미이다.

12) 田子方, "吾不知天地之大全也."

13) 天道, "夫天地者, 古之所大也, 而黃帝堯所共美也."
徐无鬼, "夫大備矣, 莫若天地."
則陽, "是故天地者, 形之大者也."
外物, "天地非不廣且大也."
盜跖, "天與地無窮."
達生, "天地者萬物之父母也."

(2) 장자의 '도'

장자는 말하기를 "도란 실제로 겉에 나타나는 작용이 있고, 그것이 존재한다는 증거가 있으나 형체가 없고 행동도 없다. 그것은 전할 수는 있으나 물건처럼 주고받을 수는 없다. 자기의 뿌리이고 자기의 근본이고, 천지가 있기 이전부터 있어 왔으며 귀신과 상제(일체의 삼라만상을 주재하는 것)를 영묘하게 하고 하늘과 땅을 낳고 있다"[14]고 했다.

이러한 도와 천지의 관계는 마치 인간에게서 심(心)과 신(身)의 관계에 유비(類比)할 수 있다. 「천하(天下)」 편에서 말하기를 "홀로 천지 정신과 더불어 왕래한다"[15]고 했다. 여기서 천지정신은 바로 도를 의미한다고 볼 수 있다. 그렇다면 여기서 도의 성격을 존재의 측면에서 좀 더 구체적으로 밝혀보면, 도란 일체의 존재와 힘의 근원으로 천지만물을 움직이고 존재하게 한다. 그리고 이와 같은 도는 스스로 존재하고 움직이는 데 다른 무엇인가를 필요로 하지 않는다. 즉 어떤 것에도 의존하지 않는 것이 도이다(無待). 이러한 점에서 현상계의 사물들은 다른 것에 의존하며(有待) 서로 짝을 이루어 대대(對待)하기 때문에 도는 현상계의 사물과는 구분되는 것이다.

즉 천지만물의 본체인 도는 피(彼)도 차(此)도 아닌 그것을 넘어선 것이다. 그래서 장자는 「제물론(齊物論)」 편에서 "彼是莫得其偶, 謂之道樞"라 하며, 피(彼)와 차(此)의 짝을 찾을 수 없는 것이 도의 중추라고 말했다. 이것은 자연의 대조적인 개념으로 시킨다든가 피동·수동적인 의미가 아니라는 것이다. 도는 자신 이외의 어떤 것에 의해서도 움직이지 않으며 또한 결코 의지와 목적을 가지고 천지만물을 구성하지 않는다. 그 스스로 움직이는 까닭에 '자연'이라고 말한다. 여기에서 우리는 장자의 도가 절대의 성격을 가짐을 알 수 있다. 장자의 도의 절대성을 「대종사(大宗師)」 편에서 독(獨) 또는 탁(卓)이라고 표현한 바 있다. '독과 탁'은 도가 일체의 대비를 벗어나 있는 유일 절대임을 잘 나타내 준다. 독립자로서의 도는 자기 존재를 스스로 성립시킨다.

이 같은 표현에서도 짐작할 수 있듯이 인간이 대도(大道) 안에서 소요자재(消遙自在)하며 자급자족할 수 있다는 것이다. 다른 말로 표현하면 도는 자족함으로써 밖으

---

14) 大宗師, "夫道. 有情有信, 無爲無形, 可傳而不可受, 可得而不可見, 自本自根, 未有天地, 自古以固存, 神鬼神宰, 生天生地."

15) 天下, "獨與天地精神, 往來而不敖倪於萬物."

로 향해 구할 것이 없으니 무외구(無外求)한 것이다. 이로써 보면 도는 대비(對比)를 초월한 독립・절대자로서 자기 존재를 스스로 정립・유지하는 자본자근(自本自根)의 존재이며 늘 넘쳐흐르는 힘을 가지고 자족 무외구하며 다른 어떤 것에 의해서도 제한받지 않는 자기 목적적・자기 충족적 존재이다.[16]

이상에서 도의 성격을 '존재의 측면'에서 살펴보았는데 이제 도는 무엇을 할 수 있는가라는 기능적인 측면에서 고찰해 보기로 한다.

장자는 도를 「대종사(大宗師)」 편에서 "夫道, 有情有信, 無爲無形……"이라고 표현했는데, 이 무위(無爲)는 외부 사물들의 자극에 의해 일어난 일체 심리 현상, 즉 지・정・의(知・情・意)의 작용이 제거한 뒤에야 명(明)해지고 허(虛)해진다. 곧 도의 본성이 허정(虛靜)함을 시사해 준다.[17] 허정한 도는 어떤 사물에 의해서도 동요되지 않고 어떤 대상을 욕구하거나 사랑하지 않으며 무엇에 대해 말하거나 어떤 사물을 만들지도 않는다. 그렇지만 「천도」 편에서 표현하기를 "쉬면 허하고, 허하면 모든 것을 받아들일 수 있어서 충실해지며, 충실하면 잘 다스려진다. 또 허하면 정(靜)해지고 정하면 모든 것을 쉽게 응대하므로 잘 움직이고, 잘 움직이면 모든 것이 뜻대로 된다. 그리고 정하면 작위가 없고, 작위가 없으면 일을 맡은 자가 각기 책임을 다한다"[18]고 했고, 또 「경상초(庚桑楚)」 편에서 "정(靜)하면 명(明)하고, 명(明)하면 허하고 허하면 무위(無爲)하되 무불위(無不爲)하게 된다"[19]고 했다.

따라서 도 자체는 무위할 뿐 아니라 자연하다.[20] 이런 까닭으로 도의 움직임은 사물들의 움직임과 다르다. 도의 운동은 어떤 다른 존재가 가한 힘에 의해 움직이지 않기 때문에 시작과 종말이 없다. 즉 자동적이고 능동적이지만 영원히 정지함이 없다. 도 자체의 측면에서 보면 무위할 뿐 아니라 자연하지만 물(物)과 관련시켜 보면 사물들은 스스로 생겨서 스스로 변화한다. 그래서 장자는 "도는 무위하되, 만물은 스스로 변화한다"[21]고 했다. 즉 도가 만물에 대해 무위해야 비로소 만물은 자생자화(自生自化)할 수 있다는 것이다.[22]

---

16) 李康洙, 「道家思想의 硏究」(서울: 고려대학교 민족문화연구소, 1995), p. 81.
17) 天道, "夫虛靜恬, 淡寂漠無爲者, 萬物之本也."
18) 天道, "休則虛, 虛則實, 實者倫矣, 虛則靜, 靜則動, 動則得矣, 靜則無爲, 無爲也, 則任事者責矣."
19) 庚桑楚, "正則靜, 靜則明, 明則虛, 虛則无爲而无不爲也."
20) 자연(自然)의 반대어는 "사연(使然)"이다. 사연은 시켜서 그러한 것이다.
21) 天地, "無爲而萬物化."
22) 在宥, "汝徒處無爲, 而物自化……無問其名, 無闚其情, 物固自生" 齊物論, "然則生生者誰哉? 塊然而自生

또 자생자화하는 만물의 변화에도 일정한 규율이 있고 변화 속에서도 변치 않는 상도(常道)가 있다는 것도 장자는 밝히고 있다.[23] 그러한 변화의 규율은 무엇일까? 장자는 자연계나 인간 사회의 사물들 사이에는 대립이 있다는 것과 그 대립물들은 서로서로 이루어 주고 서로 전화한다는 사실들을 말해 주고 있다.[24] 즉 상반상성(相反相成)하려는 도의 운동 때문에 사물들이 끊임없이 대립전화(對立轉化)하게 된다는 것이다.

여기서 사물의 대립전화의 법칙은 자연계의 순환반복의 논리와 동일함을 의미한다고 볼 수 있다.[25] 장자는 만물의 생성・소멸이 만물 자신의 독자적인 의지에 의해 전개된다고 보면서도 이처럼 자생자화하게 하는 보이지 않는 어떤 힘을 상정하고 있음을 알 수 있다. 비록 인간의 제한된 인식 능력을 가지고 알 수는 없지만 만물은 어떤 보이지 않는 신비로운 힘에 의해 자생자화하며 대립전화하며 순환 반복하며 귀근복명(歸根復命)하여 결국 조화와 형평을 유지하게 된다는 것이다. 장자는 「대종사」 편에서 일체 변화의 원동력 자를 '야반유력자(夜半有力者)'[26]라는 용어로써 표현하고 있다. 이는 현묘 심원한 진리의 조화를 뜻하고 이 진리의 조화는 도의 기능을 의미한다고 볼 수밖에 없다.

(3) 장자의 '자연'

장자의 '천(天)'과 '인(人)'이라고 할 때의 천이 자연에 해당된다. 이 '자연'은 '스스로'의 뜻을 가진 것으로 인위가 가해지지 않은 본래적인 상태를 말한다. 반면 인간의 지식, 사려 작용, 욕망 등에 의해 그 본래적인 천에 의도와 목적을 가지고 인공을 가한 것을 인이라고 장자는 주장했다.

장자는 「추수(秋水)」 편에서 천(天, 自然)과 인(人, 人爲)을 잘 표현해 주고 있다.

"무엇을 하늘의 자연이라 하고, 무엇을 사람의 작위(作爲, 人爲)라 합니까? 북해약(北

耳," "未吹萬不同, 而使其自已也, 咸其自取, 怒者其誰邪!."

23) 大宗師, "死生, 命也, 其有夜旦之常, 天也" 騈拇, "天下有常然."

24) 則陽, "安危相易, 禍福相生, 緩急想摩, 聚散以成…窮則反, 終則始" 老子, 제40장, "反者, 道之動."

25) 齋物論, "雖然, 方生方死, 方死方生, 方可方不可, 方不可方可. 因是因非, 因非因是. 是以聖人不由, 而照之於天, 亦因是也 .…彼是莫得其偶, 謂之道樞. 樞始得其環中, 以應無窮."

26) 大宗師, "夫藏舟於壑, 藏山於澤, 謂之固矣. 然而夜半有力者負之而走, 昧者不知也. 藏小大有宜, 猶有所遯. 若夫藏天下於 天下而不得所遯, 是恒物之大情也."

海若)이 대답했다. 소와 말에게 각기 네 개의 발이 있는 것, 이것이 하늘의 자연이오, 말 머리에 고삐를 달고 쇠코에 구멍을 뚫는 일, 이것이 사람의 작위요, 그래서 인위로 자연을 파멸시키지 말라. 고의로 천성을 망치지 말라. 본래의 자연스러운 덕을 명성 때문에 희생시키지 말라고 하오. 삼가며 자연 그대로의 본성을 지켜서 잃지 않도록 하는 일, 이것이야말로 참된 도(道)로 돌아간다고 하오."[27]

여기서 자연의 뜻을 더 분명하게 이해하기 위해서는 인위의 의미를 밝혔는데 인위(人爲, 作爲)와 상반되는 것이 무위(無爲)라고 볼 수 있다. 장자는 무위로써 하는 것을 자연이라고 했다.[28] 이 경우의 무위는 불위(不爲)와는 다르다. 무위란 팔짱끼고 불언부동(不言不動)하는 것이 아니라 그 스스로 함에 맡기는 것, 즉 임기자유(任其自爲)임을 알 수 있다.

"인위로써 자연을 훼멸치 말며, 세사로써 천성을 훼멸치 말라."[29]
"지식과 고의를 버리고 자연의 이치에 따른다."[30]

이상에서 보듯이 인위가 사려분별지심(思慮分別之心) 또는 성심(成心)에 의해 일으켜진 행위라면, 무위는 자본자근(自本自根)하는 도의 기능에 의해 운동하는 대자연처럼 무심(無心), 허심(虛心)의 본성에서 우러나오는 활동이라고 할 수 있다. 장자가 '자연에 따르라'고 한 '순자연(順自然)'은 사물들의 자연스러운 본성에 따르는 '순물자연(順物自然)'[31]과 자기자신의 본성의 자연스러운 흐름에 따르는 '순기지성(順己之性)'으로 나누는데, 순물자연은 허심 또는 무심으로 임물(任物)하는 것인데, 장자는 「양생주(養生主)」 편에서 포정해우(庖丁解牛)의 일화에서 '이무후입유간(以無厚入有間)'과 '부득이 맡기는 것' 등으로 구체화되었다.

순기지성(順己之性)은 순덕(順德)이라고 할 수 있으니 구욕(口欲), 이욕(耳欲), 안

27) 秋水, "何謂天? 何謂人? 北海若曰: 牛馬四足, 是謂天, 絡馬首, 穿牛鼻, 是謂人. 故曰. 無以人滅天, 無以故滅命, 無以得 殉名, 謹守而勿失, 是謂反其眞."
28) 天地, "無爲爲之之謂天."
29) 秋水, "無以人滅天, 無以故滅命."
30) 刻意, "去知與故, 循天之理."
31) 應帝王, "無名人曰. 汝遊心於淡, 合氣於漠, 而天下治矣."
———, "順物自然而無容私焉."

욕(眼欲)의 욕구에 따르는 것이 아니며 인의에 따르는 것도 아니며 지식과 사려분별지심에 따르는 것이 아니다. 허・정・명(虛・靜・明)하며 꾸밈없이 소박한 인간의 본성인 덕에 따르는 것이다. 따라서 장자가 중시하는 자연은 결코 감관에 의해 자연물로서의 자연이 아니라 지인(至人)의 심경에 정현(呈顯)하는 자연임을 알 수 있고, 도가 작용하는 성향이 자연임을 알 수 있다.

제 2 절 환경문제에 대한 노장의 자연관

1 환경문제의 본질

이 장에서 환경문제와 노장사상을 결부시켜 생명사상의 의미를 찾아보고자 하는 것은 노장이 활약했던 춘추말 전국 시대에 환경오염이 오늘날처럼 위기로 도전받아서가 아니다. 다만 당시의 인간과 자연 관계에서 형성된 '문명의 틀' 안에서, 노장이 인식한 '인위적 문명'의 한계성을 경계한 자연사상을 오늘의 산업문명 안에서 재조명함으로써 생태 위기의 심각성과 인류 발전의 한계성을 인식하고 그 위기 극복을 위한 지혜를 얻고자 하는데 있다.

노장이 활약한 춘추말 전국 시대는 중국이 3대(夏・殷・周) 이래로 물질문명이 가장 발달한 시기로 당시 사람들은 관념의 세계에서 벗어나 실사구시(實事求是)에 관심을 기울이면서 자연 법칙을 발견하고 그것을 이용하는 방법을 강구했다고 한다. 이에 따라 노장은 과도한 인위문명에 따른 폐단을 지적하면서 무위자연의 도(道)를 주장했다. 노장의 자연관에서 이미 밝혔듯이 노자는 물질문명이 발달하면서 인간과 인간, 인간과 자연 사이에 틈이 생기면서 인간 본성의 질박성이 깨어졌다고 보았다. 결국 인간은 하늘의 길, 천도(天道) 즉 '자연의 길'을 포기하고 지나친 '인위의 길'을 추구하는 데서 인간의 삶이 황폐화되고 자연환경의 파괴를 초래할 수 있다는 것이다. 장자 또한 자연은 원래 '평형'과 '조화'를 이루고 있었으나 자연계에 인간의 지모와 욕망이 등장함으로써 자연은 훼멸(毁滅)된다고 보았다. 이처럼 환경문제의 본질을 파악하는 데는 여러 관점이 있겠지만 노장(老莊)의 관점에서 이해할 때 지나친 '인위(人爲)의 문명'이 그 발단의 근원지라고 볼 수 있다. 왜냐하면 당시의 물질문명의 발달에 따른 인간의 질박성이 깨어지면서부터 인간과 자연의 부조화가 시작되었다고 보기 때문이다. 따라서 노장은 당시 반문명적 입장을 견지하면서 무위자연에 의한 질박한 인간의 본성에 따른 삶을 주장했다.

오늘날 동·서양을 막론하고 우리가 겪고 있는 환경문제의 본질은 노장이 활동하던 시대나 현대 산업문명의 시대나 그 형편과 정도는 차이가 있을지 몰라도 근원적으로는 자연에 대한 인간의 오만적인 인간 중심주의적 신념과 기계론적 세계관의 과신에 있다고 보고, 생태 위기 극복을 위해서는 동양의 노장사상의 직관적 지혜가 필요함을 주목하고 노장의 자연관을 논거로 삼아 환경문제와 결부시켜 재조명해 보기로 한다.

2 환경문제와 노장의 자연사상

노장의 자연사상을 환경문제와 결부시켜 살펴보는 것은 '생명사상'과 깊은 관련을 맺고 있기 때문이다. 오늘날 환경론에서는 '생명'을 가장 문제삼고 있다. 왜냐하면 생명을 문제삼는 것은 지금까지 모든 문제를 기계론적 사고로 해결하려고 했는데, 생명은 기계론적으로 해석이 안 된다는 데서 문제가 되었기 때문이다. 사람은 꼭 이성적이고 합리적으로만 살아가지 않는다. 생명이 있는 존재는 기계론적이거나 환원론적인 사고의 대상이 아니다. 생명은 언제나 새롭게 존재할 뿐, 동일 또는 고정 불변의 위치에 있는 것이 아니기 때문이다.

노장사상의 입장에서 본다면 기계론적 사고는 '살아 있는 사고'가 아니라 '죽은 사고'라고 할 수 있다. 오늘의 환경문제가 안고 있는 철학적 과제는 바로 이 죽은 사고로부터 살아 있는 사고로의 전환이다. 여기서 살아 있는 사고의 전환은 단순히 이원론적 사고에서 생물과 무생물을 갈라놓는 생물의 존재 조건으로 문제삼는 것이 환경이 아니다. 환경은 모든 존재자의 존재 조건이다. 즉 '우주론적 생명'이라고 볼 수 있다.[32]

이와같이 오늘날 환경의 문제는 생명의 문제로, 이는 노장이 주장하는 철학적 사상과 일치된다고 볼 수 있다.

삶이 인간의 생명이라 본다면 생명은 합리적으로 존재하지 않는다. 특히 생명을 이해하는 환경론이란 생명을 새롭게 이해하는 데서 출발해야 한다. 즉 자연이 소중하다는 것, 그냥 단순하게 존재하지도 기계론적으로 존재하지도 않는다는 사고의 전환이 요구된다.

장자의 「제물론(齊物論)」은 환경론이라고도 할 수 있는데, 여기에서 '제물(齊物)'이란 이 세상에서 존재하고 있는 모든 존재자를 살려낸다는 것이다. 이는 생명의 문제를 다룬 것이다. 인간은 홀로 살 수 없다. 나만 사는 것이 아니라 온갖 미생물과 다 함께 살 때, 우주적인 생명을 이루며 그것을 자연이라 할 수 있다. 즉 '공존공영(共存共榮)의 그릇'이 제물(齊物)이고 자연이다. 장자는 도가 만물에 대해 무위(無爲)할 때 비로소 만물은 자생자화(自生自化)할 수 있고 우주적 생명을 이룰 수 있다고 보았다.

노자의 '무위자연론(無爲自然論)'은 자연의 본질을 '무위'라고 보았다. 여기서 '무위'란 자연을 그대로 두어 인위를 가하지 않는 완전히 수동적이며 신비적인 태도에 머물러 일체의 기술을 무조건 반대하는 반문명적 태도가 아니라, 인간의 인위적인 지모와 욕구에 구사되어 일어나는 인간 생존의 위해한 '위(爲)'하지 말라는 것과 자연의 이치에 어긋나는 인위적 행위를 가하지 않는다는 뜻이다. 바꿔 말하면 오히려 자연의 질서에 따라 이치에 어긋나지 않는 범위 내에서 능동적으로 움직인다는 뜻으로 확대 해석할 수 있다. 오늘날 인간의 교만으로 현대 산업문명은 자연의 섭리에 위배되는 '위(爲)'를 자행함으로써 자연환경의 파괴로 인간 삶의 황폐화를 자초케 했다. 이의 회생을 위해 자연 섭리에 순응하면서 살아가라는 노장의 무위자연, 즉 '순자연(順自然), 법자연(法自然)'의 삶이 절실히 요구되고 있다.

노자는 "도는 텅 비어 있다. 그러나 아무리 퍼내어 써도 고갈되지 않는다"(道沖, 而用之或不盈)고 했다. 여기서 충(沖)은 그릇이 텅 비었다는 것으로 노자는 이것을 바로 '빔', 즉 '허(虛)'라고 부르는 것이다. 모든 존재는 객관적으로 그 자체로서 존재하는 것이 아니다. 그 존재는 존재이게끔 하는 어떤 기능에 의해 그 존재 가치가 결정된다. 다시 말해서 한 존재가 그 존재를 규정하고 있는 기능을 상실하면 곧 그 존재는 그 존재가 아닌 것이다. 그런데 기능의 상실은 곧 허(虛)의 상실이다. 허의 상

32) 宋恒龍, "老莊의 自然觀," 「환경과 종교」(공저)(서울: 민음사, 1997), p. 157.

실은 곧 존재의 상실이다. 이것이 노자의 존재론(laoistic ontology)이다. 노자는 그릇은 채우려는 인간의 행위는 '유위(有爲)'라고 부른다. 유위란 곧 존재에서 허(虛)의 상실이다. 반면 반대 방향의 행위, 즉 '빔'을 극대화하는 방향의 인간의 행위를 바로 '무위(無爲)'라고 부르는 것이다. 노자 철학에서 자연(스스로 그러함)은 바로 만물의 존재 방식이 '빔'을 극대화시키는 방식으로 유지될 때 스스로 그러하다고 하는 것이다. 스스로 그러하지 못하다는 것은 그 빔을 채워 버리는 방향, 그 빔을 근원적으로 파괴시키는 방향으로의 사태를 가리키는 것이다. 따라서 함이 없음(無爲)은 아무것도 하지 않음이 아니라, 빔을 유지하는 함이요. 그 빔을 유지하는 함이야말로 바로 스스로 그러함이라는 것이다. 이것은 당위(當爲)가 아니라 자연이다. 이것은 곧 모든 존재를 스스로 그러하게 내버려 둘 때는 반드시 스스로 그러하게 허를 유지한다고 하는 자연의 모습을 가리키는 것이다. 인간의 유위적(有爲的) 행동만이 빔을 유지시키지 않으며 스스로 그러함을 거부한다는 것이다. 스스로 그러함은 존재의 자연이다. 여기서 우리는 허(虛)와 무위(無爲)와 자연이 하나로 노자철학에서 관통되고 있음을 발견한다. 그리고 그것이 바로 도의 쓰임(用)이다.[33] 노자의 허의 철학을 오늘날 환경문제와 관련시켜 본다면 환경위기 극복에 지적 혜안을 열어 줄 것이다. 우리 가까운 곳을 보자. 온통 도시는 시멘트 포장과 시멘트 집으로 꽉 차 있고, 녹지라고 찾아볼 수 없을 정도로 유위화(有爲化)되었다. 개발을 하지 않으면 직성이 풀리지 않은 인간의 유위적 태도는 하늘을 찌르고 있다. 도시의 공간은 허가 없는 조작적인 인위의 마력에 빠져 나오지 못하고 있다. 정부는 국가 발전이라는 미명 아래 허를 끝없이 채우는 일에만 몰두해 있다. 인간의 무한 욕구는 허의 자리를 빼앗은 지 오래이다. 정부는 도시의 시멘트를 걷어내고, 아파트 정책을 조정하고, 무차별적 난개발을 멈추고, 대신 숲을 만들고 녹지대를 조성하고 흙과 인간이 숨쉴 수 있는 허를 극대화하는 정책을 펴야 한다. 모든 존재가 함께 공존공영하기 위해서는 빔을 회복하는 방향의 인간 행위가 구체화되어야 한다. 인간은 만물의 존재 기능을 극대화할 수 있도록 돌보고 관리해야 할 청지기의 책임이 있다. 허가 없는 존재는 존재가 아니라 이미 죽음과 마찬가지이다. 천지지간의 만유의 존재는 바로 허(虛) 때문에 존재하는 것이다.

사실 오늘날 우리가 직면하고 있는 생태계의 파괴, 지구 자원의 고갈, 토양·수질

33) 김용옥, 「노자와 21세기」(서울: 통나무, 1999), pp. 184-231.

·대기의 오염 등과 같은 환경오염 문제는 인류가 자기 중심적 관점에서 사물을 대함으로써 일어난 피해들이다.[34] 노장의 자연관의 입장에서 조명한다면, 인류가 자기 중심적 관점에서 사물을 마주한다는 것은 환경 파괴의 논거를 제시하는 본체이며, 생태 위기의 극복에 한계점이 노정되고 있음을 시사해 준다. 즉 노장의 관점은 '사물을 사물 그 자체로 보고' '도(道)의 관점'에서 보아야 한다는 것이다. 앞 장에서 구체적으로 밝혔듯이, 도란 일체의 사물들의 본체이며 천지만물을 성립시키고 유지시키는 근원적인 실재로서 스스로 자기 존재를 성립시키며 저절로 움직인다고 보기 때문이다.

노자는 「도덕경(道德經)」에서, "도는 만물에 대해 생(生)하여 주되 소유하지 않고, 위해 주되 의뢰하지 않고, 어른이지만 주재하지 않는다"[35]고 했다. 즉 자기 관점에서 사물을 보는 인간 중심적인 사고를 배제하는 의미를 함의하고 있다. 왜냐하면 인간은 누구나 자기를 기준으로 삼아 시비, 선악, 미추를 판단하는 상대적 지식관을 가지고 있기 때문에 사물 그 자체의 진상을 올바로 인식할 수 없다. 사물 그 자체를 올바로 인식한다는 것은 개인의 성견(成見)을 배제하고 자연을 대상화, 객관화하여 분리시키지 않고 사물을 그 자체로 보면서, 각자의 존재의 의미에서 합일(合一)해야 한다는 것이다.

다시 말해서 '자기 방식이 아닌 사물 그 자체로' 본다는 것은 자기의 욕심을 버리고(虛己) '있는 그대로 본다'는 의미로 무위자연(無爲自然), 순자연(順自然), 법자연(法自然)이라고 할 수 있다. 순자연은 자연에 따르는 것으로 자신의 의도, 목적, 욕구, 선입관 등의 일체를 버려야 한다는 의미이다. 순자연과 법자연은 노장의 '도의 자연'을 형성하는 결정체라고 할 수 있다.

장자는 「양생주」 편에서 '포정해우(庖丁解牛)'의 일화가 이를 잘 설명해 주고 있다. 즉 백정인 포정이 임금(文惠君)을 위해 소를 잡는데 이 소 잡는 모습이 예술적인 경지에 이르렀기에 문혜군이 그 기술을 감탄하니, 포정은 자기의 신기(神技)에 가까운 솜씨를 단순히 하나의 기술(인위적 재주)로 보지 않고 '기(技)'보다는 '도(道)'로써 소를 풀어내었다고(解) 하니[36] 이는 곧 소의 자연스러운 결(理)을 따라서 칼날이 스며

34) 李康洙, "老莊哲學의 自然觀," 「동양사상과 환경문제」(공저)(서울: 모색, 1996), p. 91.

35) 道德經, 제51장, "生而不有, 爲而不恃," "長而不宰, 是謂玄德."

36) 養生主, "始臣之解牛之時, 所見無非全牛者, 三年之後, 未嘗見全牛也, 方今之時, 臣以神遇而不以目視, 官知止而神欲行. 依乎天理, 批大卻, 導大窾, 因其固然. 技經肯綮之未嘗, 而況大軱乎! 良庖歲更刀, 割也: 族

들도록 했다는 것이다. 여기서 '이무후입유간(以無厚入有間)'은 두께 없는 칼날이 소의 근육과 뼈 사이의 넓은 틈으로 들어간다는 표현이다. 즉 마음이 허정(虛靜)한 상태에서 기술에 구애되지 않고 사물의 결이나 조리에 따라 소를 푸는 도를 보여 주고 있다. 이는 자연의 이치를 따르는 데에 도가 있음을 보여 주고 이를 가리켜 '법자연', '순자연', '도법자연(道法自然)'이라 하는 것이다.

포정의 해우(解牛)를 통해 오늘날 생태계 파괴의 철학적 치유책의 한 방법을 제시하고 있다. 포정은 자연(牛)을 대상화하여 나(포정)와 분리시키지 않고 사물 그 자체를 보면서 각자의 존재의 의미에서 합일한 상태에서 소를 풀어냈다. 이런 의미에서 장자는 인간이 자연을 대하는 태도에서 인간과 자연은 구분될 수는 있어도 분리될 수 없다는 입장에서 인간의 자만적 행위를 지양하고 겸허한 태도로 자연과 마주해야 함을 암시해 주고 있다.

또한 장자는 「병무(騈拇)」 편에서 "물오리가 비록 다리가 짧지만 다리를 길게 이어 주면 괴로워하고, 두루미(鶴)의 다리는 길지만 그것을 짧게 잘라 주면 슬퍼한다. 그러므로 본래부터 긴 것을 잘라서는 안 되며 본래부터 짧은 것을 이어 주어도 안 된다"[37]고 했다.

이 구절에서 장자가 뜻하고자 하는 것은 자연 그대로의 모습이 제일 좋다는 사상으로 즉 가급적 작위(人爲)를 가하지 않는 생활 방법, 그것이 이상적이라고 말하는 것이다. 장자는 사물을 대하는 태도에서 '자기 방식이 아닌 사물 그 자체로 봄'으로써 결코 물오리의 다리는 짧지도 않고, 두루미의 다리도 길지 않다는 것이다. 즉 이 세상에 존재하는 것은 모두 그 존재 이유와 그에 따른 필연적인 법칙과 역할을 가지고 있기 때문에 오히려 각자의 환경에서 살아가는 데 그들이 갖고 있는 타고난 특성이 최적의 조건임을 알 수 있다. 그런데 오늘날 과학문명이 낳은 인위의 기계적 문명은 있는 것을 다르게 개조하거나 없는 것을 만들어 내어, 결국 자연성을 위배하게 되어 자연의 형평과 생태계의 조화를 깨고 말았다. 즉 인간의 잣대로 자연을 멋대로 마름질하는 인간 중심적 행위만큼 어리석은 짓은 없다. 이와 비슷한 일화로 장자는

庖月更刀, 折也. 今臣之刀十 九年矣 , 所解數千牛矣, 而刀刃若新發於硎 . 彼節者有間, 而刀刃者無厚, 以無厚入有間, 恢恢乎其於遊刃, 必有餘地矣, 是 以十九年而刀刃若新發於硎." 장자는 포정해우의 도(道)를 마음을 기름으로 해서 생겨나는 것으로 이 마음은 천부(天府), 영부(靈府), 심재(心齋)로 만드는 것이다. 즉 마음이 허정(虛靜)한 상태를 의미한다. '以神遇而不以目視'라고 하는 표현은 그 절정이다.

37) 騈拇, "是故鳧脛雖短, 續之則憂, 鶴脛雖長, 斷之則悲. 故性長非所斷, 性短非所續."

「지락(至樂)」 편에서 '이기양양조(以己養養鳥)'와 '이조양양조(以鳥養養鳥)'를 구분해서 설명하고 있다.[38] 전자는 자기의 방식으로 새를 기르다 보니 그 새는 제 명을 다 살지 못했고, 후자는 새의 방식대로 새를 기름으로 해서 그 새는 제 명을 다 살 수 있다는 것을 보여 준다. 바로 이같이 사물은 사물 그 자체로 보는 것이 '생명사상'이며 '자연'이라는 것을 보여 주고 있다.

장자는 "도의 관점에서 사물을 보면, '사물 그 자체'를 더 깊고 넓게 볼 수 있다고 했다.[39] 따라서 무엇보다도 한정된 자기 중심의 관점에 서서 사물을 보는 행위를 중지하고 도의 관점에서 자연을 마주해야 한다는 것을 보여 준다. 이는 욕심을 버리고 허정의 상태에서 본다는 의미이다. 이것이 자연이연(自然而然)이다.

마지막으로 노장사상은 '인간과 자연의 조화'를 추구하는 것을 중심 사상으로 하고 있다. 이것은 '천인합일(天人合一)' 사상이라고도 하며, 생태적 사고의 요체라고도 볼 수 있다. 장자는 "천지는 나와 함께 살고 만물은 나와 더불어 하노라"[40]는 구절이 있다. 자연은 원래 평형과 조화를 이루고 있었으나 자연계에 인간이 등장함으로써 무자비하게 환경을 변형, 개조하고 자연과학적 지식과 기술을 만능의 도구로 삼아 자연계를 조작한 결과, 결국 지구 속의 생태계는 끊임없이 파괴되기 시작한 것이다.

물론 인간은 다른 동물과 달리 자연 속에서 그대로 살아갈 수 없기 때문에 따로 생존 가능한 환경을 만들어야 했다. 그러나 이러한 '인간 생존 위주의 문화'는 필연적으로 자연과 인간을 갈라 놓았고, 또 그런 과정을 통해 인간은 자연을 타자화하여 심지어는 그것을 정복의 대상으로까지 설정하게 되었다. 그리고 이러한 분열은 인간과 자연뿐만 아니라 종국에는 인간과 인간까지도 분할시켜 서로 대립시키는 결과를 가져왔다.

이같이 생존 위주의 '인간 중심적 자연관'을 극복하고 노장의 법자연, 순자연, 즉 개인의 생각을 배제하고 자연을 대상화하여 분리시키지 말고 '사물을 그 자체로 보면서' 각자의 존재의 의미에서 합일해야 한다는 것이다.

---

38) 至樂, "昔者海鳥止於魯郊, 魯侯御而觴之于廟, 奏九韶以爲樂, 具太牢以爲膳. 鳥乃眩視憂悲, 不敢食一臠, 不敢飮日杯, 三 日而死, 此以己養養鳥也, 非以鳥養養鳥也. 夫以鳥養養鳥者, 宜栖之深林, 遊之壇陸, 浮之江湖, 食之鰷鰷, 隨行列而止,委蛇 而處."
39) 秋水, "以道觀之, 物无貴賤, 以物觀之, 自貴而相賤."
40) 齊物論, "天地與我竝生, 而萬物與我爲一."

제 3 절 맺는 말

인간의 이성제일주의에 입각한 과학 만능적, 인간 중심적 자연관이 근대 서구의 제국주의적 지배 이데올로기와 결탁함으로써 과학기술이 인류의 행복을 위해서가 아니라 오로지 인간 생존의 물질적인 조건을 결정짓는 도구로써 이용됨에 따라 오늘날의 심각한 환경오염과 생태계 위기를 자초했다. 이의 극복을 위한 방안으로 이 장에서는 이성을 과신하는 과학 만능 신념과 실제를 이원론적이고 대립적으로 보는 이념적 사고의 틀을 깨고, 노장의 유기체적 · 역동적인 현장 생명관으로의 사고 전환을 역설하고 있다.

특히 '생명'을 중시하는 노장사상은 자연의 본질을 '무위자연(無爲自然)의 도(道)'로 보고 도를 논할 때 자연(自然), 천(天), 지(地), 인(人)의 질서 법칙을 중시하며, 인간을 대자연의 한 부분으로 파악하고 자연의 이치에 순응하면서 자연과 인간 각자의 존재 의미에서 합일(合一)을 주장했다. 이 과정에서 인간이 인위적으로 자연 질서에 자기의 이기심과 욕망을 과도하게 관여할 때에는 '무위(無爲)의 도(道)'가 붕괴되어 결국 생태계의 순환 체계가 무너져 환경 위기를 자초할 수밖에 없다. 결국 환경문제와 관련지어 볼 때 노장철학의 무위자연은 자연주의와 인간 문명 사이에 조화와 균형에 대한 '중용적(中庸的) 태도'라고 집약될 수 있다.

이제 우리는 21세기의 우주론적 생명, 우주적 화해를 위해 '공존공영의 그릇'이라는 거대한 생명의 방주 안에서 생명성의 자연을 깨닫고 자연 속에 인간을 보고 인간 속에서 자연을 보는 인식의 대전환이 요구된다. 여기에는 인간의 책임이 요구되며 인간의 소유욕과 정복욕에서 기여된 인간 중심적 교만을 버려야 하며, 자연과 인간의 관계에 대한 제국주의적 이해를 수정해야 한다. 이를 위해 인간은 문명의 전 단계에서 자연과 인간관계의 새로운 선택인 노장철학의 '무위자연의 도'를 생활화하는 길이 생태계 보존을 위한 지혜의 길이 될 수 있다.

제 14 장
환경문제와 불교 사상

이 장에서도 환경문제를 단순히 환경관리 차원에서 해결하려는 외적인 측면보다는 정신적인 해결을 지향하는 철학·사상적 접근을 시도해 보고자 한다.

이런 점에서 불교의 생태관이 우리가 직면한 생태 위기 해결의 본질적 접근을 하는 데 도움이 된다고 본다. 더 쉬운 이해를 도모하기 위해 먼저 불교 철학적 세계관에서 본 우주·자연관(宇宙·自然觀, 物質觀)[1)]을 살펴보고, 이와 관련하여 불교 교리의 핵심적인 내용이라 할 수 있는 연기사상(緣起思想), 3고(苦)와 사성제(四聖諦) 사상, 업(業) 사상 등을 환경문제와 결부하여 불교의 생태사상을 살펴보기로 한다.

제 1 절 불교의 우주·자연관(물질관)

2500년 전, 인도에서 성립된 불교 경전에서 오늘날 환경문제와 지구생태계 위기

1) 불교 사상에서 '우주'는 공간과 시간을 말하는 것으로 천지의 모든 물질이 내재하여 있는 공간을 '우(宇)', 가고 오는 것(往古來今), 즉 천류(遷流: 흐르는 것)를 '주(宙)'라 한다. 다시 말하면, 주(宙)는 과거의 시작이 없고 현재의 머무름이 없고 미래의 끝이 없는 것이다. 이렇게 볼 때 우(宇: 공간)는 횡적이요. 주(宙: 시간)는 종적이라고 할 수 있는데, 공간과 시간 사이에 내재해 있는 모든 만상(萬象)을 '우주'라 하는 것이다. 자연은 모든 물질(色)이나 비물질(無色)의 특성(自性)이 그 자성에 따라 스스로 행하므로 스스로 이루어지고, 흩어지는 그런 것을 자연이라 한다. 자연은 인위적으로나 유위적(有爲的)으로 유목적으로 이루어지고 흩어지고 없어지는 것이 아닌, 비인위적으로 무위(無爲)로 무목적적(無目的的)인 행(行)으로 시간과 공간 사이에 그 개개의 자성(自性)이 스스로 움직여 형성되어 가고 무너져 가는 과정들을 말한다.

극복에 필요한 직접적인 설명이나 내용 및 구체적인 대안을 찾으려고 한다면, 그것은 무리가 아닐 수 없다. 다만, 불교 경전에서 환경문제에 대해 어떤 도움을 받을 수 있다면, 제도나 기술적인 것이 아니라 사상적·철학적인 것이다. 즉 불교의 우주·자연관(物質觀)에 입각한 사상적 세계관을 살펴봄으로써 인간과 자연의 본연의 위치와 입장으로 회귀할 수 있다는 점이다.

불교 교리에서 환경문제와 가장 밀접한 연관 있는 사상은 '연기사상(緣起思想)'이라고 볼 수 있다. 연기사상을 좀 더 구체적으로 이해하기 위해서는 우선 불교의 우주관, 즉 자연관(물질관)을 명확히 이해하는 데서부터 출발한다. 불교의 자연관은 불교의 '존재 인식(存在認識: 앎)'의 문제를 밝히는 바, 우주(물질)는 그 존재의 양식에서 '成(생성)·住(유지)·壞(파괴)·空(소멸)' 하고, 사람의 육신은 '생로병사(生·老·病·死)'하며 인간의 정신(心)은 '생주이멸(生·住·異·滅)'한다는 것이다.[2] 이것을 합해서 존재하는 모든 것은 '제행무상(諸行無常)'[3]한다고 한다.

또한, 인간을 비롯하여 존재하는 모든 생명체의 정신계(心法)를 제외한 객관의 모든 것을 물질계, 즉 색법(色法)[4]이라고 하고, 마음의 성(性)을 진여성(眞如性)[5] 또는 불성(佛性)이라고 한다. 여기서 불성은 '여래의 성품', 즉 '부처가 될 원인', '부처가 될 요소'이다. 그렇다면 중생의 범주는 어떻게 정할 것인가? 불교에서 '일체중생 실유불성(一切衆生 悉有佛性)'[6] 즉 '살아 있는 모든 것들은 다 부처가 될 수 있다'고 말한다. 여기서 살아 있다는 것은 인식 능력, 판단 능력, 사고 능력 등을 가진 유정(有

---

2) 休靜, 「禪家龜鑑」 韓佛全, 제7책, "身有 生老病死, 界有 成住壞空, 心有 生住異滅."

3) '제행무상'은 삼법인(三法印: 諸法無我, 涅槃寂靜)의 하나로 여기서 '무상(無常)'이라고 하는 것은 항상 그대로 있지 않고 끊임없이 움직여서 변화, 발전, 진보해 나간다는 의미이다. 따라서, 제행무상은 모든 존재의 변화 속의 존재 의미를 뜻하여, 우주 안에 존재하는 일체의 것들은 늘 그대로 고여 있지 않고 머물러 있지 않고 움직여서 변화한다는 것이다.

4) 색법은 인간의 육체를 비롯하여 우주 안에 존재하는 모든 물질을 의미한다. 이 같은 색법은 하나의 물체에 대하여 안과 밖으로 나누어 설명하는데, 외적인 면은 모습을 나타낸 유형의 물체로 육안으로 관찰할 수 있고, 내적인 면은 육안으로 볼 수 없는 무형의 성질을 갖고 있으면서 모든 물체의 본질이 되고 있다. 부파불교(部派佛敎)의 중요 논서(所依論書)인 세친(世親)의 「아비달마구사론(阿毘達磨俱舍論)」에서는 존재인 물질(色法)을 "시간적으로 변화하는 현색(顯色, 無對)과 공간적으로 점유하는 형색(形色, 有對)"으로 구분한다.

5) 「성유식론(成唯識論)」에 의하면 '진(眞)'은 진실을 '여(如)'는 여상(如常)을 뜻하며, 진여(眞如)는 허망하지 않고 모든 물질의 본질이 되며 생명 속에서도 그 성질은 항상 변함없이 유지시켜 나가는 것을 의미한다.

6) 「大般涅槃經」 권8, 如來性品 제12 「大正藏」 제12책, p. 648.

情)을 의미한다.[7] 금강경에서도 중생을 유정과 무정(無情)으로 변별하고 있다. 일반적으로 경론(經論)에 의하면 중생은 정식(情識)을 지닌 유정지물(有情之物)을 말하고 장벽(牆壁)과 와석(瓦石), 초목 등은 정식(情識)을 지니지 못하거나 생명활동은 있으나 정신작용이 없는 것들(無情物)은 일체 중생에 포함되지 않았다. 결국 유정과 무정은 구분은 정식작용 여부에 따라 한다는 것이다. 초기 경론에서는 생명 현상이 있다고 해서 반드시 정신작용까지 있다고 보지 않았다. 때문에 불성의 유무는 정신작용의 여부에 따라 규정했다. 하지만 「화엄경(華嚴經)」에서는 생명 현상만 있는 식물과 정신작용까지 있는 동물뿐만 아니라 심지어 생명 현상이 없는 무정물(無情物)까지지도 부처의 성품인 불성이 있어 성불(成佛)한다고 설한다. 대승경전의 이러한 해석은 존재의 끝없는 변화 가능성에 대한 시각까지 열어둔 대단히 역동적인 사유 방식이라고 할 수 있다.[8] 그러므로 진여성에 색법도 포함시켜 설명하는 것이 통례이다. 따라서 물질을 인식할 때 여타의 물체도 모두 동일한 이치가 있다고 인식해야 한다.

중국의 승조대사(僧肇大師)는 그의 역저인 『조론(肇論)』에서

> 천지는 나와 뿌리가 같으며(天地與我同根)
> 만물은 나와 몸이 동일하다(萬物與我一體)

라고 했다. 이 원리에 따르면 천지와 인간의 뿌리가 같고 만물은 인간의 몸과 같다는 것은 본성과 본체가 동일하다는 것을 의미한다. 즉 마음 밖의 한 물건도 없다는 원리가 성립될 수 있는 것이다. 지각대사(智覺大師)는 「종경록(宗鏡錄)」에서 오온(五蘊, 五陰)[9]에 대해 "색(色)은 곧, 불성이며, 수(受, 느낌)・상(想, 표상)・행(行, 의

---

7) 여기서 '정(情)'은 '정식(情識)' 또는 '업식(業識)'의 약칭으로서 인식 능력, 판단 능력, 사고 능력 등을 가리키는 말이다. '유정(有情)'은 이들 능력을 가진 것을 말하고, '무정(無情)'은 그러한 능력을 지니지 못한 존재들을 말한다.

8) 고영섭, 「생태문제와 인문학적 상상력」(공저), '불교의 생태관,' p. 151.

9) 불교에서는 생명의 부류를 12부류의 생(生)과 오온(五蘊)의 작용과 십이인연법(十二因緣法)에 의해 생명이 연속(相續)된다고 한다.
- 12部類의 生(능엄경. 금강경. 대장법수에 기록되어 있음)
  卵生, 胎生, 濕性, 火生, 有色, 無色, 有想, 無想, 非有色, 非無色, 非有想, 非無想으로 習性과 習業에 따라 본성이 혼미하여 응집력이 발하고 집착하는 관계로 생명이 존재한다.
- 五蘊, 여기서 '蘊'은 積聚=執着에 의해 쌓아 모아진 것을 뜻하여 중생은 오온인 물질계(色: 物質形色)와 정신계(受: 느낌・감수, 想:생각, 行: 의지작용, 識:의식), 즉 조료(照了)하여 분별한다.

지)・식(識, 인식)도 불성이라고 했다." 여기서 색은 몸과 모든 물체를 의미하는 것이며, '수・상・행・식(受・想・行・識)'은 모든 정신계(心法)를 대표한 것이므로 색법과 심법(心法)은 똑같이 불성을 지니고 있다는 말이다. 그러므로 존재하는 모든 것은 불성과 진여성을 지니고 있다. 그리하여 물체의 모습을 진여색(眞如色)이라 하고, 법성색(法性色)이라고도 한다. 즉, 마음은 곧 물질과 항상 함께 공존한다는 의미에서 "심즉색, 색즉심(心卽色, 色卽心)"이라고 표현하는 것이다. 그리고 마음 외에는 따로 법이 없다고 하고(心外無法), 존재하는 모든 것은 마음으로부터 떨어질 수 없다고 하는 것이다(一切不離識). 그러면서 물질은 물질대로 자성(自性)이 있으며 정신계는 정신계대로 특이한 자성이 있다고 한다.

환언하면, 물질계의 물체는 육안으로 직접 볼 수 있고 만지고 느낄 수 있는 물질의 세계(有見有對)와 육안으로는 볼 수도 접촉할 수도 없는 물질의 세계(無見無對) 등으로 인식의 가능성을 구별하여 설명하고 있다. 먼저 무견무대의 성질을 가지고 있으면서도 존재하는 모든 물체의 본질이 되고 있는 사대설(四大說)을 살펴보기로 한다.

4대(大)는 지대(地大, 堅性: 견고한 성질), 수대(水大, 濕性: 물 기운), 화대(火大, 煖性: 불 기운), 풍대(風大, 動性: 유동성)라고 한다. 여기서 '대(大)'라는 말은 우주에 있는 어떤 물질에든지, 이 네 가지 성질이 두루 존재한다는 '주편(周遍)'의 뜻이라는 점에서 붙어진 이름이다. 인간의 몸 또한 이 다섯 가지의 요소(五陰), 육신(色)과 정신계(受・想・行・識)로 구성되어 있다. 여기에 인간의 육신은 4대로 만들어진 것이다. 나의 몸을 해체해 보면 이러한 4대의 요소로 환원된다. 때문에 나(正報)라는 존재는 이미 자연(依報)의 세계를 구성하는 요소들의 화합으로 이루어져 있다는 것을 알 수 있다. 우리가 사는 세간은 정보와 의보가 삼투된 연기(緣起)의 세간이며, 유정과 무정이 어우러진 세간이며, 중생세간과 기세간의 상관하는 세간이다. 그리고 정신계(心法)는 식별의 능력(心識)과 진리를 올바로 수용할 수 있는 지혜력이 있으며, 선과 악을 발생하고, 또한 모든 것을 창조할 수 있는 무한한 가능성이 있다고 본다. 그런데 심법과 색법을 평등하게 인식하면서도 그 주체는 정신(心法)으로 본다. 왜냐하면 물질의 본질인 4대를 움직이는 것은 심식(心識)이 주체가 되고, 또 이에 의해 조성된 업력(業力)이기 때문이다.

이와같이 4대는 모든 물체의 본질로서 오인(五因)의 성질을 갖고 모든 물체를 출생시키고(生因), 의지하고(依因), 건립하고(立因), 양육시키며(養因), 파괴될 때까지 유지시키는(持因) 성능을 발휘한다. 이러한 성능을 발생하는 4대를 씨앗의 성능으로 보기 때문에 대종(大鍾)이라고 한다. 「대비사사론」에 의하면 4대가 존재하는 모든 물질을 능히 형성하는 본질이며, 원인이라는 뜻에서 능조(能造), 능작(能作) 등으로 표현하고 있다. 그리고 4대는 또한 각각 5업(業)이 있는 것이며, 이들 5업에 의해 물체를 견고하게 하고 습기와 윤기가 있게 하며, 열과 동력도 있게 하며 동시에 물체에게 '성・주・괴・공(成・住・壞・空)'[10]의 사상(四相)이 있게 하고, 또 인간에게는 육신이 '생・로・병・사(生・老・.病・死)'하고 마음이 '생・주・이・멸(生・住・異・滅)'하는 업력(業力)을 발휘하게 된다.

이와같이 4대의 성질은 본래 모습이 없는 것이며 형체가 생기기 이전의 근원으로서 물질을 집합하게 하고, 인연이 되면 다른 모습으로 변천하게 하는 기능을 발휘하고 파산하는 기능도 발휘한다. 이들 4대에 의거하여 형성된 물체를 '색(色)'이라고 하여 '색'은 여러 체성(體性)이 집합하여 형성되었기 때문에 변천하는 것이라고 「구사론(俱舍論)」에서는 말하고 있다. 그러므로 「반야심경(般若心經)」에서도 '색즉시공, 공즉시색(色卽是空, 空卽是色)'[11]이라 했으니, 즉 물질이 형성되어(色) 가는 과정을 말하는 것이며, 이는 인연 화합(因緣和合)의 연기(緣起) 과정에서 물체가 수없이 '성・주・괴・공(成・住・壞・空)'을 되풀이한다고 하더라도 그 본성은 변하지 않은 것이며, 그리고 질(質)과 양(量)도 더하거나 덜하는 증감(增減)이 전혀 없기 때문에 불중불감(不增不滅), 불생불멸(不生不滅), 질량불변(質量不變)이라고 볼 수 있다.

---

10) 우주(物體)가 '성・주・괴・공(成・住・壞・空)' 한다고 할 때 '성(成)'은 우주의 공간에 중생들의 업력(業力)에 의해 형상이 있는 존재가 만들어진다는 뜻이고 '주(住)'는 어떤 형상이 만들어지면 인연이 있는 중생들이 하나하나 옮겨와 머문다는 뜻으로 형상이 머무르는 동안에도 그 형상은 계속 변하지만 일정한 형상을 유지하면서 변한다. '괴(壞)'는 흩어지며 형상이 완전히 파괴된다. '공(空)'은 구름이 갑자기 사라지고 빈 공간이 남듯이 아무런 형상이 없는 상태로 돌아가는 것이다. 형상이 보이지 않는 것이지 없다는 뜻은 아니다. 물질의 본질인 4대가 인연을 만나게 되면 천체를 비롯하여 여러 물체를 형성하여 유지하는 것이며 물질계가 파멸되면, 그 동안 물질계를 유지해 왔던 4대는 육안으로 볼 수 없는 본질의 세계로 되돌아가게 된다. 그리하여 4대는 인연의 모임과 모습에서 벗어나 공성(空性)의 본질로 남아 있게 된다. 그러므로 물질계는 끊임없이 변화하게 되며 일정한 모양으로 나타났다가 모양이 없는 것으로 사라지는 것이다.

11) '색불이공, 공불이색(色不異空, 空不異色)'이라고 표현하는데 여기서 '색'은 물질을 가리키고, '공'은 식(識) 곧 정신을 가리키는 것이 되어 물질이 곧 정신이요, 정신이 곧 물질이 된다는 말이다. 그러므로 불교에서는 이것을 가리켜 '색심불일불이(色心不一不二)'라고 표현하는 것이다. 그리고 '일체유심조(一切唯心造)'라는 말은 바로 이에 해당하는 말이다.

이상과 같이 만물은 지·수·화·풍(地·水·火·風), 즉 4대의 능동적인 인연의 집합으로 말미암아 발생되는 것이라 볼 수 있다. 응집, 습기, 열기, 흐름의 연생은 마음의 작용에 의해 이루어지는 것이라고 볼 수 있다. 이러한 인과관계가 있는 것을 연기법설(緣起法說)이라고 한다.

제 2 절 불교의 주요 사상

1 연기법

연기법은 불교 이론의 초석이다. 왜냐하면 불교의 존재 인식의 문제, 즉 불교의 우주생성론과 본체론이 기본적으로 연기론에 집중되어 있기 때문이다. 불교는 자아의 세계를 연기적으로 인식한다. 불교에서 말하는 '연기(緣起)'에서 '연(緣)'은 결과가 생기(生起)할 때 의지하는 모든 조건이라는 뜻이고, '기(起)'는 생기라는 뜻이다. 연기는 '연'자에 중점을 두고 있고, '기' 자는 연의 한 기능을 표현하는 데 지나지 않는다. '연기'는 곧 모든 사물이 거기에 의지해서 일어나는 조건이라는 뜻이다. 즉 연(緣)이라는 타자를 통해 나를 규정하는 것이다. 그 어디에도 타자를 부정하는 단독자로서의 나는 존재하지 않는다. 연기론에서 대천세계, 삼라만상, 형형색색, 생멸(生滅)의 변화가 모두 인연화합(因緣和合)으로 생겨나지 않는 것이 없다고 여기는 것이다. 한마디로 연기론의 실제 내용은 사물 간의 인과관계에 대한 이론이다.

즉 이 세상에서 일어났고, 일어나고 있으며, 또 일어날 모든 일에는 다 까닭이 있다는 것이다. 그 어느 것도 우연은 없고 모든 것은 필연이다. 즉 직접적인 원인(주관적 역량)인 '인(因)'과 간접적인 원인(객관적인 조건)인 '연(緣)'이 합쳐져서 '과(果)'로 드러난다. 인과의 법칙에서 인은 과학에서 말하는 한 가지의 원인으로 생성되는 '일인일과(一因一果)'라고 보지 않고 존재하는 모든 것이 필연적으로 둘 이상의 원인, 즉 '다인다과(多因多果)'라고 보는 것이다. 선행하는 원인에 의한 창조와 생성이 과거, 현재, 미래(三世)의 시점에서 사슬처럼 유기적으로 계속된다. 이 사슬을 분리하면 열두 가지가 되는데, 이를 십이지인연(十二支因緣)[12]이라 한다.

이처럼 연기란 이 세상에 존재하는 모든 것들은 연관이 배제된 채, 고립된 단독자로서 존재할 수 없으며, 또한 변화를 부정한 고정 상태로서 존재할 수 없다는 것이다. 즉 연기의 시각에서는 모든 존재자들은 상호 의존하고 있기 때문에 '상호의존적 생성' 또는 '연기적 사슬구조'를 지니며 동시에 '끊임없는 변화 과정'으로 파악된다. 연기의 원리에 대해 붓다는 초기 설법(說法)에서 다음처럼 일반적인 공식으로 정형화했다. 「잡아함경(雜阿含經)」 권15의 내용은 다음과 같다.

> '이것'이 있으므로 '저것'이 있게 되고(此有故彼有)
> '이것'이 없으므로 '저것'이 없게 되고(此無故彼無)
> '이것'이 생기므로 '저것'이 생기게 되고(此生故彼生)
> '이것'이 사라지므로 '저것'이 사라진다(此滅故彼滅)

이것이 바로 상의상관의 관계성이요. 존재하는 모든 것은 절대적 자기 실체가 없다는 '제법무아(諸法無我)'의 진리이며 '모든 존재는 결코 항상적인 자기 동일성을 유지할 수 없다'는 '제행무상(諸行無常)'의 진리이다. 제법무아와 제행무상은 연기를 바라본 두 가지 측면이다. 불교의 연기적 세계관은 사물들의 상호의존적 연관성과 운동, 변화를 철저하고 일관되게 유지하며 이것을 삶의 문제를 해결하는 기본 토대

---

12) 十二支因緣 : 無明 → 過去二因

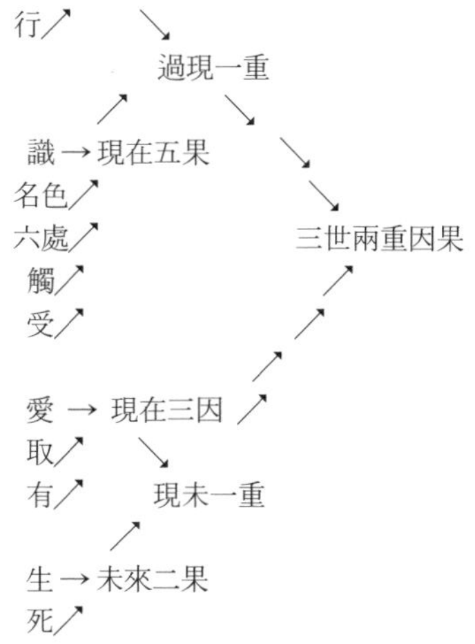

로 놓는다. 불교의 연기법은 물리, 생명, 정신 현상 전반을 관통하여 설명하고 있다. 연기법은 그 각각의 내적 현상은 물론이고, 그 전체를 모두 중중첩첩의 상호의존적 상보성(相補性)의 원리로 이해한다.

2 삼고와 사성제

고타마 싯다르타는 어느 날, 뙤약볕에서 땀 흘리며 일하는 농부를 보았고 일하는 농부의 고통스러워하는 모습과 그 농부의 채찍을 맞고 일하는 소를 보았다. 그리고 소가 가는 그 쟁기에 잘려나가는 벌레와 또 그 벌레를 새가 날아와서 쪼아 먹는 모습을 보고 큰 충격을 받았다. 또한 병든 사람과 죽은 사람을 장사지내려 가는 광경을 보고 죽음에 대해 깊은 고민에 빠졌다. 이 같은 고뇌로 시작하여 마침내 싯다르타는 왕궁을 버리고 출가[13]하여 보리수 밑에서 득도하여 깨달은 진리는 인간을 포함하여 모든 중생의 생명, 생존이 '고(苦)'[14]로 가득 차 있다고 보았다. '고'에 담고 있는 의미는 교리상으로 세 가지를 말하고 있다.

첫째, '고고성(苦苦性)'이라는 것이다. 이것은 직접 느끼는 괴로움으로 돌멩이에 맞았다든지 길거리에서 넘어졌다든지 할 때 우리에게 피부로 다가오는 직접적인 괴로움이다. 이 밖에 육체적으로 배고픔, 갈증, 추위, 더위 등의 핍박을 받아서 생겨나는 생리적인 고통들이다.

둘째, '괴고성(壞苦性)'인데 여기 괴(壞) 자는 무너질 괴로 이는 중생이 부귀했다가 빈천해지면서 느끼게 되는 고뇌를 비롯해서 존재하는 모든 존재자들이 변해 가고 죽어 가는 데서 느끼는 괴로움이다.

셋째, '행고성(行苦性)'이다. '행(行)'은 옮겨간다는 의미를 가진다. 사물의 변화가 무상하여 오래 머물지 않기 때문에 중생이 느끼는 고통이다. 이 '행고'는 3고 중에 가장 범위가 넓은 것으로 우주 만물, 즉 모든 창조되는 것, 또는 모든 조건지어지는 것, 연기되는 것이 괴롭다는 뜻이다. 부처님은 조건지어져 무상하게 변하는 만물 전

13) 붓다의 사문출유(四門出遊)의 동기는 생로병사(生老病死)였다고 한다 ① 동쪽 성문에서 늙음(老)을 보았고, ② 남쪽 성문에서 병(病)듦을, ③ 서쪽 성문에서 죽음(死)을, ④ 북쪽 성문에서 수행자를 보게 됨.
14) 불교에서 보통 '고(苦)'를 말할 때 2苦, 4苦(生老病死), 5苦, 8苦, 110종의 고(苦)에 이르기까지 이루 다 헤아릴 수 없는 많은 고가 있다.

체를 행고성의 세계라 하여 괴롭다는 것의 거룩한 진리를 인식하는 바로 그 순간에 열반(涅槃)[15]에 이른다고 설하신 바 있다.

이처럼 우주는 괴로움과 혼돈 상태인 것이다. 그렇다면 이 괴로움의 상태를 없애는 유일한 길은 부처님이 명시한 사성제(四聖諦, Catvāri-ārya- satyāni, Four Noble Truths)에 있다고 한다. 여기서 사성제의 네 개의 명제는 곧 '고(苦)'의 명제라고 하는 것이다. 「상응부경전(相應部經典)」이나 「잡아함경(雜阿含經)」은 다음과 같이 말하고 있다.

- 이것은 고(苦)이다(Idam dukkhan). 즉 모든 것이 괴롭다는 첫 번째의 진리를 깨닫고(苦諦),
- 이것은 고(苦)의 일어남이다(Ayam dukkha samudayo). 소유하고자 하는 욕망이 괴로움의 원인이 있음을 알고(集諦),
- 이것은 고(苦)의 멸진(滅盡)이다(Ayam dukkhanirodho). 탐냄과 성냄과 어리석음의 세 가지 번뇌를 끊어버렸을 때 괴로움이 없는 편안한 세계에 이를 수 있다는 것이고(滅諦),
- 이것은 고(苦)의 멸진에 이르는 길이다(Ayam dukkhanirodhagamini partipada). 즉 이와 같은 괴로움의 원인과 결과를 없이 하는 것을 스스로 알아서 행해야 한다는 것이고(道諦), 이 길이 열반으로 향하는 길이며, 참다운 생명 현상을 극대화시키는 길이 되는 것이다.

붓다는 먼저 무엇이 있음으로써 고(苦)가 있는가, 무엇이 일어남으로써 고가 일어나는가의 근본 요인으로 갈애(渴愛)를 들고 있다. 후에 붓다는 갈애 대신에 탐(貪)이라는 용어를 많이 사용하고 있는데, 이는 연소(燃燒)의 의미를 갖는다. 여기서 불의 연소의 비유는 인간의 불타는 듯한 격렬한 탐욕을 표현하고 있다. 결국 갈애와 탐욕은 동일한 의미를 갖고 있으므로 결과적으로 "모든 존재자들의 고(苦)는 탐욕 때문에 발생하는 것이다." 불교 교리에서는 결코 '욕망'을 버리라고는 말하지 않고 '탐욕'을 버리라고 말하고 있다. 붓다는 모든 존재자는 탐욕을 버림으로써 괴로움을 극복할 수 있고 마음을 다스릴 수 있어 진리를 깨달아 열반(Nirvana), 즉 해탈(Vimoksa)[16]

15) 열반이란 불교의 최고 이상으로서 번뇌의 불꽃이 꺼진 상태, 적멸(寂滅), 원적(圓寂)이라고도 함.

의 경지에 이를 수 있다고 본 것이다. 다시 말해서 불교에서 해탈은 '진리를 깨닫는 것'을 의미하는데, 이 진리는 우주는 혼돈의 상태이며 고(苦)의 상태임을 철저히 인식하고 고(苦)의 원인이 되는 허망한 탐욕과 나쁜 생각들을 마음에서 몰아냄으로써 열반에 이를 수 있다는 것이다. 결국, 열반적정(涅槃寂靜)의 도리를 깨닫기 위해서는 탐(貪: 탐욕), 진(嗔: 성냄), 치(痴: 어리석음), 삼독번뇌(三毒煩腦)라고 하는 세 가지 큰 번뇌를 멸함으로써 마침내 가능하다는 것이다.

3 업

어떤 직접적인 원인(因)에 의한 행위이든 간접적인 원인(緣)에 의한 행위이든, 이 행위는 반드시 어떤 결과를 가져오게 하는 원 동기가 되는 것이다. 그래서 '업(業)'이란 "인간이 행하는 일체의 모든 행위"[17]를 말한다. 마음에 잠재해 있는 잠재의식의 작용이나 상태도 업을 유발하는 동기가 되므로 모든 생명을 가진 유정물(有情物)은 과거와 현재의 의지작용에서 발생하는 움직임으로 말미암아 생기는 동작을 업보(業報)라고 하는 것이다.

또한 업(業, Karma: 行爲)이란 행위 이전의 잠재적 습기(潛在的 習氣)와 현재의 행위나 과거의 있었던 행위 더 나아가 미래의 행위까지도 포함한다. 업설(業說)에 대해서도 통속적 방편설(通俗的 方便說),[18] 숙작인설(宿作因說),[19] 업설무실(業說無實, 無因無緣說)[20] 등이 있지만 모두 부처님이 설한 업에 대한 잘못된 설이라 볼 수 있다.

업은 방편설도 아닌 삼세(三世: 前生, 今生, 來生)에 걸친 행위이며 숙명적 · 운명적도 아닌 인간의 자유 의지를 중시하는 현실 개척적 행위라 할 수 있다.

---

16) 번뇌의 속박을 벗어나 자유로운 진리의 경계에 이름.

17) 업도 인과의 원리 속에서 작용하므로 '업인업과(業因業果)'라고 할 수 있는데 모든 인간적 행위의 결과는 '일인일과(一因一果)'가 아니고 '다인다과(多因多果)'로 이루어지므로 하나의 선업(善業)이 과거에 있었다고 해서 반드시 선과(善果)가 하나의 결과로 생기(生起)된다고 볼 수 없다.

18) 세속을 통해 사람들을 선도하기 위해 쓰는 방편으로 생각하는 것(예: 권선징악).

19) 인간의 행위는 절대자(조물주)의 힘에 의해 숙명적 · 운명적으로 지어진 원인이기 때문에 어쩔 수 없다는 설, 즉 맹목적 인간관이라 할 수 있다.

20) 업(業)에서 모든 논리는 삶과 지혜에 무관하다는 견해이다. 즉 우리의 현재의 행위나 미래에 할 행위가 과거의 행위와 직 · 간접적으로 관계가 없이 이루어진다는 것이다.

여기서 행위는 육체와 정신으로 나눌 수 있는데 몸과 입을 통해 나타난 업은 육체적인 업이어서 신업(身業), 구업(口業)이라고 한다. 이에 대해 마음(意)으로, 마음속으로 이루어진 정신적 업은 의업(意業)이라고 한다. 그러나 이 신・구・의(身・口・意), 3업[21]은 마음(意)에 따라서 나타난 것이기 때문에 의를 제외한 몸과 입인 육체만의 행위는 업이라 하지 않는다. 업의 본질은 사(思: 心, 意, 識)라고 하는 이유도 이 때문이다.

불교 업설(業說)에 대한 이상의 주장처럼, 업은 타자인 자재천(自在天)이나 혹은 어떤 절대적 신에 의해 창조된 것이 아니고 자기 자신이 창조하고 자신이 그 책임을 지는 자업자득[22]이란 것이다. 그러나 이 경우 '자'는 존재론적으로 모든 요소의 복합체이고 마찬가지로 '타'에 대한 세속적인 언표이다. '자'는 존재론적으로 모든 요소의 복합체이고 마찬가지로 '타'도 또한 동일한 복합체이다. 그런 점에서 '자'도 '타'도 특별한 것이지만 책임을 지지 않으면 안 된다. 인륜적인 사회는 이와같이 '자'와 '타'가 혼재하여 있는 질서사회이기 때문에 윤리적이고 세속적 차원으로의 책임은 '자(自)'와 '타(他)'가 져야만 한다.

제 3 절 불교사상적 세계관에서 본 생태관

불교에서의 연기사상, 3고 사성제 사상, 업 사상 등은 생태문제를 이해하는 데 밀접한 연관이 있다. 왜냐하면 이들 사상은 생명사상과 깊은 관련을 맺고 있기 때문이다. 오늘날 환경론에서 환경문제는 곧 생명문제라 할 수 있다. 하지만 이들 사상을 어떻게 해서 실제적으로 나타나고 있는 현실 환경문제를 올바르게 인지하고, 나아가 문제 해결 대안을 제시할 수 있을 만한 새로운 세계관으로 재구성할 수 있는가의 문제는 결코 쉬운 작업이 아니다. 그뿐만 아니라 이들 사상이 내포하고 있는 본질적인

---

21) 인간 행위에는 인간삼업(人間三業)이 있다. 즉, 신업(身業), 구업(口業), 의업(意業)이다.
(1) 몸(身業): ① 殺生業(살인), ② 偸盜業(도적질), ③ 邪婬業(간음)
(2) 입(口業): ① 妄語業(거짓말), ② 兩舌業(이간질), ③ 惡口業(저주), ④ 綺語業(아첨)
(3) 생각(意業): ① 貪慾業(탐욕심), ② 嗔業(성냄), ③ 痴業(어리석음)

22) 세상사 모든 것은 자신으로 인해 나타난 것이고 결국은 자신이란 의식의 주인이 행하고 받는 것이란 뜻.

주장이 우주 자연을 이해하는 데 어떠한 연관성을 맺고 있는지, 이러한 연관성 안에서 환경문제를 명확히 밝히는 일은 더더욱 난해한 작업이며 또한 실천적인 삶으로 옮긴다는 일, 역시 어려운 부분으로 존재한다.

1 '연기사상'에서의 생태학적 이해

불교 교리의 가장 근본적인 교설이라 일컬어지는 연기사상을 불교의 우주·자연관과 관련하여 환경문제를 생각해 보기로 한다.

앞에서 설명한 바와 같이 모든 물질의 근원은 4대(地·水·火·風)이고 4대에 의해 물체가 형성된다. 이같이 4대는 물질의 근원으로서 물질을 집합케 하고 인연에 따라 능동적으로 모든 물체를 창조하고 유지시키는 성능을 발휘한다. 이같이 4대에 의해 창조된 모든 피조물은 기본 구성물이 동일하다는 의정불이론(依正不二論)[23]이 성립된다. 그리고 피조물인 모든 물체는 4대에 의거하여 수동적인 모습을 나타내고 형상이 유지된다는 것이다. 이러한 인과관계가 있는 것을 연기법이라고 한다. 불교의 모든 교리는 이 연기법을 바탕으로 한다. 연기법은 존재의 관계성을 설명하는 것으로 존재는 다른 존재와의 상호 관계성 속에서 성립되고 유지된다는 것이다.

이 교리를 인간과 환경의 관계에 대입해 보면 "이것(인간)이 존재하기 위해서는 저것(자연)이 존재해야 하고, 이것(자연)이 존재하지 않으면 저것(인간)도 존재할 수 없다는 것이다."

또한 연기법은 공존공생 조화의 원리이기도 하다. 공생을 위해 존재 간에 조화를 이루지 못할 때 존재는 유지될 수 없다는 것을 말한다. 따라서 연기적 시각에서는 이 세상에 존재하는 모든 것들은 연관이 배제된 채 고립된 단독자는 존재할 수 없으며(諸法無我), 상호의존하고 있기 때문에 '상호의존적 생성' 또는 '생태적 사슬구조'

23) 전생(前生)의 업에 따라 얻는 과보를 두 가지로 나누어, 물질·감각·생각·행동·인식의 오온이 화합하여 이루어진 우리의 몸을 직접적인 과보이므로 정보(正報)라 하고, 신체가 의지하여 사는 산·강·대지의 자연과 의복·음식·집·부모·가족·사회 등은 간접적인 과보이자 정보가 의지하는 것이므로 의보(依報)라 한다. 불교에서 이러한 연기의 세간을 의정이보(依正二報)로 표현한다. 모든 정보(正報: 인간)는 의보(依報: 자연)를 떠나서 살 수 없다. 즉, 인간의 몸을 구성하는 요소나 인간 주변의 모든 환경을 구성하는 요소는 동일하다는 것이다. 불교의 요소론에 의하면 인간과 환경의 기본 구성 요소는 흙(地)·물(水)·불(火)·바람(風)의 4대로 동일하다는 이론의 '의정불이론'이다.

를 지니며, 동시에 변화를 부정한 고정 상태로 존재할 수 없다는 것이다(諸行無常). 오직 타자의 존재 위에서만 존재하는 폭포수와 같은 의식의 흐름(阿賴耶識) 덩어리 일 뿐이다.

이 같은 연기적 세계관은 생물과 무생물, 인간과 자연을 막론하고 모든 존재에 통하는 보편적인 논리이며 물리, 생명, 정신현상 전반을 관통하여 설명하고 인간의 생명 문제를 해결하는 기본 토대로 놓는다. 이상의 연기법 시각에서 오늘날 환경 위기를 맞고 있는 생태학적 설명을 하는 데 논거가 될 만한 이유는 다음 몇 가지 점에서 찾아볼 수 있다.

첫째, 환경문제는 상호의존적인 세계, 연관성에 대한 부정 때문에 발생한다. 즉 존재하는 모든 것이 상호의존적으로 연관되어 있다는 것을 부정하고 이 연관성을 단절하고 해체하는 데서 환경문제가 비롯된다. 그 동안 인류는 문명을 발전시켜 오면서 자연과 공생할 수 있는 공동체 문명을 만들어 온 경우보다는 자연을 인간의 이기적인 욕구 추구의 객체로 전락시켜 온 점이 더 크다고 볼 수 있다. 이는 근본적으로 17세기 이후의 이성주의에 입각한 과학만능주의, 인간 중심주의, 기계론적 자연관에 뿌리를 두고 있다. 즉 사물과 현상을 이해하는 데 분석적이고 이원론적인 입장을 취함으로써 유기체적인 연기적 세계관을 부정하는 데서 자연환경의 파괴와 생태계의 위기를 맞게 된 것이다. 오직 인간의 이기적 욕구를 충족하기 위해 폭력적 개발행위와 살생을 일삼아 왔다. 이는 곧 연관성을 단절한 오로지 자신의 욕망 공간을 확장시켰을 뿐이다. 여기에는 상생(相生)이 아닌 공멸(共滅)만이 있을 뿐이다. 불교의 연기사상은 중생세간과 기세간, 정보와 의보, 유정과 무정 모두와 함께하고, 보살피고, 공생하는 상생의 생태학이라고 할 수 있다.

둘째, 모든 존재는 4대(地・水・火・風)의 연기적 관계성 안에서 창조되고 유지된다고 보았을 때 4대가 근본적으로 오염되지 않았을 때, 환경문제가 제기되지 않을 것이다. 그런데 인간 중심주의적 기계론적 세계관은 연기적 사상을 부정하고 제국주의적 정치 이데올로기와 결탁하면서 개발, 성장이라는 산업화의 미명 아래 자연환경을 과도하게 훼손하고 마름질함으로써 그 결과로 인해 발생한 산업 폐수 등 부산물에서 섞여 나온 독소가 물질의 근원을 이루는 4대, 즉 대기와 수질 및 토양오염을 유발시킴으로써 환경문제를 야기하고 있다. 이것 또한 불교의 연기법에 따른 의정불이론을 무시하고 마구잡이로 자연을 훼손한 인간의 이기적인 태도라고 볼 수 있다. 지수화풍 4대가 바로 나의 진실한 본체라는 것을 안다면 온갖 쓰레기와 폐기물을 마음대로 버리거나 처리하지 않을 것이며 그들을 돌보고 지키고 사랑할 수 있을 것이다.

셋째, 연기사상과 관련하여 자비의 생태학을 불교에서 잘 말해 주고 있다. 불교의 자비심은 인간 중심적인 것이 아니고, 다른 생명을 살리기 위해서는 자기의 생명까지도 희생하는 이타적인 것이다. 「범망보살계경(梵網菩薩戒經)」에서 보살은 마땅히 언제나 '섬기고 따르는 마음(孝順心)'과 '함께 기뻐해 주고 슬퍼해 주는 마음(慈悲心)'을 일으켜 방편으로 일체 중생을 구호한다고 설하고 있다.[24]

유마힐(維摩詰) 거사의 사자후는 중생에 대한 좀 더 근원적이고 우주적인 자비심으로까지 확장된다. 유마거사가 중생의 병을 치유하기 위해 꾀병을 내고 자리에 눕자 붓다는 여러 제자들을 문병하게 하는 장면이 나온다. 유마힐의 언표는 "기세간이 아프므로 내가 아프다", "중생세간이 아프므로 내가 아프다"는 것이다. 여기에서 중생의 병이 다 나아야 비로소 보살의 병이 다 낫는다는 것은 불교의 중생 이해가 연기와 자비의 관점에 서 있음을 극명하게 보여 주는 것이다. 보살의 병은 바로 중생에 대한 대자비심에서 비롯되었기 때문이다.

「법구비유경(法句譬喩經)」에서는 "사람들은 이 세상에서 확실하게 '내 것'이라고 할 수 있는 것은 아무것도 없음을 명심해야 한다. 누군가에게 가게 되어 있는 것이 자기와 인연이 맞아서 자기에게 오는 것이므로 일시적으로 잘 보관하되, 제멋대로 낭비하거나 무가치하게 쓰면 안 된다"라고 말한다. 이러한 사유는 연기적 사유, 즉 무아적 사유에 입각한 언설이다.

「법구경(法句經)」에서는 "꽃의 아름다움과 색깔, 그리고 향기를 전혀 해치지 않은 채 그 꽃가루만을 따 가는 저 벌처럼 그렇게 잠깬 이는 이 세상을 살아가야 한다."[25] 꿀벌은 꽃의 아름다움이나 향기를 다치는 일이 없이 살아간다. 인간 역시 자연을 활용할 때 자연의 풍요로움이나 아름다움을 깨뜨려서는 안 되며, 자연 스스로가 본연의 모습을 회복할 수 있는 자생력과 활력소를 빼앗지 않는 범위 안에서 살아가야 한다는 것이다. 이 말이 의미하는 것은 연기와 자비의 관점에서 생태를 이해하고 그러한 삶을 살아가야만 우리 스스로를 유지할 수 있다는 것이다.[26]

---

24) 「梵網經盧舍那佛說菩薩心地戒品第十」권 下 '大正藏' 제22책, 1004쪽 중 "菩薩應起常住慈悲心孝順心, 方便救護一切衆生."

25) 「法句經」 제4장 35절.

26) 고영섭, 앞의 책, pp. 153-159.

이 밖에도 붓다는 「사분율(四分律)」에서 연기적 시각에서 생명의 존중함과 자비의 생태학을 잘 설명해 주고 있다. 이상에서 살펴보았듯이 불교 교리의 입장에서 보면 현재 인류가 당면하게 된 환경문제는 바로 연기법에 위배되는 인간들의 사고와 생활 방식에 의해 초래된 것이라고 할 수 있다.

2 '3고와 사성제사상'에서의 생태학적 이해

불교 교리에 따르면 우주 안에 존재하는 모든 것은 '고(苦)'로 가득 차 있다고 본다. 붓다는 조건지어져[27] 무상(無常)하게 변하는 만물 전체를 '행고성(行苦性)'의 세계라 하며 괴롭다는 것의 거룩한 진리를 깨닫는(現覺) 바로 그 순간에 열반에 이른다고 설하신 바 있다.

불교에서 '부처님'이란 진리를 깨달은 사람을 일컫는 존칭으로서, 결코 신이 아니고 천지 만물의 창조자도 아니고 최고의 유일한 존재자도 아니고 절대적 존재도 아니다. 누구든지 깨달음을 얻으면 부처가 될 수 있으므로 부처는 고유명사가 아니라 보통명사이다. 따라서 누구나 괴롭다는 것의 거룩한 진리를 깨닫는다는 것은 이 세상에 존재하는 모든 것들은 늘 고정되어 있지 않고 끊임없이 움직이며 변한다는 사실을 안다는 것이다(諸行無常).

그런데 인간은 어리석게도 이 찰나멸(刹那滅, ksanavada)을 무한적으로 소유하려는[28] 데에서 모든 괴로움과 불행이 싹튼다는 것을 망각하고 산다. 또한 괴로움은 모든 존재자가 중중무진연기(重重無盡緣起)[29] 속에서 존재하게 된다는 생태계의 원리를 깨닫지 못하는 데서 생기는 것이다(諸法無我). 즉 인간은 물질이든, 명예든, 권력이든 소유를 더 많이 독점·확대함으로써 만족을 느끼고 인간이든, 자연이든 다른

---

27) 여기서 '조건지어진다'는 의미는 우주 안에 존재하는 중생은 단독으로 만들어진 것이 없으며 어떤 상관관계 속에서 여러 가지 다양한 조건들이 합쳐져서 이루어진다는 뜻이다. 즉 우주 안에 있는 뭇 생명은 따로 분리되어 개체별로 살아갈 수 있는 것이 아니라, 한 고리로 이어져서 끊임없이 원형을 이루고 있는 중생 공동체(생명 공동체)로 살아간다는 것이다. 동물과 식물과 물과 흙과 바람과 돌과 햇빛이 함께 어울어져 살아가게끔 조건지어져 있다는 것이다.

28) 열역학 제2법칙에 의하면 엔트로피의 증가를 가져와 결국 물질의 혼란 도를 증가시키는 방향으로 발전하여 환경문제를 해결한다고 보기보다는 유발하는 요인이 될 수 있다.

29) 모든 것이 모든 것과 중중첩첩(重重疊疊)이 연관 구조를 지니고 있다는 것.

존재를 더 많이 지배·정복함으로써 자유를 얻고 이러한 소유와 지배의 무한 확대를 통해 최대 행복이 보장되리라고 믿고 있다.[30]

그러나 이러한 소유와 지배의 확대는 연기사상을 부정·파괴하는 것으로써 곧 바로 인간 자신의 고통과 괴로움을 야기시킨다. 오늘날 산업사회의 우리들은 온갖 소유의 탐욕 때문에 고해(苦海)에 빠져서 고통스러워하고 있다. 이 괴로움을 벗어나기 위해서는 우리는 '행고성(行苦性)'의 세계를 철저히 이해하고 이에 맞는 삶을 살아야 한다.

불교의 이와 같은 사상이 인류가 현재 당면하고 있는 환경 위기를 극복 할 수 있는 하나의 혜안(慧眼)을 제시해 주고 있다. 환경문제는 인간이 탐욕을 가지고 인류문화를 형성하기 시작하던 때부터 존재해 온 것이다. 그러나 환경문제가 '지구의 위기'로 인식되는 데까지는 현대 산업문명에 기인하고 있다. 왜냐하면 이 현대 산업문명이 인간의 물질에 대한 욕망을 극대화하고자 하는 데 기초를 두고 있기 때문이다. 지금까지 산업사회의 성장과 발전은 궁극적으로 인간 욕구를 무한 확대하는 물질의 대량 생산과 대량 소비를 늘여가는 것을 의미한다. 그래서 산업사회에서는 인간의 욕망을 최대한으로 충동질하고 부추긴다. 따라서 욕망의 대상인 물질이 삶의 최고 가치로 받아들여지고 그것을 생산하고 소유하고 소비하기 위해 모든 자본의 수단과 방법이 동원되는 것이다.

그런데 현실적으로는 한정된 지구 자원으로서 생산과 소비를 무한대로 확대해 나갈 수 없다. 그것은 지구 자원의 고갈과 환경 파괴를 반드시 수반하기 때문이다. 오늘날 환경문제는 유한자원을 무시하고, 무한 성장을 추구하는 산업문명 사회구조의 모순에서 비롯된다. 이는 원래 소유할 수 없는 것에 대해 소유하는 반자연, 즉 자연을 객관화하여 인간 자신의 이기적인 욕구 충족을 위한 대상물로 파악했다는 점이다. 그래서 불교에서는 자연을 즉자적, 대자적, 주관적, 객관적, 소유적 파악을 중지하고 "모든 존재자는 괴롭다"는 우주의 연기론적 진리를 철저히 깨달았을 때 인간의 탐욕은 사라지고 환경문제를 총체적으로 파악할 수 있다는 것이다.

주지하다시피 현실적으로 많은 환경문제는 산업자본주의의 제도적이고 구조적인 문제이므로 이를 바꾸기 위해 인류가 선택해야 할 유일한 방법은 괴로움의 시작인 인간의 탐욕을 버리고 소유의 확대가 아니라 욕망의 절제, 정신적 수양의 확대, 근본

---

30) 행복도= 소유/욕구=色/心

을 바라보는 생태적 각성이 있지 않으면 안 된다는 결론에 도달한다. 결론적으로 불교사상적 관점에서 이 같은 선택은 탐, 진, 치(貪, 嗔, 癡)의 삼독번뇌(三毒煩惱)31)를 없애고 사성제를 정확히 인식하는 길이 환경문제를 해결하는 데 바람직한 선택이라고 볼 수 있다.

3 '업' 사상에서의 생태학적 이해

업(業)이란 인간이 행하는 일체의 행위를 말한다. 이 행위는 인간의 자유 의지를 중시하는 현실 개척적인 행위라 할 수 있다. 따라서 업은 타자의 자재천(自在天)이나 혹은 어떤 절대적 신에 의해 창조된 것이 아니고 자기 자신이 창조하고 자신이 책임지는 자업자득이란 것이다. 즉 자신이 행위하고 그 결과를 자신이 받는다는 것이다. 이같이 업 사상에서 볼 때, 인류의 운명도 그리고 우리가 몸담고 있는 지구생태계의 운명도 결국 인간들이 행하는 행위, 즉 업에 의해 좌우된다는 것이다.

오늘날 지구 환경위기는 인간들이 자신의 탐욕에 이끌려 자연을 마구잡이로 마름질하고 난도질한 행위의 결과로서 그것은 인간 자신들 이외에는 누구도 해결해 줄 수 없다. 현재 인간이 받고 있는 환경오염에 따른 고통도 과거에 자신들이 자연에 대해 행위했던 악업(惡業)의 산물이라고 할 수 있다. 역시 현재 인간이 짓고 있는 자연환경 파괴 또한 미래에 인간이 받지 않으면 안 되는 업보라 할 수 있다. 업은 운명적·숙명적으로 이루어지는 것이 아닌 필연에 의해 지어지므로 우리들이 행위한대로 우리가 노력한 만큼의 결과를 가져오기 때문에 인과응보의 법칙이라 한다.

결국 불교의 업 사상적 시각에서 환경문제를 볼 때, 연기적 우주자연관의 사상적 테두리 안에서 구체적인 행위 규범으로서의 중요성이 있다고 볼 수 있다.

---

31) '탐(貪)'이란 대상에 대한 소유를 독점하고 확대하려는 작용이다. 이 탐욕은 소유의 독점과 확대를 가속화시킬 뿐만 아니라 인간의 소유 욕구를 확대 재생산해 낸다. '진(嗔)'이란 대상을 좀 더 철저히 지배하고 이 지배를 확대하려는 작용이다. 이 진심은 지배의 확대를 가속화시킬 뿐만 아니라 인간의 지배 욕구를 재생산해 낸다. '치(痴)'란 이렇게 대상을 더 많이 소유함으로써 자신의 삶의 질이 높아지고 대상을 더 많이 지배함으로써 자신의 자유가 보장될 수 있으며 그것을 통해 자신의 행복지수가 높아진다는 환상을 말한다.

제 4 절 맺는 말

이 장에서 불교의 호한(浩汗)하고 방대한 사상 세계를 환경문제와 관련하여 재조명하면서 본인의 지적 한계로 충분한 설명을 하는 데 어려움은 있었지만 불교의 기본적인 사상인 연기사상, 3고와 사성제 사상, 업 사상 등은 오늘날 환경문제를 풀어가는 데 적잖은 혜안을 열어 주었다고 본다. 앞에서 밝혔지만 불교사상적 관점에서 볼 때 환경문제의 본질은 인간의 지나친 탐욕으로부터 자연에 대한 무한정 지배·착취로 생긴 산물이라는 점이다. 불교의 연기론은 이러한 환경의 문제는 바로 인간과 자연의 상호의존적인 관계성을 인간 스스로 부정하고, 단절하고, 해체하는 데서 비롯되었다고 역설하고 있다. 따라서 앞으로 인류가 당면한 지구환경 위기를 슬기롭게 극복하고 공존공생하기 위해서는 인류는 인간과 자연에 대한 연기적 인식을 갖고 자연에 대한 인간의 오만한 이기적 신념과 기계론적 세계관의 과신 및 탐욕적인 태도를 지양하고, 지속 가능한 생산·소비구조, 산업구조, 정치·행정·사회 제도, 과학정보 기술로 방향 전환을 해야만 될 것이다. 이 같은 방향 전환을 위해 '행고성(行苦性)'의 세계를 철저히 이해하고 괴로움의 시작인 탐욕의 불을 끄고 소유의 확대가 아니라 절제, 정신적 수양의 확대를 통한 자비, 근본을 바라보는 생태적 각성이 선행되어야 할 것이다.

제 15 장

환경문제와 유가 사상

이 장은 유가 철학사상이 오늘날 생태 위기 극복의 본질적 접근을 하는 데 사상적 자원으로 도움이 된다고 보고 유가사상(儒家思想)에 나타난 생태적 윤리를 발굴하여 오늘의 환경문제와 결부시켜 재조명하고자 한다. 물론 동양의 유가사상이 천지와 인간의 관계에 대해 사색한 상황은 지구 환경위기를 맞은 시대에 사는 우리들이 자연과 인간의 관계에 대해 묻고 있는 상황과는 다르다. 그러나 그 상황이 어떠하든지, 지구 환경위기에 살고 있는 인류는 인간이 자연에 대한 관계성뿐만 아니라 인간 자신의 존재를 자연 안에서 어떻게 내재화하고 행동화할 수 있을까 이에 대한 구체적인 대답이 요구된다. 이를 좀 더 구체적으로 고찰하기 위해 공맹(孔・孟)사상과 순자(荀子)사상, 전국 시대(戰國時代)의 「역전(易傳)」, 송대(宋代)의 주자철학(朱子哲學)을 중심으로 살펴보도록 한다.

제 1 절 유가사상에 나타난 생태윤리

동양에서의 자연과 인간에 대한 관점을 인도 철학과 중국 철학으로 대별할 수 있는데, 중국 철학을 크게 보아 노장(老莊)의 도가(道家), 묵가(墨家) 그리고 유가(儒家)의 세 가지 견해로 구분할 수 있다. 이는 중국 문화사의 3대 유파로 모두 '역(易)'을 근거로 삼고 있다. 여기서 우주자연관을 논의할 때 철학자들은 각자의 강조점과 지향점에 따라서 그들의 사상 논지를 조금씩 달리하고 있다. 특히 전통 유가사상은 두 가지 경향으로 나타나는데 도가적(道家的) 입장에 가까운 맹자의 일파와 인위를 강조하는 묵가의 입장에 가까운 순자의 일파가 있다. 따라서 유가의 생태사상은 총체적으로 볼 때 춘추 전국 시대의 공·맹자와 순자, 당시의 도가사상을 수용한 것으로 보이는 「역전(易傳)」, 송대(宋代)의 주자철학에서 찾아볼 수 있다.

1 만물을 범애하는 도덕적 정감

유가의 '인(仁)'은 일종의 만물을 널리 사랑하는 도덕적 정감(情感)이다. 여기서 만물은 아마 오늘날의 '자연환경'을 의미할 것이다. 좀 더 구체적으로 표현하면 천지 안에 존재하는 일체의 것을 통틀어서 만물이라고 한다. 그리고 만물을 총괄하여 천지라고 한다. 유가의 '천지'와 '만물'에 대한 논의는 도가에서 빈번히 나타나는 것과는 달리 전국 시대 이후에 와서야 유가 철학계의 쟁점이 되었다고 할 수 있다. 이는 초창기 유가철학의 시발로 보이는 공자(孔子)는 자연세계에 대해 천지만물이라는 용어를 구체적으로 언급하지 않았던 것을 보면 인간 사회만큼 관심이 덜했으리라고 볼 수 있다. 다만 공자가 후에 자연세계를 의미하게 된 '천(天)'이라는 용어는 인간 사회에서 요청되는 인격적 주재자의 요소로 사회 윤리적 가치의 준거 틀로서 활용되었다. 반면 공자와는 달리 「맹자(孟子)」, 「순자(荀子)」, 「역전(易傳)」, 「예기(禮記)」에서는 '천지'와 '만물'에 대한 논의가 활발하게 논의되었다.

맹자는 만물에 대한 사랑하는 마음의 표현으로 가장 가까운 가정으로부터 사회로, 다시 사회에서 자연 만물에 확장해야 한다고 분명히 주장함으로써 인애(仁愛)에 생태윤리의 의미까지 부여했음을 알 수 있다. 즉 "친족을 사랑함으로부터 백성을 사랑하고 백성을 사랑함으로부터 만물을 사랑할 것이다."[1] 이 사상은 그가 든 '샘'의 비유에서도 잘 나타나고 있다. "근원이 풍부한 샘에서 나오는 물은 흐르고 흘러 쉬지 않는다. 산하 대지(山河大地)를 가득 채우면 다시 흘러가서 사해에 이른다. 근본이 있음이 이와 같다."[2] 이는 마치 친족에 대한 사랑이 흘러넘쳐 이웃과 사회, 나아가

1) 「孟子」, <盡心> 上, "親親而仁民 仁民而愛物."
2) 위의 책, <離婁> 下, "源泉混混 不舍晝夜盈科而後進 放乎四海 有本者如是."

만물에 대한 사랑으로 확대되는 것을 비유한 것이다.

맹자는 또 "군자는 금수에 대해서는 그것들이 살아 있는 것을 보고서는 그것들이 죽어가는 모습을 차마 보지 못하며 애끊는 소리를 듣고는 그 고기를 차마 먹지 못하나니 그렇기 때문에 군자는 푸줏간을 멀리한다"[3]고 했다. 이는 인간은 모든 생명 있는 생물을 사랑해야 하며 동물에 대해서도 사랑의 마음을 가져야 한다. 인간은 먼저 생명의 고귀함을 반성하는 데서부터 도덕을 이해해야 한다. 생명의 귀중함을 외면하고 경시한 데서는 진정한 인간의 정신적 가치나 역사적 의미는 설정될 수 없다고 본다. 물론 오늘날 인간들이 생활해 나가는 데는 동물의 단백질과 지방을 먹지 않을 수 없지만 동물의 죽음에 아무런 반응도 없어서는 안 된다. 즉 인간의 '욕정 도구(欲情道具)'로써 진귀한 동물을 잡아먹거나 인간 치장의 도구로써 코끼리를 남획하여 코끼리의 상아로 주사위, 도장, 염주알, 피아노 건반 등 여러 용도로 사용한다는 것은 생명의 존귀함을 경시하는 태도임에 틀림없다. 만물을 범애(汎愛)하는 것은 '천인일체(天人一體)'의 철학이 필연적으로 일으킬 수 있는 도덕적 정감이며 양심 있는 사람이 마땅히 갖추어야 할 소질이다. 왕수인(王守仁)은 '천지만물일체(天地萬物一體)'의 인(仁)을 다음과 같이 말했다.[4]

> "그러므로 어린아이가 우물에 빠진 것을 보고 놀라거나 측은한 마음을 가지게 되는 것은 그 인(仁)이 아이와 일체가 되기 때문이다. 어린아이는 동류이기 때문이다. 조수(鳥獸)가 구슬피 울거나 무서워 떠는 것을 보면 가엾은 마음을 금할 수 없는 것은 그 인(仁)이 조수와 일체가 되기 때문이다. 조수도 마치 지각을 지니고 있는 것 같다. 초목이 부러진 것을 보고 측은한 마음을 금할 수 없는 것은 그 인(仁)이 초목과 일체가 되기 때문이다. 초목도 마치 생의(生意)를 지니고 있는 것 같다. 기와와 돌이 부서진 것을 보고 아까워하는 마음은 그 인(仁)이 기와와 돌이 일체가 되었기 때문이다."

이같이 인간의 마음에는 만물의 일체인 인(仁)이 있기 때문에 만물을 박애하는 정(情)이 있고, 생명 파괴에 대한 고통이 있다고 볼 수 있다. 따라서 인간은 인간 외에도 무릇 생명 있는 동·식물이나 비생물 등 모든 자연물을 사랑하고 돌보아야 할 책

---

3) 위의 책, <梁惠王> 上, "君子之於禽獸也 見其生, 不忍見其死 聞其聲, 不忍食其肉 是以 君子遠庖廚也."
4) 王守仁, 「大學問」.

임이 있다. 이것은 인간 도덕성과 정조(情操)에 관계되는 문제이며 인성에 대한 개량과 관계되는 문제이다.[5]

물론 생물들 간에는 생태계의 먹이사슬(food chain)에 따라 어떤 법칙성을 지닌 생존경쟁이 존재한다. 따라서 인류의 생활에 해악을 가져다 주는 것들도 있다. 그러므로 범애에 한정성이 있다는 것은 하나의 상식 문제이다. 다만 현재 인류가 직면한 환경 위기는 인간이 자연물에 대한 무자비한 지배・착취로 초래한 생태계의 황폐화에 있다고 볼 수 있다.

「예기(禮記)」에서도 "땅은 만물을 싣고 하늘은 만상을 드리우며 재(材)는 땅에서 얻고 법(法)은 하늘에서 얻는다. 이 때문에 하늘을 존경하고 땅을 사랑해야 한다. 그러므로 백성을 가르쳐 잘 보답해야 한다"[6]고 했다. 이처럼 우리가 분명히 알아야 할 것은 인류는 오직 만물이 더불어 번영하는 세계에서만이 건강하고도 행복하게 생존하고 발전할 수 있다는 것이다. 조수, 초목, 기와. 돌과 땅을 사랑하는 것이야말로 진정 인류 자신을 사랑하는 것이다.

2 유기체적 만물관

유학은 우주를 대가정으로 '천인일체'의 우주론을 펼친다. 맹자는 "만물의 이치는 나에게 갖추어져 있다. 자신의 몸을 돌이켜보아 성실하면, 즐거움이 그보다 클 데가 없다. 위아래 하늘과 땅으로 더불어 함께 흐른다."[7] 즉 만물과 사람은 한 몸뚱이의 유기적 구성 부분으로 서로 통하고 서로 의뢰하고 서로 밀접히 연관되어 있어서 하나가 번영하면 모두가 다 같이 번영하고 하나가 손실되면 모두가 다 같이 손실된다. 그런데 우리 인간은 사사로운 욕망 때문에 자신을 만물과 일체임을 인식하지 못하고 만물을 타자화 하여 이미 나에게 갖추어져 있음에도 불구하고 자꾸만 그것을 다시 나의 소유로 만들고자 하는데서 생태적 공존공영이 파괴된다. 만일 우리가 사사로운 탐욕을 멸하고 나면 나와 만물이 본래 일체임을 인식할 수 있고 또 그같이 느

5) 牟種鑒(1994, 中央民族大교수), "儒學과 生態環境," 「공자사상과 21세기」, 동아일보사, 韓・中 국제학술회의의 논문집, pp, 331-32.
6) 「禮記」, <郊特牲>, "地載萬物 天垂象 取材于地 取法于天 是以尊天而親地也 故教民美報焉."
7) 「孟子」, <盡心> 上, "萬物皆備於我矣 反身而誠 樂莫大焉."

낄 수 있다. 이를 맹자는 "만물의 이치는 나에게 갖추어져 있다"라는 단서로 "몸을 돌이켜보아 성실하면"이라고 말했다. 탐욕을 제거하고 내가 만물과 일체라는 것을 분명히 인식하게 되면 나는 전혀 부족함을 느끼지 않을뿐더러 나는 아주 즐겁고 나의 존재는 천지(만물)와 함께 공존할 수 있다는 것이다.

「중용(中庸)」에서는 "中也者 天下之大本也, 和也者 天下之達道, 致中和 天地位焉 萬物育焉"이라고 하는데 주희(朱熹)의 해석에 의하면 '중(中)'은 천하의 대본이고, '화(和)'는 천하의 달도(達道)인 것이다. '치중화(致中和)'는 인심(人心)이 '중' 과 '화' 에 이르게 하면 천지가 자리 잡히며 만물이 길러지는 것이다. 즉 "천지만물은 본래 나와 동체인즉 나의 마음이 바르면 천지의 마음도 바르며 나의 기가 순하면 천지의 기도 순하다"고 했다.[8]

또한 만물에 대한 유기체적 사유의 유가적 단서를 찾으려면 무엇보다도 주역과 이의 철학적 깊이의 심화에 따른 「역전(易傳)」[9]에서 엿볼 수 있다. 주역을 크게 본다면 '천지론(天地論)'과 '만물론(萬物論)'으로 나눌 수 있는데 일반적으로 자연이란 개념은 문자 그대로 '스스로 그러한'이라는 의미로서 그 자체가 스스로의 존재와 원인을 자체 안에 가지고 있으므로 '대상으로서의 자연'이라기보다는 '근원으로서의 자연' 즉 자연은 인간을 포함한 만물로서 존재하는 모든 것을 생성시키고 변화시키는

---

8) 「中庸」, <首章: 道와 中庸>. 이 글에서의 천지와 만물에는 인간도 포함된다.

9) 주역의 구성은 「역경(易經)」과 「역전(易傳)」이 있다. 역경은 주나라의 문왕과 주공이 지은 64괘의 괘사와 효사를 의미하고 이를 본경(本經)이라고 한다. 역전은 공자가 지은 주역의 이해를 돕기 위해 주역해설서(10편의 해설서)로 십익(十翼)이라고도 한다. 따라서 「역전」은 춘추전국 시대 후반 「역경」을 매개로 하여 전대(前代)의 도가(道家)의 자연철학과 유가(儒家)의 인위철학이 만나서 산출된 문헌적 업적을 말한다. 물론 유가집단의 주도로 철학적 체계가 형성되었지만 노장의 요소가 많이 깃들어 있음을 볼 수 있다. 여기서 '경(經)'에 대한 해석은 '전(傳)'이라고 하는데 이 '전'은 열개의 논문(十翼)으로 되어 있으므로 역경철학(易經哲學)의 보편화 작업은 역전이라 일컬어지는 십익을 바탕으로 이루어졌다고 말할 수 있다. 역전은 우주의 전체대용(全體大用)을 태극(太極)이라는 개념을 통섭하고, 그렇게 통섭된 여러 성질들을 음과 양이라는 서로 상반된 두 개의 범주(二氣)로 압축시켰으며, 그 후의 모든 운동 변화는 이 음양이기(陰陽二氣)의 교체소장(交替消長)으로 보았다. 그리고 교체소장의 진행 과정을 사상(四象: 춘하추동)으로 나누고 그것을 하나의 순환이 끝나는 고리로 파악했다. 그 순환의 작은 고리가 해와 달 그리고 계절이다. 그러한 고리들이 이어져 한 해(年)가 이루어진다. 이 과정에서 낮과 밤, 어둠과 밝음이 교체되고 또 그에 따라 추위와 더위, 따뜻함과 서늘함 등등 기후의 변화가 일어나 사계절의 질서를 성립시킨다. 또한 역전은 우주를 구성하는 만유를 천, 지, 수, 화, 뇌, 산, 풍, 택(天, 地, 水, 火, 雷, 山, 風, 澤)이라는 여덟 가지 대상(大象)으로 분류하고(8卦), 이 기본 8괘를 전개시켜 만물의 생성 과정과 상호관계를 규정하고 있다. 이들 상호관계에 따라 변화가 생기고, 변화로 인해 만물이 이루어지므로 이 여덟 가지 물상은 고립적인 존재가 아니라 천지(天地), 뇌풍(雷風), 수화(水火), 산택(山澤)이 서로 밀접한 관계를 가지고 있다.

근원으로 보는 입장이다. 그러므로 주역의 관점에서 본다면 자연은 '천지만물'이 될 것이다. 즉 "천지가 있은 연후에 만물이 난다. 천지간에 차 있는 것은 만물이다."[10] 여기서 천지는 능산적 자연이고 만물은 소산적 자연이다. 즉 천지는 만물을 낳고 기르는 생육자(生育者)이며, 만물은 두 가지 요소를 동시에 지니고 있는 천지로부터 나누어 받아서 이루어진 것이다.

「계사전(繫辭傳)」에서 "천지의 큰 힘은 생(生)이다"[11]라고 했고 "생의 부단한 계승을 역(易)"[12]의 핵심으로 본다. 즉 만물의 생명이 천지에 의해 유지되고 끊임없이 새롭게 됨을 의미한다. 또한 계사(繫辭)에서 "정기가 물이 된다(精氣爲物)"고 했는데 이 또한 물은 '정기(精氣)'로써 이루어진 것이다. 「역전」에서 이 기는 천지 안에 존재하는 모든 자연물과 인간에 내재되었으며 특히 정기는 생명활동 내지 지적인 활동의 원천으로 이해된다. 그러므로 '정기위물(精氣爲物)'에서 물은 생명적 존재이며 물의 각 개체들은 개체성을 보유하면서도 기를 공통 기반으로 하여 존재하고 활동한다. 「주역(周易)」에서 물은 팔괘(八卦)로 표상된다. 이 기본 팔괘(天, 地, 水, 火, 雷, 山, 風, 澤)를 전개시켜 만물의 생성 과정과 상호관계를 규정한다. 즉 각 물(物)의 개체들이 독립적으로 존재하는 것이 아니라 항시 다른 개체들과 상호 유기성을 갖고 생성하고 존재한다. 「주역」에서는 다음과 같이 말하고 있다.

> "천지의 위치가 정해지고 산과 못이 서로 기를 통하고, 우레와 바람이 서로 접하고, 물과 불이 서로 꺼지지 않는다."[13]
>
> "물과 불이 서로 건져 주고, 우레와 바람이 서로 충돌하지 아니하고, 산과 못이 기운을 통한 연후에 만물을 변화할 수 있어 만물을 성취할 수 있는 것이다."[14]

또한 「계사전」에서는 자연에서 인간에 이르는 통일적인 유기체적 체계가 완성되는 모습을 역력하게 드러내고 있음을 볼 수 있다. 이 글에서의 일음일양(一陰一陽)은 '천지', '만물'의 두 개의 기본 양식을 가리키며, 이 두 양식의 규율・성정・변화・활

---

10) 「周易傳義大全」<序卦傳>, "有天地然後 萬物生焉, 盈天地之間者 唯萬物."
11) 위의 책, <繫辭傳> 下, "天地之大德曰生."
12) 위의 책, <繫辭傳> 上, "生生之謂易."
13) 위의 책, <說卦傳>, "天地定位 山澤通氣, 雷風相薄 水火不相射."
14) 위의 책, <說卦傳>, "故水火相逮 雷風不相悖, 山澤通氣然後 能變化 旣成萬物也."

동으로 우주 창생의 대원칙이 형성되며 인간과 만물을 일관하여 그 본성이 되었다.

> "한번 음(陰)하면 한번은 양(陽)한다. 이것을 천지자연의 도(道)라고 한다. 이것을 계승한 것은 선(善)이요. 이것을 형성하는 것은 사람의 본성이다. 인자(仁者)는 이것을 보고 인(仁)이라 하고, 지자(智者)는 이것을 지혜라 하나, 백성들은 날마다 이 도(道)에 의지하여 살아가면서도 이를 잘 깨닫지 못한다. 그래서 군자의 도리를 행하는 사람이 드물다. 이 도는 인(仁)에서 드러나고 일상생활 속에 감추어진다. 천지는 만물을 고동(鼓動)하게 하고 있으나 아무런 힘쓰는 일도 공적도 없다. 성인(聖人)이 함께 근심하니 거룩한 덕과 위대한 사업이 지극하게 된다. 천지는 날로 만물을 새롭게 하기에 성덕(盛德)이라 하고 그 일이 천지 안의 모든 만물에게 미치기에 대업(大業)이라고 한다. 낳고 또 낳는 것을 역(易)이라고 한다."[15]

따라서 「역전」에서의 "만물이 항구하다"는 말은 끊임없이 변역하기 때문이며, 이 '변역(變易)'은 단순히 사물의 변화 법칙을 말하는 것이 아니라 음양이 대대(對待) 관계를 유지하며, 상호 감응하면서[16] 시간의 흐름에 따라 성덕(盛德), 대업(大業), 인(仁) 등으로 나타나는 생명의 창달과 관계하는 것임을 알 수 있다.[17]

한대(漢代)를 거쳐 송대(宋代)에 오면서 우주를 하나의 생명체로 여기는 만물일체의 유기체적 사상이 철학적으로 훨씬 심화되었다. 송대의 신유학은 사서(四書)와 함께 앞서 나온 「역전」을 토대로 성리학이란 철학적 사상을 창출해 냄으로써 공맹이 말했던 '인(仁)과 의(義)'는 송대에 와서 우주론적인 차원으로 변화된다. 즉 우주와 내가 한 몸이 되는 일체감을 가지는 것을 인의(仁義)라고 규정하고 있다. 특히 장재의 「서명(西銘)」, 정호의 「식인편(識仁編)」, 주희의 「인설(仁說)」 등에서 보이는 우주론적으로 확대된 인(仁), 성(誠) 개념이 유기체적 만물론의 완정형(完整型)이라 할 수 있다.

송(宋)의 이학가(理學家) 장재(張載, 1020-1077)는 '인(仁)'의 개념을 우주론적으로

15) 위의 책, <繫辭傳> 上, "一陰一陽之謂道 繼之者 善也, 成之者 性也, 仁者見之 謂之仁 知者見之 謂之知, 百姓 日用而 不知, 故 君子之道鮮矣, 顯諸仁 藏諸用 鼓萬物而不與聖人同憂 盛德大業 至矣哉, 富有之謂大業, 日新之謂盛德, 生生之謂易."

16) 위의 책, <彖傳>, "天地感而萬物化生, 聖人感人心而天下和平" 즉 천지가 감응하면 만물이 화생하고, 성인이 인심을 감화하면 천하가 화평하다.

17) 곽신환, "유교의 만물관: 그 법칙과 생명," 「環境과 宗敎」,(공저)(서울: 민음사, 1997), p. 92.

확대하면서 인과 효를 '이일분수(理一分殊)'의 논리로 전개했다. 여기서 이일(理一)은 만물은 모두 천지를 부모로 하지 않은 것이 없다는 뜻이다. 그는 「서명(西銘)」에서 "건(乾: 하늘)이란 아버지이고 곤(坤: 땅)이란 어머니라 한다. 인간은 작은 모습으로 뒤섞여 천지 사이에 있다. 천지 안에 가득 차 있는 것은 본래 나의 몸이요, 천지를 이끄는 것은 나의 본성이다. 인민은 모두 나의 동포요, 만물은 모두 나의 친구이다."[18]

이 글에서 인민은 모두 나의 동포요, 만물은 모두 나의 친구이므로 서로간에 친하고 서로 사랑해야 하는 그 '인(仁)'은 비록 천지 만물과 일체가 되지만, 영성(靈性)이 있는 인간은 반드시 자기로부터 주재가 되고 본원이 되므로 천지의 성원으로서 마땅히 일정한 책임과 의무를 져야 한다고 했다.

정호(程顥, 1032-1085)는 "어진 이는 혼연히 사물과 동체"[19]라고 말했다. 즉 인(仁)을 천지 만물과 한몸이 되는 것으로 규정했다고 할 수 있다. 이는 우주에서 발생하고 있는 일들은 모두 자기와 밀접한 관계를 가지고 있다는 것으로, 이러한 체험을 가진 사람을 '인인(仁人)'이라고 했다.

그는 또 말하기를 "의서(醫書)에서는 수족이 위축 마비된 것을 '불인(不仁)'이라고 한다. 이 말은 병명을 가장 잘 나타낸 표현이다. 인(仁)이라고 하는 것은 천지의 만물을 자기와 한몸으로 삼는다. 그러므로 자기 아닌 것이 없다고 여긴다. 천지만물은 자기 자신이라고 여긴다면 어떤 곳인들 이르지 않으리오? 만약 자기 자신에 속한다고 생각하지 않는다면 자연히 자기와 관계가 없을 것이다. 수족이 불인(不仁)이면 기(氣)가 서로 통하지 않아 자기 것에 속하지 아니한다"[20]라고 했다.

여기서 정호는 손발의 마비 상태를 불인(不仁)이라고 한 것을 빌려 인을 설명하고 있다. 즉 마비된 손발은 비록 내 몸의 한 지체로 붙어 있을지언정 실제로 그 기능을 수행할 수 없으므로 내 몸이 아닌 것처럼 생각된다. 마찬가지로 천지 만물은 본래 나와 일체인데 기가 서로 불통하여 천지만물이 나 아닌 것, 즉 외물, 대상물로만 여기게 된다.[21] 다시 말해서 인인(仁人)은 천지 만물의 일체성을 인식할 수 있고, 모든 존재와 변화는 자기와 밀접한 유기체적 관계가 있음을 알 수 있다. 그렇지만 일부

---

18) 「西銘」, "乾稱父 坤稱母 予茲貌焉 乃混然中處 天地之塞 吾其體 天地之帥 吾其性 民吾同胞 物吾與也."

19) 「二程遺書」, <識仁編>, "仁者渾然與物同體."

20) 朱熹 · 呂祖謙, 「近思錄」, <道體編>, "醫書言手足痿痺爲不仁 此言最善名狀 仁者以天地萬物爲一體 莫非己也 認得爲己 何所不至 若不有諸己 自不與己相干 如手足不仁 氣己不貫 皆不屬己."

21) 곽신환, 앞의 책, p, 103.

사람들은 주위의 사물에 아무런 관심이 없이 무감각한데, 이러한 사람들은 마치 중풍에 걸린 사람처럼 자기 팔다리에 감각이 없는 불인 상태로서 건강한 사람이 가져야 할 바가 아니다.

이상의 정호의 사상을 미루어 볼 때 인(仁)은 이제 단순히 인간 사회에서의 윤리적 덕목에 머무르지 않고 나와 만물을 일체화하는 유기체적 만물사상으로 변용되었다. 이러한 정호의 사상은 주희의 「인설(仁說)」에서 그 절정에 이른다.

공자는 친족(부모, 형제)에 대한 사랑을 인(仁) 실현이라고 보았고, 맹자는 친족에서 백성으로 백성에서 만물로 그 사랑이 옮겨갔는데 송대에 이르러서는 이러한 인(仁)이 천지의 만물을 생성하는 마음으로 확대되고, 나와 만물이 일체가 되는 유기체적 차원으로 전환을 이루게 되었다.

주희(朱熹, 1130-1200)는 주돈이(周敦頤, 1017-1073), 장재, 정호 등의 학설을 종합하여 천지와 인간이 어떤 관계를 하고 있는지, 그리고 이 천지에서 가치가 어떻게 발생하고 있는지에 관심을 쏟았다. 이 문제에 대해 특히 주희는 주돈이의 『태극도설(太極圖說)』[22]에 영향을 받아 거기에 그려진 자연 인식과 가치 인식 이론을 그의 철학 속에서 계승하고 있다. 주희는 『태극도설』은 우주 발생의 발전 단계를 나타내는 생성론(生成論)이 아니라 현실에 일어나고 있는 과정을 설명하는 생생론(生生論)

---

22) 『태극도설』은 주돈이가 생명을 포함한 환경으로서의 우주, 천지사시(天地四時)의 구조에 대해 논한 책으로 주희의 세계관에 대강의 틀을 주었다는 점에서 중요한 문건이다. 『태극도설』에 서술되어 있는 자연관은 무극(無極), 태극(太極), 음양(陰陽), 오행(五行)이라는 관계성 안에서 설명된다. 태극도설은 음양의 기보다 더욱 거슬러 올라가 음양이 나누어지기 전의 상태인 '무극'과 '태극'이라는 말로 설명이 시작된다. 태극이라는 것은 최고의 극한, 즉 만물의 근원이며 본바탕이다. 태극이 갈라져 음과 양이 생긴다. 그러나 음양이란 결국 하나의 기인 것이다. 그 기는 에너지의 치우침에 따라 음과 양으로 구별되는데, 이 구별은 상대적인 것이다. 하나의 기가 에너지의 치우침에 의해 운동과 정지상태로 나뉘고, 또 그들의 상호작용에 의해 다섯 개의 질적인 차이가 생긴다. 그것이 '목(木)' '화(火)' '토(土)' '금(金)' '수(水)'라는 오행(五行)의 기이다. 태극도설에 따르면 우 주전체는 '기(氣)'라 불리는 가스 물질로 되어 있다. 여기서 음양오행의 기가 서로 작용하여 순환하고, 전이하면서, 액체화되고, 고체화되어 이 세계의 물질이 형성된다는 것이다. 오행은 순환하기 때문에 '행(行)'이라고 불린다. 그 순서는 목(木)은 화(火)를 낳고, 화(火)는 토(土)를 낳고, 토는 금을 낳고, 금은 수를 낳는다고 하는 관계에 의해 설명된다. 이것이 서로 낳는 상생(相生)의 관계이다. 또 목은 토를 이기며, 토는 수를 이기고, 수는 화를 이기며, 화는 금을 이긴다고 하는 서로 이기는 상극(相剋) 관계로도 설명된다. 오행을 나타내는 '목' '화' '토' '금' '수'라는 말은 단순히 물질적 의미만을 지니는 것은 아니다. 이것은 한 벌의 개념 체계로서, 이것을 가지고 여러 가지 자연 현상을 설명한다 (四季變化). 만물의 발생은 음양오행의 상호작용에 의한 기의 응집으로 이루어지는데 이는 '건(乾)'이라는 동적인 남성적 원리의 기(氣)와 '곤(坤)'이라는 정적인 여성적 원리의 기가 서로 감응하는 과정에 의해 설명된다. 두 개의 기가 교감하여 만물을 만들어 낸다. 이 교감의 과정은 멈춤이 없기 때문에 "낳고 낳는 변화는 끝이 없다"고 한다.

으로서 읽어야 한다. 무극(無極), 태극(太極), 음양(陰陽), 오행(五行)의 여러 모습을 겹쳐 맞춤으로써 우주는 이해된다. '여러 모습을 겹쳐 맞춤'은 근대 유럽 과학주의의 역학적·규정론적 법칙성, 즉 생명을 가지지 않는 물질적인 원리로부터 생명 현상을 설명하려는 것이 아니라 '기(氣)' 자체를 생명적인 에너지를 가진 것으로 보고 천지와 인간을 설명했던 것이다.

주희는 자연 인식과 가치 인식을 동일한 사고 공간에서 관계지으려는 유기체적 사고를 갖고 있다. 즉 물질적 세계의 이해에 가치적 개념을 적용시키는 것이다. 이는 공맹의 인(仁)사상을 자연을 이해하는 데까지 확장시켰던 것이다. 주희는 태극도설의 사상적 근거가 易에 있고, 역(易)이 인간적 행위가 이루어지는 세계의 구조에 대해 설명하고 있다는 것을 인식했기 때문에 윤리적인 가치와 자연의 구조를 같은 사고공간 안에서 유기체적으로 이해할 수 있었던 것이다. 역은 모든 것의 본바탕이라는 의미인 태극으로부터 음양의 움직임을 설명하고, 또 음양이라는 기의 상호 교감이 모든 것을 낳으며, 낳고 낳는 과정을 유지하고 있다고 이해한다. 역(易)에서 양과 음의 움직임은 효(爻)의 조합에 따라 건(乾: 天, 즉 陽氣의 순수한 움직임), 곤(坤: 地, 즉 陰氣의 순수한 움직임)은 천과 지를 그 대표적인 의미 내용으로 가지고 있다. 여기서 건이라는 기호, 건괘(乾卦)에는 '원형이정(元亨利貞: 크게 통한다, 곧고 바르면 이롭다)'이라는 말이 실려 있다. 원형이정의 원(元)을 천지의 만물을 생성하는 힘으로 보았다.

"천지의 마음에는 그 덕이 넷이 있다. 원형이정이 그것이다. 그런데 원(元)은 사물의 시작이며, 선(善)의 으뜸으로 나머지 셋을 통관하지 않음이 없다. 그 천지의 마음이 운행하면 춘, 하, 추, 동의 순서를 이룬다. 그런데 봄의 생기는 나머지 세 계절에 관통하지 않음이 없다. 또한 사람의 마음에도 그 덕이 넷이 있다. 인의예지(仁義禮智)가 그것인데 인이 나머지 셋을 포함한다. 이 마음이 발용하면 애, 공, 의, 별(愛, 恭, 宜, 別)의 감정이 되는데 측은하게 여기는 마음, 즉 사람은 모두 차마 할 수 없는 마음을 가지고 있다(人皆有不忍人之心)는 나머지 셋을 관유하지 않음이 없다. 무릇 천지가 만물을 낳는 마음은 모든 사물에 다 깃들어 있다."[23]

23) 朱熹, 「朱子大全」, <仁說>, "天地之心 其德有四 曰元亨利貞 而元無不通 其運行焉 則爲春夏秋冬之序 而春生之氣無所 不通 故人之爲心 其德亦有西 曰仁義禮智 而仁無不包 其發用焉 則爲愛恭宜別之情 而惻隱之心無所不貫 蓋仁之爲道 乃 天地生物之心 卽物而在."

이는 사람의 도리로서의 또는 힘으로서의 인(仁)으로써 천지의 만물 생성이라는 본질적 기능을 설명하고자 하는 것이다. 이와 같은 인식에서 중요한 것은 가치 발생이 생명을 낳는 과정과 함께 파악되고 거기에 윤리적 가치 개념이 겹쳐서 이해된다고 하는 점이다.[24] 주희는 네 개의 덕 중에서 '인(仁)'을 "천지 만물을 낳는 마음이요, 사람이 받아서 자기의 마음으로 삼는 것"이라 이해했다. 주희는 이 구절을 '마치 찜통에서 밥을 찌는 것과 같다'는 예를 들어 설명했다. 여기에서 천지라는 찜통 안에 많은 기(氣)를 포함하고 있으며 기는 열에 의해 격렬하게 끓어올라 유동하고 이것이 반복되어 밥이 되듯이 사물이 생성된다는 것이다. 즉 기는 우주 안을 격렬하게 두루 흐르면서 그 운동의 과정 가운데 사물이 생성된다는 것이다. 주희는 우주의 근본적인 움직임을 여기서 보았고 이것이야말로 '천지가 만물을 낳는 마음(天地生萬物之心),' 즉 우주의 본질적인 움직임이라고 했다. 이같이 만물이 생성되는 낳고 낳는 시공은 생명계의 종적 동일성을 유지하는 움직임을 가진다. 각각의 생명계가 그 종적인 본질을 유지할 수 있는 것은 그것을 낳는 환경의 규칙성, 즉 환경을 구성하는 음양이라는 '기(氣)의 패턴'이 지니는 법칙성에 의존하고 있다는 인식이 여기에 있다.

주희는 이 법칙성을 마음으로 표현하고 있는 것이다. 인간이라는 생명계 또한 그와 같은 기의 질서 형성 움직임에 의해 성립되었고, 환경의 질서구조에 호응하며 자신의 구조를 유지하는 존재이다. 특히 중요한 점은 인간 또한 전체의 질서 가운데 일부를 형성하고 있다는 것이다. 환경이든 환경 속의 생명계이든, 기의 유동 가운데 성립하는 질서인 한 이것은 불멸의 질서가 아니라 항상 붕괴의 가능성을 갖고 있는 질서이며, 여러 조건 가운데 유지되어야만 하는 질서이다. 이것이 의미하는 바는 천지의 질서와 인간적 질서는 연속적이고 유기체적이며, 인간의 행동에 의해 천지의 질서도 영향을 받는다는 것이다. 이른바 천인상관(天人相關) 또는 천인감응(天人感應) 사상도 이와 같은 발상이 전개된 것일 것이다. 인간의 행위에는 천지의 낳고 낳는 움직임을 따라 화육하는 것도 있고, 반대로 그것을 파괴하는 것도 있다. 인간의 행위에 의해 '기의 패턴' 즉 생명의 순환적 질서를 깨뜨리면 환경 속에 어떠한 생명계도 그 존재를 유지할 수 없다. 음양이라는 기의 순환이 균형과 조화 속에 기능하지 못한다면 봄은 생겨나지 못하며 여름은 성장하지 못하고, 가을은 결실을 맺지 못한다. 결실을 맺지 못하는 시간에서는 생명을 유지할 수 없을 것이다. 그래서 주희는

24) 桑子敏雄(1997, 일본 도쿄공업대학 교수), '주자의 환경철학', 「녹색평론」, 제33호, p, 96.

낳고 낳는 자연계의 네 모습, 즉 사시(四時)를 '원형이정'이라는 네 개의 특성을 가진 순환으로 설명했다. 그리고 그것을 '인의예지'라는 가치적 개념으로 파악한 것이다.

3 조화 가능한 자연자원의 이용

중국의 자연관에 대해 철학자들은 각자의 강조점과 지향점에 따라서 그들의 논지를 약간씩 달리한다. 물론 이들 사이에는 공유점과 다른 점도 있을 것이다. 특히 자원의 사려 깊은 개발로 자연자원의 합리적 이용이란 측면에서 볼 때, 이들이 보는 자연관에 따라 그 접근 태도가 분명히 다름을 알 수 있다. 순자를 제외한 유가나 도가 모두 공통적으로 자연을 자신들이 따르고 본받아야 할 모범으로 간주하며 단순히 자연을 인간이 지배하고 이용하는 대상으로만 보지 않는다. 즉 자연 인식에서 가치 발생이 생명을 낳는 과정과 함께 파악되고 거기에 윤리적 가치 개념이 겹쳐서 이해된다고 하는 점이다. 비록 자연관에 대한 이러한 차이점은 있지만 자연자원의 분별력 있는 개발을 주장하고 있음에는 큰 차이점이 없다.

맹자는 자원을 보호하는 전제 하에서 자연자원을 개발할 것을 주장하고 있다. "농사철을 어기지 않으면 식량을 가히 다 먹지 못하며, 망이 촘촘한 그물을 늪에 넣지 않으면 물고기와 자라를 가히 다 먹어치울 수 없게 될 것이며, 도끼를 제때에 산림에 넣으면 재목을 이루 다 써낼 수 없게 될 것이니, 곡식과 물고기와 자라를 가히 이루 다 먹어 낼 수 없고 재목을 다 써 낼 수 없음은 산 사람을 기르고 죽은 사람을 장사 지내는 데 유감이 없는 것이다. 산 사람을 기르며 죽은 사람을 장사지냄에 유감이 없음이 왕도(王道)의 시초입니다."[25]

여기에서 보는 바와 같이 왕도의 시초가 바로 '합리적인 자원 이용'에 두고 있다. 특히 물고기를 보호하는 측면에서 그물코를 조절한다든지 나무를 벌목할 때도 때를 맞추어 하는 것은 조화 가능한 자원 이용을 잘 보여 주고 있다. 맹자는 인간의 자연

25) 「孟子」, <梁惠王> 上, "不違農時 穀不可勝食也, 數罟 不入洿池 魚鼈 不可勝食也, 斧斤 以時入山林 材木 不可勝用也 穀與魚鼈 不可勝食, 材木 不可勝用 是 使民養生喪死 無憾也, 養生喪死 無憾 王道之始也." 여기서 '數罟'란 그물코가 4촌(四寸) 이하인 그물을 말하는데 이러한 그물을 사용하지 못하게 하는 것은 작은 물고기를 보호하기 위한 것이다. 또한 옛날 사람들이 산에 들어가 벌목을 하는 데도 일정한 때가 있음을 보여 준다.

에 대하는 태도가 단순히 자원을 채굴하여 쓰는 것에 기울이지 않고 어떻게 하면 그 자원의 이식을 최대한으로 취용(取用)할 수 있는가 하는 문제에, 다시 말해서 천지의 화육생성(化育生成) 작용을 돕는 데 집중시킨다. 그리하여 생성 체계에 속해 있는 땅은 최대한 개간하여 농경지를 넓히고 다시 그렇게 개간된 땅에 알맞은 곡식을 적절한 시기에 뿌리고 가꿈으로써 가급적 많은 수확을 확보하여 그것을 가급적 꼭 필요한 경우에만 한해 요긴하게 쓴다. 그러므로 최대의 이식을 취용하기 위해 생장하는 과정에 있는 재화는 중도에서 취하여 쓰지 않는다. 맹자는 "만물은 나에게 맡겨져 있다. 내가 천지의 정신으로 돌아가 그를 찬화(贊化)해서 대성(大成)케 한다면 그보다 더 큰 즐거움이 어디 있겠느냐"고 했다.

「중용(中庸)」에서는 "천지의 화육(化育)을 도와 문화 창조의 역사에 참여한다는 것은 오직 지성(至誠)을 갖춘 성인만이 할 수 있는 일이요, 그것이 인간의 최대 존재 의의와 가치"라고 했으며, 「역전」에서는 "만물의 성능을 잘 개발해서 천지 경영, 즉 문화 창조의 일임을 담당할 수 있게 하는 것은 만물도 천하대성(天下大成)의 역사에 참여시키는 길이다. 천지 경영은 이렇게 천지와 인간과 만물이 총체적으로 참여해야만 이루어지는 것인데, 그 중심은 역시 인간이다"라고 했다.

「예기(禮記)」 <월령(月令)>과 「여씨춘추(呂氏春秋)」<십이기(十二紀)>에서 옛날 사람들은 사계절·십이 개월의 순서에 따라 농사 활동과 동·식물 보호 조치를 구체적으로 규정하여 사회행위의 법전으로 삼았다.

예를 들면 맹춘(孟春: 봄철의 첫 번째 달)에 "산림·천(川)·택(澤)에 제사지낼 때 희생물로 암짐승을 쓰지 말아야 하며, 벌목 시에 새둥우리를 뒤엎지 말아야 하며, 작은 벌레나 태아 속의 작은 생명과 갓 날기 시작한 새를 죽이지 말아야 하며, 새끼 사슴을 취하거나 새알을 취해서는 안 되며 중춘(仲春: 봄의 두 번째 달에는)에 강이나 호수를 말리지 말고 산림을 불태우지 말아야 하며, 이 달에는 제사를 지낼 때 제물을 쓰지 않는다"고 했다. 또 계춘(季春: 봄의 마지막 달)에 "약으로 쓸 동물을 구하러 성문을 나서지 않으며 산지기에게 뽕나무를 찌지 못하도록 지키게 하며, 수소와 수말을 암소와 암말과 같이 방목해야 한다"고 했다. 봄은 만물이 소생하고 발육, 번식하는 계절이기에 종교 제사를 지냄에 동물을 죽이거나 깨지 않으며 산림을 채벌하거나 불태우지 못하게 하며 소와 말들이 무리지어 다니며 교배하여 임신·생식하도록 촉진시켜야 한다.

맹하(孟夏)에는 “큰 나무를 채벌하지 말아야 하며 대규모로 수렵하지 말아야” 한다. 중하(仲夏)에는 “모수(母獸)를 따로 방목하면 좋은 새끼를 낳을 수 있다”, 계하(季夏)에는 “어부들에게 명하여 악어를 잡도록 하며 호수 지키는 사람들에게 풀을 베어 바치도록 명령한다”, “이 달은 수목이 무성하여 입산하여 채벌하도록 하되 남벌하지 말아야 하며”, “태우고 뽑고 물을 관개하여 풀을 없애며 그것을 썩여서 비료로 만들어 더욱 비옥하게 한다.”

여름은 동식물이 성장 발육하는 가장 왕성한 계절로서 암짐승들이 임신하는 때이므로 짝없는 짐승들을 방목하여 새끼를 잉태하도록 보호해야 한다. 이때는 벌목하고 고기잡이해도 괜찮지만 너무 과분해서는 안 된다. 잡초를 불사르고 빗물을 관개하며 풀을 썩혀 비료로 만들어 토지의 지력(地力)을 개선한다. 계추(季秋)에는 초목이 누렇게 말라듦으로 베어 땔나무로 할 수 있다. 추계(秋季)는 수확 계절이며 산림을 채벌하는 계절이기도 하다. 중동(仲冬)에는 “산림, 호수에서 초목의 열매를 찾거나 금수를 잡는 사람이 있거늘 산지기더러 그들을 교도하며 침탈자가 있을 때에는 에누리 없이 벌로써 처리한다.” 동계(冬季)에는 채집과 대렵을 할 수 있으나 관리를 강화하여 분쟁이 일어나는 것을 막아야 한다. 고대에는 물건이 많고 사람이 적었는데도 자원을 보호하는 데 매우 주의했다. 그러나 정작 지금은 자원이 적고 사람이 많으므로 더욱 자원을 사려 깊게 개발하고 합리적으로 사용해야할 것인데 그렇지 못함이 안타깝다.

자연계에 대한 ‘明于天人之分’(자연과 인간의 직분을 구분)과 ‘天生人成’(자연은 창조하고 인간은 완성시킨다)을 사유의 출발로 삼고 있는 순자의 자연에 대한 탐구 태도와 목적은 오늘날 환경문제에 중요한 이슈로 대두되고 있는 자원 고갈에 따른 문제점을 상기시키는 데 충분한 가치가 있다고 본다. 즉 한정된 자원을 지속적으로 이용하기 위한 합리적 자원관리라고 볼 수 있기 때문이다.

순자의 자연 탐구와 태도의 출발은 ‘천행유상(天行有常)’, ‘천직(天職)’의 개념을 강조하면서 천(天)은 자연의 있는 그대로의 객관적인 자연 법칙과 다르지 않다고 말하면서 천과 인의 직이 서로 다름을 그의 「천론(天論)」에서 분명히 밝히고 있다.

> “고로 자연과 인간의 구분을 분명히 하는 사람을 우리는 지인(至人)이라고 말한다. 하지 않아도 이루어지고, 구하지 않아도 얻어지는 것이 자연의 직분이다. 이런 일은 인간

의 생각이 깊더라도 첨가할 수 없고, 인간의 능력이 크다 해도 불가능하고, 인간의 관찰이 세밀하다 해도 상세하게 살필 수는 없는 것이다. 이것은 천(天)과 함께 그 직분을 다툼하지 않는다는 것을 말하는 것이다."[26]

"성인은 천군(天君: 인간의 마음)을 맑게 하고, 천관(天官: 인간의 감각기관)을 바르게 하고, 천양(天養: 자연이 인간에게 배푸는 재화)을 비축하고, 천정(天政: 자연의 규칙)에 따르고, 천정을 길러서 그 공을 온전하게 한다. 이렇게 하면서 자신이 마땅히 해야 할 바와 하지 말아야 할 바를 알게 되면, 천지를 관장하고 만물을 부릴 수 있게 된다. 사람들의 행동을 모든 방면에서 잘 처리할 수 있고, 몸을 적합하게 보양해서, 그 생명이 상해를 입지 않게 하는 것이 바로 천을 아는 지천(知天)이다. 그러므로 가장 능력 있는 사람은 하지 말아야 할 일을 하지 않는 데 있고, 가장 지혜롭고 총명한 사람은 생각할 수 없고 생각하지 말아야 할 문제를 생각하지 않는 데 있다."[27]

"천의 운행은 고유한 법칙을 가지고 있다. 그것은 요임금을 위해 존재하거나 걸임금 때문에 소실되는 것은 아니다. 언제나 올바른 다스림으로써 대응하면 길하고, 올바르게 대응하지 못하면 문란하며 흉하다."[28]

"하늘의 도는 파악하기가 어려우므로 성인은 오로지 인간이 할 수 있는 일에만 관심을 두지 결코 천의를 알려고 생각하는 데 힘쓰지 않는다."[29]

"하늘은 만물을 낳을 수는 있어도 다스리지 못한다. 땅은 능히 사람을 실을 수 있으나 사람을 다스리지 못한다. 이 세계상의 만물과 사람은 반드시 성인이 제정한 예에 의거한 후에 비로소 그 자리를 잡을 수 있다."[30]

이상에서 살펴본 바처럼 순자는 천(天)에 대한 신성함이나 종교적 요소를 부정하며 자연 개념을 더 이상 인간의 인격과 의지가 내포되어 있는 근원으로 이해하지 않는다. 즉 자연 그 자체로서 고유한 자기 법칙과 규율에 따라 움직이는 기계론적이고

---

26) 「荀子」, <天論編>, "故明於天人之分 則可謂至人矣 不爲而成 不求而得 夫是之謂天職 如是者 雖深其人 不加慮焉 雖大 不加能焉 雖精不可察焉 夫是之謂不與天爭職."

27) 위의 책, <天論編>, "成人淸其天君 正其天君 正其天官 備其天養 順其天養 養其天情 以全其天巧 如是則知其所爲 知其 不爲矣 則天地官而萬物役矣 其行曲治 其養曲適 其生不傷 夫是之謂知天 故大巧在所不爲 大智在所不廬."

28) 위의 책, 天論編, "天行有常 不爲堯存 不爲桀亡 應之以治則吉 應之而亂則凶."

29) 王先謙撰, 「荀子集解」, "旣天道亂測 故聖人但修人事 不務役廬於知天也."

30) 「荀子」, <天論編>, "天能生物 不能辨物也 知能載人 不能治人也 宇中生物生人之屬 待聖人然後分也."

물리적인 모형을 가지고 있다고 본다. 이는 바로 인간에 의한 인위적 작위적인 힘에 의해 규정되거나 변형되는 피치(被治)의 자연으로서 놓이게 된다. 물론 순자 역시 인간과 자연이 상호 의존하고 조화되어야 한다는 전통적 입장에서는 크게 이탈하고 있지는 않다.[31] 다만 하늘의 일은 하늘에 맡기고 인간이 할 일은 인간이 해야 함을 말하고 있을 뿐이다, 즉 인간은 자연세계에 대한 순응적이고 소극적인 자세로 경배의 태도를 지양하고 자연을 합리적인 이용의 대상으로 마주하라는 것이다. 다시 말하면 순자는 인간은 소극적인 자세로서 자연의 은택만 기다리는 것이 아니고 인위적인 작위에 의해 자연의 법칙을 찾아내어 이용하고 발전해 나아갈 수 있음을 주장한다. 여기서 순자가 말하는 자연에 대한 극복이나 이용이란 말은 결코 일방적인 지배 정복을 의미하는 것이 아니라 그것은 다만 인간이 자연환경을 합리적으로 이용하여 자신들을 조화 가능한 생존으로 영속화시키고 인간에게 불리한 조건들을 극복하여 삶에 유리하도록 창출해 나감을 의미한다. 순자의 이 같은 사상은 인간과 자연의 직분을 분명히 구분하여 인간 사회의 질서와 공리를 증진시키는 데 있기 때문이다.

그렇다면 만물 가운데서 인간이 인간을 제외한 여타 자연물을 다스리고 이용할 줄 아는 힘을 순자는 과연 어디에서 찾았을까?

"사람이 사람다운 까닭은 무엇에 의해서인가? …… 사람들이 변별(辨別)의 능력을 가지기 때문이다. 배고프면 먹으려 하고, 추우면 따뜻한 것을 찾고, 피곤하면 휴식하려 하고, 이익을 좋아하고 해를 싫어하는 것은 사람이 태어날 때부터 선천적으로 가지는 성질이다. 이것은 후천적 학습을 통해 습득한 것이 아니다. 우임금이나 걸임금 모두 똑같은 조건이다. 그러므로 사람이 사람다운 본질은 다만 두 다리를 가지고 있고 털을 가지지 않는다는 데에 있는 것이 아니고, 변별하는 능력을 가지고 있는 데 있다."[32]

"수(水)와 화(火)는 기(氣)가 있으나 생명은 없고, 초(草)와 목(木)은 생명이 있으나 지각이 없고, 수(獸)는 지각이 있으나 사회 도의 관념이 없다. 인간은 기가 있고 생명이 있

31) 정병석, '天生人成의 구조로 본 순자의 자연관', 「人間과 自然」(계명대학교 철학연구소, 1995), pp, 28-32.

32) 앞의 책, <非相編>, "人之所以爲人者 何以也 曰 …以其有辨也 飢而慾食 寒而欲暖 勞而欲息 好利而惡害 是人之所生而 有也 是無待而然者也 是禹桀之所同也 然則人之所以爲人者 非特以二足而無毛也 以其有辨也."

고 지각이 있고 사회 도의 관념이 있으므로 천하에서 가장 귀한 존재이다."[33]

순자는 사람이 여타의 금수(禽獸)와 다른 점은 시비와 선악을 구별할 줄 아는 판단력, 즉 변별의 능력과 인간이 후천적으로 학습한 도덕 의식, 즉 의(義)에서 찾았다. 이런 변별 능력과 도의가 있어야 비로소 인간은 자신의 문화를 완성하는 것이다. 인간의 이런 변별심과 도의는 지성 능력 또는 이성이라고 할 수 있을 것이다. 이런 정신 능력으로 인간은 자신들에게 주어져 있는 환경에 적극적으로 참여하게 된다. 결국 순자의 철학 안에서의 천(天)과 인(人)은 각자의 직능에 따라 그 역할이 구분되지만 인간의 합리적인 사고에 따라 자연의 이치를 밝히고 객관적인 규율에 순응함을 말하고 있다. "하늘에는 그 시(時)가 있고 땅에는 그 재(財)가 있으며 사람에게는 그 치(治)가 있다." 이러한 자연의 순응은 자연에 대한 올바른 파악을 통해 가능하다. 여기에서 우리가 분명히 알아야 할 것은 순자의 '천인지분(天人之分)'은 어디까지나 자연과 인간의 상보 관계를 통한 진정한 합일이라는 근본적인 정신 아래에서 가능한 것이 된다. 이런 입장에서 순자 역시 중국 철학에서 주조(主潮)를 이루고 있는 자연과 인간의 조화 또는 화해라는 근본적인 입장을 벗어나고 있지 않다.

4 조화 가능한 녹색소비

「상서(尙書)」 <대우모(大禹謨)>에서는 "우(禹)는 검소하게 가정생활을 하라"고 했으며, 공자는 "예(禮)는 사치한 것보다는 오히려 검소한 것이 좋다"고 했다. 왕양명은 「대학문(大學問)」에서 "사욕에 움직이고 가리워져서 이해가 서로 다투고 분노가 서로 격해지면 사물을 해치고 동류를 상하게 하여 심지어 골육상잔까지 이르러 '일체지인(一體之仁)'이 없어지게 된다. 한번 사욕에 가리워지면 비록 대인의 마음이라 할지라고 분리되고 간격이 생기어 소인과 같아지므로 대인의 학문을 하는 자는 사욕의 가리움을 제거함으로써 명덕(明德)을 밝혀 천지 만물과 분리되고 간격이 생기어 소인과 같아지므로 대인의 학문을 하는 자는 사욕의 가리움을 제거함으로써

33) 위의 책, <王制編>, "水火有氣而無生 草木有生而無知 禽獸有知而無義 人有氣有生有知 亦且有義 故最爲天下貴也."

명덕을 밝혀 천지 만물과 일체가 되는 본연의 모습으로 돌아가야 한다." 「주역」에서 인간의 과잉 욕구에 대한 경계와 그 절제의 모습을 보여 주고 있다.

"천도(天道)는 가득 찬 것을 이지러뜨리고 염귀(謙鬼)한 것을 보태어 주며, 지도(地道)는 가득 찬 것을 변화시키고 겸비한 곳으로 흐르며, 귀신(鬼神)은 가득 찬 것을 해치고 겸비한 것을 복 주고, 인도(人道)는 가득 찬 것을 미워하고 겸비한 것을 좋아한다."[34] 여기서 가득 참에 대한 거부는 자연의 기본적인 운동 양식이며, 인간 행위의 규범 모델이 되는 것이다. 오늘날 환경문제는 인간의 편리함을 추구하는 인간의 욕구 의지에서 비롯되었다고 해도 과언이 아니다. 인간의 욕망을 줄이고 물건을 아껴 쓰는 것이다(유한한 물질의 고갈). 동양 전통의 수분지족(守分知足)의 생활관, 절용애물(節用愛物)의 정신은 물질 쪽에 속해 있는 것이 아니라 바로 인간 자신에 속한 도덕의 문제이다. 재화가 아무리 많아도 욕망을 줄이지 않으면 늘 만족하지 못할 것이요, 재화가 아무리 적어도 그것을 아껴 쓰고 애용하면 효용 가치를 높여서 불편함을 많이 덜 수가 있을 것이다. 이것이 유한을 극복하고 안빈낙도(安貧樂道)를 추가한 농경문화의 슬기이다.[35]

인간이 자기의 욕망과 의지를 억제 조절하고 천지 만물의 생성 이식(生成利殖)을 최대 최고화해서 가능한 범위 내에서 원초적으로 주어진 유한을 극복하는 것이다. 이 과욕(寡慾)과 수분지족·절용애물은 동양의 물질생활이 지니고 있는 필연적인 당위이다. 여기서 절용(節用)이란 생산물이 쓰이지 못하고 없어지는 것을 막는다는 뜻과 적절하게 쓴다는 두 뜻이 있다. 즉 허실과 낭비를 없애는 일이라는 것이다.

제 2 절 환경문제에서 유가사상의 가치적 함의

앞에서 유가사상에 나타난 생태적 윤리를 고찰해 보았다. 이들을 환경문제와 결부해서 그 가치적 함의를 몇 가지 생각해 볼 수 있다.

첫째, 오늘날 환경문제는 동서양을 막론하고 현 산업문명을 옹호하는 기본 가치인

34) 「周易」, <象傳>, "天道盈而益謙 地道 變盈而流謙 鬼神 害盈而福謙 人道 惡盈而好謙."
35) 김충열, "21세기와 동양철학," 「녹색평론」, 7~8월, 통권 제17호(1994), pp. 68-69.

도구적 이성 중심에 입각한 과학만능주의 신념, 물질을 기계론적으로 보는 환원론적 세계관, 인간의 자연에 대한 우월적 지위인 인간 중심주의에서 연유되었다고 볼 수 있다. 이들의 세계관에서는 인간 이외의 자연물을 오로지 '물질' 내지 '자원'으로서의 가치로 인정받을 뿐, 생명이라는 그 '존재 의지'와 '천부(天賦)의 권리 확보'라는 차원에서 인정받을 수 없다. 즉 인간과 자연의 관계가 물질 내지 자원의 개념에서 머물면서 인간과 자연, 나아가 인간과 인간 사이에는 오로지 투쟁과 경쟁, 파괴와 차별을 낳는 갈등주의로 치달을 수밖에 없다고 본다. 여기에는 획일주의와 획일주의가 파생한 개발 독재와 자연 파괴로 인한 인간 자유 박탈만 존재할 뿐이다. 우리는 이런 위기 상황에서 생명을 포함한 환경으로서의 우주, 즉 천지와 인간이 어떤 관계로 화해[36]해야 하는지에 대해 유가의 '인(仁)' 사상에서 잘 나타나고 있다. 유가의 인(仁)은 만물을 널리 사랑하는 도덕적 정감으로 파악하고 있다. 맹자의 "친친이인민 인민이애물(親親而仁民 仁民而愛物)"의 사상과 '샘'의 비유는 자연만물에 대한 사랑을 잘 표현해 주고 있고, 또한 금수에 대해서도 그들이 죽어가는 모습과 애끓는 소리를 듣고는 그 고기를 차마 먹지 못한다는 표현은 생명의 존귀함과 존재 의지를 확인할 수 있다. 즉 인간은 욕정 도구로써 자연을 마주해서는 아니 됨을 의미한다고 볼 수 있다. 왕양명의 '천지만물일체(天地萬物一體)'의 '인(仁)'을 설명하는 가운데서 인간의 마음에는 만물의 일체인 인이 있기 때문에 만물을 박애하는 정이 있고 생명 파괴에 대한 고통이 따른다고 보고, 인간은 인간 외에도 무릇 생명이 있는 동·식물이나 비생물도 사랑하고 돌보아야 할 책임이 있다고 보았다. 이는 생명의 귀중함을 외면하고 경시하는 데에서는 진정한 인간의 정신적 가치나 역사적 의미는 설정될 수 없음을 보여 주고 있다. 인류가 더불어 공존하기 위해서는 유가사상에 내재되어 있는 만물을 범애(汎愛)하는 도덕적 정감이 고양되어 대자연을 오로지 물질과 자원으로서의 가치인 인간의 이익 중심 차원에서 만나는 기계론적 자연관을 거부하고, 천지 우주의 한 구성 부문으로서 '공생(共生)' 관계에서 만나야 할 것이다.

둘째, 환경의 문제는 상호의존적 세계, 연관성에 대한 단절과 해체 때문에 발생한다. 즉 존재하는 모든 것은 상호의존하고 있기 때문에 자연계를 '상호의존적 생성'

36) 여기서 '화해'란 말은 원한이 맺혔으니 풀어야 한다는 말이 아니고, '함께 감', '함께 흘러감'의 뜻으로 보아야 한다. 영어로 'Great Harmony'나 'Comprehensive Harmony'라고 표현할 수 있다(곽신환, "周易에서의 自然觀," 「동양사상과 환경문제」(1996), p. 254).

또는 '생태적 먹이사슬 구조'를 지닌다고 한다. 17세기 이후 인류는 이성주의와 과학만능주의에 힘입어 기계론적 자연관을 확립하면서 사물과 현상을 이해하는 데에 분석적이고 이원론적인 입장을 취함으로써 유기체적 세계관을 부정하는데서 환경 파괴와 생태계 위기를 맞게 된 것이다. 이 같은 견지에서 유가사상에 내재되어 있는 유기체 사상이 환경문제를 극복하는 데 주요한 사상적 자원을 제공해 주고 있다. 맹자의 "萬物皆備於我矣 反身而誠樂莫大焉"와 중용의 '致中和' 사상은 인간과 만물은 한 몸통으로서의 유기체성을 잘 표현해 주고 있고 있다. 특히 주역(周易)에서 자연은 인간을 포함한 만물로서 존재하는 모든 것을 생성시키고 변화시키는 근원으로서 파악한다. 여기서 천지는 기를 품고 유기체적으로 만물의 생명활동을 끊임없이 창출해 낸다. 따라서 만물의 각 개체들은 단독적으로 존재하는 것이 아니다. 항시 다른 개체들과 상호 유기성을 갖고 존재한다. 「역전(易傳)」에서 "만물은 항구한다"라는 의미 안의 '변역(變易)'은 음양이 대대(對待) 관계를 유지하며, 상호 감응하여 생명의 창달을 도모한다. 또한 송대에 오면서 만물일체의 유기체적 사상이 더욱 심화되어 「사서(四書)」와 「역전」을 토대로 나온 성리학은 공맹(孔孟)이 주창했던 '인의(仁義)'가 우주론적 차원으로 변화되어 우주와 내가 한몸이 되어 일체감을 가지는 것을 인의라고 규정하고 있다. 송의 이학가 장재는 「서명(西銘)」에서 인민은 모두 나의 동포요. 만물은 모두 나의 친구이므로 서로 사랑해야 하는 그 '인'은 천지 만물과 잉태를 주장했고, 정호는 "어진 이는 혼연히 사물과 일체"라고 말하면서 의서에서 수족이 위축・마비된 것은 '불인'이라 하여 불인은 기가 상통하지 않아 자기 것에 속하지 아니 한다고 했다. 이는 천지 만물은 본래 나와 일체인데 기가 상호 불통하여 단지 외물(外物)이나 대상물로 간주되어 유기체성이 단절되는 모습을 설명해 주고 있다. 이러한 정호의 사상은 송대 주희의 「인설(仁說)」에서 그 절정에 이른다. 주희의 '인'은 천지 만물을 생성하는 마음으로 확대되고 나와 만물이 일체되는 유기체적 차원으로 전환을 이룬다. 특히 주희는 주돈이의 「태극도설」에 영향을 받아 공맹의 인사상을 자연을 이해하는 데까지 확장시켰다.

태극도설의 사상적 근거는 역(易)에 있고, 역이 인간적 행위가 이루어지는 세계의 구조에 대해 설명하고 있다는 것을 인식했기 때문에 인간의 '윤리적 가치'와 '자연의 구조'를 동일한 사고 공간 안에서 유기체적으로 이해할 수 있었던 것이다. 역은 모든 것의 본바탕이라는 의미인 태극으로부터 음양의 움직임을 설명하고, 또 음양이라는 기의 상호 교감이 모든 것을 낳으며, 낳고 낳는 과정을 유지하고 있다고 이해한다. 또 주희는 천지의 마음에 '원형이정'과 사람의 마음에 '인의예지'가 있음을 주목하면서 '원(元)과 인(仁)'을 천지의 만물을 생성하는 힘으로 보았다. 즉 천지 안에 많은 기를 포함하고 있는데 인간을 포함한 만물은 기의 질서 형성 움직임에 의해 성립되고 환경의 질서구조에 호응하면서 자신의 구조를 유지한다. 그러나 인간의 행위에 의해 연속적이고 유기체적인 질서가 파괴될 수도 있다는 것이다. 이런 의미에서 천지의 만물은 유기체적 순환구조를 갖고 있지만 인위에 의한 순환구조를 파괴할 수 있다는 점에서 오늘날 환경 위기에 살고 있는 유가사상의 유기체적 의미를 한번 더 반추해 볼 필요가 있다고 본다.

셋째, 산업문명의 부산물이라고 볼 수 있는 환경문제는 인간의 제반 활동, 즉 개발·생산·소비 과정에서 다양하게 발생한다. 오늘날 산업문명은 대량 생산과 대량 소비의 문명이다. 대량 생산과 대량 소비는 자원무한주의를 토대로 한 무한 성장 추구에서 비롯되었다. 특히 자연을 소유와 지배, 자기 이익의 차원에서 만나는 인간 중심적 기계론적 자연관이 서구의 제국주의적 정치 이데올로기와 결탁하면서 개발과 성장이라는 미명 아래 자연환경을 마구잡이로 마름질하고 지배 착취하면서 환경문제를 더욱 심화시켰다. 그러면 왜 인간은 지금까지도 자연에 대한 인간 중심적 교만을 버리지 못하고 무한 성장 추구를 갈망하고 있는 것일까? 그 대답은 간단하다. 무한 소유와 무한 소비를 통해서만이 인간의 무한 욕구를 충족시킬 수 있다고 보는 데 있다. 인간의 행복지수도 물질의 소유 지배와 구매 확대를 통해 얻는 만족감과 편리함에 있다는 것이다. 그런데 확대된 욕구에 맞추어 소유를 확대시키는 것은 필연적으로 생산을 확대시키는 일이며 확대 생산은 자원의 고갈과 파괴를 가속화시킨다. 이는 파멸을 의미하는 것이다. 가용자원의 유한성은 이러한 가능성을 용인하고 있지 않기 때문이다. 이제 인류가 선택해야 할 방법은 조화 가능한 자연자원의 이용과 조화 가능한 절용 정신으로 욕구 의지의 축소를 통한 행복의 추구인 것이다. 즉 절제되어야 할 욕구는 물질적 욕구이며, 확대되어야 할 것은 정신적 욕구인 것이다. 결과적으로 인간은 자기의 탐욕과 의지를 억제 조절하고 천지 만물의 생성 이식을 최대 최고화해서 가능한 범위 내에서 자연적으로 주어진 유한을 극복하는 것이다. 이런 의미에서 유가사상은 우리의 실천적 행위 규범으로서 많은 의미를 부여해 주고 있다.

"조화 가능한 자연자원의 이용과 방법"에서 맹자는 왕도의 시초를 자원보호의 전제 하에서 사려 깊은 개발로 자연자원의 합리적 이용을 제시하고 있다. 즉 물고기를 보호하는 측면에서 그물코를 조절한다든지 나무를 벌목할 때도 때를 맞추어 하는 것이나 천지의 화육생성의 작용을 도와서 자원의 이식을 최대한으로 취용하기를 주장한다. 또 「예기」나 「여씨춘추」에서도 사계절 · 십이 개월의 순서에 따라 농사활동과 동 · 식물의 보호 조치를 구체적으로 규정하여 사회행위의 법전으로도 삼았다. 특히 순자는 인간과 자연이 상호의존하고 조화되어야 한다는 전통적인 유가의 입장 안에서 자연계에 대한 '천인지분(天人之分: 자연과 인간의 직분을 구분)'과 '천생인성(天生人成: 자연은 창조하고 인간은 완성시킨다)'을 사유의 출발로 삼고 인간은 자연세계에 대한 순응적이고 소극적인 자세로 경배의 태도를 지양하고 인위적인 작위에 의해 자연의 법칙을 찾아내어 합리적으로 이용하고 발전해 나갈 수 있음을 주장한다. 그렇다고 자연을 마구잡이로 개발 · 지배 · 착취하자는 의미는 결코 아니다. 결국 순자는 '천(天)'과 '인(人)'은 각자의 직능에 따라 그 역할이 구분되지만 인간의 합리적인 사고에 따라 자연의 이치를 밝히고 객관적인 규율에 순응함을 말하고 있다. 즉 "하늘에는 그 시(時)가 있고 땅에는 그 재(財)가 있으며 사람에게는 그 치(治)가 있다"고 했다.

'조화 가능한 절용 정신'으로 공자는 "예(禮)는 사치한 것보다는 오히려 검소한 것이 좋다"는 표현대로 과욕과 수분, 절용과 애물의 정신은 유가철학의 기본 사상이다. 오늘날 환경문제가 인간의 물질 향유와 편리함을 추구하는 인간의 욕구 의지에서 비롯되었으므로 가능한 한 인간의 욕망을 억제 조절하고 녹색 소비생활이 습속되도록 노력하는 길만이 참다운 생명 현상을 극대화시키는 것임을 알아야 한다. 문명이란 것은 편리함의 이상도 이하도 아니며, 편리함을 추구하는 인간의 의지가 인류 문명 위기의 근원임을 자각해야만 한다.

제 3 절 맺는 말

오늘날 인류가 도전받고 있는 지구 환경위기의 인과성을 명확히 밝힌다는 것은 쉬운 일이 아님은 틀림없다. 그 동안 산업문명 하에서 추구해 온 철학적 세계관의 극복이 오늘날 지구 환경위기 해결의 한 부문으로 보고, 이 장에서는 유가사상에서 나타나는 생태사상적 자원을 발굴하여 환경문제의 출발이라 볼 수 있는 인간과 자연의 관계, 인간 내면의 문제에 비추어 재조명해 보았다. 즉 인간 자신의 존재를 자연 안에서 어떻게 구조화하고 행동화할 수 있을까? 이에 대한 대답이라고 볼 수 있다. 유가사상에 내재하고 있는 '만물을 범애하는 도덕적 정감' '유기체적 만물관', '조화 가능한 자연자원의 이용', '조화 가능한 녹색소비' 등은 오늘날 환경 위기에 처해 있는 우리들에게는 생태학적 사상으로 중요한 의미를 시사해 주고 있다. 이제 우리는 이들 사상적 자원을 토대로 우주 생명의 공생・화육생성을 극대화할 수 있는 방향으로 삶화(化)하는 일이야말로 우리가 선택해야 할 최선의 길임을 알아야만 한다.

제 16 장 동 · 서양의 생명사상과 환경정책

동서양의 사상에 내재되어 있는 생명사상을 재조명해 봄으로써 오늘날 지구 환경 위기 극복을 위한 새로운 정책 방향을 모색해 볼 수 있다. 이 장에서는 다시 한 번 이들 사상에 내재된 생태학적 내용을 반추하고 현실 환경문제를 해결하는 데 철학적 자원으로서 어떻게 정책화할 것인가에 초점을 두고, 우리나라 환경정책의 비전과 목표 그리고 전략 구성에 대해 종합적으로 생각해 보기로 한다.

제 1 절 생명사상

환경문제는 죽음의 문제가 아닌 생명의 문제를 이야기하고 있다. 생명은 살아 있다는 것을 의미한다. 살아 있다는 것은 공존공생한다는 것을 의미한다. 공존공생(共存共生)은 갈등과 대립의 세계가 아니고 조화와 형평의 세계를 말한다. 그런데 지난 20세기는 인간의 이성과 수학적 합리성을 과신하는 과학 만능의 기계론적 신념이 지배한 산업문명의 시대였다. 이 산업문명은 자원무한주의를 토대로 한 무한 성장 추구를 위한 대립과 갈등, 경쟁과 편리함의 세계를 만들어 냈다. 무한 성장 추구는 무한 소유와 무한 소비를 통해서만이 인간의 무한 욕구 충족을 달성할 수 있다는 신념에서 나온 발상이다. 필연적으로 무한 욕구 충족을 위해서는 대량 생산과 대량 소비를 확대하는 일이고, 확대 생산과 소비는 자연자원의 고갈과 자연환경 파괴를 가속화시켜 결국 예기치 못한 지구 환경위기에 몰리고 있다. 과학만능주의 · 기계론적 신념은 바로 생명의 문제를 도외시하고 죽음의 세계로 끝없이 질주 · 확장하게 하는 작업의 근본 가치라고 볼 수 있다.

또한 그 동안 인간은 인간과 자연을 철저히 이원화하고, 오직 인간에 대해서만 삶의 가치를 인정하는 인간중심주의적인 가치 체계를 구축해 왔다. 즉 인간은 자연을 지배와 소유, 자기 이익의 차원에서 만나는 '물질' 내지 '자원'으로서의 만남이었지, 존재의 가치를 인정하는 '배려'와 '생명'의 만남은 아니었다. 따라서 물질만능주의 가치 체계가 인간 사회에 자리 잡았다. 물질만능주의 가치 체계는 사회적으로 공동체 의식과 사회적 자본을 크게 약화시켰고, 경제적 가치로 환산하기 힘든 사회 · 자연생태계를 파괴하는 결과를 낳고 말았다. 성장이라는 미명 아래 난개발이 전 국토에 일반화되어 생태계의 기능이 무너졌고, 결국 인간의 삶의 터가 황폐화되어 종(種, species)의 생명들이 위협을 받고 있다. 지난 세기 과학기술의 발전과 합리성이 인간에게 참으로 많은 물질적 풍요와 지적 발전을 가져다 주었음은 부인할 수 없다. 그러나 과학기술을 신격화하고 인간의 이성을 도구화하는 데 전념한다면, 결국 21세기도 인간은 죽음의 세계를 위한 한갓 노예로 비참한 인류 역사를 쓸 뿐이다.

21세기, 인류와 지구는 지금까지의 시간 개념보다 훨씬 빠르게 진행될 것이다. 선진국들은 다양한 지식산업을 통해 높은 경제적 부가가치를 창출하는 반면, 개발도상국가들은 개발로 인한 환경오염과 생태계 파괴는 지속될 전망이다. 대량 생산과 고도 대중소비 사회는 여전히 개도국의 보편적인 사회 현상으로 자리 잡을 것이다. 선 · 후진국을 막론하고 지구의 자원과 에너지 소비 증가 속도는 매우 급속도로 빨라질 것이다. 물론 에너지의 효율성을 제고한다고 하더라도 에너지의 총사용량은 지속적으로 증가할 것이며, 재생산 불가능한 에너지 소비는 확대될 수밖에 없고 결국 환경 위기는 심화될 것임이 명약관화하다. 21세기, 많은 미래학자들은 풍부한 지식 · 정보가 윤택하고 편리한 생활을 만들고 삶의 가치를 확대할 것이라고도 예견하지만, 또 한편 그 동안 인류가 전혀 경험하지 못한 새로운 도전과 저항의 세기가 될 것이다. 이러한 새로운 도전과 위기를 극복하기 위해 지금 우리는 산업문명의 이념적 · 사회적 패러다임을 새로운 문명 패러다임으로 전이하는 데 역량을 모아야 할 것이다. 다시 말해서 새로운 이념적 · 사회적 패러다임은 그 동안 옳다고 여겨 왔던 도구적 이성 중심에 입각한 과학만능주의 · 기계론적 세계관(환원론적 세계관) · 인간중심주의를 극복하고 자연과 인간, 이성과 감성이 공존할 수 있는 유기체적 · 전일적 · 역동적인 현상인 '생명'을 중시하는 지속 가능한 생태문명 중심적 세계관으로의 전환을 말한다. 이 같은 생태 중심적인 철학적 자원은 인간과 자연과의 관계에서 '생명'을 중시하는 동서양의 사상에서 찾아볼 수 있다.

우선 서구 사회의 초석이 되는 기독교사상에서 살펴보면 기독교의 '창조질서'는 신과 인간과 자연을 그 계층적 질서에서 목적론적으로 결합하고 있지만 '신 중심 안에서' 인간중심주의가 성립하는 '하나님 중심의 세계관'이다. 즉 인간의 다른 피조물에 대한 청지기로서의 역할이다. 하나님의 형상으로 창조된 인간은 다른 피조물을 보살피고 사랑하는 자여야 한다. 사랑에서는 명령과 복종, 지배자와 피지배자, 억압과 눌림의 사고방식은 철저히 배제된다. 하나님의 사랑은 동등한 파트너의 관계 속에서 서로 돌보아 주고 자기를 내어 주며 함께 고난과 기쁨을 나누는 데 있다. 성경 구절 "네 이웃을 네 몸과 같이 사랑하라"에서, 여기서 사랑은 믿음과 구원으로 직결되어 있다. 기독교에서 구원은 인간의 모든 죄를 사하여 주신 하나님을 믿는 관계에서 시작되며, 이 믿음은 신과 인간과의 단절된 관계 회복을 의미한다. 즉 이 회복의 진정한 의미는 신과 인간, 인간과 인간, 인간과 자연과의 화해와 사랑을 의미하고 그 본질은 기독교의 구원사상이며 생명사상이다. 다시 말하면 기독교의 생명사상은 창조 질서 안에서 출발된다.

동양에서는 노자(老子)의 '무위자연(無爲自然)' 사상을 들 수 있다. 노자는 자연의 본질을 무위라고 보고 무위는 행함이 없는 것이 아니라 억지로 행함이 없어야 한다는 인위적인 행위를 경계한다. 노자의 '자연'은 바로 '생명'을 의미한다. 장자(莊子) 또한 생명의 문제를 깊이 사고하고 있다. 장자의 「제물론(齊物論)」에서 '제물'이란 이 세상에서 존재하는 모든 존재자를 살려낸다. 즉 생명의 그릇이 제물이고 자연이다. 이 같은 의미에서 장자는 이성에 의한 기계론적 고정 관념을 깨는 것이 존재자를 모두 살릴 수 있다는 것이다. 장자는 인간 중심적 관점에서 사물을 대함을 경계하고 있다. "사물을 사물 그 자체로 보고, 도(道)의 관점에서 보아야 한다"고 역설했다. 노자의 「도덕경」에서도 "도는 만물에 대해 생(生)하여 주되 소유하지 않고, 위해 주된 의지하지 않고 어른이지만 주재하지 않는다." 이 또한 자기 관점에서 사물을 보는 인간중심주의적인 사고를 배제하는 것을 의미한다. 즉 '자기 방식이 아닌 사물 그 자체로' 본다는 것을 의미하는데, 이는 성견(成見: 이루어져 틀이 잡힌 견해)을 배제하고 자기의 욕심을 버리고, 있는 그대로 본다는 의미로 무위자연, 순자연(順自然), 법자연(法自然)이라고 말할 수 있다. 다시 말해서 허기(虛氣)한 상태에서 사물을 대함은 생물이든, 비생물이든 그 존재의 가치를 인정하게 되며 생명의 존귀함도 깨닫게 된다는 것이다. 오늘의 환경문제는 사물을 사물 자체로 보지 않고 인간 중심적 관점에서 본 결과이다. 결국 노장사상은 모든 존재자는 구분은 되지만 분리하지 않고 각자의 존재에서 합일하는 일원론적·유기체적·역동적인 생명사상을 나타내 준다고 볼 수 있다.

불교 교리의 '연기법과 삼고·사성제 사상' 또한 '생명'의 문제를 깊이 문제삼고 있다. 연기법은 이 세상에 존재하는 모든 것들은 연관이 배제된 채 고립된 단독자로서는 존재할 수 없으며(諸法無我), 상호의존하고 있기 때문에 '상호의존적 생성,' '생태적 먹이사슬 구조'를 지니며, 동시에 변화를 부정한 고정 상태로 존재할 수 없다는 것이다(諸行無常). 환경문제는 상호의존적 세계, 연관성에 대한 부정 때문에 발생한다. 삼고. 사성체 사상은 우주 안에 존재하는 모든 것은 '고(苦)'로 가득 차 있다고 본다. 이 고의 원인은 인간의 '탐욕'에 있다고 보고, 이 3고의 상태를 없애는 유일한 길은 부처님이 명시한 '사성제'에 있다고 한다. 결과적으로 이 고를 멸진(滅盡)하는 길이 '도제(道諦)'로서 참다운 생명 현상을 극대화시키는 길이 된다고 보았다. 환경문제는 인간의 소유할 수 없는 것에 대해 소유하는 반자연, 즉 자연을 객관화하고 인간 자신의 욕구 충족을 위한 이기적인 대상물로 파악했다는 점이다. 그래서 불교에서는 자연을 즉자적, 대자적, 주관적, 소유적 파악을 중지하고 "모든 존재자는 괴롭다"는 우주의 연기론적 진리를 철저히 깨달았을 때 인간의 탐욕은 사라지고 환경문제를 총체적으로 이해할 수 있다는 것이다.

유가사상에서 유가의 '인(仁)' 사상은 천지와 인간이 어떤 관계로 조화되어야 하는가에 대해 잘 설명해 주고 있다. 인은 만물을 널리 사랑하는 도덕적 정감으로 이해되고 있다. 맹자가 금수(禽獸)에 대해서도 그들이 죽어가는 모습과 애끓는 소리를 듣고는 그 고기를 "차마 먹지 못한다"고 한 표현에서 생명의 존귀함과 존재 의지를 확인할 수 있다. 왕양명(王陽明)의 '천지만물일체(天地萬物一體)'의 인을 설명하는 가운데서 인간의 마음에는 만물의 일체인 인이 있기 때문에 만물을 박애하는 정이 있고 생명 파괴에 대한 고통이 따른다고 보았다. 즉 인간은 인간 외의 동·식물이나 비생물도 사랑하고 돌보아야 할 책임이 있다는 것이다. 중용의 '치중화(致中和)' 사상은 인간과 만물의 한 몸통으로서 유기체성을 잘 표현해 주고 있다. 주희는 주돈이의 「태극도설」에 영향을 받아 맹자의 인사상을 자연을 이해하는 데까지 확장시켰다. 주희는 천지의 마음에 '원형이정'과 사람의 마음에 '인의예지'가 있음을 주목하면서 '원'과 '인'을 천지의 만물을 생성하는 힘으로 보았다. 이는 바로 '원'과 '인'이 생명의 발원체라고 볼 수 있다. 송의 이학자인 정호는 우주에서 발생하고 있는 일들을 모두 자기와 유기적인 관계를 가지고 있다는 것을 규정하고, 이러한 체험을 가진 사람을 '인인(仁人)'이라고 칭했다. 그는 의서(醫書)에서 손발의 마비 상태를 '불인'이라고 한 것을 빌려 '인'을 설명하고 있다. 즉 '인인'은 천지만물의 일체성을 인식할 수 있지만 '불인'의 상태는 천지 만물과의 '기' 소통이 이루어지지 않아 만물을 범애하는 도덕적 정감이 없어 진정한 '인'의 실천에 이를 수 없다는 것이다.

특히 맹자는 왕도의 시초를 자원 보호의 전제 하에 사려 깊은 개발로 자연자원의 합리적 이용을 제시하고 있다. 물고기를 보호하는 측면에서 그물코를 조절한다든지, 나무를 벌목할 때도 때를 맞추어 하는 것이나 천지의 생육생성의 작용을 도와서 자원의 이식을 최대한으로 취용하기를 주장했다. 순자 또한 '천'과 '인'은 각자의 직능에 따라 그 역할이 구분되지만 인간의 합리적인 사고에 따라 자연의 이치를 밝히고 객관적인 규율에 순응함을 강조하고 있다. 즉 "하늘에는 그 시(時)가 있고 땅에는 그 재(財)가 있으며 사람에게는 그 치(治)가 있다"고 했다. 이 밖에 유가사상은 조화 가능한 절용정신을 강조함으로써 오늘날 인간의 물질 향유와 편리함을 추구하는 인간 욕구 의지에서 비롯된 환경문제에 경종을 울리고 있다.

이상에서 동서양의 사상은 한결같이 인간과 자연의 관계가 어떻게 그 관계 설정이 이루어져야 바람직한가를 잘 보여 주고 있다. 결국 양자의 관계는 '생명'이라는 문제를 중심에 놓고 접근하고 있다. 환경의 문제는 모든 존재자가 그 존재의 가치를 인정받고 공존공생하는 길을 찾는 문제이다. 그렇다면 지난 세기 동안 인류는 인간 중심적 세계관 속에 갇혀서 '생명'의 문제를 경홀히 여기고 인간 중심에 집착한 나머지 인간만을 위한 이기적인 문명을 만들어 왔다 해도 과언이 아니다. 이제 지난 산업문명에 대한 철저한 성찰을 통해 새로운 이념적 · 사회적 패러다임의 토대 위에 21세기, 우리가 지향해야 할 환경정책의 비전과 목표, 그 전략은 어떻게 설계하고 추진해야 할지를 진지하게 검토해야 한다.

제 2 절 우리나라 환경정책의 비전과 전략

1 환경정책의 비전과 목표

우리는 이제 '생명'의 문제에 관심을 고조시켜야 한다. 생명의 문제에 관심을 갖는다는 것은, 곧 우리가 지향해야 할 환경정책은 생명의 문제에서 출발되어야 한다는 것을 의미한다. 즉 우리의 환경정책은 '생명사상'에 토대를 두고 지속 가능한 자연자원 이용을 통해 자연환경을 최대한 보전하고 환경이 주는 혜택을 모두가 고루 향유하는 질 높은 정의 사회를 구현해야 한다. 새 천 년의 환경 비전은 부분적인 환경정책으로는 불충분하고 근본 가치관의 변화에 따른 사회 전반에 걸친 또한 현재와 미래 세대를 포괄하는 전일체적인 내용을 담고 있어야 한다.

첫째, 사회윤리와 철학적 측면에서 인간의 존엄성과 생명 가치가 존중되는 환경 정의 사회를 지향해야 한다. 미래 세대에 대한 환경권의 보장, 환경재의 혜택에 대한 사회적 평등, 지구환경에 대한 윤리적 관심과 배려가 지탱되는 사회이다.

둘째, 정치와 행정적 측면에서 민주적 절차가 존중되고, 자율성과 책임성이 수반되는 환경관리를 지향해야 한다. 이를 위해 학자들과 의사결정자들이 인간 행위와 자연적 실체가 조화를 이룰 수 있는 새로운 법칙(제도)과 질서를 고안해야 한다.

셋째, 산업과 경제적 측면에서 환경과 경제를 제로섬 게임(zero-sum game)이 아닌 윈윈(win-win)을 추구하는 동시에 생태효율성(eco-efficiency)을 극대화하고 자원 절약과 재생 자원 활용을 추구하는 자원순환형 경제사회 시스템을 목표로 한다.

넷째, 과학기술적 측면에서 생명 존엄 사상에 토대를 둔 과학기술의 창달과 과학적 지식의 운용을 통해 자연에 가능한 충격을 적게 가하면서 지속 가능한 범주에서 과학을 추구한다.

다섯째, 국토 환경적 측면에서 환경 용량의 범위 내에 보전과 이용의 조화를 이루고 통일된 국토의 생태적 완결성을 높이는 국토관리를 지향한다.

여섯째, 지구 및 지역환경적 측면에서 정부는 능동적으로 환경보전정책을 선도해 나가야 한다. 지구 환경위기 극복을 위한 범국제적 책임과 의무를 다하며 주민 밀착적인 지역 환경보전을 지향한다.

2 환경정책의 추진전략

1) 생명 존중과 환경권 보장

국가 발전은 모든 사회집단 간의 환경 정의를 바탕으로 이루어져야 한다. 특히 생명을 존중하고 적극적인 '환경권'[1)]의 보장으로 환경 정의가 구현되도록 해야 한다. 환경권은 환경에의 침해를 배제할 수 있는 배타적 권리이며, 생존권적 기본권의 하나이다. 우리 헌법 제35조 제1항에서 "모든 국민은 건강하고 쾌적한 환경에서 생활할 권리를 가지며, 국가와 국민은 환경보존을 위해 노력해야 한다"라고 하여, 환경권의 보장과 더불어 국가와 국민의 환경보전 의무를 규정하고 있다. 동조 제2항에서는 "환경권의 내용과 행사에 관하여는 법률로 정한다"라고 하여, 환경권에 관한 법률유보를 규정하고 있는데 이에 따른 환경정책기본법 제6조는 환경권의 구체적인 권리임을 규정하고 있다. "모든 국민은 건강하고 쾌적한 환경에서 생활할 권리를 가지며 국가 또는 지방자치단체의 환경보전 시책에 협력하고 환경보전을 위해 노력해야 한다." 환경권은 기본권으로서 인간의 존엄과 가치·행복추구권에서 파생한 기본권

1) '환경권'의 이념은 어떤 사상가에 의해 체계적으로 주장된 것은 아니고, 각 선진국에서 산발적으로 논의되어 오다가 1960년대 이후 경제건설에 따른 공해에 의해 인간의 생활을 영위할 수 있는 환경의 향수권을 주장하게 된 것이다. 특히 1972년 6월 스웨덴 스톡홀름의 UN 인간환경회의에서 채택된 'UN 인간환경선언'이 "인간환경의 보호와 개선은 인간의 복지와 경제 발전에 미치는 주요 문제이므로, 이는 전 세계 인간의 절박한 염원으로 모든 정부의 책임이다"라는 결의문으로 선언되면서부터 온 세계 각국이 다투어 그 나라의 법체계에 흡수했다. 인간환경선언 원칙 중에서 "인간은 그 생활의 존엄과 복지를 보유할 수 있는 환경에의 자유·평등·적절한 수준의 생활을 영위할 기본적 권리를 갖는다"라는 환경권을 선언하고 있다. 또한 천연자원이나 야생동물의 보호, 유해물질이나 열의 배출규제, 해양오염의 방지, 개발도상국의 개발 촉진과 원조, 인구정책, 환경문제에 관한 교육, 환경 보존의 국제협력, 핵무기 등 대량 파괴 무기의 제거와 파기를 촉구하고 있으며, 다시 환경에 대한 국가의 권리와 책임, 보상에 관한 국제법의 진전 등을 명기하고 있다. 이에 대한 학자들이 주장하는 개념을 좀 더 구체적으로 살펴보면, 환경권은 "인간이 건강한 생활을 영위할 수 있고, 인격을 자유로이 발현할 수 있으며, 생존에의 양질의 생활환경을 향유할 수 있는 권리"이다(김철수, 『헌법학개론』(서울: 박영사, 2008), p. 753); 좋은 환경에서 쾌적한 생활을 누릴 수 있고, 건강을 훼손당하지 않을 권리"라고 설명하고 있다(권영성, 『헌법학 원론』(서울: 법문사, 2002), pp. 647-48).

으로 생존권적 기본권에 포함된다고 한다.

환경권은 자유권적 성격과 생존권적 성격을 아울러 가진다고 보아야 할 것이다. 그리하여 자유권적 성격에서 환경 침해 배제 청구권이 인정되며, 생존권적 성격에서 환경보호 보장 청구권이 인정된다고 할 것이다. 제3항에서는 "국가는 주택개발정책 등을 통해 모든 국민이 쾌적한 주거생활을 할 수 있도록 노력해야 한다"라고 하여 쾌적한 주거생활권까지 보장하고 있다. 여기서 '쾌적한 환경'이란 청결함에 그치는 것이 아니라 인간다운 생활을 할 수 있는 환경을 의미한다. 따라서 환경권이란 인간다운 환경 속에서 생활할 수 있는 권리라고 할 수 있다. 환경 위기 시대에 인간의 존엄성은 생존의 기본 요건인 환경권의 보장을 통해 신장될 수 있다. 자연을 인간의 예속물이 아닌 독립적인 존재 가치를 인정하는 자세에서 생명 존엄성을 이해해야 한다. 생명의 존엄성에 대한 존중 미흡으로 인한 환경오염과 파괴의 피해는 소득과 생활 수준이 낮은 빈곤층, 생리적 약자인 여성・어린이・노인층 그리고 자신을 대변할 수 없는 미래 세대에 집중되는 경향이 있다. 그러므로 국민 개개인의 환경권이 철저히 보장되도록 제도적인 장치를 강화해야 한다.

2) 자율과 책임성에 의한 민주적 환경관리

모든 정부 개발정책을 결정할 때 민주적인 절차가 존중되는 환경관리를 지향한다. 종래의 규제 일변도 정책에서 자율과 책임성에 의한 환경관리를 최대한 보장하고 장려해야 한다. 정부, 기업, 주민 등 사회 각 분야가 환경문제를 올바르게 인식하고 각기 자신의 역할과 책임을 자율적으로 수행하는 자세가 필요하다. 또한 민주적・자율적인 환경관리의 성공은 엄정한 책임 인식 하에서 성공할 수 있다. 때문에 법규 위반, 개발 실패 등으로 인한 환경생태계 파괴에 대한 원인 규명과 책임 추궁 그리고 대가성 지불 요구가 더욱 철저하게 이루어져야 한다. 자율적으로 행동하는 사회, 각 집단의 견제와 균형으로 민주적인 환경관리를 추구해야 한다. 무엇보다도 민주적 환경관리는 개발정책에 따른 환경영향을 사전에 최소화할 수 있는 '공론화' 과정이 필요하다. 또한 오염자 부담 원칙(polluter pays principle)을 확대해야 한다. 환경오염을 한 사람들이 그 비용을 지불하지 않는 한 환경오염은 외부불경제를 일으켜 많은 피해자에게 불공평하게 비용이 전가될 수밖에 없다. 즉 오염자가 부담해야 할 오염 부담의 범위를 환경 피해 비용을 포함하는 것으로 확대해야 한다.

3) 생태적 효율성을 제고하는 자원순환형 시스템 구축

자원을 효율적으로 활용하는 생태 효율이 높은 에너지 절약형(신재생 에너지 등)·자원순환형 시스템 구축이 필요하다. 더 적은 환경자원의 이용으로 더 많은 재화나 서비스를 생산할 수 있는 사회경제 체제를 지닐 수 있어야 환경 용량이 보전되는 지속 가능한 사회가 될 수 있기 때문이다. 이를 위해서는 불특정 다수가 다수에게 피해를 주는 소비 오염 문제를 줄이고 건전한 생산 체계를 유도하기 위해 적극적인 수요관리가 필요하다. 종래의 공급 위주의 사고가 초래한 자원 낭비와 비효율을 극복하는 것은 환경 개선은 물론 경제 체질 개선을 위해서도 중요하다. 적은 요소 투입으로 많은 생산을 가져오는 생산성 혁명과 함께 불요불급한 소비를 줄이고 적재·적소·적시에 소비하는 수자원, 에너지, 토지자원 등에 대한 적극적인 수요관리가 필요하다.

4) 사전 예방 위주의 통합적인 환경관리

각종 정책결정에서 생태 보전에 대한 사전 예방의 원칙을 철저히 견지하도록 한다. 각종 정책과 개발사업의 환경영향을 사전에 평가하여 예방대책을 미리 강구해야 한다. 또한 경제성장정책, 산업개발정책, 국토이용계획, 에너지 등 자원관리정책 그리고 과학기술정책 등이 환경정책과 상호 조화되고 지원되게끔 운영하도록 한다. 사전환경성 검토가 크게 강화되어, 모든 계획을 수립할 때 생태적 관점에서 종합적으로 평가하고 그것을 계획에 반영하도록 실효성 있게 운영해 나가야 할 것이다. 특히 그 피해의 정도가 명확하게 밝혀지지 않고 있는 환경오염물질 관리 및 개발의 생태적 영향이 현재의 과학기술로는 평가가 불확실할 경우 미래 세대를 위해 결정을 유보하는 '사전주의 원칙(precautionary principle)'이 존중되어야 한다.

5) 지구-지역 환경보전의 선도

환경문제는 국지적이거나 지엽적인 문제가 아니고 범세계적이고 지역 중심적인 문제이다. 좀 더 적극적으로 지구환경 보전과 지역 환경 개선을 주도하는 환경 선진국을 지향해야 한다. 21세기에는 한반도의 경제 환경을 기후 변화, 산성비, 생물다양성의 소실 등 국제·지역 환경문제와 독립하여 생각할 수 없다. 때문에 국제적인 환경 및 경제외교 및 지구환경 보전대책 그리고 지역적으로 주변 국가와의 환경 협력을 성공적으로 추진하여 한반도 환경문제도 해결하면서 지구환경과 동북아 지역 환경의 개선에도 기여해야 한다. 또한 한반도의 환경문제는 남북 간의 환경 협력을 필연시하고 있으므로 남북은 환경문제에 대해 상호 인식과 이해를 확대시키며 적극적인 남북 환경 협력을 추진해야 한다.

6) 평생환경교육 체계 확립

환경교육의 필요성은 환경과 환경문제에 대한 관심 및 인식, 문제 해결을 위한 지식과 기능의 습득, 환경 보전과 쾌적한 환경의 질 향상을 위해 참가하는 가치와 태도의 양성 및 행동의 실천을 위한 것이다.[2] 환경 위기를 극복하고 복지사회를 이룩하기 위해서는 종래의 물질문명과 편리함, 이기심을 강조하는 인간 중심적 가치 체계를 생명 존중, 녹색소비, 이타심을 중시하는 가치 체계로 바꾸기 위해 가치관 전환교육이 필요하다. 이것은 단순한 환경과학에 대한 지식의 전달이 아니라 생태학적 교육 패러다임으로 전환하는 교육이 필요하다. 공교육 분야에서 환경윤리의 내용을 강화하고 체험 환경교육을 확대할 필요가 있다. 사회 환경교육을 통한 평생환경 교육 체계를 확립해 나가야 한다. 정부, 기업, 시민단체 등 모든 영역에서 지역 특성에 맞는 환경교육 프로그램을 개발하여 지역 주민들을 교육시키는 것이 필요하다. 또한 사이버 환경 교육관리 시스템을 구축하여 환경 교육자료나 정보 교환을 통해 국민 누구나, 언제, 어디서나 효율적으로 활용할 수 있는 시스템을 개발하여 운영해야 한다.

7) 환경 친화적 과학기술정책 확립

인류는 지구 환경위기를 극복하기 위해 과학기술을 이용하되 과학기술로 모든 환경문제를 해결할 수 있다는 낙관론을 버려야 한다. 과학기술의 개발은 매우 신중하게 추진되어야 한다. 국가의 과학기술정책은 반드시 환경을 고려한 생태학적 합리성의 원칙에 따라 사회적으로 관리하는 환경정책을 펴야 한다. 통제 없는 과학기술의 발전은 제2의 DDT, 환경호르몬(내분비계 장애물질), 그리고 끊임없는 인간 활동에 의한 생태계의 파괴를 불러올 것이기 때문이다. 과학기술은 재생 가능한 에너지 개발 체계를 혁신적으로 강화해야 할 것이다. 풍력, 태양광, 태양열과 같은 재생 가능

---

2) 최석진, "지속 가능 발전을 위한 환경의식과 환경교육," 「지속 가능한 사회와 환경」(서울: 박영사, 1995), p. 242.

한 에너지의 개발은 미래 세대에 물려줄 수 있는 소중한 유산이다.

또한 과학기술에 대한 사회적 영향이 크기 때문에 '기술영향평가제'를 도입하여 유전자 변형 생물체, 생명공학 등의 기술 개발로 인한 미래 세대에의 영향을 평가하는 것이 필요하다. 우리의 미래는 생태 효율을 높이는 기술혁신 능력이 국가경쟁력을 결정하는 시대이다. 우선 환경산업의 육성과 청정 공정기술 개발로 국가 경쟁력을 제고 하는 저탄소 녹색성장 정책을 추진해야 한다. 이를 위해 환경 벤처를 적극 육성하여 종래의 사후처리기술(E.O.P Tech)의 개선과 함께 사전 예방, 청정기술(Clean Tech) · 환경 복원 및 재생 기술(Green Tech)의 발전을 추진하면서 공정혁명(process innovation)을 유도하는 것이 필요하다.

8) 환경 친화적 국토개발정책의 정착

환경 친화적인 국토개발정책을 정착할 필요가 있다. 전 국토의 생태적 가치와 토지 이용을 고려하고, 생태적 가치에 따라 등급화한 '생태자연도'를 작성하여 개발 계획 수립 및 승인시 활용한다. 전국의 토지 성격을 다단계의 개발 · 보전 등급으로 나누고 등급별로 환경과 개발의 통합적 계획을 내용으로 한 국토 이용계획을 세밀하게 수립하는 것이 바람직하다. 국토개발사업의 환경 친화적 개발을 유도하기 위한 지침의 개발 및 보급이 필요하다. 지역별 환경 현황과 자원에 대한 조사 및 환경 용량의 산정, 각 지역별 환경 용량을 고려하여 사업 유형별로 환경 친화적인 개발 규모와 형태를 결정하는 것이다. 아울러 생태도시 및 생태 공공이용시설 건설 등의 시범사업 추진도 필요하다.

제 3 절 맺는 말

21세기 인류와 함께 우리가 지향해야 할 지속 가능한 문명의 길은 과연 무엇일까? 지난 한 세기 동안 인류는 도구적 이성 중심에 입각한 과학만능주의적, 인간 중심적 세계관의 토대 위에 산업문명을 꽃피웠다. 산업문명이 가져다 준 편리함과 풍요함은 엄청나게 컸고 우리의 삶의 형태에도 많은 변화가 일어났다. 그러나 다른 한편으로는 산업문명의 부산물이 바로 인류의 생명을 위협하는 위기로 나타나게 되었다. 이제 우리는 이 위기를 극복하기 위해 지난 세기의 윤리 및 가치관 그리고 세계관에 대한 철저한 성찰이 있어야 하고 새로운 문명을 지향하는 세계관의 정립이 요구된다. 지난 세기가 인간과 자연의 대립·갈등의 문명이었다면, 21세기는 인간과 자연의 조화와 공존이 요구되는 문명으로의 전환이 필요하다. 인간과 자연이 공존공영할 수 있는 전일적이고 유기체적인 생태문명으로의 패러다임 전환이 있어야 한다. 문명이라는 것은 '편리함' 이상도 이하도 아니며, '편리함을 추구하는 인간의 욕구'가 인류 문명 위기의 근원임을 우리는 자각해야만 한다. 편리함의 미명 아래 자연을 파괴하는 문명에서는 결코 진정한 인간의 자유도 기대할 수 없다. 환경이 천박하고 과다한 소비적 탐닉에 이용되어서는 안 된다. 이 같은 제한에 대한 윤리적 근거는 현재와 미래 세대의 평등권에 대한 약속이다. 현재와 미래 세대의 모든 구성원은 물질적 안락과 지적 발전에서 동등한 기회를 향유해야 한다. 특히 환경정책을 담당하고 있는 관리자들은 과거의 환경개량주의적인 신념에서 벗어나 환경의 본질이 생명임을 깨닫고 동서양의 여러 사상에 내재해 있는 생명사상을 토대로 국가 발전의 비전과 목표를 세우고 구체적인 추진전략에 따라 행동해야 할 것이다. 모든 사회 구성원들도 지구 자원의 유한성과 무한 성장의 한계를 인식하고 생태적 각성을 토대로 지속가능한 문명을 창출하는 데 역사적 주체자로 동참해야 할 것이다.

참고 문헌

「孟子」. 盡心 上. 離婁 下. 梁惠王 上.
「荀子」. 天論編. 非相編. 王制編.
「呂氏春秋」.十二紀.
「易傳」.
「禮記」. 月令.
王先謙撰. 「荀子集解」.
王守仁. 「大學問」.
張載. 「西銘」.
程顥. 「二程遺書」. 識仁編.
朱熹. 「朱子大全」. 仁說.
———. 呂祖謙, 「近思錄」.道體編. 「周易全義大全」, 序卦傳. 繫辭傳. 說卦傳. 彖傳. 「中

庸」, 首章: 道와 中庸.

강석주(1983), 「불교의 자비-방생 이야기」, 홍법원.
계명대학교 철학연구소(1997), 「인간과 자연」, 서광사.
고영섭(1999), "불교의 생태관," 「생태문제와 인문학적 상상력(공저)」, 나남.
곽신환(1996), "주역에서의 자연관," 「동양사상과 환경문제」, 모색.
———(1997), "유교의 만물관: 그 법칙과 생명," 「환경과 종교」, 민음사.
교수불자연합회 편저(1994), 「불교의 현대적 조명」, 민족사.
국학자료원(1997) 역해, 「道德經」.
권영성(2002), 「헌법학 원론」, 법문사.
김갑수 역(1996), 「天人關係論」(풍우 저), 신지서원.
김균진 옮김(1986), 「창조 안에 계신 하나님」, 한국신학연구소.
김균진(1989), "자연은 하나님이 주신 것이다," 「신앙세계」. 7월.
———(1993), 「생태학의 위기와 신학」, 대한기독교서회.
김명용(1990), "창조의 보존과 새로운 창조신학," 「장신논단」, 제6집, 장로회신학대학교.
김명자(1992), 「동서양의 과학전통과 환경운동」, 동아출판사.
김성동(1993), "환경문제와 불교사상," 「녹색평론」, 제10호(5-6월호).
김영태(1994), "불타와 자연애호," 「새로운 정신문화의 창조와 불교」.
김용옥(1999), 「노자와 21세기(上)」, 통나무.
김용정(1997), "생태학과 불교의 공생리," 「환경과 종교」, 믿음사.
김철수(2008), 「헌법학 개론」, 박영사.
김철영(1990), "창조질서와 보존에 관한 윤리신학적 분석," 「장신논단」, 제6집. 장로회신학대학교.
김충렬(1977), 「中國哲學散考」, 범학도서.
———(1994), "21세기와 동양철학," 「녹생평론」. 7-8월 통권 제17호.
———(1996), 「老莊哲學講義」, 예문서점.
김항배(1997), 「莊子哲學의 精解」, 불광.
노태준 역해(1994), 「道德經」, 홍신신서.
뉴 톰슨(1998), 「관주 註釋聖經」(The New Thompson, Annotated-Chain Reference Bible), 성서교재간행사.
다카쿠스 준지로(1996), 「불교철학의 정수」, 정승석 옮김, 대원정사.
동국대 불교문화원(1989), "部派佛敎의 物質論(其一)," 「불교학보」 제26집.
———(1990), "部派佛敎의 物質論(其二)," 「불교학보」 제27집.
———(1991), "瑜伽論에 나타난 物質論," 『불교학보』 제28집.

류승무(1995), “방생의 새로운 이해,” 「승가」, 제14호, 중앙승가대학교.
맹용길(1990), “창조의 보존,” 「장신논단」, 제6집, 장로회신학대학교.
牟種鑒(1994), “유학과 생태환경,” 「공자사상과 21세기」, 동아일보사, 한・중 국제학술회의 논문집.
박길용(1997), “환경문제와 기독교 사상,” 「환경정책논집」, 5(1). 한국환경정책학회.
———(1998), “우리나라의 환경 관련 학문 분야에 대한 도전과 전망,” 「환경논총」,제36권, 서울대학교 환경대학원.
방입천(方立天)(1992), 「불교철학 개론」, 유영희 옮김, 민족사.
법륜(1991), “불교의 세계관에서 본 환경문제,” 「창작과 비평」, 여름호.
———(1996), “불교사상에서의 생명문제와 세계관,” 「불교의 생명사상과 환경문제」. 한국불교환경교육원.
———(1997), “불교의 환경윤리,” 「녹색평론」, 통권 제30호(9-10월호).
———(1993), “불교의 계율로 본 환경보전,” 「종교와 환경」, 한국종교인평화회의.
사이구사 미쯔요시(1990), 「불교철학 입문」, 윤종갑 옮김, 경서원.
桑子敏雄(1997), “주자의 환경철학,” 「녹색평론」, 제33호.
서남동(1972), “자연에 관한 신학적 소고,” 「신학논단」, 제11집. 연세대학교 신과대학신학회.
世親(인도), 「阿毘達磨俱舍論」 30권, 654년 현장 옮김.
송상용(1990), “환경위기의 뿌리,” 「철학과 현실」, 철학문화연구소.
송지영 역해(1997), 「莊子」, 신원.
송창기・황병욱(1988), 「老子와 道家思想」, 문조사.
송항룡(1997), “노장의 자연관,” 「環境과 宗教」(공저), 민음사.
신현숙(1988, “불교의 생명관,” 「불교에서 본 인생과 세계」, 홍법원.
심재룡(1988), “도가는 기술문명에 반대하는가?,” 「환경: 자연의 훼손과 재창조」.
———(1990), “동양철학의 관점에서 본 환경문제,” 「철학과 현실」, 철학문화연구소.
안동림 역주(1997), 「莊子」, 현암사.
안병무(1982), 「역사와 해석」, 대한기독교출판사.
嚴靈峰(1966), 「老莊硏究」, 臺北: 臺灣中華書局.
葉國慶(1966), 「莊子硏究」, 臺北: 臺灣商務印書館.
吳康(1963), 「老莊哲學」, 臺灣商務印書館.
오영석(1987), “생태계의 신학적 이해 2,” 「기독교 사상」, 11월호.
오형근 외(1992), 「불교와 자연과학」, 집문당.
오홍석(1993), 「환경인식과 실천의 새 지평」, 교학연구사.
왕대일(1993), “창1: 2-2:4a의 신학적 검토,” 「신학과 세계」, 통권 제27호, 감리교신학대학교.
유정길(1994), “생태적 대안사회와 공동체 운동,” 「환경 논의의 쟁점들」, 나라사랑.

윤응진(1993), “생태학적 위기와 기독교 교육적 과제,”「신학연구」, 제34집. 한국신학대학교.
윤천근 역저(1996),「道德經」, 범인.
이강수(1988), “인간과 자연의 조화,”「환경: 자연의 훼손과 재창조」, 서울올림픽국제학술회의.
———(1995),「道家思想의 硏究」, 고려대학교 민족문화연구소.
———(1996),「東洋思想과 環境問題」, 모색.
張默生(1969),「莊子新譯」, 臺北: 綠洲書局.
———(1971),「노자장구신해」, 臺北: 樂天出版社.
전재성(1996), “불교사상과 환경문제,”「동양사상과 환경문제」(공저), 모색.
전헌호(1994), “환경문제에 관한 신학적 소고,”「신학전망」, 제106호.
정병석(1995), “천생인성의 구조로 본 순자의 자연관,”「인간과 자연」, 계명대학교철학연구소.
조가경(1988), “우주주의의 회복,”「환경: 자연의 훼손과 재창조」.
조용훈(1996), “개발문제와 기독교 사회윤리,”「신학사상」, 봄호. 한국신학연구소.
최석진(1995), “지속가능 발전을 위한 환경의식과 환경교육,”「지속가능한 사회와 환경」, 박영사.
최혜성(1990), “생태론적 위기와 녹색운동,”「철학과 현실」, 여름, 철학문화연구소.
칼루파하나(1963),「불교철학」, 최유진 옮김, 천지.
한국언론자료간행회(1997),「21세기 문명과 불교」, 불교학술연구소 .
한국철학회(1991), “불교의 물질과 정신과의 관계론,”「철학」(6월호).
환경부(2000),「새천년 국가환경 비전과 추진전략」.
———(2009), 환경정책기본법.

Amery, C.(1972), *Das Ende der Vorsehung. Die gnadenlosen Folgen des Christentums*, Hamburg.
Attfield. R.(1983), “Christian Attitudes to Nature,” *Journal of the History of Ideas.*
Cobb, J. B.(1972), *Der Preis des Fortschritts, Vmweltschutz als Problem der Sozialethik*, München.
Doughty, R.(1981), “Environmental Theology: Trends and Prospects in Christian Thought,” *Progress in Human Geography.*
Kade, G.(1971), “Okonomische und gesellschaftspolitische Aspekte des Vmweltschutzes,” in *Gewerkschaftliche Monatschrifte.*
Krolzik, Udo(1979), *Vdo. Vmweltkrise-Folge des Chrestentums?,* Stuttgart/Berlin.
Moltmann, J.(1985), *Gott in der schopfung-Okologische Schopfunglaube*, München.
von Rad, G.(1972), *Das erste Buch Mose Genesis*, ATD 2-4,9. Aufl.. Göttingen.

White Jr, Lynn.(1967), "The Historical Roots of Our Ecological Crisis," in *Science*, March 10.
Whitney, Elspeth.(1993), "Lynn White, ecotheology, and history." *Enviromental Ehtics* 15.

제6편

국가 녹색성장정책

제 17 장 녹색성장의 도입 배경과 의의

제 1 절 도입 배경

세계는 지금 기후 변화로 상징되는 '환경 위기'와 고유가로 대표되는 '자원 위기'에 동시에 직면해 있다. 즉 인류는 산업혁명 이후 화석연료 사용의 급증으로 지구 기후 변화에 따른 환경(생태계), 산업・경제 위기 및 인간 생활양식 전반에 광범위한 파급 효과가 예상 된다(<표 17-1> 참조).

특히 기후 변화 문제는 각종 자연재해를 유발하는 것은 물론, 생태계의 질서를 근본적으로 뒤흔들며 인류의 생존을 위협하고 있다. 지금과 같이 '에너지 다소비 체제'가 지속되는 '요소 투입(고투입-고산출)'형 성장 방식은 환경적 측면에서 바람직하지 않을 뿐만 아니라 경제적으로도 이미 한계에 도달했다. 자원과 에너지 가격이 치솟으면서 이들의 대량 투입에 의존하는 경제 시스템은 경쟁력을 상실하여 지속 가능할 수 없게 된 것이다.

UNEP에 따르면 향후 30년간 세계 인구의 급증세가 지속화되어(2005년 65억 명), 2030년에는 82억 명으로 늘어나 환경 압박(environmental pressure)이 매우 클 것으로 예측된다. 특히 BRICS(Brazil, Russia, India and China) 국가 중 인도, 중국 등 인구 대국의 본격적인 경제 개발로 에너지와 자원의 수요가 급증한 반면, 공급은 제한적인 글로벌 불균형 심화를 낳고 있다. 미(美) 지질연구소에 의하면 오일 피크(oil

표 17-1 화석연료 사용 급증에 따른 환경 및 경제적 예상 파급 효과

구분	화석연료 사용의 급증	예상 파급 효과
환경	□ CO_2 배출 급증으로 인한 기후 변화(지구온난화) 악화 • 지구 평균온도 지난 133년간(1880~2012), 0.85℃상승(우리나라 주요 도시평균 1.8℃ 상승)→금세기 말, 최대 6.4℃ 상승 전망 • 극지방의 빙산이 녹아 해수면 상승 지구 평균해수면 110년간(1901~2010) 19㎝ 상승(한반도 43년간 평균 8cm 상승)→금세기 말, 최대 63㎝ 상승 전망 • 한대지역이 냉대가 되고 냉대지역이 온대가 되며 아열대지역으로 확대 전망 • 2005년, CO_2 농도 379ppm 금세기 말, 최대 970ppm 전망→기온 4℃ 상승 □ 전 세계적으로 pH 3~5의 강한 산성비가 내림	• 태풍, 가뭄, 폭우, 폭염, 열대야, 사막화, 극한 기상 등으로 지구생태 악화 • 평균기온 1~2℃ 상승시 물 사용량(농업용수) 급격히 증가→40~70%의 지표수 감소→농업 및 생활용수 급감→토양 산성화→농작물 수확 감소 및 병충해, 질병발생률 급증 • 평균기온 3℃ 상승 시 전세계 해안의 30% 침수로 2억 명 이상 이주가 예상 • 평균기온 2℃ 상승 시 20~30% 생물종 멸종 • 토양 산성화(산림 및 생태계 파괴)
경제	□ 현 에너지 다소비 체제인 '요소투입형' 양적 경제 성장구조는 질적 성장의 한계에 봉착 • 자원 · 에너지 가격 급등 • 과도한 에너지 수입 비용 부담으로 에너지 안보에 위협→ 고유가 대안 부재 □ '고투입-고산출' 자원집약 산업구조 → 생태효율성 저하 → 질적 성장의 대안 부재	• 에너지, 경제, 기후 변화 간의 악순환으로 지속 성장 불가능 • Stern Review에 따르면, 현 에너지 다소비 체제는 기후 변화로 인한 경제적 손실이 매년 세계 GDP 의 20%에 달할 전망

자료: 유엔 기후 변화에 관한 정부간 조사위원단(Intergovernmental Panel on Climate Change: IPCC), 「제5차 기후변화 평가보고서」(2013); Nicholas Stern., "기후 변화와 경제학," 「스턴보고서」(2006).

peak)가 대략 2030년으로 보고, 세계 석유 매장량이 3조 배럴로 추정하고 있다. 오일피크 이후에는 급격한 감소를 예측하고 화석연료 에너지원 사용 가능 연수는 석유가 43년, 천연가스는 62년으로 추정하고 있다.

급증하는 화석연료 사용은 결국 지구온난화 문제로 나타나고 있고, 국제적으로 기후 변화가 최우선 의제로 급부상되었다. IPCC가 내놓은 지구온난화 대책으로 기온상승률 2℃ 이하로 억제, 온실가스 농도 445ppm 이하로 억제 등으로 2015년부터 온실가스 배출량 감소세로 돌리고, 2050년에는 온실가스 배출량을 2020년 대비 50~85% 감축 등을 제시하고 있다. 지구온난화가 진행될수록 저탄소 경제로 자발적으로 이행하지 않더라도 이 같은 국제규범을 통해 환경규제가 더욱 강화될 전망이다. 지구온난화로 인한 부정적 영향이 현실화됨에 따라 인류 생존 및 지속 가능성장을 위해서도 온실가스 감축에 대한 국제적 공조 및 규제는 불가피할 것으로 본다. 이에 대한 대안 모색으로 최근 선진국들은 이미 자원의 효율적·환경 친화적 이용에 국력을 집중하고 있다. 녹색산업 및 녹색기술이 새로운 국가 발전의 신성장 동력으로 활용하는 전략을 도입 추진하고 있다.

제 2 절 녹색성장의 의의

1 녹색성장의 개념과 주요 내용

'녹색성장'이란 용어는 『이코노미스트지』(2000. 1. 27)에서 최초로 언급되어 학술적인 측면보다는 전문 저널에서 실용적 용어로 제시된 것으로 볼 수 있다. 이는 2005년 UN 아·태 환경개발 장관회의(Economic and Social Commission for Asia and Pacific: ESCAP)에서 심층적으로 논의되어 한국 환경부와 ESCAP은 "녹색성장 서울 이니셔티브"를 추진하여 아태지역 내의 녹색성장 확산을 주도해 왔다.[1] 그 후 다보스 포럼을 통해 널리 사용되기 시작했다. 그러나 경제학적 이론으로 정립된 바는 없고 현재 지속 가능한 발전을 달성하기 위한 실천적 개념으로 볼 수 있다.

환경과 경제 관련 녹색성장의 중심 키워드로는 '생태효율성(eco-effi- ciency)', '환경 생태용량(environmental carrying capacity)' 그리고 '탄소발자국(carbon footprint)'을 들 수 있다. 생태효율성이란 환경 성과와 경제적 성과인 가치의 비율로 정의되며,[2] 우리의 경제활동, 즉 성장을 추구하는 데 물, 공기, 가용 토지, 에너지 등 생태자원을 가장 적게 효율적으로 사용하여 가장 큰 경제적 성과를 창출하고 그 과정에서 발생하는 오염물질의 발생을 최소화하는 것이다. 생태효율성을 증대시키기 위해

1) 국무총리실 기후변화대책기획단, 「기후변화 대응 종합 기본계획」(2008), p. 5.
2) 생태효율성은 1992년 브라질 리우데자네이루에서 개최된 세계정상회의에서 공식적으로 채택된 용어임. 생태효율성 = 가치(Value)/환경영향(Environmental Input). 김창길·정학균, "농업 부문 녹색성장의 개념과 추진 과제," 「녹색성장 심포지엄 발제 자료」(한국농촌경제연구원, 2008), p. 23.

서는 자원 이용의 효율성을 최대화하고 환경 부하를 최소화하는 것이다. 즉 생태 비용의 내부화(시장가격에 반영), 자원효율성의 극대화, 오염 배출의 최소화를 추구한다.

환경 생태용량은 환경을 훼손시키지 않으면서 수확이 가능한 최대 용량을 의미한다. 즉 자원 부존도의 정도에 의해 결정되며, 자원관리 방식에 따라 어느 정도 증가시킬 수 있으며 환경 부하가 생태 용량을 초과하면 생태 용량 자체가 감소한다. 탄소발자국은 사람이 걸을 때 땅에 발자국을 남기듯 상품의 생산과 소비 등 경제활동에서 직·간접적으로 발생하는 이산화탄소의 총량을 말한다. 이러한 전 과정의 온실가스 배출량을 공인기관의 인증을 통해 제품에 표시하는 제도로 탄소 성적 표시제도 또는 탄소 라벨(carbon label)이라 한다.

녹색성장은 21세기 에너지·기후 시대로서 인류 생활 전 분야에 혁명적·급진적인 패러다임의 변화가 진행 중인 바 산업문명의 무한 성장과 소비제일주의, 인간중심주의, 기술낙관주의 가치에 대한 철저한 성찰을 통해 현재와 미래 세대의 행복한 삶을 실현하는 생태효율성이 극대화되는 지속 가능한 새로운 이념적·사회적 패러다임으로 나아가는 생존·번영의 전략적 개념이라 할 수 있다.[3)]

2 녹색성장의 환경과 경제의 관계

녹색성장은 환경과 경제 성장 간에 상충(相衝)된다는 산업화 시대의 고정관념에서 탈피하여 환경과 경제의 통합화를 통한 시너지 효과를 극대화한다는 데 있다. 현 에너지·경제·기후·생태 간의 악순환을 선순환으로 전환하는 것으로서 에너지·자원의 효율적인 이용과 환경 부하를 최소화한다는 개념을 내포하고 있다. 즉 환경과 경제의 조화를 통한 녹색성장 달성이라고 볼 수 있다([그림 17-1]).

현 패러다임은 경제성장시 온실가스 배출 및 환경 훼손이 동반 증가를 가져오지만([그림 18-2]), 녹색성장 패러다임은 경제 성장시에도 배출 증가 탈동조화(de-coupling)[4)] 및 환경지속성이 향상된다([그림 17-3]).

---

3) 박길용, 「환경문제와 제사상」(서울: 다산출판사, 2002), p. 224.

그림 17-1 **녹색성장에 따른 패러다임 전환**

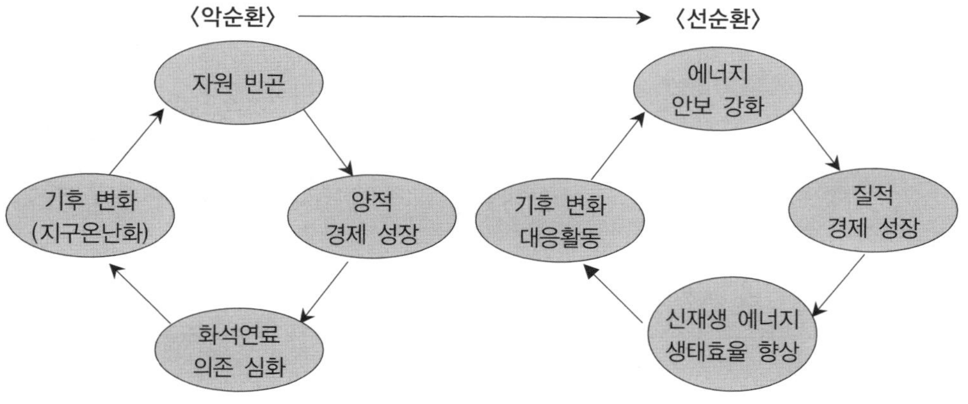

그림 17-2 **현 패러다임**

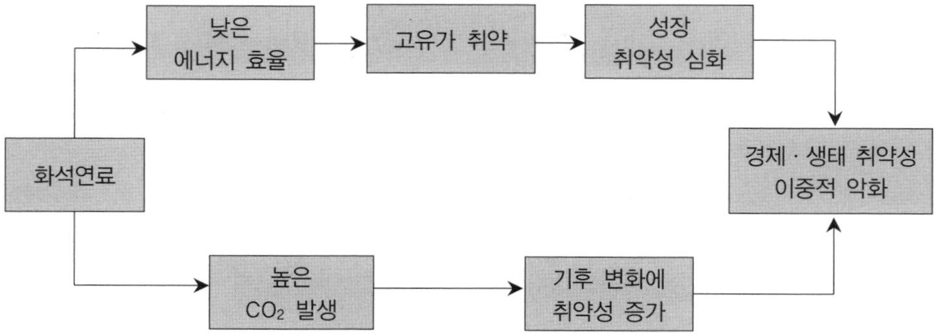

4) 보통 한 나라의 경제는 그 나라와 연관이 많은 주변 국가나 세계 경제의 흐름과 비슷하게 흘러가는데(동조화, coupling), 탈동조화는 이런 움직임과 달리 독자적으로 움직이는 현상을 말한다. 넓게는 경제 분야에서 사용되며 좁게는 환율, 주가 등의 움직임을 설명하는데도 사용된다. 기존의 '요소 투입' 위주 성장모형에서는 경제 성장과 환경 훼손의 동조화가 필연적으로 발생, 즉 경제가 성장함에 따라 자연자원의 이용량이 증가하고 생산 및 소비 과정에서 오염물질의 배출도가 증가한다는 것이다. 그러나 녹색성장은 경제 성장과 환경 훼손의 탈동조화가 일어나 경제 정상시에도 오염물질의 배출도가 감소한다는 것이다.

그림 17-3 녹색성장 패러다임

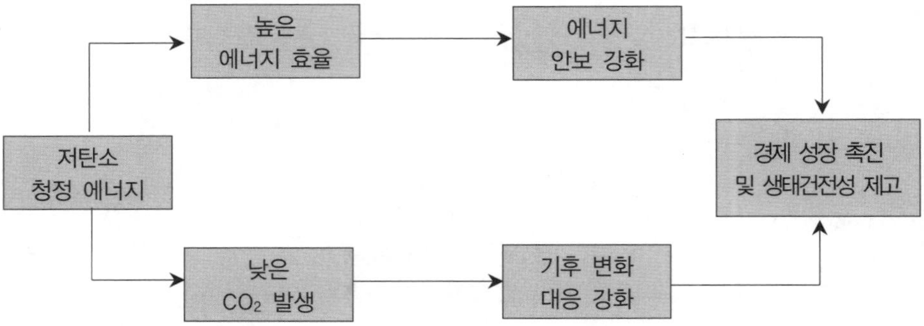

제 18 장

국가별 녹색성장정책

제 1 절 국가별 현황

지금 국제사회는 기후변화문제에 대응하고 환경과 경제의 조화를 통한 녹색성장이라는 새로운 패러다임을 찾고 있다.

1 미 국

전 세계 CO_2 배출 2위(17.7%, 2010년)이며 개발도상국들이 동참하지 않는다는 이유로 교토의정서(京都議定書)에 참여하고 있지 않은 미국 정부가 과거와는 매우 다른 모습으로 '녹색성장'을 통한 국가 발전전략을 모색하고 있다. 녹색산업 전략으로 정부 주도의 기술 개발, 민간 주도의 상용화 추진으로 민·관 협력전략을 공격적으로 구사하고 있다. 미국의 녹색성장정책방향은 세 가지로 요약할 수 있다. 첫째, 에너지 효율과 신재생에너지를 기반으로 하는 경제구조로의 전환을 위한 연구개발 투자의 확대, 둘째로 차세대 수송수단에 대한 화석연료 의존도의 축소, 셋째로 기후변화대응으로 시장원리를 기본으로 하는 탄소배출 감축이다.

오바마(Barack H. Obama) 정부는 향후 10년간 신재생에너지에 1,500억 달러 투자,

5백만 개 그린 일자리 창출, 2025년을 정점으로 배출량 감소체제로 전환하면서 전력의 25%를 신재생에너지로 공급하려는 계획을 세우고 있다. 그리고 에너지 효율 개선을 위해 세금공제와 보조금을 적극적으로 활용하고 있다. 또한 2050년까지 1990년에 비해 온실가스 배출량을 80% 수준으로 감축하기 위해 탄소배출권 총량거래제(cap-and-trade) 실시, 기후 변화 대응에서 선도적 위치 확보를 위한 UN기후변화협약 재참여와 세계에너지포럼 창설 등의 녹색성장 추진에 박차를 가하고 있다. 정부의 탄소세 부과로 2020년까지 2005년 대비 탄소배출량의 17% 감축하겠다는 방안에 따라 미 기업들은 새로운 미래 성장전략으로 활용하는 전략으로 돌아섰다. 최근 오바마 행정부는 기후변화와 녹색성장의 대책으로 의회의 동의가 필요 없는 행정명령으로 화력발전소에 대한 탄소배출량규제에 나서고 있다. 이는 배출권거래제도 보다 훨씬 강력한 방식이다.[1)]

현재 미국정 부가 추진 중인 R&D사업으로 선진 에너지정책(Advanced Energy Initiative: AEI)과 수소 자동차 개발사업(HFI), 온실가스 저감을 위한 핵심기술 개발사업(CCTP) 등이 있다. AEI는 대체 에너지 기술 개발을 통해 2025년까지 원유 수입의 75%를 감축하겠다는 내용을 담고 있다. <표 18-1>은 미국의 선진 에너지정책의 주요 내용을 보여 준다.

표 18-1 선진 에너지정책의 주요 내용

분야	에너지원	목 표
수송	에탄올	농업폐기물·식물 원료에서의 에탄올 추출 기술 2012년까지 실용화
	하이브리드 배터리	일반 전력으로 충전 가능한 전기 개발
	수소 연료전지	'프리덤 카(Freedom CAR)' 개발 예산 증액
전력 생산	태양광 발전	기술 개발 확대, 2015년까지 관련 장비의 경제성 확보
	풍력 발전	R&D예산 증액, 연방정부 소유 토지에 풍력발전소 설치 허용
	청정 석탄화력 발전	'퓨처 젠(Future Zen) 프로젝트' 추진

• 프리덤 카: 2002-12년간 5억 달러를 투입, 수소 연료전지차와 하이브리드 카를 개발
• 퓨처 젠: 2004-15년간 9.5억 달러를 투입, 석탄을 가스화, 수소와 전기를 생산하는 CO_2 영구분리 저장하는 차세대 무공해 발전소 건설 프로젝트

1) 오진규, 「에너지부문의 기후변화대응과 연계한 녹색성장연구」(한국에너지연구원, 2013), p. 20.

또한 주(州)정부별 녹색기술 개발도 발빠르게 움직이고 있다. 캘리포니아 주는 2020년까지 재생 에너지 비율을 30% 이상 늘리겠다는 '에너지 액션플랜'을 수립했고, 오리건 주 역시 지난 1993년에부터 주정부 최초로 온실가스 감축계획을 수립하여 지금까지 적극적으로 추진하고 있다. 이 밖에도 미국 정부는 친환경차 구매자에게 세금 감면 및 보조금을 지원하고 있다. 이 같은 정부의 적극적인 녹색정책에 힘입어 2009년 민간 부문 168개 기업에 26억 달러가 투자되었다. 또한 비실리콘계 태양전지에 대한 R&D 투자를 확대하고 대형 태양열 발전, 목질계 바이오에탄올, 석탄가스화 복합발전(IGCC), 탄소포집장치(CCS) 등에 대한 집중적인 연구 개발을 통해 차세대 녹색시장을 공약할 계획이다.

오바마 미 대통령은 미국 전역의 주요 도시를 잇는 고속철도 건설계획을 발표했고, 생태효율성이 높은 사회 인프라 구축을 천명하면서 80억 달러 예산 배정, 앞으로 5년간 매년 10억 달러 투입으로 녹색 일자리 수천 개와 철도 구간 주변 지역의 경제 활성화대책을 밝히고 있다.

2 영 국

영국 브라운(Gordon Brown) 총리는 2008년 6월 '그린혁명계획'을 발표하고 저탄소 국가 비전을 강력히 추진하여 영국의 옛 영광을 회복한다는 의지로 2050년 '탄소제로형' 국가로 세계 환경시장 선점을 목표하고 있다. '그린혁명계획'의 주요 내용은 2020년까지 200조 원을 투자하여 전체 전력 생산량의 15%를 신재생 에너지로 공급, 풍력 발전으로 국가 전체 전력 생산량의 1/3을 충당, 최고 기술국으로 도약, 바이오에너지(6%) 및 원전 에너지(20%) 생산 비율 대폭 확대 등 국가 에너지 공급 체계를 완전 혁신하겠다는 의지를 담고 있다.

또한 영국은 환경식량도시부(Department for Environment, Food and Rural Affairs: DEFRA)의 책임 하에 국가 기후 변화 프로그램을 수립하고, 최종 수립된 계획은 DEFRA를 포함한 정부의 관련 부처들이 분담해서 추진한다. 이 중 주거, 열병합 발전 등의 에너지, 배출거래제 등은 DEFRA가 관할한다. 그뿐만 아니라 기후변화법안에서 국내 온실가스 배출량을 2050년까지 1990년 대비 80% 감축 목표를 설정했고,

탄소제로도시(Zero Carbon City) 건설 사업을 지속적으로 확장시켜 '탄소 제로 주택' 프로젝트를 통해 2016년부터 모든 신규 주택에 대해 탄소배출량을 제한할 방침이다. 영국은 특히 배출권거래제를 강조하고 있다. 기업별, 정부부처별로 탄소배출량의 한도를 정해 놓고 기업들은 자발적으로 비용효과적인 탄소감축방안을 개발하도록 유도하는 것이다. 신재생에너지의 개발을 촉진하기 위해 재생가능 에너지에 생산된 전기에 대해 재생가능 에너지 의무 인증서를 발행함으로써 적극적인 신재생에너지개발 유인 정책을 시행하고 있다.[2)]

런던 시는 2025년까지 이산화탄소 배출 60% 감축 목표를 세우고 녹색 일자리 창출, 저탄소 기술 프로그램 개발, 저소득층의 에너지 요금 인하 등을 천명하고 추진하고 있다. 농업 부문 기후 변화 대책으로 바이오에너지 전략, 적극적 유기농 육성, 농촌 기후 변화 포럼(RCCF)을 통한 적극적 정책 개발 논의가 활발하다. 이 밖에 영국은 세계 탄소배출권 시장의 40%를 차지하는 유럽기후거래소(ECX)도 집중 육성해 환경시장 인프라를 선점할 계획이다.

3 독 일

메르켈(Angela D. Merkel) 총리는 자국을 비롯해 EU를 중심으로 '포스트(Post) 교토의정서'를 통해 2050년까지 온실가스를 1990년 대비 절반을 줄임으로써 '제3의 산업혁명'을 주도하고 있다. 독일은 제3의 산업혁명의 관점에서 1990년대 후반부터 신재생 에너지 중심의 녹색성장 정책을 추진한 대표적인 국가이다.

독일의 녹색성장 전략은 신재생 에너지 개발 및 보급에 초점이 맞춰져 있다. 연방정부는 2000년에 이미 '재생에너지지원법(EEG)'을 제정하여 적극적인 지원제도를 통해 신재생 에너지 보급・확산에 힘쓰고 있다. 특히 신재생 에너지로 생산된 에너지는 화석연료로 생산된 에너지보다 생산비용이 비싼 만큼, 그 차액을 정부가 지원해 주는 '발전차액지원제도'의 보급을 촉진시켰고(큐셀: 태양전지 세계시장 점유 1위, 10.4%), 또한 풍력과 태양광, 바이오메스 등을 활용해 전기를 생산할 경우, 해당 지역 전력회사들이 2024년까지 의무적으로 전기를 매입하도록 했다.

---

2) 오진규, 위의 책, p. 25.

독일은 2008년 세계에서 신재생에너지 신규 투자가 가장 많은 국가이며, 기후 보호를 위해 연방정부 예산에서는 총 33억 유로로 책정되었고 이는 2005년 대비 무려 200% 증가한 수치이다. 특히 태양광 발전 및 바이오 디젤 생산에 집중 투자하고 있다. 그 결과 신재생 에너지 분야의 매출액은 2007년에 약 20조 원을 초과했으며, 일자리는 2004년에 16만 명이었던 것이 2007년에는 25만 명으로 약 55% 증가했다. 독일은 2013년 현재 환경 기술 수출 부문 세계 1위이며, 에너지 생산시장에서 독일 기업들의 세계시장 점유율이 30%에 이른다. 2014년 현재 1차 에너지원 소비량의 5% 정도인 재생에너지원을 2020년에는 20% 이상으로 증가시킴과 동시에 기후변화를 유발시키는 이산화탄소와 메탄가스 배출량을 최대한 감소시킬 방침을 정하고 있다. 또한 전 세계 풍력플랜트 생산율의 40%를 확보하고 있으며, 재생산 에너지 부문의 수출은 약 20억 유로에 달하고 있다. 2020년 이후 재생에너지 미래계획 프로그램에 의하면 2030년부터는 총 전력공급의 40% 이상을 재생에너지원으로 대체할 계획이며 2050년부터는 70% 이상으로 늘려갈 계획을 세우고 있다. 이와 동시에 지구 기후보호정책프로그램의 일환으로 재생에너지 이용률의 증가와 더불어 현대 혁신기술을 더 개발해 이산화탄소 배출량을 1990년 기준보다 80%이상을 감소시킬 방침을 세우고 있다.

또한 대학과 연구기관의 기술 개발과 민간 투자 부문에 지원제도를 강화하고 해상 풍력은 2011년 1.5GW, 2030년 25GW 규모의 발전단지를 건설할 계획이고 태양광 발전은 신설·리모델링 주택에 태양광 발전시설을 설치하는 규정을 통해 급속도로 보급되고 있고, 잔류 식물성에서의 바이오 에너지는 생태학연구소 등 민·관 연구기관에서 '바이오 연료 효율성 제고', 고온 정체용 연료전지, 저온 자동차용 연료전지 등 30개의 기술 개발 프로젝트가 진행 중이다. 그 외 폐기물처리, 재활용기술이 고도로 개발되 폐기물 내의 가연성 물질들의 재회수 에너지에 이용하고 있으며 폐기물내의 철, 비철금속 등을 높은 비중으로 재활용해 자원절약, 환경보전과 매립지 절약 등의 수익을 얻고 있다. 이와 함께 신재생 에너지 산업의 기술 표준·공동연구 등 국가 간 협력을 위한 국제기구(IRENA) 설립을 추진 중이다. 국내에서 다져진 기술경쟁력을 바탕으로 향후 세계시장 주도권을 잡아가겠다는 계획이다.

4 일 본

일본은 경제 운영의 핵심 목표를 '저탄소 녹색 사회구현'으로 설정하고 신재생 에너지 기술개발 및 보급을 통한 21세기 새로운 사회·경제 패러다임 전환을 추진하고 있다. 2007년 5월 아베 전 총리가 일본의 기후 변화 비전을 담은 'Cool Earth 50' <표 18-2>을 발표했고, 2008년 6월 후쿠다 다케오(福田赳夫) 총리가 '후쿠다 비전' <표 18-3> 등을 통해 환경을 경제 성장과 국가 발전의 성장 엔진으로 활용하는 녹색성장 전략을 채택했다. 안으로는 미래 성장 동력을 창출하고 밖으로는 포스트 교토 체제를 만들어 세계시장을 선점하겠다는 의지의 표현이라 볼 수 있다.

일본은 2020년까지 2005년 대비 15%, 2050년까지 60~80% 온실가스 감축의 목표를 세우고 이산화탄소의 단계적 삭감, 자동차 연비 개선, 적극적인 하이브리드 카 보급, 에너지절약형 주택건설, 고효율 조명확대 등과 같은 목표를 세우고 이를 달성하기 위해 집중하고 있다. 또한 녹색성장을 위한 재정정책을 공급측면에서 보면 독립적이고 친환경적인 자원의 공급구조를 확립하기 위해 신재생에너지를 확대하고 있다. 신재생에너지에 대한 규제정책은 신재생에너지 의무구매제도로 대표된다. 이는 전기 사업자에 대한 판매 전력량의 일정 부분을 신재생에너지를 통해 발전되는 전기를 이용하도록 의무화하는 것이다. 주거부문에도 2020년까지 제로 에너지주택을 개발하고 2030년까지 상용화를 실현하기 위한 재정지원을 시행하고 있다.

태양광 발전의 경우 2020년에 현재의 10배, 2030년에 40배로 증대시킨다는 목표를

표 18-2 쿨 어스 에너지혁신 기술계획의 21개 핵심 기술

분 야	핵심 기술
발전·송전	• 고효율 천연가스 발전 • 탄소포집 저장 • 고효율 석탄화력 발전 • 태양광 발전 • 초전도 송전 • 차세대 원자로
교 통	• 지능형 교통 시스템 • 하이브리드 카 • 연료전지차 • 바이오 연료
산 업	• 탄소 저감 제철공정 • 탄소 저감 제조 및 가공기술
민 생	• 에너지 절약주택 • 연료전지 • 고효율 조명 • 저전력 IT 기기 • 에너지 관리 • 고효율 열펌프
기 타	• 고성능 전력장치 • 파워 일렉트로닉스 • 수소 생산, 저장 및 수송

표 18-3 후쿠다 비전

- 2050년까지 이산화탄소 배출량을 현재 대비 60~80% 감축
- 단기적으로 2010년까지 탄소가스 배출을 6% 감축: 원자력 비중 확대, 자동차 연비 개선, 에너지 절약형 주택 건설 의무화 등
- 중기 목표로 2020년까지 탄소가스 배출을 현재 대비 14% 감축: 고효율 조명, 하이브리드 카 보급 확대 등 촉진
- 미국, 영국 등과 함께 개도국 지원에 최대 12억 달러 투입
- 금년 중 환경세를 포함한 환경 친화적 세제 개편 및 탄소배출시장 시범 운영

세우고 있고, 연료전지의 경우 2020~30년경에 시스템 가격을 현재의 1/10 이하로 인하한다는 목표가 설정되어 있다.

5 프랑스

사르코지(Nicholas Sarkozy) 대통령은 10여 년간 추진할 '녹색혁명' 계획을 발표했다. 프랑스의 환경 뉴딜 주요 내용은 <표 18-4>와 같다.

표 18-4 프랑스 환경 뉴딜 주요 내용

• 자동차 줄이기 위해 TGV 노선 확장	2020년까지 전용선로 2000㎞ 새로 건설
• 신규 건축물 에너지 소비량 축소	2007년 ㎥당 240KWh → 2020년 50KWh
• 재생 에너지 소비량 확대	2007년 9% → 2020년 20%
• 사용금지 화학약품 확대	2008년 30종 → 2015년 57종
• 농작물 가운데 유기농 비율 확대	2007년 2% → 2012년 6% → 2020년 20%

제 2 절 국가경쟁력 확보

1 왜 녹색성장인가?

온실가스를 끊임없이 배출하는 화석연료로는 더 이상 인류를 풍요롭게 할 수 없다. 환경과 생태를 고려한 녹색기술만이 국가 경쟁력과 더 나은 삶을 보장할 것이다. 현재 전 세계가 직면한 에너지 부족, 석유독재(petrodi-ctatorship), 지구온난화 등을 해결하기 위해서는 생태효율성을 높이는 생활습관과 화석연료를 대체하는 새로운 에너지 기술(energy technology) 개발이 시급하다. 즉 에너지 효율을 높이고 새로운 에너지(신재생 에너지)를 개발하려면 여러 가지 투자가 필요하고 이에 따라 새로운 사업의 기회를 가져온다는 것이다. 이러한 새로운 사업들은 지구온난화의 진행을 막고 또한 환경오염과 보호를 꾀하는 산업이기 때문에 녹색산업이라고 부른다.

지금까지 지구환경 파괴의 주범이었던 서구 선진국들이 또다시 제3의 산업혁명으로 '녹색혁명'에 박차를 가하고 있다. 향후 4~5년 이내에 개도국에 녹색기술을 파는 시대가 올 것이다. 녹색성장 정책은 환경과 일자리 창출에 가장 효과적인 접근 방법일 수 있다. 즉 정부가 강제하는 석유, 가스, 석탄 가격 인상과 대중이 지지하는 재생 가능 에너지 절약을 결합한 것이다. 녹색기술을 통해 지금 정부가 화석연료에 쏟아붓는 금액의 일부만으로도 비용 경쟁력을 빠르게 높일 수 있다. 높은 연료비용 때문에 대중은 재생 에너지로의 전환을 이미 지지하기 시작했고, 재생 시스템 발전을 위한 투자를 통해 녹색시장은 빠른 속도로 확장될 것이다. 앞으로 녹색시장은 시장의 논리에 따라 냉철하게 진행될 것이다. 그리고 녹색성장의 주도권을 가진 국가가 향후 녹색시장(환경 · 에너지)을 선점하는 것은 물론 전 세계적으로 국가경쟁력을 확보할 것이다.

2 녹색시장 전망

세계는 기후 변화로 인한 환경 위기와 고유가로 대표되는 에너지 위기가 동시에 진행되면서 탄소배출권시장, 신재생 에너지시장 등 이른바 녹색시장이 빠르게 성장하고 있어 서구 선진국들은 앞 다투어 녹색시장 선점 확보에 나서고 있다. 온실가스 저감과 친환경적 개발이 지구의 생존과 직결된다는 인식이 확산되면서 이와 연관된 녹색 환경산업은 국가 경쟁력을 좌우하는 요소가 됐다. 전문가들은 세계 녹색 환경산업 시장 규모가 2008년 7800억 달러에서 2020년에는 1조 900억 달러에 이를 것으로 전망한다. 세계은행에 따르면 2013년도 녹색산업 시장규모는 100조원에 달했고 연평균 3%대의 성장률을 보이고 있고 2020년에는 2,000억 달러 이상의 시장이 형성될 것이라고 보고 있다.

2010년 기준 세계 온실가스 배출 1위인 중국(72억 톤), 2위인 미국(53억 톤), 3위인 인도(16억 톤) 그리고 우리나라를 포함한 주요 개도국들이 2020년 이후 모두가 참여하는 단일 온실가스 감축체제 설립을 위한 협상을 개시하는 것에 합의하는 더반 플랫폼(Durban Platform)이 실행될 것으로 보아 탄소배출권 시장의 성장세가 가속화될 것이고 기후 친화적인 제품이나 기술에 대한 수요 증가로 녹색시장이 더욱 확대될 전망이다. 또한 2007년 773억 달러에 달했던 풍력, 태양광, 바이오메스, 연료전지 등 신재생 에너지 시장 규모도 2017년 2,545억 달러에 이르면서 10년새 3배 이상 확대될 것으로 전망되고 있다. 2006년 지구온난화의 경제적 파급 효과를 다룬 영국의 저명한 경제학자인 스턴 교수의 스턴 보고서(Stern Review)에 따르면 “지구온난화를 방치하면 세계 경제는 1930년대 대공황에 맞먹는 경제적 파탄을 가져올 수 있으며, 그 비용은 1~2차 세계대전보다 더 높을 것”이라고 경고하면서 이의 극복을 위해서는 전 세계는 매년 GDP의 2%를 기후 변화 대응에 투자해야 한다고 주장한다.

세계적으로 태양광 발전은 시설설치 용량 기준으로 2003년 2035MW에서 5년 만인 2008년 8864MW로 4.4배나 늘 만큼 급성장했다. 태양광 발전 시장동향을 보면 유럽에서 아시아태평양 지역과 북아메리카로 옮겨가고 있는 한편, 태양 셀과 모듈 제조를 포함해 PV업계의 재편이 본격적으로 이어지고 있다. Navigant Research社의 시장분석에 따르면 태양광시설이 거둔 1년간 세계 전체 수익은 2020년까지 1,340억

달러를 넘을 것으로 분석하고 있다.[3)]

태양전지 생산량도 1995년 이후 매년 평균 30% 이상씩 늘고 있다. 또한 전문가들은 태양광산업은 앞으로 수년 내 반도체사업보다 더 큰 시장으로 성장할 것이라고 전망하고 있다. 2013년 전세계적으로 35.3 GW이상의 신규 풍력발전 설비가 가동에 들어감에 의해, 글로벌 풍력발전 설비 용량 합계는 전년 대비 12.5% 증가한 318.1 GW로 집계 되었다(KIET, 2014년). 신재생 에너지 개발 이외에도 녹색시장 인프라 분야인 건물 에너지 합리화, 대량 수송 및 철도화물 수송, 스마트 그리드, 개선된 생물연료 등에서 각 국가마다 녹색 투자를 지속적으로 늘여가고 있어 국가 간 기술 교류가 활발히 이루어질 전망이다.

3) 일본산업기계공업회, http://www.jsim.or.jp

제 19 장

우리나라 녹색성장 정책과 발전 방향

제 1 절 녹색성장의 당위적 논거[1)]

우리나라는 1960년대 이후, 근 40년간 국가 주도 중앙집권화 체제 하의 '요소·투입형(고투입-고산출)' 양적 경제 성장 전략으로 압축 성장을 통해 산업화를 추진해 왔다. 그 동안 성장정책이 우리에게 물질적 풍요를 갖다 주었음에는 아무도 부인하지 못할 것이다. 반면 '성장제일주의'라는 정책 기조로 산업문명이 추구하는 대량 생산과 대량 소비라는 이념적·사회적 패러다임에 함몰되어 경제 성장과 환경을 조화가 아닌 상충적 입장으로 몰고 왔다. 그간 고도산업화에 따른 도시화 및 기술화는 인구 집중과 난개발, 자원 및 에너지 소비량 증대 등으로 도시 면적이 확대되면서 상대적으로 많은 환경문제를 야기했다.

이 같은 근대화 과정 속에서 현재 우리가 안고 있는 문제는 크게 두 가지로 집약될 수 있다. 하나는 현 에너지 다소비 체제인 '요소 투입형' 자원집약 산업구조는 높은 화석연료 의존도로 인해 에너지 수입 비용 부담으로 이어져 에너지 안보가 위협받고 있고, 온실가스의 배출 비중 증가로 에너지, 경제, 기후 간의 악순환을 극복하지 못하고 있다는 것이고, 다음으로 그간 개발 위주 정책으로 인한 외형적 도시팽창

---

1) 박길용, "녹색성장정책, 그 과제와 발전 방향," 「2009년도 춘계정기학술대회자료집」(한독사회과학회, 2009), pp. 15-16.

은 환경과 에너지를 고려하지 않은 도시난개발로 전국의 모든 도시들이 저에너지 효율, 회색도시 구조를 갖추고 있어 주민의 삶의 질이 크게 떨어지고 있다는 점이다. 이 두 가지를 동시에 극복하기 위해서는 생태효율성(ecological efficiency)이 사회평가의 기준이 되는 지속 가능한 발전을 기본 철학으로 하는 녹색성장(green growth)을 추구해야 한다. 생태효율성과 관련된 현재 우리나라 에너지 소비 규모와 양태를 살펴보면 다음과 같다.

- 우리나라 온실가스 배출량은 '2010년 5억 6,310 CO_2eq톤 기록(에너지 분야가 전체의 85%), 전 세계 배출량의 1.9%를 차지함. CO_2배출 순위는 세계 7위(IEA CO2highlights, 2012년 보고서). 1인당 배출량은 13.0톤, 독일(9.7톤), 일본(10.4톤)

  ※ CO_2eq: 모든 종류의 온실가스를 CO_2로 환산한 단위
- 화석연료 수입 97%. 석유소비 세계 7위(경제 규모 13위): 산업 51.5%(원료 40%), 발전 7.5%, 수송 35.1%, 가정 및 상업 7.5%.
- 지난 133년간(1880~2012)지구 평균 기온 0.85℃ 증가에 비해 우리는 1.8℃ 상승함. 같은 기간 세계평균 기온상승 0.8℃를 상회함
- 에너지 소비: 4,43toe, 일본 4.15, 미국 7.89 소득 수준에 비해 과소비(1인당)
- 생태효율성: 생태 발자국/1인당 소득의 경우: 일본 > 유럽 > 미국 > 한국
- 1인당 소득 4~5만 달러대의 생태 발자국(ha): 일본(4.4), 유럽(5.6), 미국(9.6). 한국(2013년 국민소득 약 2만 4천 달러): 4.1ha
- 2012년도(국토교통부) 신규 등록 차 배기량: 한국 2000cc 이상 대형 자동차 비율 25%, 독일 21%, 일본 20%, 영국 13%, 프랑스 11%, 미국(60%) 다음으로 높고, 소형 자동차(1500cc 미만)는 한국 33.5%, 일본 61%, 영국 52%, 월등히 낮으며, 1.9%인 미국에 이어 세계 3번째
- 생태효율성의 대표적인 예가 될 수 있는 교통 체증 비용[2]을 보면, 한국은 GDP의 4.4%인 반면, 일본은 0.79%, 영국은 1.25%.

이상의 여러 정황과 OECD 회원국으로 경제 규모를 고려할 때, 우리나라는 조만간 온실가스를 감축해야 하는 2차 의무·이행 국가에 편입될 가능성이 매우 높아 보

2) 여기서 교통 체증 비용이란 교통체증으로 인한 연료와 인적 자원의 경제적 낭비 비용과 자동차 감가상각 비용만을 계상한 것이며, 체증으로 인한 매연의 환경비용은 포함하지 않았다.

인다. 그리고 현재의 산업구조가 그대로 유지되고 획기적인 온실가스 감축노력이 시행되지 않을 경우 2020년까지 온실가스 배출량은 증가세가 계속 유지될 것으로 전망된다. 이 경우 2020년 CO_2 배출량 전망치 대비 10% 감소시 국내총생산량(GDP)의 0.29%인 3조 4천억원 의 감소가 예상된다. 반면 2010년도 기준으로 이산화탄소 10% 감소시킬 경우 대기오염물질 감소, 질병 및 사망률 감소, 농작물 피해 감소 등으로 5조 5천억원의 환경편익이 발생하는 것으로 추정되었다(에너지경제연구원, 한국환경정책평가연구원). 향후 증가하는 온실가스배출에 대한 적극적인 대응정책이 마련되지 않으면 사회・경제적 부담이 매우 클 것으로 전망하고 있어 녹색성장 패턴이 가장 시급한 나라이다.

제 2 절 정책 과제와 수단

녹색성장은 기존의 경제 성장 패러다임을 지속 가능한 발전으로 전환하는 과정에서 파생되는 에너지・환경 관련 기술・산업에서 미래 유망 품목과 신기술을 발굴해 내고, 기존 산업과의 상호 융합도 시도해 신성장 동력과 새 일자리 창출을 추구한다. 이의 구체적인 실현을 위한 정책 과제로 크게 자원 사용량의 최소화, 탄소 배출 등 환경 부하의 최소화, 신성장 동력개발 등을 들 수 있다.

1 정책 과제

3대 요소	내 용
자원(에너지) 사용량 최소화	• 에너지 저소비형 산업구조 개편 • 에너지 소비 절약 · 사용 효율화 • 생태효율성 제고 정책
탄소배출 등 환경 부하 최소화	• 신재생 및 청정에너지 개발 및 보급 확대 • CO_2 배출 규제 • 저탄소 · 친환경 인프라 구축 • 소비자 녹색제품 구매 활성화

신성장 동력으로 개발	• 녹색기술 R&D 투자 • 신재생 에너지 등 녹색산업 육성 • 세계시장 선점 지원

※ 신재생 에너지란 연료전지 · 수소에너지 · 석탄액화가스 등의 신에너지 3개 분야와 태양열 · 풍력 · 지열 · 태양광 · 폐기물 에너지 · 소수력 · 해양 에너지 · 바이오 디젤 등 재생 에너지 8개 분야를 말한다.

2 정책 수단

녹색성장은 국가경제 전체에 생태효율성을 적용한 개념으로 경제 성장과 지속가능성을 양립하기 위해서는 새로운 정책 과제에 따른 정책 수단이 필요하다. 지금까지 우리가 살고 있는 경제의 패러다임은 수요와 공급에 의해 시장가격이 결정되는 시장가격 패러다임이다. 여기에는 생태비용을 반영하지 않고 있어 시장가격과 생태비용 간에는 차이가 있을 수밖에 없다. 즉 시장가격 패러다임 관점에서는 가장 효율적인 경제활동이 생태효율성 측면에서는 가장 나쁠 수도 있다.

따라서 녹색성장은 시장가격과 생태비용 간의 차이를 줄이는 시장가격 패러다임에서 생태효율성 패러다임으로 전환하는 것이다. 즉 생태적 효율성을 높여 경제와 생태 간의 조화와 양립을 이루는 녹색성장을 구현하는 데는 다양한 정책 수단이 필요하다. 좀 더 구체적으로 볼 때 녹색성장 달성의 주 핵심인 정책과제 3대 요소를 달성하기 위해 몇 가지 생태효율 향상의 정책 수단을 고려해 볼 수 있다. 세제 개편, 친환경 사회간접자본 인프라 확대, 수요관리, 녹색기술의 선진화 등이다.

1) 세제 개편

조세제도의 개혁을 통해 시장가격에 생태비용, 가격을 반영하는 것으로 우리 경제활동의 눈에 보이지 않는 가격구조를 바꾸어 줌으로써 직접적으로 생태효율성을 높이는 것이다. 일명 녹색세금이라는 생태조세개혁(eco-tax reform)은 기존 세금에 추가로 부과하는 환경세와는 다르다. 즉 조세 토대(tax base)를 소득에서 에너지 소비(자원)로 바꾸면서 전체적인 세금 규모는 늘리지 않으면서 생산과 소비 패턴의 생태효율성을 높인다는 점에서 다르다.

에너지 또는 자원 소비에 대한 세금을 높이면서 소득세 및 사회보장세를 낮추는 ETR은 독일, 북유럽 등에서 시행한 바 있으며, 이러한 조세 토대의 점진적인 전환을 통해 성장, 고용이 늘어나고 온실가스를 줄일 수 있다는 이중배당(double dividend) 효과를 가져올 수 있다.[3] 그 밖에 온실가스 저감 설비 투자 등에 대한 세제 혜택 확대, 혼잡 통행료 부과, 탄소세 도입 등 보완적 제도가 필요하다.

2) 친환경 사회간접자본 확대

생태효율성 제고에 직접적인 영향을 주는 물리적인 사회구조(physical infrastructure)가 친환경 사회간접자본 인프라라고 말할 수 있다. 가령 대중교통 수단인 철도, 지하철, 경전철, 노면 전차와 자전거는 생태적 효율성이 높은 반면, 자가용 위주의 교통 시스템은 생태효율성이 매우 낮으므로 교통수단뿐만 아니라 교통 체계도 엔트로피를 낮추는 시스템으로 개편해야 한다.

이처럼 대중교통뿐만 아니라 단열, 물과 폐기물 재활용 등 사회 기반 시설의 생태효율성을 높이기 위한 많은 조치들이 건물 설계와 도시계획의 단계에서부터 시행되어야 하며, 일단 설치된 이후에는 쉽게 변경할 수 없다는 점에서 사회가 어떠한 사회간접자본을 가지고 있느냐 하는 것이 한 사회 전체의 생태효율성을 결정하는 중요한 요소가 된다. 따라서 생태효율성을 높일 수 있는 사회간접자본 인프라를 지속적으로 확대해 나가야 한다.

3) 수요관리 방안

저탄소사회의 기본을 둔 녹색성장은 수요관리와 효율화에 있다. 수요관리에서는 정부가 유도하는 방법과 소비자 스스로의 소비 패턴이다.

우선 정부가 유도하는 방법으로는 녹색성장의 정책 과제에 대한 참여 제고를 위한 대국민 홍보를 강화해야 한다. 여기서 유의할 점은 녹색성장의 당위성만 강조할 것이 아니라 녹색성장으로 갔을 때 우리가 만나게 될 우리 사회의 모습을 보여 주려고 노력해야 할 것이다. 교육적 측면에서도 유치원 교육부터 초·중등 교과과정에 저탄소 녹색성장의 내용을 반영하여 실생활 가운데서 이해하고 실천할 수 있도록 유도해야 한다. 또한 공항, 대공원, 백화점 등 다중 이용시설의 대중교통 접근성 제

---

3) 정래권, "기후 변화와 녹색성장,"「한국환경교육학회 발표논문집」(2008. 6), p. 6.

고를 위해 자가용 운행을 줄이도록 유도하고, 자전거 이용이 편리한 교통환경을 조성하여 생태효율성을 높여 나간다. 대중교통 이용, 유기농산물 구매, 자전거 구매 등 소비자의 녹색제품 구매 활성화를 위해 탄소배출 정보를 제공하고(탄소 라벨링), 마일리지를 부여하고 적립된 마일리지로 환경 친화적 상품을 구매할 수 있도록 한다. 그 밖에 자동차 CO_2 배출 규제, 혼잡통행료 부과 등 수요관리를 통해 저탄소형 생활양식을 유도해 나간다.

또 다른 한 방법은 소비자의 자발적인 저탄소형 소비양식이다. 전통적인 환경정책은 주로 생산 과정에서 발생하는 오염물질 관리에 중점을 두어 왔으나, 이러한 오염관리는 소득 수준이 7천 달러를 넘어서면 환경쿠즈네츠 곡선(Environmental Kuznets Curve: EKC)[4]에 따라 오염이 점차 줄어드는 역 U자 모양을 나타난다. 그런데 소득수준이 1만 달러를 넘어서부터는 소득이 늘어남에 따라 과소비가 증가하기 시작하여 생산보다는 '소비 증가'에 따른 쓰레기, 오염 증가, 물자 사용의 효율성 하락이 더 중요한 문제가 되고 있다. 따라서 소득 증가에 따른 생태효율성 제고를 위해서는 대량 소비를 통한 만족을 추구하기보다는 소비의 질, 즉 녹색소비를 통해 만족을 추구하는 생활양식의 개혁이 있어야 한다. 환경 부하를 최소화시키면서 성장을 이룩하기 위해서는 소비자가 선택해야 할 유일한 방법은 인간의 탐욕을 버리고 소유의 확대가 아니라 욕망의 절제, 정신적 수양의 확대, 근본을 바라보는 생태적 각성이 있지 않으면 안 된다. 즉 시민 스스로 생태효율성의 극대화를 위한 사회적 동의, '녹색사회계약(green-social contract)'을 통한 자발적인 참여운동과 교육이 필요하다. 또한 소비자가 녹색제품에 대해 관심을 갖고 생활에 확산시켜 나간다면 생산 주체인 기업이 녹색기술과 녹색산업에 투자를 확대하도록 해 녹색성장의 견인차가 될 수 있다.

4) 녹색기술의 선진화

녹색산업 클러스터 육성이 필요하다. 산・학・연이 녹색기술 개발을 선도하고 정부가 적극 지원하는 시스템 구축이 우선되어야 한다. 녹색기술은 제품의 생산 단계에서 소비 단계에 이르기까지 생태효율성을 극대화시키는 기술이 고려되어야 한다. 정부는 녹색기술 R&D 투자를 단계적으로 확대・재생산하고, 온실가스 감축 의무국

4) 김창한・정학균(2008), 앞의 글, p. 28.

이 개도국에 친환경 프로젝트를 실시하는 청정개발 체제(CDM) 사업과 기후 친화적 산업에 집중 투자해야 한다. 특히 우리나라의 강점인 IT, BT, NT 기술 등을 활용한 혁신 융합 녹색기술의 개발을 촉진하고 유망 기술을 전략적으로 선정하여 국제 공동 연구, 기술 제휴, 해외 우수 과학자 유치, M&A 등을 병행해 나가는 정책 수단을 개발해야 한다.

3 발전 방향

1) 접근 방법

녹색성장은 현 에너지·경제·기후·생태 간의 악순환을 선순환으로 전환하는 것이다. 즉 경제와 생태 간의 조화와 양립을 이루는 녹색성장은 각 국가별 정치·경제·사회적 배경과 문화에 따른 개별적 접근 방식을 개발할 필요가 있다. 국가마다 정부와 시장 그리고 시민사회의 역할이 다를 수 있다.

그러나 경제와 생태 간의 문제는 단순히 경제 자체의 문제도 아니고 생태만의 문제도 아니다. 사회 시스템 전반에 관련되어 있는 종합적인 문제이다. 에너지를 적게 쓰고 환경을 파괴하지 않고 경제 성장까지 이루기 위해서는 정부·시장·시민사회가 함께하는 사회적 생태계인 '녹색 거버넌스(green governance)' 구축이라는 포괄적 사회 시스템에서 문제 해결의 접근방법을 찾아야만 한다. 거버넌스(governance)란 공공 서비스의 전달 및 공공문제를 해결하는 과정에서 정부라는 제도적 장치에 전적으로 의존하기보다는 정부와 민간 부문 및 비영리 부문 간의 협력적 네트워크를 적극적으로 활용하는 것이라 할 수 있다.[5] 따라서 녹색 거버넌스란 '녹색성장'이라는 공공문제를 해결하는 과정에서 정부·기업·대학·시민사회와 공조적 네트워크를 통해 해결하는 시스템이라 할 수 있다.

2) 녹색 거버넌스 구축

녹색성장은 녹색 거버넌스 구축이 현실화될 때 성공할 수 있다. 특히 녹색성장정

5) 이종수 외, 「새 행정학」(서울: 대영문화사, 2008), p. 159.

책은 과거의 개발 지향적 성장정책과 확연히 다른 것은 시민의 적극적인 참여와 협력 없이는 성공할 수 없다는 점이다. 지금 거의 전 세계적으로 환경이나 기후 변화와 관련된 대부분의 정부행정은 거버넌스 구조로 많이 옮겨왔다. 녹색 거버넌스 구축을 위한 정부와 시장(기업) 및 시민사회의 역할[6]을 살펴보기로 한다.

(1) 정부의 녹색정책 방향

정부는 녹색성장을 구현하기 위해서는 우선적으로 문명사의 흐름을 읽고 대(對)국민적 합의를 통한 경제 체질의 패러다임을 확 바꾸어야 한다. 단선적인 시대적 트렌드에 따른 일시적 경기 처방으로 녹색성장을 지향해서는 안 된다. 산업문명에서 생태문명으로의 전환에 따른 새로운 이념적·사회적 시스템을 개발하고 이에 적합한 국가 비전과 목표, 구체적인 전략을 세워 정책을 추진해야 한다.

첫째, 녹색성장을 성공적으로 이끌기 위해서는 분명한 국가 에너지 자원정책 방향이 있어야 한다. 우선 자원외교에서 녹색자원 외교인지, 화석연료 자원외교인지, 또한 국내 에너지 개발 방향이 원자력인지, 재생 에너지인지, 통합 에너지 정책인지 국내·외 자원 에너지 방향을 확실히 하여 투자해야 할 것이다.

둘째, 부처 상위의 강력한 추진 체계가 필요하다. 현재 녹색성장 정책은 각 부처에서 관련된 녹색정책을 개발하여 추진하고 있는데, 이는 단선적인 전략으로서 성공을 거두기 어렵다. 따라서 진정한 녹색성장을 위해서는 부처별 중장기 녹색성장계획에 따라 '유기적 정책 네트워크'를 통해 정부간(중앙-지방) 정책을 조정하고 장기적인 비전과 목표 하에 강력히 추진할 수 있는 상위 추진 체계가 필요하다. 녹색성장 정책은 다양한 정부정책들의 혼합체로서 스스로 한계성을 갖고 있으므로 정책조정이 제대로 되지 않으면 재정 지출만 늘리고 효율성이 없는 정책실패로 이어질 수 있다.

셋째, 녹색성장을 위해서는 지방정부도 적극 나서야 한다. 특히 우리나라의 모든 도시들이 환경을 고려하지 않은 산업화 시대의 도시계획으로 난개발이 이루어져 왔다. 도시재개발은 생태효율성을 극대화 할 수 있는 저탄소 녹색도시 건설 방향으로 정책을 조율하고, 조직화하여 우선 투자를 해야 할 것이다. 도·농 도시를 감안하여 농촌과 연계된 유기농 산업과 신재생 바이오 에너지 산업에도 관심을 두고 발전시켜야 한다. 또한 기초생활권 계획 수립에 친환경 사회간접자본 인프라 구축에 초점

6) 박길용(2009), 앞의 글, pp. 20-27.

을 두고 인근 지자체와 연계하여 '지역 산·학·연 클러스터'를 통해 녹색성장의 토대를 구축해 나가야 한다.

넷째, 중앙정부는 저탄소 녹색성장 정책과 관련된 미비 된 제도(법)를 총괄적으로 정비하고 기존 계속사업에 대해서도 동일한 이념이 구현되도록 필요한 부분에 정책평가를 통해 정책 방향을 조정하고 필요한 예산을 조기 확보하여 우선순위에 따라 합리적인 자원 배분을 해야 한다.

다섯째, 녹색성장사업은 규모의 경제가 필요하고 정부의 보조금과 인센티브 지원 정책이 중요하다. 선진 몇 개국들은 이미 1980년대부터 녹색기술 인프라 구축을 통해 꾸준히 준비해 왔고, 기후 변화 대응책으로 다양한 정책실험을 거치면서 지속적인 지원 투자를 해 왔다. 그에 비해 우리나라는 사전에 충분히 공론화(公論化)를 통해 논의되거나 준비된 적이 없는 상태에서 시작하기 때문에[7] 기존의 계획된 정책들에 녹색기술 접목에 유리한 산업 영역을 발굴하여 다양한 기술 검증 단계를 거쳐 실행 가능한 정책부터 지원해야 한다.

여섯째, 녹색성장은 주로 에너지·환경 분야의 신재생 에너지 및 녹색산업 육성을 통한 정책이다. 생태효율성의 제고 측면에서 온실가스 배출이 높은 건설이나 토목분야(철강, 시멘트, 유리 등)보다는 정책의 우선순위를 교통 혼잡비용을 줄이고 기후변화에 대응할 수 있는 녹색도시 개발의 일환인 대중교통, 건물 단열, 물과 폐기물 재활용, 유기농법과 바이오매스(biomass),[8] 그린공원 등과 같은 엔트로피를 줄이는 친환경 사회간접자본 인프라 구축에 역점을 두고 추진해야 할 것이다.

일곱째, 사회 시스템의 전반적인 생태효율성의 제고를 위한 다양한 정책수단을 개발하고 특히 지속 가능한 성장이란 실용적 이념 가치 교육과 홍보가 시민생활 양태에 직결될 수 있는 제도적 유인정책(법)을 마련하여 철저한 정부 수요관리가 되도록 해야 한다.

여덟째, 국가재정의 세입·세출에서도 녹색재정이 이루어져야 한다.

---

7) 국내에서 태양광 발전 사례로 두 가지 문제점이 나타났다. 우선 설비의 국산화 비율이 매우 낮고, 다음으로 신재생 에너지 개발의 이유로 농지나 산지를 훼손하는 반(反)녹색 형태가 일어나고 있다. 독일에서는 태양광 발전설비를 건물의 벽이나 옥상 등 회색 콘크리트를 녹색성장을 위해 활용한다.

8) 화석연료를 제외한 유기성 자원(축분, 목재, 바이오 작물, 음식물 등)이다.

(2) 기업의 녹색경영

이산화탄소를 끊임없이 배출하는 화석연료로는 더 이상 인류를 풍요롭게 할 수 없다. 환경과 생태를 고려한 녹색기술을 토대로 한 녹색경영이 국가경쟁력과 더 나은 삶을 보장할 것이다. 우리는 아직 걸음마 단계에 있는 저탄소 녹색기술이 실제로 산업에 어떻게 적용되어 생태 효율을 제고하면서 기업 경영에 성과를 가져올 것인지에 대해 다양한 사전 연구를 통해 녹색경영의 방향을 잡아야 할 것이다.

첫째, 기업은 제2의 근대화라 할 수 있는 '녹색혁명'에 대한 명확한 비전과 목표, 전략이 필요하다. 세계는 자유주의 경제구조에서 친환경적인 경제구조로 이동하고 있다. 기존의 소극적인 오염 방지 수준에 머물고 있는 녹색을 새로운 시장을 창출하는 경제 성장의 동력으로 만들어야 한다.

둘째, '신재생 에너지 및 에너지 이용 효율 관련 국제 파트너십(REEP)'은 38개국의 정부를 비롯해 기업·비정부 기구 등 200여 회원을 두고 있다. 회원 간의 신재생에너지 개발 정보를 교환하고, 생태 효율을 제고할 수 있는 방법을 모색한다. 한국 기업도 REEP 회원으로 가입하여 신재생 에너지 국제 파트너십으로 발전하는 것이 필요하다.

셋째, 기후는 문화를 낳고 문화는 새로운 사업을 낳는다. 이제 우리 기업도 새로운 기후문화(climate culture)로 이어지는 신산업 개발에 적극적인 관심을 갖고 참여해야 한다.

넷째, 기업의 환경기금제도 개발이 필요하고, 친환경 상품 개발에 따른 기업 이미지가 소비로 직결될 수 있는 글로벌 전략이 필요하다.

다섯째, 클린 테크(clean tech) 개발을 지원하는 벤처 투자기업이 필요하다. 대체에너지를 비롯해 환경오염을 줄이는 기술을 개발하는 회사에 많은 투자를 하고 있다. 즉 정부와 기업이 지속 가능한 개발의 해법을 마련할 수 있도록 적극적으로 돕는 벤처 투자 기업 육성이 필요하다.

여섯째, 2020년 이후 온실가스 감축을 둘러싼 국가간 협상은 2015년까지 완료될 예정이다. 가이드라인이 이미 나와 있다. 지구 평균기온이 산업화 이전과 대비 2도 이상 상승하는 것을 억제한다는 것이다. 우리나라는 1인당 배출량, GDP수준(지불능력), 역사적 책임 등 어떤 기준을 들이대더라도 과감한 감축을 요구받게 되어있다. 우리 기업은 온실가스 감축 의무를 위한 전략을 지금부터 세우고 준비한다면, 선진국이 개도국에 지원하는 수십조 원의 환경기금을 활용할 수 있는 혜택이 주어질 것이다. 환경기금은 개도국의 저탄소 녹색산업에 투자되는 돈이다. 개도국에 곧바로 적용할 수 있는 기술을 개발해 참여한다면 큰 성과를 거둘 수 있다. 기금 활용에 한국 기업이 적극 나서야 한다.

일곱째, 글로벌 기업들에게 이제 친환경 경영을 할 것인가는 화두가 아니다. 어떤 친환경 경영을 할 것인가가 고민거리다. 최근 기업들 사이에서는 CDM 지역[9] · 사업모델 선점 경쟁이 치열해 지고 있다. 또한 현재 추세는 참여 주체가 다양해지고 있다는 것이다. 기업뿐만 아니라 금융기관 · 컨설팅 업체들도 적극적으로 CDM에 뛰어들고 있다. 이들은 온실가스 감축 기술을 가진 기업과 손을 잡고, 자금과 인력을 투입해 CDM을 대형화하고 있다. 온실가스 배출권은 물론 이와 관련된 각종 파생상품에도 적극적으로 투자하고 있다.

이와 함께 온실가스 배출권 시장도 유럽을 중심으로 성장하고 있다. 갈수록 국제적으로 탄소배출권 심사가 강화되고, 수출에 의존하는 한국 기업은 CDM의 노하우를 축적해서 녹색성장의 기초를 다져 나가야 국가경쟁력을 키울 수 있다고 본다.

여덟째, 산 · 학 · 연의 상호 교류를 통해 신재생 분야에 적극적인 연구개발이 필요하다. 또한 기술 공학 분야에서 충분히 이해하지 못하는 주요 변수들을 경제학, 사회학, 정치학, 인문학 등의 전문가들이 나서서 챙길 수 있도록 리더십이 작용해야 한다. 또한 생태산업단지 구축은 물질 순환 대사를 실현하기 위한 대표적인 노력인데, 한 산업체의 폐기물을 다른 산업체의 원료로 활용할 수 있도록 관련 업체들을 밀집시키고 네트워킹하는 노력이 필요하다.

(3) 시민 녹색사회 구현

환경(기후) · 에너지 · 경제문제는 글로벌 차원의 문제인 동시에 기본적으로 우리 생활과 관련된 문제이다. 세계적이면서도 지역적인 '글로컬(glocal)'의 문제인 것이다. 따라서 정부 · 기업 · 개인이 함께 참여하지 않으면 해결이 안 된다. 특히 시민사

---

9) 청정개발 체제(Clean Development Mechanism: CDM)란 특정 기업이 교토의정서에 근거해 개발도상국가의 온실가 스 배출량을 줄여 주고, 그 온실가스 배출 감소량(배출량)을 등록받는 사업을 말한다. 전통적인 CDM 방식은 개발도상국의 황무지에 나무를 심어 주거나, 탄광이나 농업폐기물 처리 과정에서 나오는 메탄을 회수해 주는 것이다. 이밖에 개발도상국 송전시설의 효율을 높이거나, 풍력 · 조력 · 태양 에너지를 비롯한 재생에너지시설을 지어 화석연료 소모량을 줄여 주기도 한다.

회의 이해와 지지가 없이는 성공할 수 없는 정책이다. 시민사회의 역할은 미래를 대비하여 녹색성장의 토대가 되는 저탄소 프로그램에 적극 참여하고 다양한 녹색 프로그램을 지역 실천 차원에서 개발해야 한다.

첫째, 1990년대에 접어들면서 경제와 환경을 상충적 관계에서 조화와 지속 가능이라는 방향으로 정책 기조를 궤도 수정했지만, 그 내면을 깊이 살펴보면 아직도 개발우선주의에 입각한 성장 논리가 우리 사회 전반을 지배하고 있다. 성장우선주의가 만들어 놓은 대량 생산과 대량 소비는 인간 사회에 물질만능주의와 편리라는 가치체계는 사회적으로 공동체 의식을 크게 약화시켰고 생태적 효율성을 크게 떨어뜨렸다. 인간의 행복지수도 물질의 무한 소유 지배와 구매 확대를 통해 얻은 만족 감과 편리함에 있다는 것이다. 이 같은 생활가치관이 낳은 결과는 지구온난화, 환경과 경제 위기로 치닫고 있다. 저탄소 녹색성장은 욕구의 축소를 통한 행복의 추구이다. 생태문명에 대한 시민사회의 이념적 가치교육과 계몽운동이 필요하다.

둘째, 내가 배출한 CO_2는 내가 책임진다. 시민들의 자발적인 환경기부운동이 필요하다. 즉 자신이 배출한 온실가스를 돈(배출한 CO_2만큼의 비용지불) 환경사업 등으로 상쇄하는 '카본 오프세트(Carbon Offset)'운동이다([그림 19-1, 19-2] 참조).

그림 19-1 탄소 상쇄 (Carbon Offset) 시스템

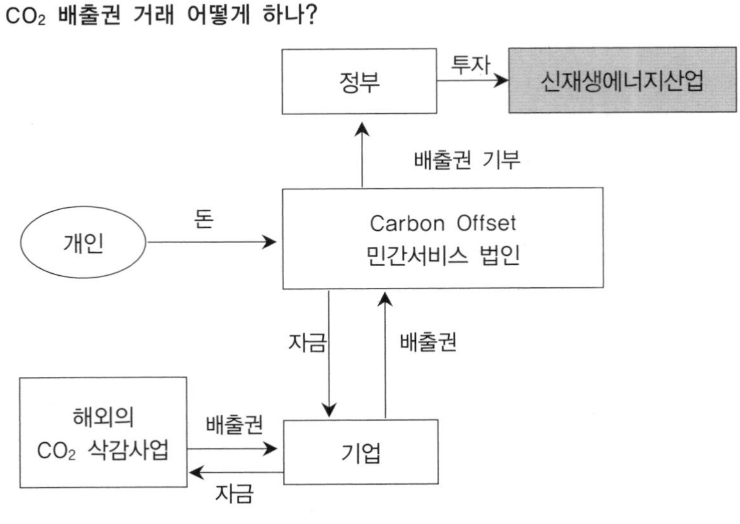

그림 19-2 CO_2 배출 계산 사례

CO_2 배출 얼마나 나오나?

가정 100㎡ 아파트 기준

- 전기 요금(월): 4만 원
- 도시가스 요금(월): 3만 원
- 지역난방 요금(월): 1만 5천 원

연간 3.1t 배출

승용차 2000cc 중형차 기준(휘발유차)

- 연료 가격(월): 15만 원

연간 2.3t 배출

비행기 인천공항 – 미국 LA(왕복)

- 2.94t 배출

이산화탄소 1t은
2000cc 휘발유 승용차가 서울–부산 1,428㎞를
5번 왕복했을 때 배출하는 양

자료: 에너지관리공단(http://www.kemco.or.kr).

가령 여행이나 각종 행사, 난방이나 자동차 운전을 통해 발생하는 온실가스 발생양에 비례하여 그 비용을 환산하여 기부금을 내는 방안이다. 이 기부금은 나무 심기나 숲 가꾸기, 신재생 에너지 개발과 같은 온실가스 감축사업을 하는 녹색기관에 투자된다. 이는 지속 가능 성장의 단초가 되는 시민의 자발적 참여와 기부의 생활철학으로 발전할 수 있다.

셋째, 온실가스 감축을 위한 시민-상점-기업이 함께하는 '온실가스 삭감은행' 프로그램 도입을 생각해 볼 수 있다. 가령 개인 가정이 전기·가스 사용량을 줄인 후 은행에 신고하면 삭감량만큼 환경 포인트를 받아 상점에서 공짜로 상품을 구입할 수 있다. 은행은 이렇게 모은 삭감량을 기업에 제공하고 돈을 받는다. 기업은 구입한 삭감량만큼 온실가스 배출 억제 의무부담이 줄어든다. 즉 '가정-상점-기업'의 삼각 협력 체제로 기후 대응 대책은 물론 생태효율성 제고에도 크게 기여할 수 있다.

넷째, 친환경 주택이나 건물짓기 운동이 필요하다. 이의 확산운동을 위해 시중 은

그림 19-3 친환경 대출 시스템

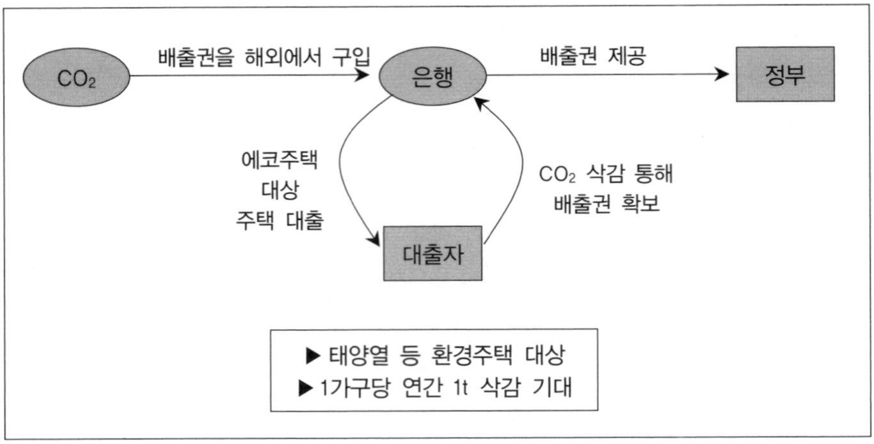

자료: http://makehopecity.com/board

행이 태양열 등을 이용한 에코주택 건설을 위해 대출받는 사람에게 이산화탄소 배출권을 구입해 주는 상품과 CO2 배출권을 해외에서 사 주는 대출상품을 개발해야 한다. 교토의정서에서 개인이 감축한 온실가스를 인정해 주지 않아 개인 감축분만큼 해외에서 사는 것이다. 대상은 에코주택 대출자들이다. 일본 은행에서는 '친환경 대출'이라는 환경 캠페인을 벌이면서 온실가스 의무에 기여하고 있다([그림 19-3] 참조).

다섯째, 도·농(都農) 생태운동을 시작해야 한다. 녹색성장은 지역시민운동이 가장 중요하다. 현재도 지방의 모든 도시들이 수도권의 과거 개발 지향적인 성장모형에 따라 개발되고 있어 도시환경지수가 크게 떨어지고 생태 효율도 매우 낮다. 또한 단체장들의 정치적 욕망이 난개발을 초래하고 녹색도시 발전을 저해한다. 시민사회가 적극적인 도·농생태운동을 통해 성장과 기후 변화 대응에 필요한 정책을 이슈화하여 지방정부가 녹색도시 발전으로 성과평가를 받을 수 있도록 해야 한다.

4 맺는 말

21세기 문명의 틀은 그 동안 수백 년간 옳다고 여겨 왔던 것에 대한 근본적인 검토와 깊은 성찰을 요구받고 있다. 지금과 같이 에너지 다소비 체제가 지속되는 요소·투입형의 양적 성장구조는 에너지·경제·기후 변화 간의 악순환으로 성장은 물론이거니와 인간 생활양식 전반에 광범위한 위기를 몰고온다는 것이 명약관화하다. 지금 우리는 두 개의 커다란 도전에 직면해 있다.

첫째로 CO_2 배출에 따른 기후 변화가 경제에 미치는 영향이고, 둘째로 환경에 미치는 재해이다. 우리의 에너지 소비가 앞으로 기후와 지구 생명체에 크나큰 위협이 되지 않게 하기 위해 우리가 무엇을 할 수 있을까 하는 문제이다. 지구온난화로 예고되는 경제와 환경재앙은 예단하기 어려울 정도의 단계에 와 있다. 두 가지 위기 극복에 대한 대답은 우리는 더 많은 재생 에너지와 에너지를 더 효율적으로 사용할 수 있는 방법을 찾아야 한다. 그 대안으로 세계는 '저탄소 녹색성장'이란 신성장 패러다임을 제시하고 있다. 기후 변화가 경제에 미치는 영향을 분석한 「스턴 보고서」를 작성했던 전 세계은행 수석연구원 니콜라스 스턴 경은 2006년 보고서에서 지금 당장 세계가 지구온난화를 방지하는 대책에 착수하면, 2050년까지 들어가는 비용은 전 세계 국내총생산(GDP)의 1%에 불과하지만 이를 방치할 경우 비용이 20%(약 9조 6,000억 달러)가 들어갈 수 있다고 예측했다. 그러나 2009년 3월 코펜하겐에서 열린 '기후변화국제회의'에서 스턴 경은 GDP의 50% 이상일 것이라고 자신의 견해를 수정했다. 이처럼 우리의 현실은 더욱 다급하다. 특히 우리나라는 화석연료 수입이 97%를 차지하고 지난 133년간(1880~2012) 지구 평균 기온이 0.85℃ 증가에 비해 우리는 1.8℃ 상승했다. 이로 인한 자연재해가 앞으로 더욱 심화될 것이며, 과도한 에너지 수입 비용 부담으로 에너지 안보에 위협을 받고 있어 녹색성장 패턴이 가장 시급한 나라이다.

또한 2020년 이후 온실가스 감축을 둘러싼 국가간 협상은 2015년까지 완료될 예정이고 가이드라인 이미 나와 있다. 우리는 배출가스 감축 의무·이행국가에 편입될 가능성이 매우 높아 보이기 때문에 지속 가능 성장을 위해서는 저탄소 녹색성장 정책이 국가의 비전과 발전 목표가 되어 착실히 준비해야 한다. 이 위기를 극복하려면 경제학자나 기술공학자들에게만 맡겨 놓아서는 안 된다. 지금의 위기는 경제뿐만 아니라 환경을 비롯한 정치·경제·사회·문화를 두루 종합한 사회적 생태계를 주목해야 한다. 즉 녹색 거버넌스 구축이 이루어져야 한다. 정부, 기업, 대학, 시민사회와 함께 위기를 공유하고 해결할 수 있는 구체적인 녹색대안이 필요하다. 역량을 집중해야 할 가장 중요한 것은, 우리는 더 많은 신재생 에너지와 생태적 효율성을 극대화할 수 있는 과학기술정책과 녹색사회 문화가 필요하다. 우리가 미래의 글로벌 시장에서 최적의 입지를 굳히기 위해 반드시 필요한 선도적 시장을 국내에 구축하는데 기여할 수 있는 적극적인 정부가 필요하다. 또한 정부는 환경 파괴의 사회적 영향을 고려하는 환경공정성도 녹색성장 정책에 중요한 요소이므로 미래 세대를 위한 공정성의 정책을 펼 수 있는 제도적 인프라를 하루속히 구축해야 한다. 궁극적으로 우리가 지향하는 녹색성장은 우주 생명의 존엄성을 실현하고 미래 세대와 함께 향유할 수 있어야 한다.

참고 문헌

국무총리실 기후변화대책기획단(2008), '기후변화 대응 종합기본계획.'

기후변화대책위원회(2008), '기후변화 대응 국가연구개발 중장기 마스터플랜.'

김창길 · 정학균(2008), "농업부문 녹색성장의 개념과 추진과제," 「녹색성장 심포지엄 발제자료」. 한국농촌경제연구원.

박길용(2009), "녹색성장정책, 그 과제와 발전정책," 「2009년도 춘계정기학술대회자료집」, 한독사회과학회.

———(2009), "녹색 거버넌스 구축을 위한 시민 참여 방안," 「2009년 강원대 포럼 상반기 정기포럼자료집」.

———(2002), 「환경문제와 제사상」, 다산출판사.

스턴(Nicholas Stern)(2006), "기후 변화와 경제학," 「스턴 보고서」.

오진규(2013), 「에너지부문의 기후변화대응과 연계한 녹색성장연구」. 한국에너지연구원

에너지관리공단(http://www.kemco.or.kr)

유엔기후 변화에 관한 정부간위원회(IPCC)(2007), 「제4차 기후변화평가보고서」.

이종수 외(2008), 「새 행정학」. 대영출판사.

일본산업기계공업회, http://www.jsim.or.jp

정래권(2008), "기후 변화와 녹색성장," 「한국환경교육학회 발표논문집」.

폴린(Robert Pollin)(2008), "경제 성장과 일자리 창출을 위한 미국의 녹색정책," 국제노동브리프.

환경부(2008), '2009년도 업무보고서.'

환경부(2013), 『환경백서』

IEA(2012) CO_2highlights

KOTRA(2013),http://www.globalwindow.org
http://blog.naver.com/min39/130033416279
http://makehopecity.com/boad
http://www.cnbnes.com
http:/www.greengrowth.go.kr
http://greengrowth.org
http:/www.koreapeace.or.kr
http:/www.giti.kr.

찾아보기

ㄱ

ㅅ

ㅇ

ㅈ

ㅍ

ㅎ

저자 약력

박길용(朴吉墉)

경북 영덕출생. 성균관대학교 법과대학을 거쳐 한국외국어대학교 대학원 행정학과에서 석・박사과정을 마쳤고, 「환경규제정책의 결정구조에 관한 연구」로 행정학 박사학위(1994)를 받았다. 독일 Speyer 국립행정대학교(연구원), Tübingen 대학교(객원교수)에서 EU 및 독일 환경정책과 환경법을 연구했다. 그간 전공분야의 교외활동으로 환경부 환경규제개혁추진단위원, 사전환경성검토・영향평가위원, 자연경관심의위원, 국립환경인력개발원에서 강의를 해왔다. 역서 및 저서로 『현대 환경사상의 기원』(성균관대학교출판부, 2008), 『공존의 역사짓기』(한국학술정보, 2012)가 있다. 현재 세명대학교 행정학과 교수(1996~)로 재직하면서 (사)한국녹색정책연구소(www.kgpi.kr)를 운영하고 있다. 학문적 관심 분야인 환경철학과 환경정책, 도시생태학을 연구해 오고 있다.

제 2 판

현대환경학

펴낸날 / 제1판 제1쇄 2009년 8월 20일
제2판 제1쇄 2014년 6월 30일
지은이 / 박길용
펴낸이 / 임춘환
펴낸곳 / 도서출판 대영문화사

주소 / 서울특별시 용산구 청파로 61길 5(청파동 1가) 제일빌딩 2층

등록 / 1975년 12월 26일 제3-16호

전화 / (02)716-3883, (02)714-3062
FAX / (02)703-3839
홈페이지 / http://www.dymbook.co.kr

ISBN 978-89-7644-486-8
〔값 22,000원〕